天行健，君子以自强不息。地势坤，君子以厚德载物。

路漫漫其修远兮，吾将上下而求索；

——人生是充满希望与挑战的旅程。

爱出者爱返回，福往者福来。每个生命来到这个世界上都是带着使命，愿在人生的突破探索之中，总会有不期而遇的温暖和生生不息的希望。

    谨以此书献给我的爱子宇泽——你的光明与爱会成为大海航行的灯塔陪伴妈妈前行；

    献给为后代而不断努力的每一位母亲和纯真善良的孩子；

    献给为百姓幸福安康生活而无私奉献的驰援者；

    献给为中国金融经济改革不断探索敢于创新的每一位市场参与者和关注者；

    献给为美丽家园，为了低碳绿色发展而乘风破浪，勇攀高峰的责任家；

    献给有爱有责任有担当的的家人与朋友，愿我们一起为了绿水青山，人与自然和谐共处而努力，不忘初心，勇敢前行。

如何实现新冠肺炎疫情冲击下的
绿色复苏？

如何推进
气候变化投融资与碳中和？

中国投融资改革的双引擎
如何创新？

如何用绿色金融创新推动
绿色低碳发展进程？

债券市场发展与
金融风险防范

影响力投资、
ESG与资本向善

为了 绿水青山

——金融破茧之旅

For Lucid Waters and Green Mountains

—— A Journey on Financial Innovation

安国俊◎著

中国金融出版社

责任编辑：王雪珂
责任校对：潘　洁
责任印制：张也男

图书在版编目（CIP）数据

为了绿水青山：金融破茧之旅/安国俊著. —北京：中国金融出版社，2020.12
　　ISBN 978 - 7 - 5220 - 0927 - 8

　　Ⅰ.①为…　Ⅱ.①安…　Ⅲ.①金融业—经济发展—研究—中国
Ⅳ.①F832

中国版本图书馆 CIP 数据核字（2020）第 256976 号

为了绿水青山——金融破茧之旅
WEILE LÜSHUI QINGSHAN：JINRONG POJIAN ZHILÜ

出版
发行　　**中国金融出版社**

社址　　北京市丰台区益泽路 2 号
市场开发部　（010）66024766，63805472，63439533（传真）
网 上 书 店　http://www.chinafph.com
　　　　　　（010）66024766，63372837（传真）
读者服务部　（010）66070833，62568380
邮编　100071
经销　新华书店
印刷　保利达印务有限公司
尺寸　169 毫米×239 毫米
印张　35
字数　458 千
版次　2021 年 1 月第 1 版
印次　2021 年 1 月第 1 次印刷
定价　96.00 元
ISBN 978 - 7 - 5220 - 0927 - 8
如出现印装错误本社负责调换　联系电话（010）63263947

序　一

今年对于中国乃至全球都是极不平凡的一年。尤其在新冠肺炎疫情的影响下，统筹推进疫情防控和复苏经济社会发展成为共同前进的目标。新型冠状病毒大流行有可能使世界陷入一场灾难。但这场危机也为各国政府提供了难得的机会去实施相关政策改革，不仅需要应对短期的公共卫生挑战，而且可以增加全球经济的长期增长潜力。结合本书可以从政策和市场的角度对疫情之后的经济复苏有更清晰的政策梳理，对中国金融发展有一个前瞻性的判断与认知，对中国金融未来的发展方向与路径有一个更准确有效的研判。

气候变化能否妥善治理是各国发展中最大的长期风险因素之一。中国提出的 2060 年碳中和对整个世界的意义重大，其对于金融市场带来的机遇和挑战也引起业内的期待与关注。而绿色金融作为实现绿色发展和气候治理中重要的创新工具，近年来在中国得到快速发展，并且在全球市场也逐渐得到重视，2016 年的 G20 把它纳入各国合作的范围之内，但相关的研究与实践还值得我们不断探索。

安国俊博士从政策顾问、金融市场的参与者、研究分析人员等不同角度见证了中国金融市场近 20 年的发展历程。安博士曾于 2002—2003 年在英国读书期间深入进行金融危机治理的研究，2011—2012 年又在哥伦比亚大学与斯坦福大学做过近一年半的访问学者，参加了包括世界银行、国际货币基金组织和联合国等国际组织的论坛，与国内及华尔街金融机构近距离打交道，2014年以来又深入参与人民银行和联合国环境署共同组织的绿色金融的研究和政策制定工作，孜孜不倦推动低碳环保产业的可持续发展与国际合作，深入探讨绿色基金如何带动社会资本进入绿色低碳产业、绿色技术创新的金融服务体系等前沿的创新点，从全球视角跟进金融市场的热点与最新态势，积极推动政府部门、市场层面与研究层面的沟通与合作，收获颇丰。

本书剖析十多年来国际国内金融形势变化，直击我国经济发展过程中的种种痛点，阐释了绿色债券、绿色基金和碳金融等绿色金融工具助力环保产业以及绿色城市发展的重要作用，并对中国金融未来发展的方向进行了探索，体现出知识的功底与国际化的眼光，这部著作对宏观经济、货币政策、汇率与流动性、资本市场、疫情冲击下对中国经济复苏、金融体系和货币政策、财政政策等宏观政策的挑战与应对，如何发挥影响力投资、ESG与资本向善的力量推进社会责任的承担和人文关怀，促进普惠金融、绿色金融与可持续金融有效衔接等多个议题都有讨论。本书还系统梳理了国内自贸区发展的机遇和挑战，深入探讨从绿色金融如何推进自贸区发展，包括绿色金融离岸中心的构建等创新性建议；金融助力海外投资及"一带一路"进程、资本市场如何发挥经济的"晴雨表"作用，实现稳健发展；中国债券市场的创新发展与风险管理并重、从金融稳定和效率兼顾的角度探讨金融市场开放的顺序，并关注股市、债市、汇市风险联动机制等。对于如何推动各地地方政府市场化投资机制，完善地方政府产业结构调整，通过反思国外金融危机与政府债务风险的成因，结合中国特有的金融市场体系，提出完善地方投融资改革的大思路；对于绿色金融工具如何促进政府与社会资本合力推动可持续发展，如何构建支持绿色技术创新的金融服务体系，如何通过机构投资者的绿色化动员私人资本开展绿色投资，如何发掘全球金融市场合作的新动力，推动人民币国际化助力"一带一路"进程，本书都有全面积极的思考与判断。如此背景下，这一部以国际化视角，结合理论、实践与政策进行系统回顾和探索前行之路的专著，既有市场价值，更有政策启示的益处。

作者不仅从理论上探讨发展绿色金融、应对疫情等题目的大思路，还从实际行动上践行责任投资的理念，通过慈善公益事业传递一份爱心和责任，这种大爱传承的勇气和坚持值得钦佩。

希望安博士的著作能起到帮助政策制定者与金融业者的思考与判断的作用。也期待安国俊博士在未来能够有更多的创新力作问世，为全球经济绿色复苏和可持续发展，为惠及更多民生作出贡献。

哥伦比亚大学教授及亚洲开发银行前首席经济学家

魏尚进

序 二

近年来，应对气候变化和绿色发展已经达成全球共识。中国的绿色金融发展及国际合作对于全球的影响力也在不断提升。新冠肺炎疫情冲击下如何实现绿色复苏也被全球各界关注。

安国俊博士亲历中国金融市场近20年的变迁与发展，深耕绿色金融、可持续发展、责任投资、影响力投资与资本向善等前沿领域，积极推动金融助力实体经济可持续发展的进程。最新著作《为了绿水青山——金融破茧之旅》，通篇洋溢着大爱情怀，这种情怀不仅是热爱祖国和人民，更是爱护我们的生态环境，也是为了青少年平安健康成长的美丽中国不断奉献的精神；不仅是热爱自己的经济金融行业孜孜不倦地探索研究，更是为其可持续的发展做一名绿色金融和ESG投资天使；不仅帮助我们各地绿色金融改革创新实验，更是通过分析我国金融业过去发展面对的挑战并运用绿色金融理论提出了我国实体经济绿色发展和转型的创新思路；不仅善于从全球新冠肺炎疫情大流行的国际视角，深入思考可持续绿色金融如何实现全球经济绿色发展和气候治理，而且善于从我国绿色金融具体实践以及支持自贸区、绿色技术创新、政府引导基金、绿色基金、气候基金、碳中和、影响力投资等出发进行宏观前瞻政策研究、金融市场发展研究以及国内外合作研究，提出了破茧之道和化茧之策，这种大爱不仅是其前一本著作《探路》情怀的延续，而且是近年来绿色金融情怀的升华。安国俊博士执着的研究精神、丰硕的研究成果、广泛的研究领域、敏捷的智慧火花等等都令我钦佩和欣慰。

　　这部新作的研究成果在我们践行"绿水青山就是金山银山"理念，破茧国内绿色大循环和国内国际绿色双循环相互促进的绿色金融服务链，开启全面建设社会主义现代化国家的美丽中国新征程、实现绿色低碳发展等进程中都有借鉴价值。

中国金融出版社总编辑

前　言

日前，全球可持续发展进入了以绿色经济为主驱动力的新阶段。2016 年 7 月，在中国推动下，G20 财长和央行行长会议也正式将七项发展绿色金融的倡议写入公报。政府通过绿色金融带动民间资本进入绿色投资领域也达成全球共识。而 2020 年 10 月 29日十九届五中全会审议通过的《第十四个五年规划和二〇三五年远景目标的建议》为新时期的绿色发展指明了方向，为绿色金融如何有效地服务经济发展提供了清晰的思路。"十四五"作为中国经济新旧发展动能的重要转换期，绿色发展有望成为更为重要的新动力，以推动经济可持续、高质量发展。尽管近年来我国在推进节能减排、清洁生产、循环经济、绿色消费等方面取得了积极成效，但是绿色发展仍然面临一些瓶颈。后疫情阶段如何实现绿色复苏，金融如何发力推动绿色低碳发展，如何推进全球合作也再次成为各方关注点。

本书以全球化的视角，从政策和市场的角度对中国金融近年的发展、面临的问题和未来方向进行了多视角分析。系统梳理了疫情发生后对经济产生的影响以及国内外各界解决问题的相应举措；提出对于全球经济、市场的传导机制，对汇率、金融市场、进出口、投资、消费和行业的冲击需要做好充分的研判；探讨如何通过财政政策与货币政策协调配合、鼓励企业承担社会责任、完善公益型基金或慈善机构运作机制、金融科技积极推动公共卫生安全与应急机制的完善、社会治理等政策促进经济的恢复；强调政府与市场多渠道支持就业和社会保障制度，金融支持国家安全体系、医药科技和知识产权发展、普惠与精准双管齐下缓解中小微企业的压力、金融如何发挥"经济助推器"和"社会稳定器"作用，政府积极引导资本到防疫所需行业以及受疫情影响行业，增强政府引导基金应对社会突发事件灵活性，加强引导基金社会责任担当，倡导绿色发展，从源头遏制疫情发生，发挥投资绿色转型稳增长的作用，并对绿色复苏及防范相关风险提出政策建议。

为应对新冠肺炎疫情冲击，需稳定外资，优化外商投资环境和产业链布局，这为自贸区发展带来挑战与机遇。本书系统梳理了我国自贸区与绿色金融的发展现状，同时从自贸区发展绿色金融的必要性与可行性出发，深入探讨绿色金融结合绿色财政助力自贸区发展的路径与政策建议，以期推动"十四五"期间绿色开放发展理念进一步落地实施。

2020 年以来，新冠肺炎流行显示出当前全球公共卫生系统、市场和供应链的脆弱性。当前疫情暴露的问题，正是社会影响力投资一直以来致力于解决的问题。这种投资相比起传统投资方式，更具备人文关怀和可持续发展的性质，实现投资回报和社会价值的双赢。本书系统梳理了社会影响力投资的定义、国内外发展历程、未来前景及建议，结合 ESG 和资本向善对于影响力投资趋势进行了探讨，并结合当前背景对"十四五"期间从关注新兴产业投资、加强公共医疗服务体系建设、可持续金融、双循环格局下影响力投资的重点进行分析，包括解决公共卫生服务、精准扶贫、污染防治等民生问题，引导资本向善流入公共领域，促进普惠金融、绿色金融与可持续金融有效衔接，推动完善政府和社会组织合作共赢得新机制。

应对气候变化是人类社会在当前阶段的重要任务，在国家主席习近平提出 2030 年前碳排放达峰和 2060 年前碳中和愿景的背景下，社会各界密切关注中国为应对气候变化所采取的行动。本书结合国际经验及政策，对于气候投融资及碳中和的政策体系、金融工具和路径进行了系统探讨，期待为碳达峰与碳中和提供思路。

目前，如何构建市场导向的绿色技术创新体系得到政府、市场、企业、学界等多方重视，绿色技术创新有望成为推动绿色可持续发展的新动力。针对目前绿色技术企业面临的一系列融资问题，本书对如何构建一个有效支持绿色技术创新的金融服务体系进行了探讨，并提出包括多层次的融资和风险管理模式、完善包括担保在内的激励机制、绿色基金支持科技孵化器、建立一套适合于绿色技术和绿色 PE/VC 基金的界定标准和环境效益评估标准等相关建议。

2018 年的中央一号文件部署了乡村振兴战略，其中农业及乡村绿色发展成为最大亮点，为绿色发展打开了新的空间，也为绿色金融提供了重大机遇。增加绿色金融供给，扶持农林产业发展，是贯彻落实五大发展理念和发挥金融服务供给侧结构性改革作用的重要举措。国家鼓励发展普惠金融和绿色金融，并以此作为推动金融"脱虚向实"、支持实体经济发展的重要抓手。农村绿色金融可以推动供给侧结构性改革，推动生态环境改善，满足农村人口日益增长的美好生活需要。本书对于绿色金融支持乡村振兴的路径和创新进行了探讨。包括绿色金融支持乡村振兴发展过程中，要有效协调中央政府和地方政府、政府和市场的关系，促进绿色金融支持绿色发展自上而下的推广方式与自下而上的落实方式有效结合。绿色信贷、绿色债券、绿色发展基金、绿色担保、绿色保险和碳金融等绿色金融工具，应逐步形成合力，满足绿色城市和乡村振兴中能源、环保、交通、市政、绿色建筑、绿色农林业等绿色产业的投融资需求，形成可持续发展的推动力，服务好实体经济的绿色低碳转型升级。

同时，从宏观层面需要更多前瞻性的角度，本书系统探讨我国金融体系和货币政策传导机制面临的挑战与应对，深入分析城镇化与区域金融合作的路径；探讨如何通过绿色金融工具实现政府与市场多轮驱动绿色发展；金融助力实体经济发展呼唤一个稳健的资本市场，应关注股市、债市、汇市的风险联动机制；利用外资与中国企业走出去的着力点，以商业银行国际化、人民币国际化推动企业走出去进程与"一带一路"进程；从存款保险制度、债市创新、金融开放的顺序等不同层面探索了金融市场发展创新的路径。同时从财政政策、货币政策、国库现金管理有效协调的角度探讨推动债券市场发展的机制；从处理债券市场与金融稳定性的角度提出债券市场风险管理与创新发展并重；进一步发展债券市场解决中小企业融资难问题；并对建立地方政府市场化投融资机制进行了探讨。从政府引导基金和私募股权基金的国际经验角度提出中国投资基金发展的路径；提出全球市场和经济政策组合新趋势，"一带一路"发展的国际金融合作也应得到关注。如何通过绿色债券、绿色基金等绿色金融工具创新推动城市绿色转型也成为本书研究重点。本书从地方绿色金融发展、碳金融，以及包括雄安在内的区域金融合作等不同角度，深入探讨了多层次推进绿色低碳发展的路线图，期待本书的研究能够为绿水青山可持续发展奉献绵薄之力。

目　　录

新冠肺炎疫情冲击下的绿色复苏

绿色金融助力可持续发展

绿色金融推动自贸区可持续发展探讨

绿色基金推出正当其时

应对气候变化投融资与碳中和

影响力投资、ESG 与资本向善

宏观层面需要更多的前瞻性

资本市场呼唤理性的慢牛与责任投资

利用外资与中国企业"走出去"

货币政策、汇率政策与流动性

债券市场发展与金融风险防范

债券市场再出发

流动性与机构投资者培育

投资基金发展的路径选择

金融市场创新任重而道远

绿色金融助力环保产业发展

绿色城市投融资的创新路径

地方政府市场化投融资亟待突破

新冠肺炎疫情
冲击下的绿色复苏

疫情对经济影响初判

2020 年 1 月，新冠疫情①的突发让所有人始料未及，疫情对人民生命安全与经济发展造成了双重影响。从短期来看，人员流动急速下降，交通、零售、酒店旅游、餐饮、消费、仓储、邮政、房地产及建筑业等受到一定影响。根据生产法核算，2019 年服务业增加值占我国 GDP 总量高达 53.9%。2003 年"非典"期间，交通运输、仓储和邮政业 GDP 同比增速从 2002 年第四季度的 9.1% 下滑至 2003 年第一季度的 7.7%，第二季度更是进一步下滑至 2.3%，住宿餐饮业增加值同比增速也从 2002 年第四季度的 12.3% 下滑至 2003 年第二季度的 7.4%。根据交通运输部公布，2020 年 1 月 25 日至 2 月 14 日共发送旅客 2.83 亿人次，日均 1348 万人次，同比下降 82.3%。房地产业受疫情防控政策影响，开发业务复工进度缓慢。长期来看，国内市场信心与预期也可能会受其影响从而传递到投资行为。目前，中央在疫情发生后迅速反应应对，采取多项举措逐步让疫情得到控制。考虑到疫情冲击下的替代性增长、创新性增长、增长的时滞和政府已经出台的稳增长系列措施的影响，那么疫情对我国经济的影响会是阶段性、暂时的。如何有效对冲疫情的短期影响，有效平衡疫情控制与经济生产，值得综合权衡。

与"非典"疫情相比，本次疫情基本情况存在如下区别：一是重点区域不同。"非典"重灾区为广东省、北京市，分别是中国经济、政治的核心区，当年广东省 GDP 约占全国的 11.5%，北京市 GDP 占全国的比例约有 3.1%；而本次疫情中心武汉市所在省份湖北省占全国经济比例约为 4.6%，其中武汉市占比约为 1.6%，相比较来说影响稍小。二是时间控制不同。"非典"疫情于 2002 年 12 月开始，但控制较弱使

---

① 指 2019 年底至 2020 年初以来发生的新型冠状病毒肺炎疫情，本文简称"新冠疫情"或"疫情"。

得2003年4月全面暴发，直至6月才结束；而本次疫情自2019年12月底发现，2020年1月下旬就开始严防严控，预计影响时间短于"非典"疫情。三是经济体量方面，2019年年底中国GDP总量水平已接近100万亿元，远超2003年水平，因此整体抗风险能力较强。四是就业压力需要有效解决。2020年我国应届大学生高达874万人，而"非典"所在的2003年不到200万人，国际金融危机爆发的2008年只有512万人，这也反映出稳就业须放在六稳之首，就业的压力需要各方高度关注并采取措施有效缓解。

与"非典"时期相比，本次新冠疫情面临的风险与政策应对也有所不同：一是杠杆率不同，我国目前企业杠杆率约为150%，高于2003年水平，说明企业面临偿债压力上升，违约风险提高。二是经济增长面临的形势不同，2003年是中国加入WTO之后，以及国企改革之后的新经济上升通道，而我国目前处于由高速增长向高质量发展转型阶段，加之国际贸易摩擦等问题，经济下行压力较大，亟待寻找新的经济增长点。三是目前我国处于三期叠加的阶段，面对冲击，需要更加有效的宏观政策组合应对突发事件及对经济的影响。

而此次新冠肺炎疫情的扩散对于美国、日本、韩国、新加坡、意大利等国家的影响几何，对于全球经济、市场的传导机制，对汇率、金融市场、进出口、投资、消费和行业的冲击需要做好充分的研判。由于此次疫情防控可能阻碍某些制造行业的生产，加之生产全球化的现状，某些零件供应的中断可能影响全球供应链。疫情影响也会对全球金融市场造成影响，可能由市场避险情绪升高传递到投资和进出口，相关国家需要加强疫情防控方面的预警、合作和联动，有效降低风险，为市场注入信心和稳定剂。

🌓 国际应急机制比较

从国际国家安全与应急机制来看，美国在"9·11"事件后建立起NRP国土安全运行中心，负责国家层面突发事件的协调处理，设置全天候跨部门组织与各级紧急行动中心协同应对国家突发事件。高科技综合集成应急平台行使了日常综合预测预警、形势通告、紧急处置等职能。同时，美国建立了"国家—州—地方"突发公共卫生事件三级应对体系，以联邦疾病控制与预防系统、地区/州医院应急准备系统和地方城市医疗应对系统为主体，形成一个立体化、多层次的综合性应急网络。对于重大突发事件，当总统宣布启动"联邦反应计划"时，联邦应急管理局（FEMA）成为全部应急事件总协调，联合国防部、联邦卫生部、联邦环境保护局、联邦调查局和联邦能源部共同建立危机应对体系，发挥联邦层面强有力的指挥功能。

英国在内阁办公室设立国民紧急事务秘书处（CCS），作为国家应急管理办事机构，负责协调跨部门、跨机构的应急管理工作和紧急救援行动。该秘书处为国家应急管理事务的常设机构。政府根据《国内突发事件应急计划》对日常工作可能出现的突发状况、各部门如何协作处理突发事件、不同紧急情况下的应对措施做出规划。

日本以内阁府为中枢，采取了整个政府集中应对的一元化管理体制。在纵向上实行中央、都（道、府、县）、市（町、村）三级防救灾组织管理，建立了各省、厅分工合作的应急机制。横向上，保健所与地方政府、警察、消防、医师协会、医疗机构、地方卫生研究所等都建立了协调关系。日本的这种应急体制，具有通过立法明确职责、简化应急管理层次、军队参与突发事件应急处置、注重组织保障、管理体系日常化的特点。

德国实行属地管理、以州为主的应急管理体制。当遇到大型突发事件时，由事发地的最高行政长官为核心领导协调与组织应急救援。战术指挥部在前方负责现场救援的具体实施，由专业救援机构与志愿者组织组成，两者分工明确，衔接紧密，提高救援效率。德国的国家安全事件应急管理有以下特点：一是健全的应急管理法律法规，包括《民事保护法》《灾难救助法》等，这些法律法规为政府实施应急处置提供了具有可操作性的法律依据；二是现代化的应急信息系统，危机预防信息系统集中向公众提供各种危机情况下如何采取防护措施的信息，同时，建立民事保护和灾难防护领域的内部信息网络来支持非同寻常的危险和损失发生时迅速进行信息分析；三是社会化、专业化的应急组织系统，德国特别重视应急管理工作的社会化，社会力量极大地弥补了政府能力的不足，充分发挥社会、民间的力量，从而形成一个全社会的应急管理网络。

国际社会在应对此类突发事件时一般以中央政府作为核心负责机构，地方政府、金融机构、非政府组织、社会力量等作为辅助主体。应对措施通常为直接财政补贴支出、减税降费、提供贷款贴息、货币政策宽松、信贷担保机制、存量融资延期或利息减免、新增融资支持、社会援助等。为弥补突发事件带来的经济损失，政府部门通常要提供积极的经济财政支持，一般通过额外的政府债券或专项债券发行增加公共支持，有效调动社会资本也是恢复经济的重要良方。

● 当前主要措施梳理

协调防疫与经济生产二者关系是重中之重，金融则可起到一定协调作用。目前经济生产面临疫情影响企业复工复产、小微企业生存、农业产品流通等压力，政府、金融机构、企业等均是这场抗"疫"的先锋力量。

宏观角度上，财政政策较为积极，减税和支出力度加大。2020 年 1 月 30 日，国家税务总局发文要求按防疫需要延长申报纳税期限；2 月 1 日，财政部发文表示对疫情防控重点保障企业贷款给予财政贴息支持，加大对受疫情影响个人和企业的创业担保贷款贴息支持力度，降低企业融资成本。同日，财政部、海关总署及国家税务总局联合发文对于疫情防控的进口物资免征进口关税和进口环节的增值税、消费税；2 月 6 日公告显示企业与个人捐赠允许在计算应纳税所得额时全额扣除，单位和个体商户生产或购买的货物免征增值税，困难行业企业（交通、餐饮、住宿、旅游）2020 年度发生的亏损结转年限延长，参加防疫的工作者所获补助或奖金免征个人所得税。截至 2020 年 2 月 23 日，各级财政共安排疫情防控资金 995 亿元，其中中央财政共安排 255.2 亿元。同时，还需关注短期内的信贷风险，地方政府收支缺口放大的次生风险，可发行特别国债弥补政府收支缺口。

货币政策适度灵活，保障市场流动性合理充裕。一是通过公开市场操作、常备借贷便利、再贷款、再贴现等多种货币政策工具投放流动性，继 2020 年 2 月 3 日公开市场操作投放 1.2 万亿元后，2 月 4 日中国人民银行又在公开市场投放 5000 亿元，两日投放流动性累计达 1.7 万亿元，以加大逆周期调节力度，稳定市场预期。二是引导利率下行，2020 年 2 月 26 日中国人民银行下调支农支小再贷款利率 0.25 个百分点至 2.5%。同时，通过 LPR 传导机制在量增价降背景下推动市场利率下降传导到贷款市场利率，从而降低资金成本，缓解困难企业压力。三是利用结构性货币政策工具，如定向降准、再贷款、再贴现，在疫情防控期间，中国人民银行通过规模 3000 亿元的再贷款向金融机构提供低成本资金，2020 年 2 月 26 日中国人民银行增加再贷款再贴现专用额度 5000 亿元，支持防疫相关行业企业及困难企业发展。

2020 年 2 月 7 日，财政部联合国家发改委、工信部、中国人民银行、审计署发放通知，通过明确中央财政贴息、央行再贷款、名单制管理等宏观政策，强化疫情防控物资保障重点企业资金支持，支持疫情防控物资保障重点企业尽快恢复生产，保障重要医用物资和生活必需品供应，坚决遏制疫情蔓延势头，助力坚决打赢疫情防控阻击战。

中央和地方政府也采取多项政策措施减轻疫情的经济影响。2020年2月18日的国务院会议决定阶段性减免企业养老、失业、工伤保险单位缴费，以减轻疫情对企业特别是中小微企业的影响，使企业恢复生产后有一个缓冲期。地方政府还通过包括缓缴社会保险金、住房公积金、加大失业保险返还力度等措施减轻企业在疫情期间持续经营的负担，降低失业率。资本市场方面，上市公司如受疫情影响可申请延期披露财务资料等内容，部分地区上市公司免收2020年上市、挂牌年费，减轻企业负担。外汇政策方面，国家外汇管理局第一时间启动疫情防控外汇特殊业务处理机制，做好疫情防控期间各项外汇政策市场传导。同时，要求辖内银行启动应急处理机制，快速开通外汇业务"绿色通道"，对有关部门和地方政府所需的疫情防控物资进口给予政策便利。国家外汇管理局为便利中小微企业跨境贸易投融资和外汇结算业务，继续简化小微跨境电商企业货物贸易收支手续，加强跨境金融区块链服务平台建设，支持小微企业复工复产。

金融机构角度上，金融业特别是银行业金融机构在疫情发生之后采取了多项措施对疫情防控工作进行支持和服务，包括：及时掌握企业信息，优化信贷流程，合理延长贷款期限，对疫情影响较大的小微企业提供信贷支持，适度延期偿还贷款或豁免部分贷款，不抽贷、断贷、停贷；主动加强与有关医院、医疗科研单位和相关企业的服务对接，提供足额信贷资源，减费降息；建立银行账户防疫绿色通道，与防控疫情相关的银行账户服务工作简化开户流程，加快业务办理，开辟捐款"绿色通道"，确保疫情防控款项第一时间到达指定收款人账户，鼓励清算机构、银行业金融机构对向慈善机构账户或疫区专用账户的转账汇款业务、对疫区的取现业务减免服务手续费；对受疫情影响暂时失去收入来源的人群，要求银行在信贷政策上予以适当倾斜，灵活调整住房按揭、信用卡等个人信贷还款安排，合理延后还款期限，创新工作方式，减少线下接触业务办理。很多保险公司开通疫情理赔绿色通道，启动特需案件预配机制，向抗击疫情的医务人员捐赠保险；为保障企业有序复工复产，保险企业推出复工防疫保险；为加大对科技型企业支持力度、缓解科技型中小企业资金压力，一些保险机构通过科技型中小企业短期贷款履约保证保险，支持放款银行对企业进行无还本续贷，保险风险分担和保障作用在抗击疫情过程中得到凸显。金融机构所采取的措施及时有力，针对性强，在资金汇划、信贷供给、财物捐赠等方面有效地支持了疫情防控工作，增强了全社会打赢疫情防控攻坚战的信心和决心，也彰显了金融机构与实体经济共克时艰的担当和精神。

企业角度上，央企在防疫过程中成为重要的基础力量，民营企业也承担了社会责任，成为防疫中不可或缺的组成。央企在保证床位供应、药品研发、物资供应方面发挥了集中力量办大事的特长。中建三局承建"火神山"与"雷神山"医院，国药集团研制和生产病毒核酸诊断试剂，中粮集团等央企保证各地粮油稳定供应，中航集团等央企保证物资。民营企业则渗透到防疫与民众生活的各个方面。民众通过商超获取生活物资，通过药店获取口罩、消毒液等医疗药品。很多有影响力的民营企业还为抗击疫情捐款、设立基金。企业的行动增强了抗击疫情的力量，对于满足民生需要成为有效的补充。

◔ 相关对策建议

此次疫情也反映出一系列问题，包括重要基础设施应急能力、应急物资储备和保障能力、综合风险预警能力有待提高，公共安全与应急管理的"一案三制"——预案、体制、机制、法制在实践中需要不断修改和完善。在疫情防控外仍应统筹做好"六稳"工作，即稳就业、稳金融、稳外贸、稳外资、稳投资、稳预期，建立与疫情防控相适应的经济社会运行秩序，遵循"突出重点、统筹兼顾，分类指导、分区施策"的精神，加大调节力度，防止经济运行滑出合理区间，避免短期冲击演变成趋势化的倾向。具体可以采取有效措施，稳步推进绿色复苏。

一、加强财政政策与货币政策协调配合，加大逆周期调节力度

在历次应对危机的冲击中，各国政府和央行都开出不同的药方，财政政策与货币政策协调配合一般是必然的选择。相对于货币政策侧重提供流动性，调整需求的特点，财政政策具有精准定向、时效性快增加结构性供给的特点，积极的财政政策要更加积极有为，用创新方法打开收支空间，发挥好政策性金融的作用。财政政策应普惠性与精准性双管齐下。一是中央部门要积极筹集资金，统筹用于疫情防控、增加疫情防控支出，对疫情严重地区小微企业、防疫相关研发机构及企业进行补贴。重点支持一些行业复工复产，帮助中小微企业渡过难关。二是积极扩大特别国债和专项债券的发行，为有效抗击疫情、完善公共卫生安全体系筹集资本，地方应做好项目储备工作，尽快形成有效的投资。无论是1998年应对亚洲金融危机，我国发行2700亿元特别国债补充国有商业银行资本金，还是2008年应对次贷危机冲击，中国发行15500亿元特别国债购买2000亿美元外汇作为国家外汇投资公司的资本金，特别国债的发行对于应对危机，促进财政政策与货币政策协调配合，稳定市场和增长都发挥了关键的作用。三是加大转移支付力度，进一步向疫情影响较大的地方倾斜，确保基本民生。四是加大减税力度，对于受疫情影响严重的地区可用亏损金额抵减盈利月份金额降低所得税，减少捐赠人或企业的相关税费，鼓励承担社会责任。五是降低社保缴税率，降低企业负担。

货币政策方面要更加适度灵活，加大逆周期调控力度，保障市场流动性充裕，利用结构货币政策工具支持困难行业发展，降低融资资金成

本。除定向降准支农支小再贷款、再贴现等货币政策要加大力度外，还要加大中小微企业发放金融专项债券的发行力度。货币政策要持续助力企业信用环境修复，在综合考虑经济增长、物价等基本面情况下，有必要对存款基准利率进行适时适度调整，切实降低企业融资成本，维护企业稳定经营。鼓励对中小微企业发放贷款，确保市场流动性。支持政策性银行对制造业中的中小型企业、外贸中小微企业，还有春耕备耕等产业链上的中小微企业，加大信贷支持力度。考虑到疫情对房地产的影响，避免房地产资金链断裂导致的银行业流动性风险的传导，可适当调整房地产信贷相关政策，地方政府也需要给予相关的配套支持。另外，鼓励金融机构创新金融工具，拓宽企业融资渠道，完善绿色通道，设计专项债券，匹配企业恢复经营的现金流期限结构，帮助其渡过困难时期。

二、金融应发挥"经济助推器"和"社会稳定器"作用

2020 年，货币信贷政策助力实体经济发展，社会融资规模会明显增加，预计第一季度、第二季度金融业同比增长接近 8%①。金融机构作为金融基础设施可加强信贷支持，包括增加信贷投放、发放专项贷款，降低餐饮、旅游等困难行业企业以及口罩、药品生产研发等防疫所需相关行业企业贷款利率。开启疫情防控授信审批和跨境业务绿色通道，简化购付汇业务，应急信贷审批实现当日上门、次日放款等。创新金融工具，发行防疫专项同业存单，通过市场化手段筹集资金。政策性银行应发挥自身特性，满足疫情防控融资需要，推动专项贷款发放，降低贷款利率。银行与专业投资机构应建立市场化长期性合作机制支持公共卫生服务医疗科技创新企业，政银保联动授信担保提供公共卫生服务和科技企业长期集合信贷机制。建立基于大数据分析的"银行＋征信＋担保"的中小企业信用贷款新模式。建立银行跟贷医疗科技型

---

① 资料来源于 Wind、万博新经济研究院。

中小企业的风险缓释资金池，完善投贷联动创新机制。

三、扩展保险保障责任，助力复工复产

保险企业可加大企业财产保险、安全生产责任保险、出口信用保险等业务拓展力度，为小微企业生产经营提供更多保障；提高疫情防控期间人身保障，为医护人员及患者、奋斗在抗疫一线的工作人员提供疫情相关专项保险，提供绿色通道，加强各方面的保障，提供有效的激励机制和金融支持。

四、有效发挥金融对乡村振兴的支持力度

针对疫情期间农产品流通不畅以及春耕春种面临的农业方面问题，应做好以下几点：一是可以鼓励线上农产品交易，利用资金支持相关平台发展，降低运输费用，保证疫情期间供给价格稳定。二是推进构建现代农业产业体系，加大力度支持农业科技创新、农村流转体系建设，促进农业产业健康、有序发展；建立以绿色企业为主体、市场为导向、产融结合的技术创新体系，引导更多资金投向绿色农业、农业农村污染防治、生态建设等产业。三是完善绿色担保机制，担保基金可为绿色市政收益债券和绿色PPP项目债券提供信用担保。地方政府可以考虑成立专业性的绿色担保机构，还可考虑多级政府（如省、市、县）共同出资，建立绿色项目风险补偿基金，真正搭建民间资金与政府项目之间的普惠桥梁。四是完善返乡入乡创业的政策体系，利用财税政策支持、创新金融服务、健全用地政策支持、完善配套设施和服务加快体系建设，使市场主体活力进一步迸发，产业转移承接能力不断增强，对于疫情防控也起到减少人口流动、提供就业岗位、增加农产品供给的作用。

五、金融推进新兴产业和互联网发展

受疫情冲击，政府和社会会加大对试剂、药品、疫苗研发的支持力

度，加快生物医药、医疗设备以及 5G 通信、云计算、人工智能、机器人、工业互联网等新兴经济及数字经济行业发展，信息传输、软件和信息技术服务业，在线业务需求受复工需求影响急速上升。在医疗行业，快速智能医疗和远程医疗积极发展。远程工作推动线上办公软件兴起。受疫情影响网络教育、线上教学平台在教育行业也发挥了重要作用。与 5G 相关的科技基建，传统制造业与互联网、产业互联网互相结合带来产业升级转型机会。同时，数字经济具有快捷性、高渗透性、可持续性的特点，推动经济形态由工业经济向智慧经济形态转化，极大地降低社会交易成本，提高资源优化配置效率，提高产品、企业、产业附加值，推动社会生产力快速发展。国家应给予相应鼓励或资金支持，通过信贷政策倾斜、利用股权融资、设立地方专项基金带动社会资本来推动远程医疗、智慧城市和新兴产业发展。

六、鼓励企业承担社会责任

完善 ESG 评价体系，对于符合 ESG 标准，承担社会责任，对困难地区、困难企业进行帮助的企业进行优惠融资条件的鼓励，激励有能力的企业承担社会责任。

从全球角度，从绿色债券到绿色信贷、可持续发展贷款，许多国际金融机构正在建立以 ESG 为基础的可持续经营原则，而国内 ESG 原则推行也得到重视。2018 年 9 月，证监会发布《上市公司治理准则》，正式确立 ESG 信息披露基本框架；2019 年 11 月，中国基金业协会发布《中国上市公司 ESG 评价体系研究报告》和《绿色投资指引（试行）》。加快建立以 ESG 为基础的新型银行授信体系，有助于金融机构应对公共卫生等 ESG 风险的长期预警和监测机制形成，推动社会责任承担和可持续发展。

七、完善公益型基金或慈善机构运作机制

通过此次疫情的冲击，对慈善机构的公信力和凝聚力提出了机遇

和挑战，为充分发挥慈善机构在应对国家重大安全问题和突发事件上的紧急救助作用，需要从以下几方面不断完善：一是健全机构组织结构，建立重大事件应对预案，将捐赠物资高效妥善分配，实施应急物资高效运转机制。二是加强外部管理，通过政府管理部门对慈善机构进行规范化管理。三是发挥监督作用，通过法律、行政和社会监督三种形式对慈善机构进行监督，完善慈善资金的管理，例如通过大数据技术对资金流向进行披露、畅通捐赠人与被捐赠方之间沟通反馈机制。四是加强国有慈善机构与民间慈善机构的合作与互补，让慈善理念深入人心，通过大数据和互联网让大众的责任充分发挥作用。有公信力的公益慈善机构更加有利于资金筹集，从而补充防疫所需的社会资金，更好地维护公共利益。

八、金融科技积极推动公共安全与应急机制的完善

公共安全问题涉及自然灾害、事故灾难、公共卫生、社会安全，是国家安全和社会稳定的基石，是经济和社会发展的重要条件。本次疫情反映了我国面临突发事件时重要基础设施应急能力、应急物资储备能力、综合风险的预警能力需要提高，应急的"一案三制"即预案、体制、机制、法制需要完善，包括公共安全应急预案体系、公共安全应急组织体系、应急救援与保障体系、突发事件应急平台体系、公共安全科技创新体系、应急法律法规体系。健全国家公共卫生应急管理体系，在预测预警上，要建立公共卫生事件日常预防监测系统，建立动态的重大卫生事件预测预警模型。在快速响应上，要建立大数据应急物资管理平台，通过科技手段及时调整物资储备安排，给出应急物资配置建议方案。由于公共安全具有多领域、多主体、多目标、多特征等特点，公共安全应急体系的能力建设以及科技支撑适合通过互联网、物联网、大数据等有效实现，后续需要金融科技的力量积极推动。

九、倡导绿色发展，从源头遏制疫情发生

绿色金融是促进绿色发展的重要手段，现阶段可以通过绿色金融支持疫情防控相关场所的绿色化改扩建，将防疫所需物资如口罩、药剂等绿色化转型，对产生的医疗废弃物绿色化处理。同时，复工复产开始后由于快餐盒饭供应所产生的塑料垃圾数量急剧增加，大量塑料垃圾对环境污染可能加大，因此应加强垃圾分类倡导，推进塑料无害化绿色技术实践，切实保护生态环境与人民健康。此次疫情对轻资产的环保类公司资金链也有一定影响，可以通过绿色信贷、绿色债券、绿色基金等方式将资金引导到这类利于环境保护与可持续发展的企业，政府也应对这类企业提供相应扶持，确保环境保护、生态平衡协调，实现整个社会的可持续发展。

十、金融政策支持就业

就业问题在疫情防控后亟须解决，待就业人员不仅包括因小微企业压力过大裁员导致的失业人员，还包括800多万应届毕业生，以及大量农民工就业问题。就业系民生之本，因此，稳就业放在"六稳"之首。政府应在允许企业方面缓缴社会保险费基础上鼓励用人单位与员工协商，用调整薪资、调整上班时间等方式尽量不裁员、少裁员，对于稳就业的企业可加大失业保险稳岗返还力度，增加补贴额度，减少企业用人成本。由于专项债扩容且向基建倾斜，信息网络、交通物流网络、生态环保、医疗设施建设等新基建可成为吸收就业新发力点，促进脱贫攻坚任务完成。

十一、普惠与精准双管齐下缓解中小企业的压力

中小微企业面临融资难、融资贵的问题，抗风险能力弱，如果遭受疫情可能出现裁员甚至破产的结果。目前中小微企业对于减税降负的呼声很高。根据某机构对中小微企业调研的结果发现，公司面临主要的

支出压力为员工工资和五险一金，中央推出减免社保费、缓缴住房公积金、进行财政扶持和信贷支持等普惠措施，同时采取量化目标、改革完善政策环境和约束机制、提升服务能力、抓紧出台切合实际的复工复产防疫指南等，确保了防疫与经济复苏并举。同时，可利用科技金融引导银行、保险等金融机构创新金融产品，实现科技创新链条与金融资本链条有机结合，鼓励企业进行科技创新。

十二、金融政策拓宽企业直接融资渠道

要积极推动建立与疫情防控相关的企业的快速融资生产通道。例如券商可发行疫情防控专项债，通过较低债券利率，大大降低企业融资成本。证监会"再融资新规"出台放宽了非公开发行股票融资规模限制，短期内有助于上市公司抗击疫情，中长期有助于增强资本市场服务公共安全和实体经济的能力。

十三、金融支持国家安全体系、医药科技和知识产权发展

当前，全球医药科技发展突飞猛进，医药产业深刻调整变革，人民群众健康需求持续增长，这次疫情的发生更加显示出国家安全体系和疾病预防控制体系、公共卫生与医疗服务体系的重要性，这些都对医疗产业转型升级提出了迫切要求。政府通过财政补贴等措施鼓励医疗科技生产研发，还应大力提高并保障公共卫生职业和奋斗在一线的相关人群的待遇和地位，加大各级特别是基层公共卫生和疾病预防控制专业人才的队伍建设。金融机构可设立支持医药科技发展的"绿色通道"，对相关医疗企业进行信贷和投资支持，加大试剂、药品、疫苗研发支出力度，积极为涉及疫情防控的专利、商标申请开设绿色通道，为受疫情影响的业务办理实行便利化救济措施，推动医疗科技知识产权、专利技术转移转化运用，推动知识产权质押融资、知识产权基金、知识产权信托等业务发展，畅通相关企业融资渠道，利用资本市场直接融资

等方式支持企业发展，推动、提升我国医疗产业核心竞争力，促进医疗健康产业和整个社会可持续发展的进程。

十四、政府积极引导资本到防疫所需行业以及受疫情影响行业，为国家公共卫生体系的建立奠定基础

行业协会等机构可通过倡导、引导使得资金和生态链企业投资于受疫情影响行业。通过政府引导有利于为抗疫类企业提供资金支持和技术支撑，支持被投资企业复工复产，鼓励运用大数据、云技术、人工智能等数据技术，优化医疗卫生资源投入结构，带动各方资本参与到疫情防控和公共安全治理体系、基础设施的可持续发展中。

十五、增强政府引导基金应对社会突发事件的灵活性，加强引导基金社会责任担当

目前，完善重大疫情防控救助机制、公共卫生安全防控救治体系和应急响应机制等迫在眉睫，政府引导基金作为政府资金对社会资本的补充，肩负弥补市场失灵、引导市场方向的重要角色，就更应该突出在社会突发事件下的反应能力和反应速度，包括加大对国家公共卫生安全和医疗技术方面的投入。从保护人民健康、保障国家安全的角度，可尝试设立国家公共安全与应急基金，利用引导基金提升紧缺物资产能、加快相关疫情防范和医疗技术的研发支持，完善突发重大疫情的防范和救治机制。深化重点领域改革，健全风险防控机制，提升普惠民生供给侧结构性改革的质量和效率。

十六、有效发挥投资稳增长的作用

1997 年亚洲金融危机之后，国家启动积极的财政政策，安排 1000 亿元国债投资用于基建投资，发行 2700 亿元特别国债补充国有商业银行资本金，确保金融稳定。2008 年在国际金融危机冲击下，2009 年预

算中安排 2000 亿元地方债发行，为有效防范危机冲击和保持金融稳定奠定基础。2020 年受疫情影响，居民在餐饮、旅游等产业的消费下降，在经济增长的"三驾马车"中，基建投资扩内需的重要性凸显，包括以 5G 建设为代表的新基建，以城际交通、冷链物流为代表的交通物流网络建设，以及以医疗、生态环保、市政等补短板的领域。为稳定增长应积极扩大有效需求，投资则可发挥逆周期调控作用。北京市、河南省、云南省、江苏省等地发布 2020 年重大项目投资计划清单，总投资额达 11 万亿元，其中基建投资占主要部分。目前，地方隐形债务管控尚未放松、地产调控以稳为主、疫情所需的财政政策实施给地方财政带来一定压力，可以考虑发行特别国债，专项债扩容并带动投资的增长。截至 2020 年 2 月 21 日，已累计发行新增专项债 8026.6 亿元，较上年 1—2 月发行规模增长 161%，考虑到专项债精准聚集重点领域和重大项目的原则，积极鼓励金融机构提供配套融资支持，预计基建投资资金可得以保障。通过基础设施投资可促进就业，稳步推进企业复工复产，给 5G、云计算、工业互联网、机械设备、钢铁、建材等相关产业链带来更多的业绩支撑。建议投资要更加注重强调绿色投资和生态环境保护，包括绿色建筑、绿色交通、绿色城市的发展，打造集约高效、经济适用、智能绿色、安全可靠的现代化基础设施体系，以绿色投资有效推进经济增长和可持续发展的进程。

（本文与贾馥玮合著，成稿于 2020 年 2 月）

绿色金融助力
可持续发展

创新金融制度安排　引导绿色产业发展

近几年中国越来越重视绿色发展，而绿色金融正成为绿色发展的重要推动力。在中国的倡导下，绿色金融首次写入 G20 杭州峰会议程。在 2017 年 7 月 G20 汉堡峰会上，绿色金融和普惠金融再次受到全球关注。

绿色金融是指为支持环境改善、应对气候变化和资源节约高效利用的经济活动，即对环保、节能、清洁能源、绿色交通、绿色建筑等领域的项目投融资、项目运营、风险管理等提供的金融服务。截至 2016 年底，我国已成为世界最大的绿色债券市场。在"十三五"期间，我国潜在的绿色债券市场规模将达 5.4 万亿元，而在可持续能源、环境基础设施建设、环境修复、工业污染治理、能源与能源节约五大领域，绿色融资需求约为 14.6 万亿元。

绿色是可持续发展的必要条件。纵观中国经济发展脉络，我国以资源浪费、环境污染为代价的粗放发展模式，仅仅用了 30 多年的时间就实现了经济的巨大飞跃，但在提升经济总量和人民物质水平的同时，也付出了巨大的环境代价。目前，我国经济面临调结构、转方式的考验，环境保护成为经济发展的基本要求。

发展绿色金融是实现绿色发展的重要措施。在新时期，我国应将绿色理念渗透到经济发展模式中，淘汰落后产能，提高发展水平，将绿色标准作为经济发展的必然要求，通过创新性的金融制度安排，引导和吸引更多的社会资金投资环保、节能、清洁能源、清洁交通等绿色产业。建议加快绿色信贷、绿色债券、绿色股票指数及相关产品、绿色发展基金、绿色保险和碳金融等金融工具的创新与运用，充分发挥绿色金融在促进生态文明建设、推动经济转型升级等方面的积极作用。

（本文成稿于 2017 年 9 月）

◤ 发力绿色金融　助力脱贫攻坚

当前，脱贫攻坚已进入攻城拔寨决战期。作为金融扶贫的主力军，农业银行在"三区三州"深度贫困地区源源不断注入金融动力，推动扶贫攻坚，成为金融扶贫榜样。在云南的金融扶贫实践中，农业银行因地制宜推出了"产业＋扶贫""渠道＋扶贫""创新＋扶贫"等多种可复制可推广的扶贫模式。

近期，央行发布了《关于切实做好 2019—2020 年金融精准扶贫工作的指导意见》，为金融机构指明了今明两年开展精准扶贫工作的思路。笔者认为，对银行业金融机构而言，未来最重要的就是构建金融精准扶贫长效机制。

第一，金融机构应立足贫困地区资源禀赋，协助培育特色产业、实施产业扶贫，有效提高贫困地区自我发展能力，尤其要注重培育农村绿色产业，促进农村经济可持续发展。

具体来看，金融机构应加快创新农村绿色金融产品和服务方式，协助构建现代农业生产体系、产业体系、经营体系，支持农村土地流转、适度规模经营和农业科技创新。推广绿色信贷，优化信贷结构和产品，拓宽绿色融资渠道，为绿色农业、循环经济、农村污染防治项目提供金融服务。设立绿色信贷专项通道，积极满足贫困地区休闲农业、乡村旅游、农村电商、特色小镇等领域的信贷需求。

第二，金融机构需注重绿色金融支持乡村振兴。目前，各地政府纷纷推出绿色金融支持乡村振兴的政策措施，但专业绿色投资和配套服务机构缺乏，需要加强市场制度建设和市场参与主体建设，培育和开发更多的农村绿色金融工具，拓展社会资本进入农村和农业的绿色产业渠道。

金融服务乡村振兴，还要继续优化业务审批流程，提高信贷投放效率。完善涉农主体信用档案，精准有效开展涉农主体授信，促进更多金融资源向乡村振兴重点领域和薄弱环节聚集。借助金融科技的力量，改善支付环境，拓展扶贫方式，提高金融供给的配置效率和服务水平。

（本文成稿于 2019 年 6 月）

◑ 构建支持绿色技术创新的金融服务体系

一、引言

"十四五"作为中国经济新旧发展动能的重要转换期，绿色发展有望成为更为重要的新动力，以推动经济可持续、高质量发展。尽管近年来我国在推进节能减排、清洁生产、循环经济、绿色消费等方面取得了积极成效，但绿色发展方面仍然面临一些严重的瓶颈。其中，最突出的一个问题是绿色技术创新不足所导致的绿色产品和服务成本过高，使得大量绿色生产（如清洁能源、电动车）和消费绿色（如节能家电、绿色建筑等）的发展仍然严重依赖有限的政府补贴。

未来必须要通过大规模的绿色技术创新，明显降低绿色生产、绿色消费、绿色出行的成本和价格，使得绿色经济活动比非绿色经济活动更有成本和价格方面的优势。只有这样，才能真正利用市场机制（包括价格机制）来推动资源向绿色产业配置，推动投资、生产和消费向绿色化转型，在很少依赖政府补贴的前提下实现经济的可持续发展。

我国政府在推动绿色经济和绿色技术创新发展方面采取了积极的行动和政策。2019 年 4 月，由国家发展和改革委员会、科技部共同制定了《关于构建市场导向的绿色技术创新体系的指导意见》，同时发布了绿色产业指导目录、绿色技术推广目录、绿色技术与装备淘汰目录，引导绿色技术创新方向，推动各行业技术装备升级，鼓励和引导社会资本投向绿色产业。

但是，目前我国绿色技术投资仍然严重不足，绿色金融对于绿色技术创新的支持作用没有充分发挥，绿色技术企业仍然面临许多融资瓶颈。例如：（1）由于缺失担保和抵押及银行对绿色技术了解有限，绿色技术企业和项目难以从传统金融市场（如银行和债券市场）获得融资；（2）由于我国私募股权和风险投资机构对绿色技术的认知和经验不足、基金存续期较短，导致 PE/VC 对绿色技术的投资不足；（3）绿色技术的界定、标准化和认证存在困难，绿色技术评估标准亟待建立，相关部门的政策和实施协调性有待加强；（4）对绿色技术带来的环境效益（如碳减排）进行量化、定价和收费存在困难，使得这些环境效益难以转化为金融机构和金融市场可预期的经济效益和未来的现金流；（5）对绿色技术投资缺乏政策激励机制，绿色技术公共投入规模相对有限，财税、投融资等激励机制尚待建立，市场化激励手段相对不足。

要解决绿色技术发展面临的一系列融资问题，必须构建一个有效支持绿色技术企业的金融服务体系。本文提出如下具体的建议：（1）鼓励银行业金融机构针对绿色技术创新开展投贷联动业务；（2）支持银行在巴塞尔Ⅲ新规之下试点投资绿色基金；（3）支持和培育专注投资于绿色技术的私募股权和创投机构；（4）鼓励保险公司开发支持绿色技术创新和绿色产品的保险产品；（5）鼓励保险、养老基金等长期资金投资于绿色 PE/VC 基金；（6）对绿色技术创新企业提供担保和其他类型的风险补偿；（7）支持地方政府、社会资本及外资设立绿色科技孵化器和产业园；（8）用数字技术为绿色产品、技术和资产提供认证、贴标、评估服务；（9）建立 PE/VC 的绿色标准和环境信息披露制度；（10）建立绿色技术界定标准。

二、绿色技术投资所面临的融资瓶颈

绿色技术是指降低能量消耗、减少污染和碳排放、改善生态的各类新兴技术，涵盖节能环保、清洁生产、清洁能源、生态保护与修复、基础设施、生态农业等领域，以及产品设计、生产、消费、回收利用各个环节。从行为主体来看，绿色技术创新体系的构成要素主要包括企业、科研机构、政府、金融机构等。企业是绿色技术创新的主体，是绿色技术创新的需求方、发起方和实施方。科研机构是绿色技术创新的重要智力提供方，科研机构与企业的良好互动是绿色技术创新的重要支撑。政府是绿色技术创新的激励方和受益方，一方面政府的激励政策和机制能在很大程度上促进绿色技术企业、科研机构、金融机构参与绿色技术创新，另一方面绿色技术创新也有利于各级政府生态文明建设和可持续发展等目标的实现。金融机构通过组织市场化的金融资源投入绿色技术创新领域，实现产业、科研、政府和金融的良性循环。

尽管政府已经出台了多项支持绿色技术创新的政策文件，但目前我国企业进行绿色技术投资的力度仍然不够。比如，中国环境保护产业协会在 2018 年发布的全国环保产业重点企业调查报告显示，被调查的近 1 万家环保企业的研发经费占营业收入的比重为 3.0%，略微高于全国规模以上工业企业研发经费支出水平，但这一比例还是低于发达国家 3.8% 的平均水平。例如，德国环保制造业企业的研发投入一般为营业收入的 4% 左右。又如，英国低碳、环境服务企业的研发投入占总营业收入的比重约为 5%。绿色技术创新活动初期投入成本巨大，从研发到产生经济效益的周期又较长，对规模较小的企业或者缺乏创新经验的企业，如果选择投资短期没有收益的绿色技术项目，可能会更快、更容易被市场淘汰。导致我国绿色技术投资不足的原因有多个，本研究专注于研究绿色技术企业面临的融资瓶颈，这些瓶颈的具体表现如下。

（一）难以从银行等传统渠道获得足够融资

一方面大多数绿色技术创新企业是轻资产的中小民营企业，缺少可抵押资产，而银行贷款一般都要求有抵押品；另一方面大多数绿色技术项目的投资周期长（有的长达 5～10 年），但我国银行传统信贷的平均期限只有 2～3 年。缺少可抵押资产和期限错配的问题导致绿色技术企业难以通过传统金融市场，尤其是从银行贷款渠道获得足够的融资。另外，债券市场一般只为比较成熟的、规模较大和风险较低的企业提供融资，因此也不适用于中小绿色技术企业。

部分银行也有支持高技术类中小企业的产品，比如投贷联动的产品，可以帮助解决绿色技术企业的融资需求，但是与整体上庞大的中小企业数量相比，它们的资金量还是太少；又如上海和北京地区投贷联动的年度规模只有几十亿元。相对于银行贷款，中小型绿色技术企业通过互联网金融公司（P2P）和产业金融公司获得贷款的利率很高，有的甚至达到 20% 以上，一般只适合小企业短期流动资产的救急，无法作为企业中长期技术投资项目的资金来源。

（二）通过私募股权和风险投资途径获得融资也存在困难

一般来说，技术企业的主要外部融资来源应该包括私募股权（PE）和风险投资（VC）。但是，许多绿色技术企业商业模式仍不成熟，市场规模有限，且项目收益率较低，与国内私募股权（PE）和风险投资（VC）者的风险偏好也存在较大差异。

国内的 PE/VC 近些年的投资热点主要集中于互联网、生物医药、金融和物流运输行业，在绿色技术企业方面的投资规模较为有限。在 2018 年上半年，新能源和节能环保领域的 PE/VC 投资仅占全部行业的 0.81%。但是在欧美，绿色技术企业已成为许多大中型 PE/VC 基金的核心关注点和新的增长点。据国际金融公司的研究报告，美国的 PE/VC 投资者 2006—2018 年在可持续技术（sustainable technology）领域的投资达 490 亿美元，而同期欧洲和亚洲的这一数字分别是 200 亿美元和 120 亿美元；同时有估算表明，美国 PE/VC 管理的资金中超过 20% 都应用了与可持续和社会责任相关的投资标准。从全球范围来看，2018

年全球 VC 行业在清洁技术（cleantech）领域的投资占比为 8.7%[①]，也远高于中国。

　　一个严重阻碍国内 PE/VC 在绿色技术企业项目上投资的重要因素是投资期限错配和投资风险过高。投资期限方面，目前国内 PE/VC 基金的存续期大多为 5～7 年，而许多绿色技术企业能够达到 IPO 门槛则需要 7～10 年的成长期，因此国内的 PE/VC 基金难以青睐技术企业。而美国 PE/VC 基金的存续期期一般在 10 年左右。导致这种国内外差别的一个重要原因是西方国家的 PE/VC 基金的主要投资人（LP）来自养老金、保险公司和大学的捐赠基金，而这些资金本身就有长期投资的需求。相比之下，在我国这些长期资金的来源严重不足，许多 PE/VC 的投资人是企业和靠发行短中期理财产品筹资的信托公司、银行理财公司、证券公司资管计划等。

　　此外，由于绿色技术企业大多数处于成长期和产品研发期，其商业的可持续性和回报的确认需要较长时间和较高成本，而下游消费者偏好和产品收益的难以预测性带来了较大的市场风险，使得许多 PE/VC 基金望而却步。总体而言，绿色技术企业的投资期长、高风险、项目流动性差的特质与我国 PE/VC 的投资偏好不符，导致这类企业不能很好地通过此种途径获得充足、稳定的资金来源。

　　（三）绿色项目面临多种特殊的产业风险

　　许多使用绿色技术的项目，由于其技术特点使得面临着其他产业所没有的风险。比如，光伏和风力发电面临着日照时间和风力不确定的风险，绿色建筑面临着所用技术是否达到节能、节水标准的风险，许多

---

　　① 该比重由作者计算而得，2018 年全球 VC 行业总投资的数据来源为 Crunchbase：https：//news. crunchbase. com/news/q4 - 2018 - closes - out - a - record - year - for - the - global - vc - market/；2018 年全球 VC 行业在清洁技术领域的投资额的数据来源为 Cleantech Group：https：//s3. amazonaws. com/i3. cleantech/uploads/investment_monitor_resource/79580/504943_Q42018_Investment_Monitor_20190114. pdf？mkt_tok = eyJpIjoiWm1Wa01UbG1aVGcyTjJZMiIsInQiOiJ3WFBoU1pEamRyOEMxVElOWWJUdU8ya2gyeEVUejlcL3VmQytKazhmYmx5QUZ6NGJJZkRxcWVGYjZSU0had0RrWVNIVE5xSWxxvUzdBQ0l3dUxiTnVjdWpQQOE9UNlJJa2FFJMXFkTU1FamthcEphK25ssMWlyWFRxUE1cLzN5ZEcrQVlQIn0%3D。

环保和节能设备面临着性能不稳定的风险。如果用户过于担心这些风险，而同时缺乏相应的风险管理工具，就会导致需求不足，从而制约绿色技术的运用和推广。

（四）绿色技术的界定、标准化和认证存在困难

由于缺乏绿色技术的相关界定或认证标准，部分企业可能存在"洗绿"（green washing）行为，即企业声称将资金用于绿色技术创新，但实际上相关技术并不能产生新的环境效益，只是假借绿色技术的名义进行融资。

导致"洗绿"的原因包括缺失绿色技术标准以及认证和披露要求。虽然我国已经推出了绿色信贷、绿色债券和绿色产业的界定标准（说明），但是目前还没有绿色技术的标准或目录。绿色技术的标准应该使专注投资于绿色技术的 PE、VC 等投资机构可以便捷地界定和识别其投资标的。目前由于缺乏标准，第三方机构也无法以此标准为依据对绿色技术进行认证，包括量化评估绿色技术项目所带来的环境效益。

由于上述"洗绿"风险的存在，投资者在识别有投资潜力和正当动机的绿色技术企业时存在困难和疑虑，或者识别过程给投资者造成较大的额外成本。这也是当前导致绿色技术企业融资难的原因之一。

（五）对绿色技术投资缺乏政策激励机制

推动绿色技术创新和绿色技术企业的发展，主要应依靠市场化机制和社会资本的支持，但相关的政策激励机制也十分重要。包括财政激励和税收减免等在内的政策激励机制，一方面可以直接给绿色技术企业的发展提供便利和优惠条件，降低其成本或提高其收益；另一方面可以起到一个杠杆作用，给市场释放积极的信号，引导私人资本和社会资本进入绿色技术领域，以有限的政府资源撬动庞大的市场资源支持绿色技术企业的发展。

虽然我国已经推出了一些支持绿色信贷和债券的激励政策（如绿色再贷款、绿色 MPA、绿色项目的担保和贴息），但主要用于支持采用

传统或成熟技术的项目，而早中期的绿色技术企业和项目则由于难以获得贷款和债券融资，因此无法享受现有的绿色金融激励政策。此外，我国地方性的碳交易市场覆盖面有限，全国性的碳交易市场尚未启动，因此也无法为大部分中小低碳技术企业提供激励。

三、关于强化金融支持绿色技术创新的建议

前文的分析中指出，虽然我国金融业已经在绿色技术支持方面进行了不少创新，但我国绿色技术创新的融资仍然面临一系列障碍。我们认为，要解决绿色技术发展面临的一系列融资问题，必须构建一个有效支持绿色技术企业的金融服务体系。该体系应该包括如下特点：(1) 多层次的融资和风险管理模式，包括股票市场、PE/VC、投贷联动、担保和保险机制，以解决银行不愿贷、风险资金不到位的问题；(2) 政府提供一定的激励机制，包括孵化、担保、贴息等，以降低绿色技术企业的融资成本和风险溢价，缓解绿色项目的环境外部性问题；(3) 提供有较长期限的资金，以满足部分绿色技术项目回报周期长的特点；(4) 建立一套适合于绿色技术和绿色 PE/VC 基金的界定标准和环境效益评估标准，利用数字技术提升绿色评估能力，降低评估成本。基于以上思路，我们提出如下具体的建议。

（一）鼓励银行业金融机构针对绿色技术创新开展投贷联动业务

由于银行的资金来自客户（如储户或债券投资者），因此对风险的容忍度较低，传统的银行一般不愿介入技术类的、风险较大的项目的贷款。而银行又管理着我国金融体系中最大比例的资金，占全部社会融资来源的80%左右，应该寻找合适的、风险可控的途径参与支持绿色技术。我们建议，应该鼓励银行在绿色技术领域开展投贷联动试点。绿色投贷联动，是指银行与有经验的 PE/VC 基金或银行集团内设的股权投资子公司共同支持绿色技术项目，由 PE/VC 基金提供股权融资，银行提供配套贷款。在这种模式下，银行可以借力专业化的股权投资机构对

项目的筛选和尽职调查能力，避免由于银行内部缺乏专业人员而出现投资失误；同时，外部或内部股权机构作为股权投资者，承担较大的风险（和享受较高的未来收益），减少银行在这些项目中所承担的风险。

2016 年 4 月，原银监会将投贷联动作为重点工作之一，并与科技部、中国人民银行联合出台了《关于支持银行业金融机构加大创新力度开展科创企业投贷联动试点的指导意见》。根据该意见，信贷投放由商业银行来完成，股权融资的主体则可根据不同的投贷联动运作模式，由外部风险投资机构（PE/VC）或商业银行集团内部具备投资资格的子公司、产业投资基金来承担；前者称为内部投贷联动，后者称为外部投贷联动。

投贷联动的国内外案例已有较多。比如，成立于 1980 年的硅谷银行（Silicon Valley Bank，SVB），专门为中小技术型创新企业提供综合金融服务，目前已发展成为金融集团架构（硅谷金融集团）。集团旗下有硅谷银行，主要为技术企业提供贷款；旗下的硅谷资本（股权投资子公司）提供股权投资；硅谷银行和硅谷资本之间形成投贷联动机制。硅谷银行对固定资产较少、专利较多的技术企业提供专利质押贷款。硅谷资本一般与其他风投机构共同投资于这些技术企业。

硅谷银行有时采用"认股期权贷款"模式来对冲风险。在这种模式下，硅谷银行发放贷款时，硅谷金融集团同时获得企业的部分认股权或期权，在企业公开上市或被并购时行使。采用认股权证的贷款对象一般是早期阶段的高技术企业，风险较大，硅谷银行集团利用认股权证的方法可以补偿银行面临的部分信用风险。

从国内的实践来看，已有招商银行、南京银行、北京银行、兴业银行、民生银行等开展了投贷联动的业务试点。这些银行的投贷联动主要通过两种模式：一是银行＋PE/VC/券商模式，为企业提供贷款和股权综合融资服务；二是银行＋投资子公司模式，即借助银行集团的投资子公司进行直投业务，并与银行贷款业务进行联动。部分投贷联动的项目已经涉及了新能源、节能环保等绿色领域（如招商银行与 SLARZOOM 光伏亿家的战略合作、民生银行的"启明星"所参与的节能环保等项目）。

但是，总体来看，投贷联动的项目主要还在医疗健康、高端装备制造、互联网运用等领域，得到投贷联动支持的绿色技术的项目还不多。主要问题包括：（1）银行及其投资子公司与银行之外的 PE/VC 基金在绿色领域的专业能力还比较缺乏，项目识别能力有限；（2）绿色技术创新领域的中小企业数量较多，企业管理和风控能力较弱；（3）绿色技术的环境效益尚未得到监管部门和市场充分的认可，外部性尚未内生化。

未来，要强化绿色技术领域的投贷联动业务，应该：（1）鼓励银行内部股权投资子公司和外部 PE/VC 投资管理公司建立跟踪绿色技术的专业团队，包括成立银行的绿色技术支行；（2）与当地的绿色科技孵化器、产业园合作，在投贷联动过程中，对中小绿色技术企业配套提供孵化和服务；（3）将央行和地方政府提供的绿色金融激励政策（包括中国人民银行的绿色再贷款、再贴现和地方政府对绿色项目的贴息、担保）与绿色投贷联动业务有机结合，降低投贷联动业务的融资成本和信用风险。

（二）支持银行在巴塞尔Ⅲ新规之下试点投资绿色基金

目前，银行掌握着金融体系中最大的资金量，但基本没有参与技术投资，包括绿色技术投资。一个主要的原因是传统的银行监管要求基本不允许银行参与股权投资。但是，2017 年发布的巴塞尔Ⅲ的最新监管细则已经允许银行以 250% ~ 400% 的风险权重参与股权基金的投资，但中国机构还没有开始关注和使用这项改革。我们建议，应该探索巴塞尔Ⅲ关于允许银行以 250% 风险权重投资于分散化的股权资产的条款在中国绿色技术产业的试点方案，鼓励试点银行在风险可控的前提下（如不超过银行总资产的 0.5% 和投资标的充分分散化的前提下）投资于专业化管理的绿色股权基金。

巴塞尔（Basel Ⅲ Guidelines）的监管细则规定，银行资金可以投资于股权投资基金，适用的风险权重范围为250%～400%，250%的风险权重适用于风险较低的、投资足够分散化（如投资于250家公司以上的投资组合）的基金，400%的风险权重适用于风险较高的创投（VC）基金。英国、欧洲地区和加拿大的银行已经开始试行此类针对中小企业的股权投资，在充分控制和分散风险的前提下取得了很好的收益，银行进一步开展这类投资的积极性很高。我们估算，在250%的风险权重下，银行投资于这类基金的资本金回报率可以达到25%①。因此，只要各国（地区）银行监管部门参照巴塞尔规则发布执行细则，许多银行（不需动员，它们会主动要求加入）将有很大的积极性参与这类投资，设立较大规模的绿色基金并不需要政府财政出资。我们建议，可以在若干银行启动基于此新规的试点项目，设立绿色基金，部分资金可以投资于绿色技术企业。

（三）支持和培育专注投资于绿色技术的私募股权和创投机构

缺乏专业化的绿色PE/VC基金管理机构，是现阶段我国绿色技术投资的一大瓶颈。根据中国基金业协会的统计，目前在协会注册的、冠名为绿色的各类基金共有500多只，但绝大部分投资于绿色上市公司和使用成熟技术的绿色项目，很少有基金涉足绿色技术创新领域，我们了解到的国内专注投资绿色、清洁或环境技术的基金只有几只。

未来，随着全球应对气候变化战略行动的强化和我国绿色发展战略的深化，越来越多的投资者会认识到，未来绿色低碳项目将会得到更大的激励（如碳价可能在未来上涨几倍或十几倍、各种税收和绿色金

---

① 假设基金投资的回报率为10%，即100元基金投资的回报为10元。在风险权重为250%、资本金充足率为10%的情况下，100元投资所占用的资本为25元；100元银行投资的来源将包括25元资本金和75元银行存款。再假设银行的资金成本（如存款利息加运营成本）为5%，则75元存款的成本为3.75元。因此，银行投资于该股权基金的资本金回报率为（10－3.75）/25＝25%。

融激励政策将逐步到位）和体现更好的长期回报，绿色技术在绿色经济和绿色投资中所占的比例一定会大幅提高。因此，未来需要的不是几只，而是几十只、上百只绿色技术基金。

缺乏合格的、有经验的绿色技术基金管理机构是绿色技术发展的一大瓶颈。为了缓解这个瓶颈，我们有以下建议。（1）政府要有意识地培育绿色技术创投基金，将部分政府产业基金（母基金）所管理的资金配置给绿色技术基金，帮助其建立优质的团队和业绩，并给予适当的激励机制（如租金减免等）。中央和地方发起的绿色发展基金、民营企业引导基金、国家新型产业创业投资引导基金、国家技术成果转化引导基金应该把绿色技术创新作为优先支持领域。（2）鼓励银行、产业基金管理机构强化绿色投资的能力建设，支持发展绿色母基金。鼓励机构投资者将绿色投资原则纳入其投资决策过程中，将部分现有产业基金改造为绿色技术基金。对相关人员开展能力培训，使其掌握识别绿色项目、量化环境效益、披露环境信息等的方法和工具，提高其开展绿色投资的能力。（3）通过提供绿色项目储备和介绍国内外绿色投资机构，鼓励和引导现有的（非专注投资绿色技术的）基金管理团队向绿色技术领域转型。（4）支持绿色技术基金所投资的企业上市融资，比如在同等条件下优先推荐绿色企业到创业板上市。

（四）鼓励保险公司开发支持绿色技术创新和绿色产品的保险产品

许多绿色技术项目在商业化过程中所面临的一个挑战是，这些技术和运用面临较大的市场或技术风险。比如，光伏和风电项目面临日照时间和风力的不确定性（从而导致收益不确定），绿色建筑面临着市场认知（和需求）的不确定性，环保技术设备面临可能出现故障等风险。为了支持绿色项目和这些项目所运用的绿色技术，保险机构应该进一步研发和推广支持绿色建筑、清洁能源、绿色交通、环保技术装备、绿色农业等的产品，通过金融产品创新来化解这些风险或这些风险可能带来的经济损失，为绿色技术的落地推广提供更多支持。

除了为绿色技术购买方面临的市场或技术风险提供风险保障外，还建议保险公司创新商业模式，与第三方机构合作，整合风险管理资源，加强对绿色技术项目所面临风险的研究，强化专业服务能力建设，尝试通过"保险＋服务"的方式，为项目提供以风险减量为导向的、覆盖全生命周期的、囊括一揽子风险的保险解决方案。

绿色技术项目在传统金融机构看来，面临着各种各样的不确定性，因而在资金支持上通常持谨慎态度。通过质押自身的知识产权获得融资，对于绿色技术企业来说不失为一种可以探索的途径。建议金融板块之间加强联动，保险公司与银行深度合作，通过提供知识产权质押融资保证保险的方式，完善风险分担机制，共同支持绿色技术创新。

面对与绿色技术创新有关的风险，绿色技术企业或由于意识不到位，或心存侥幸，或出于对成本支出的考量，一般不愿意主动投保相关保险。为培育企业的风险和保险意识，更好地运用保险机制防范管控风险、增进市场信用、促进技术推广，放大财政资金使用效率，建议政府部门完善绿色金融激励政策，对绿色技术企业投保相关的技术保险险种给予保费补贴，出台可享受补贴的绿色技术企业名单和险种名单，明确补贴比例，以此促进保险覆盖面的提升，让企业切实感受到保险的益处，再视情况逐步降低补贴比例，直至完全退出补贴。

保险具有丰富的应用场景和广泛的客户接触界面，可以成为对接和整合社会资源的入口平台。保险公司以机构身份具有较强的议价能力，能够为客户争取到成本合理的、符合质量标准的产品和服务。建议保险公司创新商业模式，尝试将绿色技术和绿色产品融入为客户提供的解决方案当中，增加对绿色技术供应商的产品采购，促进绿色技术和绿色产品的规模化应用。例如，在为车险客户的受损车辆提供维修服务时尽可能多地采用绿色环保的汽车零配件；在为工程质量保险客户的房屋提供维修服务时尽可能多地使用绿色环保的建筑材料等。

（五）鼓励保险、养老基金等长期资金投资于绿色 PE/VC 基金

由于多种原因，绿色技术项目的回报期可能比其他产业的项目回报期稍长，因此存续期过短（如五年至七年）的 PE/VC 基金就难以专注于绿色技术投资。这些原因包括：一些重要的绿色项目所涉及的技术较新，开拓市场需要一个周期，短期内难以盈利；由于激励政策短期无法到位（如许多减碳的企业尚未被纳入碳交易机制，短期内无法获得碳汇收益，但长期可以收益），项目进入盈利状态的速度较慢；一些绿色项目的前期投入（较同行业非绿项目）较大，投资回报更容易呈现前低后高的特点。

目前，国内多数 PE/VC 基金的资金来自政府引导基金和上市公司，这些机构的激励机制一般不倾向于支持存续期较长（如九年）的绿色技术基金。比如，政府一般重视考核引导基金的年度业绩，上市公司也多看年度的盈利，很少有只关注长期业绩的 LP 投资者。为了解决绿色技术创新企业面临的长期资金需求和短期资金来源之间存在的期限错配问题，我们建议，政府应鼓励和支持养老、保险等长期资金参与创立和投资存续期较长的（如九年或更长期）绿色技术基金。相关政府和监管部门可以通过文件和规定等形式明确这个意向，为全国社保基金理事会和保险机构向绿色技术基金配置长期资产提供依据。

（六）对绿色技术创新企业提供担保和其他类型的风险补偿

随着国家政府性融资担保基金的建立和推动，目前我国已经初步形成了以股权投资、再担保方式为纽带，以国家融资担保基金、省政府性融资担保机构和市县级政府性融资担保机构为层级的政府性融资担保体系。这个体系定位于准公共性，以缓解小微企业、"三农"和创业创新企业融资难、融资贵为目标，按照"政策性导向、市场化运作"的运行模式，带动各方资金扶持小微、"三农"和创业创新企业。但目前尚未有专注于支持担保绿色技术项目贷款的举措，缺乏符合绿色企业特点的政策措施和制度安排，如担保期限和周期、保费定价和补贴、

技术奖励和补贴，信用信息体系对接、股权及风险对价安排等。

我们建议，应该明确绿色技术产业属于政府性融资担保体系的支持范围，依据绿色企业资金需求、期限、成本等特点，细化担保支持绿色技术企业的政策措施和制度安排。此外，还应该支持、鼓励设立绿色技术产业担保基金，委托专业担保机构试点、试验开展绿色技术企业担保投资服务，为国家绿色技术成果积极、成功、有效转化创造条件。

我们建议，刚刚成立的国家融资担保基金应该将绿色技术创新作为其重点支持的领域之一。理由如下。（1）绿色技术企业的许多产品具有改善环境、应对气候变化等公共属性或正外部性，这与国家融资担保基金的准公共金融属性较为契合。（2）在国家绿色金融政策的引导下，许多地方政府都有出资提供绿色担保的意向，但却面临缺乏专业能力的瓶颈，许多地方的担保计划因此迟迟无法落地。国家担保基金可以作为LP，与地方财政共同出资，共同发起地方性的担保基金，委托专业担保公司管理，从而解决专业能力的瓶颈问题。（3）大部分绿色技术企业都是民营中小企业。近年来，我国民营企业违约频率明显高于往年，信用环境快速收缩。在这种情况下，国家融资担保基金加大支持绿色技术企业的力度，既可以推动绿色转型，也能为国家稳增长、稳就业发挥积极作用。

（七）支持地方政府、社会资本及外资设立绿色科技孵化器和产业园

我国已经设立了上万个科技孵化器，但专注绿色技术的孵化器和产业园还很少。我们建议，应该鼓励在有条件的地方由地方政府、社会资本和外资设立绿色技术创新孵化器和产业园，探索使用各种绿色金融工具吸引国际资本和先进绿色技术，支持绿色技术成果转化。绿色技术创新孵化器和产业园应该为绿色技术企业提供一站式服务和税收、租金等优惠政策，吸引国际资本和技术，并争取培育一批具有核心竞争力的绿色技术创新企业。

作为一个绿色科技孵化器，应当具备以下基本条件：有一个孵化绿色企业进驻的物理空间；有一个健全的软服务体系，包括会计、法律、信息、融资、担保、市场营销和企业经营管理顾问等，特别是要有评估、认证绿色项目的第三方服务机构；有一支具有产品开发、项目管理、市场营销和企业管理经验的孵化器管理队伍，要有专业人士提供"创业辅导"。绿色科技产业园可以作为孵化器的延伸，为进入成长期的绿色技术企业的产业化提供更大的场地和营销、管理服务。

（八）用数字技术为绿色产品、技术和资产提供认证、贴标、评估服务

绿色项目区别于其他项目的一个重要特点是必须有环境效益，如降低污染物和碳排放等。但是，这些环境效益的识别、量化、认证和披露往往十分困难，或者成本较高。比如，量化环境效益，必须对绿色技术带来的降低各种排放物的效果进行量化分析，在投资之前进行这些量化分析会涉及大量技术参数、模型和公式以及参照标准。在投资之后，需要对项目所产生的实际环境效益进行监测，往往需要投入大量人力和成本较高的监测设备。过去，由于缺乏技术手段，导致认证和评估成本过高，或者由于缺乏认证、贴标而无法取得市场对产品"绿色效益"的认同。

随着大数据、人工智能、物联网、区块链等技术日趋成熟，对绿色技术带来的环境效益进行低成本、高效率地认证、贴标和评估将变得越来越容易实现。比如，卫星遥感技术可以用来高频监测企业的各种污染物和碳排放情况，物联网技术可以用来监测有机农产品的生产、加工和运输的全过程，智能仪表可以高效、实时监测绿色建筑和绿色家电的节能情况等。未来，应该大力推动这些数字技术手段在绿色金融中的运用，帮助投资机构以更低的成本掌握其被投企业和项目所产生的环境效益。这些技术还可以被用于构建"绿色资产交易所"，交易各类有环境效益的绿色资产（如减碳的分布式光伏、林业资产等）。

（九）建立 PE/VC 的绿色标准和环境信息披露制度

"洗绿"是绿色金融体系需要防范的一个重要风险。所谓"洗绿"，是指企业以投资绿色项目为名，取得绿色融资（如绿色信贷、绿色债券和绿色基金的投资），但实际上却从事非绿（如污染性、高碳）项目的投资。对各类绿色金融产品，都需要防范"洗绿"风险。在绿色信贷、绿色债券领域，有关监管部门已经出台了绿色标准、环境效益计算方法和环境效益披露标准。但是，在 PE/VC 领域，目前还没有明确的绿色 PE/VC 的界定标准，也没有对所投项目的环境效益的披露要求。

我们建议中国证券基金业协会参考科技部关于绿色技术的支持目录、国家发展和改革委员会牵头发布的《绿色产业指导目录（2019 年版）》，编制和落实《绿色 PE/VC 基金界定标准和信息披露要求》，有效防范在绿色产业和绿色技术投资领域的"洗绿"风险。对信息披露要求的设计应该参考 TCFD（气候相关的财务信息披露）小组的建议，要求绿色 PE/VC 基金定期披露基金管理的 ESG 信息，包括公司治理、绿色化战略目标和政策、环境与气候风险管理，以及绿色资金的实际用途和绿色项目所取得的环境效益。

（十）建立绿色技术界定标准

国际组织和发达国家已经制定了一批绿色技术标准。但这些标准大都是由发达国家根据其生产水平和技术水平制定的，对于发展中国家来说未必都适用。我们建议，依据科技部《关于构建市场导向的绿色技术创新体系的指导意见》，结合构建我国统一的绿色金融标准体系，深入开展我国绿色技术通用标准研究，在生态环境污染防治、资源节约和循环利用、城市绿色发展、新能源、能耗和污染物协同控制技术等重点领域制定一批绿色技术标准，明确绿色技术关键性能和技术指标，开展绿色技术效果评估和验证。

应该确保这些绿色技术项目和绿色技术企业的标准既能够促进市场公平竞争，又能够有效兼容国际规则，促进绿色技术企业评定的科学性、可行性和实操性，从而为金融市场与金融机构支持绿色企业发展与绿色技术创新提供合理、可信赖的绿色项目评估认定方法体系，助力绿色技术创新的可持续发展。

（本文与马骏、刘嘉龙合著，成稿于 2020 年 1 月）

绿色金融："中国标准"要成为"世界标准"

党的十九大报告明确指出要"推进绿色发展，加快建立绿色生产和消费的法律制度和政策导向，建立健全绿色低碳循环发展的经济体系。构建市场导向的绿色技术创新体系，发展绿色金融，壮大节能环保产业、清洁生产产业、清洁能源产业。推进能源生产和消费革命，构建清洁低碳、安全高效的能源体系"。习近平总书记提出"要牢固树立保护生态环境就是保护生产力，改善生态环境就是发展生产力的理念"，如何通过绿色金融体系的构建推动绿色发展、循环发展、低碳发展，有效实现金融支持生态文明建设和可持续发展的目标，值得我们深入探讨研究。

在中国的倡导下，在国际合作和共同应对气候变化方面，2016 年，G20 财长和央行行长会议正式将七项发展绿色金融的倡议写入公报。绿色金融首次写入杭州 G20 峰会议程。G20 会议对政府通过绿色金融带动民间资本进入绿色投资领域达成全球性的共识。许多国家面临财政资源的制约，中国为全球在绿色投资方面提供了有价值的战略框架和政策指引。在 2017 年 7 月德国 G20 峰会上，绿色金融和普惠金融再次受到全球关注。

绿色金融是指为支持环境改善、应对气候变化和资源节约高效利用的经济活动，即对环保、节能、清洁能源、绿色交通、绿色建筑等领域的项目投融资、项目运营、风险管理等所提供的金融服务。我们未来要通过这种创新性的金融制度安排，引导和吸引更多的社会资本进入绿色产业，通过绿色信贷、绿色债券、绿色股票指数及相关产品、绿色发展基金、绿色保险和碳金融等金融工具，为绿色金融发展提供可持续的推动力。"十三五"期间，我国潜在的绿色债券市场规模将达5.4万亿元，而在可持续能源、环境基础设施建设、环境修复、工业污染治理、能源与能源节约五大领域，绿色融资需求为14.6万亿元。

截至2017年6月，21家主要银行业金融机构绿色信贷余额为8.22万亿元（此数据为目前各方所公布可得数据），较年初增长9.45%，占各项贷款总额的比例为10%。21家主要银行公布的2016年《社会责任报告》显示，五大国有银行的绿色信贷占比为55%，国开行和进出口银行两大政策性银行的占比为27.5%，股份制银行的占比为16.3%，邮储银行的占比1.2%。总体来看，仅2017年上半年绿色信贷市场规模就超过了2016年，国有大型银行和政策性银行仍担任绿色信贷主力，股份制银行的绿色信贷业务仍有上升空间。

2016年是中国绿色债券爆发式增长的一年。截至2016年底，我国仅用一年时间就成为世界最大的绿色债券市场。根据中国金融信息网绿色金融频道绿色债券数据库统计，2016年中国大陆实际发行贴标绿色债券1985.3亿元（包括熊猫债，不包括境内主体在境外发行的绿色债券，也不包括绿色资产支持证券），共计52只。据Wind资讯统计，2016年中国债券市场上的贴标绿色债券发行规模达2052.31亿元，包括33个发行主体发行的金融债、企业债、公司债、中期票据、国际机构债和资产支持证券等各类债券53只。据气候债券倡议组织统计，中国绿色债券在2016年迅速增长，符合国内和国际绿色定义的绿色债券从几乎为零增加到2380亿元（约合362亿美元），占全球发行规模的39%。

2017年中国依然是全球绿色债券市场上最大的发行来源之一，中央国债结算公司和气候债券倡议组织（CBI）联合发布的《中国绿色债券市场现状报告（2017）》显示，中国境内外共发行绿色债券118只，其中在岸发行113只共计2045亿元，离岸发行5只共计441亿元，合计2486亿元（371亿美元），符合国际绿色定义的债券发行量达1543亿元（229亿美元），占全球发行量的15%。

从募集资金用途看，根据《绿色债券支持项目目录》中的六个领域进行划分，在中国所有的绿色债券中，清洁能源是发行绿色债券最多的领域，其次是清洁交通和能源节约领域，生态保护和气候变化适应是发行量最少的领域。同时，绿色金融债依然占据主要地位，但占比有所下降，显示出非金融机构发行绿色债券的热情逐渐提升。据气候债券倡议组织的统计，截至2017年11月13日，2017年全球绿色债券的总发行量已经达到957亿美元，全年有望达到1300亿美元，比2016年增长60.5%。

2017年绿色债券市场也暴露出一些问题，2017年11月，绿色项目资产证券化产品共发行107亿元，比2016年同期增长近50%。但是由于绿色信贷标准化程度低、信息披露不充分，因此目前仅兴业银行于2016年1月发行一单26.46亿元。此外，无论是绿色项目ABS还是绿色信贷ABS，换手率均几近于0，显示出市场流动性不足。不仅绿色ABS，绿色债券的二级市场流动性也非常有限。金融机构大多通过持有绿色债券，以较低管理成本实践和彰显自身的社会责任，因此交易动机不足。

2017年《G20绿色金融综合报告》指出，缺乏清晰和持续的政策信号、方法论和相关数据的缺失、金融机构能力不足、期限因素、投资条款和绩效激励不足等，是全球绿色金融体系面对的最大障碍。

建立健全绿色金融体系，需要金融、财政、环保等政策和相关法律法规的配套支持，通过建立适当的激励和约束机制解决项目环境外部性问题。同时，也需要金融机构和金融市场加大创新力度，通过发展新的金融工具和服务手段，解决绿色投融资所面临的期限错配、信息不对称、产品和分析工具缺失等问题。

兼顾经济效益与社会效益，推动责任投资的理念也值得深入探讨。绿色金融的投资周期长、回报率低是金融机构和普通投资者普遍存在的误区。2000多项研究表明，绿色投资的回报率高于普通投资。因此，引导投资者树立正确的投资观念，厘清绿色经济的投入产出模式，是协调经济效益与社会效益关系的关键。政府通过特许经营权、合理定价、财政补贴等公开透明方式，完善收益成本风险共担机制，实现政府低碳发展目标。投资者则按照市场化原则出资，分享低碳项目的投资收益。同时，如何协调中央政府和地方政府、政府和市场的关系，使得绿色金融自上而下的推广方式与自下而上的落实方式有效结合，是发展绿色金融的主要挑战之一。例如，如何实现GDP考核与绿色生态效益的可替代性考核，帮助地方政府寻求新的经济增长点，实现绿色经济效益的长期可持续发展等问题。

目前我国绿色金融发展走在世界前列，但与国际绿色金融技术交流还存在一些障碍。中国的绿色定义和国际公认的绿色定义存在差异，国外资本对中国绿色债券市场的了解有限，国内市场准入、资本项目开放、风险对冲机制等亟待完善。

中国作为最重要的新兴经济体，需要使绿色金融"中国标准"成为"世界标准"，以体现中国在绿色金融方面的领导力，提升中国在全球环境治理中的话语权。中国在担任G20主席国期间，在国际上充分展示了绿色金融方面的领导能力。同时，中国的"一带一路"倡议致力于提升沿线国家和地区的基础设施建设，跨境绿色投融资的机遇处于巨大的风口之上。

中国正站在引领全球金融治理与区域金融治理的重大历史关口，要抓住这一机遇，制定标准、制定规则，引领潮流、引领世界，推动我国绿色信贷、绿色债券和绿色基金等金融产品和服务的国际化，拓展全球金融市场，畅通绿色资本的跨境流动，拓展全球绿色金融市场和生态环境保护融合的广度和深度。

2017年6月，中国人民银行、银监会、证监会、保监会、国家标准委联合发布了《金融业标准化体系建设发展规划（2016—2020年)》，将"绿色金融标准化工程"列为五大重点工程之一，大力推进落实。

2017年11月11日，中国金融学会绿色金融专业委员会和欧洲投资银行在第23届联合国气候大会举行地德国波恩联合发布《探寻绿色金融的共同语言》（*The Need for a Common Language in Green Finance*）白皮书，为提升中国与欧盟的绿色债券可比性和一致性提供了基础，也为推动绿色金融的定义和标准的一致化提供了重要参考。

中国已经成为全球绿色金融发展的风向标。一方面，通过G20峰会和"一带一路"倡议，中国为全世界绿色金融的发展提供经验借鉴，引领全球经济和金融向着绿色、可持续方向前进，推动绿色金融的广度发展。另一方面，通过在国内开展绿色金融改革创新试验区建设，中国在探索不同地区发展绿色金融的可复制可推广的经验做法，更好地发挥绿色金融助推中国经济绿色转型的积极作用，推动绿色可持续发展。同时，绿色金融工具积极引导社会资本投资将成为趋势。根据中国人民大学绿色金融改革与促进绿色转型课题组的测算，未来几年，全部绿色投资中政府财政出资进行绿色投资部分占10%～15%，绝大部分来自社会投资，社会绿色投资比重预计将达到85%～90%。

近年来，中国绿色信贷、绿色债券、绿色基金等为绿色产业引入社会资本8万亿元左右，而中国金融学会绿色金融专业委员会190个成员单位中的中资金融机构所管理的120万亿元金融资产，约占中国金融业总资产的70%，则为绿色投资提供了可持续的动力。通过绿色信贷、绿色债券、绿色基金等业务撬动民间资金投资于绿色项目，在财政资金不足甚至缺位的情况下，引导社会资本逐步从进入新能源、绿色交通、绿色建筑等绿色产业或者环保低污染的服务型行业，将有效地支持环境治理和产业结构优化升级。此外，投资于节能技术和治理污染技术等绿色科技领域，能形成新的经济增长点，有效推动金融支持实体经济，促进经济绿色低碳可持续发展。

目前，资金瓶颈是绿色低碳发展的一大挑战。中国应推进政府与社会资本合作，加快建立统一规范的多层次绿色金融市场，包括银行绿色化转型、绿色债券、绿色基金、绿色保险、绿色担保体系以及碳金融体系的构建，细化财政、金融支持政策，完善债券、股权、基金、保险市场建设，积极发展排污权交易、加快建立高效的绿色低碳交易市场，满足多元化多层次的投融资需求，提高市场整体竞争力，让市场在资源配置中起决定性作用。而如何完善绿色金融服务体系，促进绿色金融工具创新，提供融资支持（包括融资租赁、资产证券化、担保支持）、财政税收支持、金融服务支持等。如何减免低碳行业的增值税、消费税出台、环境保护的"绿色税收"优惠政策，完善国内节能减排财政专项扶持资金，完善相应的法律法规，也值得政策制定者深入研究。要转变传统金融思维定式，以金融组织、融资模式、服务方式和管理制度为突破口，引导投资结构调整，推动经济转型升级，推动金融支持绿色产业政策落地。

（本文与王文、郭沛源合著，成稿于 2018 年 8 月）

绿色金融国际立法与借鉴

20 世纪 70 年代以来，对可持续经济增长模式的思考与研究得到全球关注，包括对绿色金融立法方面的实践，而《巴黎协定》的签订标志着全球经济生产开始向绿色、低碳、可持续转型。全面梳理美国、英国、德国和日本在环境保护和绿色金融方面的立法，可以为我国绿色金融的立法、实践和快速发展提供一些经验借鉴，为实现绿色低碳发展奠定法制基础。

国际社会达成的气候公约及绿色金融制度框架

1992 年颁布的《联合国气候变化框架公约》，是世界上第一个具有法律约束力的气候谈判国际基本框架，为全球气候变化谈判奠定了坚实的基础。1977 年在日本京都颁布的《京都议定书》，作为定量化减排的重要国际法律文件，使温室气体减排成为发达国家的法律义务。而 2015 年出台的《巴黎协定》则开启了 2020 年后全球气候治理新阶段。

世界各国较早就开始了绿色金融的理论研究及实践，达成了一系列绿色金融制度建设框架，为绿色金融的快速发展奠定了制度基础。1992 年，为普及和推广可持续金融理念，督促金融机构可持续发展，联合国环境规划署联合世界主要银行和保险公司成立了金融机构自律组织。之后，联合国环境规划署分别于 1995 年和 1997 年发布了《联合国环境署保险业环境举措》和《银行业、保险业关于环境可持续发展的声明》，明确了保险业和银行业的环境责任，标志着国际金融业开始系统实施环境管理体系。2003 年 6 月，国际金融公司（IFC）联合花旗银行、巴克莱银行、荷兰银行等发起建立了商业银行新标准——赤道原则，花旗银行等 10 家银行率先宣布成为赤道银行。赤道原则的确立为推进绿色环保、低碳生产提供了严格的行业准则，成为国际项目融资的新行业准则。赤道原则官网显示，目前已有来自 37 个国家的 90 家金融机构采纳赤道原则。2015 年在中国人民银行和英格兰银行的联合倡议下，G20 绿色金融研究小组成立，并于 2016 年杭州 G20 峰会上发布了 G20 绿色金融综合报告，以推动绿色金融的发展和全球合作。

发达国家绿色金融立法

美国绿色金融立法

自 20 世纪 70 年代至今，美国联邦政府先后颁布了 26 部环保法律，绿色金融理念在这一系列环保法律中不断得到体现和强化，绿色金融相关立法不断得以完善。1936 年颁布的《公共汽车尾气控制法》可以说是美国绿色金融理念付诸法律实践的最初表现。1970 年颁布的《国家环境政策法》作为环保基本立法，突出体现了绿色金融理念。而 1970 年、1972 年分别实施的《清洁空气法》和《清洁水法》两部法律，加强了对空气和水资源的立法保护，是绿色金融立法的具体实践。1980 年，美国的《超级基金法案》（CERCLA）要求企业必须为其引起的环境污染承担责任，这使信贷银行不得不高度关注和认真防范由于放贷而可能引起的潜在环境风险。作为美国重要环保法律，《超级基金法案》直接催生了绿色信贷和绿色保险制度，是绿色金融立法发展的重大转折。

而奥巴马政府实施的"绿色新政"也有效提升了美国经济发展潜力，并在世界上起到了引导和示范效应。如 2009 年美国政府先后出台的促进低碳经济发展的《美国复苏与再投资法案》和《美国清洁能源与安全法案》，两部法律明确规定了要推广清洁能源、提高能源利用效率，通过低碳经济发展提升美国经济增长，这对美国最早走出 2008 年国际金融危机泥潭，摆脱其不利影响起到了重要作用。

作为联邦制国家，美国各州政府拥有较大的独立立法与行政执法权。各州政府也积极颁布了生态环境保护的相关法律，以此来推动绿色金融发展，其中美国加州的环保、绿色金融立法走在了前列。加州 1989 年就颁布了《综合废弃物管理法令》，以此来推动循环经济发展。2006 年颁布的《加利福尼亚州全球变暖解决方案法》，使加州成为美国第一个从法律上约束自己实现减排目标的州。而 2010 年出台的《限制二氧化碳排放总量管制与排放交易规定》，使加州政府成为美国第一个利用市场规律遏制温室气体排放的地方政府。同时加州政府还与我国江苏省签署了《新能源与生态环境战略合作框架协议》，这是中美首个省州之间关于新能源和生态环境战略合作的框架协议，推动了中美在环境保护方面的合作。

英国绿色金融立法

20 世纪 70 年代以来，英国加快了绿色金融相关立法进程。1972 年出台的《有毒废物处置法》严格规范了有毒废物处理标准，其中还涉及绿色信贷理念。作为英国环保领域的重要立法，1990 年颁布的《环境保护法》规定企业必须通过环境责任评估，才能从金融机构获得绿色信贷。其中 2001 年英国出台的《污染预防法》对 9000 多个企业生产工艺环节的环境准则进行了严格规定和细化，通过约束企业的生产经营，降低对环境的影响破坏。同时，英国也是世界上最早推行低碳发展和制定低碳经济立法的国家之一，在 2003 年颁布《我们的能源未来：创建低碳经济》，在西方国家中最早提出了低碳经济发展理念。而 2008 年颁布的《气候变化法案》是一部推动低碳经济发展的法律，使英国成为世界上第一个法律明确规定 CO_2 减排的国家。英国政府还积极推动发展绿色信贷，采取了相关促进绿色信贷的激励措施。2009 年颁布的《贷款担保计划》，明确了针对中小企业融资的补贴和担保机制，鼓励中小企业将资金投向绿色创新环保产业，极大地促进了中小企业绿色生产的资金需求。

同时，英国政府还推动绿色金融机构的建设和金融机构的"绿色化"，如 2003 年巴克莱银行最早宣布加入赤道原则。为了鼓励更多的社会资本投资于存在市场失效问题的绿色环保项目领域，英国政府于 2012 年 10 月投资成立了英国绿色投资银行——全球首家专门致力于绿色经济的投资银行，致力于解决基础设施融资中市场缺失的问题，通过调动私人资本来加快向绿色经济的转型，极大地推动了英国绿色金融的快速发展。

德国绿色金融立法

德国很早就开始对循环经济发展制定相关立法和实践。20 世纪 70年代开始，德国制定了一系列的环境保护立法，这些立法主要遵循了预防原则、污染者付费原则以及合作原则。尽管德国至今也没有颁布绿色信贷法、绿色保险法或绿色银行法等绿色金融相关立法，但德国拥有十分发达的环境保护法律体系，并以这些环境保护法律为基础，将其循环经济核心理念贯穿其中，通过推动其循环经济立法和政策实践的实施，促进绿色金融的快速发展。

1972 年颁布的《废弃物管理法》主要针对如何进行废弃物的有效处理。而在 1991 年出台的《包装条例》，德国政府第一次将其循环经济发展理念体现于环保立法体系中。德国拥有先进的环境责任保险制度，1991 年颁布的《环境责任法》极大地扩充了环境责任险的适用和承包范围。1996 年实施的《循环经济与废弃物法》作为德国循环经济关键综合性立法，在世界上较早将循环经济写入法律。2000 年出台的《可再生能源促进法》通过法律明确了要加大对清洁低碳能源的开发利用。这些相关法律的实施对绿色信贷的快速发展提供了法律保证。德国还积极推动绿色保险的法律建设，先后于 2007 年、2008 年颁布了《环境损害保险一般条款》和《环境责任保险条款》等环境保险法律，通过明确环境责任人的义务和绿色保险种类，解决环境污染纠纷，来促进绿色保险的发展。

在绿色金融实践上，德国政府积极作为，通过优惠补贴等措施支持德国复兴信贷银行积极践行绿色信贷政策。同时，1974 年，在德国政府的主导下，成立了世界第一家生态银行，这为德国绿色信贷的发展提供了长期、稳定的资金支持。

我国绿色金融立法路径选择

完善的法律基础设施是绿色金融发展的重要制度保障。我们应充分利用法律的强制性约束来监督管理金融机构和企业的市场行为，保障相关政策落地和激励机制的发挥，有效实现经济的绿色转型和可持续发展。

明确银行等金融机构的环境法律责任

目前我国监管部门出台的绿色信贷政策包括 2007 年的《关于落实环境保护政策法规防范信贷风险的意见》，这被认为是中国绿色信贷制度建立的标志。2012 年银监会出台《绿色信贷指引》也对银行业金融机构开展绿色信贷、大力促进节能减排和环境保护提出了明确要求；未来应通过修改和增加《商业银行法》的相关条款，对商业银行的信贷行为进行相应约束和引导，对其贷款融资项目的环境风险责任进行具体规定，从而影响其贷款行为。建议探索将绿色信贷纳入宏观审慎评估框架，并将绿色信贷实施情况关键指标评价结果、银行绿色评价结果作为重要参考，纳入相关指标体系，完善支持绿色信贷等绿色业务的激励机制，同时建立抑制高污染、高能耗和产能过剩行业贷款的约束机制。探索通过再贷款和建立专业化担保机制等措施支持绿色信贷发展，建立以绿色信贷理念为主导的信贷业务体系和风险管理框架。

积极推动绿色金融工具创新方面的细则落地

首先，完善绿色债券的相关规章制度，将各种有助于降低绿色债券融资成本的激励机制尽快通过制度框架予以明确。加强部门间协调，完善并统一我国绿色债券界定标准。作为债券市场的创新品种，绿色债券市场发展亟待相关政策的出台，除了绿色债券和发行项目标准的界定，在资金投向、信息披露、第三方认证、信用评级、绿色债券指数、担保、次级债券与再保险等信用增信工具、环境效益评价、项目评估和资金使用评价体系等多个方面完善。同时，可以考虑为绿色债券发行人或投资人提供税收优惠，促进绿色贷款机制、风险权重优惠、审批的快速通道、海外人民币离岸市场发行的相关配套支持等一系列政策出台。另外，我国已经相继出台绿色金融债、绿色企业债、绿色公司债发行指引等制度，从国际经验来看，市政债的发行可以很好地解决地方政府城镇化环保产业投融资的问题。未来我国可以考虑出台相关制度，在有效防范风险的前提下，允许符合条件的地方通过绿色市政债的发行，引导投资到绿色基础设施和环保等产业，创新推进低碳绿色城市的发展。

其次，利用保险的产品创新，运用保险对绿色项目的再担保，提高市场投资者的投资信心。采用强制保险的绿色责任保险制度，降低高污染、高环境风险企业的社会污染和金融风险，将企业是否投保环境污染责任保险情况，作为获得绿色信贷等金融服务的重要参考指标，以绿色保险保障地区绿色产业体系安全发展。可尝试在部分省份、部分行业推行强制性的绿色保险，积累一定行业经验后，逐步推向覆盖全国和更多行业的绿色保险，形成环境风险的有效防范和快速转移的风险治理机制。相关政府部门要主动作为，积极参与制定绿色保险相关法律，适时出台环境污染责任强制保险条例，对环境污染风险评估和损失赔偿标准进行明确与细化。

最后，支持绿色基金方面的政策法规需要不断完善。2016 年 8 月七部门联合发文明确支持设立各类绿色发展基金，实行市场化运作。支持社会资本和国际资本设立各类民间绿色投资基金，通过政府和社会资本合作（PPP）模式动员社会资本参与绿色投资。明确地方政府可通过放宽市场准入、完善公共服务定价、实施特许经营模式、落实财税和土地政策等措施，完善收益和成本风险共担机制，支持绿色发展基金所投资的项目。推动完善绿色项目 PPP 相关法规规章，鼓励各地在总结现有 PPP 项目经验的基础上，出台更加具有操作性的实施细则，鼓励各级政府以多种形式发起或参与发起 PPP 模式的绿色发展基金。

建立强制性环境信息披露机制

通过强制性要求企业披露其生态环保信息，促使企业改善生产，增强其生态环保社会使命感和责任感，引导资金更多投向环境友好型绿色企业。将企业环境违法违规信息等企业环境信息纳入金融信用信息基础数据库，建立企业环境信息的共享机制，为金融机构的贷款和投资决策提供依据。完善上市公司环境信息披露制度，据统计，目前在沪深交易所 3000 多家上市公司中，属于环保部确定的"国家重点监控企业"的上市公司有 160 多家，近九成披露了环境信息，建议进一步加强相关部门协调，提高上市公司信息披露的规范性、完整性，以便投资者和公众准确判断上市公司环境风险，同时加大对伪造环境信息的上市公司和发债企业的惩罚力度，并以此为契机提高环境绩效。同时，要发挥绿色金融中介服务机构的监督、引导、约束和激励作用。

完善绿色金融风险防范的制度框架

绿色金融的发展仍处于探索阶段，必须建立绿色金融风险防范机制，健全问责制度，制定投融资风险考核机制，引进第三方绿色评估机构，加强绿色金融发展监管。制定专门的绿色融资审查体系，对绿色项目的备案和绿色投融资资金的使用方向都要建立考核体系，严格监督资金的使用方向和影响结果，培育专业的第三方绿色评估机构，对融资使用状况进行评估，确保绿色融资资金投向真正的绿色项目。将绿色金融业务开展成效、环境风险管理情况纳入金融机构绩效考核体系。依法建立绿色项目投资风险补偿制度，通过担保和保险体系分散金融风险。建立绿色金融信息交流交易平台，解决绿色金融市场中的信息不对称问题，有效防范信用风险和流动性风险，加强绿色金融体系本身的抗风险能力，促进绿色金融助力低碳绿色发展的进程。

制度先行，积极推动绿色金融在地方落地

2017 年 6 月 14 日的国务院常务会议，决定选择浙江、江西、广东、贵州和新疆的部分地市，作为绿色金融改革创新试验区，从而推动中国的绿色转型。此次绿色金融改革创新试验区的落地，标志着我国地方绿色金融体系的建设进入实践阶段。未来可通过在 5 省区的体制机制探索，积累可复制推广经验，从而更好地发挥绿色金融助推经济和城市的绿色转型。

但是，我们也应清醒地认识到，在现有宏观经济形势和金融改革背景下，我国的绿色发展仍面临着诸多投融资方面的挑战，与国家的绿色低碳发展目标还存在一定距离。地方在绿色金融改革创新试点过程中，应探索完善相关法律基础设施，积极落实环境责任、生态资源产权确权和绿色信贷优先受偿等制度。同时完善 PPP 模式的绿色基金的收益和成本风险共担机制，完善公共服务定价、实施特许经营模式、落实财税和土地政策等措施，保障社会资本进入的公平性。另外，支持地方和市场机构通过专业化的担保和增信机制支持绿色债券的发行，降低绿色债券的融资成本。而如何协调环境效益和经济效益，正确引导投资者的责任投资理念，保障绿色金融参与主体的相关利益，使绿色金融自上而下的推广方式与自下而上的落实方式有效结合，是发展绿色金融的主要挑战之一。

（本文与曹超合著，成稿于 2017 年 9 月）

◢ 绿色金融推动绿色技术创新的国际比较及借鉴

日前，如何构建市场化的绿色技术创新体系引发了各方关注。党的十九大报告对"发展绿色金融，推进绿色发展，构建市场化导向的绿色技术创新体系"指明了方向。应该说，绿色技术创新是绿色发展的基石，而资金瓶颈是绿色技术发展的一大挑战。借鉴国际经验，应发挥绿色金融体系的作用，引导和激励更多社会资金投资于环保、节能、清洁能源、清洁交通等绿色产业和技术研发，通过政策创新、管理创新、产品创新、市场创新开放并举，为市场化的绿色技术创新体系带来可持续发展的重要推动力。

国际经验

从绿色金融体系的国际经验来看，2012 年 10 月成立的英国绿色投资银行（GIB）是世界上第一家专门致力于为绿色低碳项目融资的投资银行，它的作用是解决基础设施融资中市场缺失的问题，鼓励更多的社会资本投资于存在市场失效的绿色环保项目领域，作为绿色投资市场的"催化剂"和补充者，通过调动私人资本来加快向绿色经济的转型。

英国绿色投资银行成立以来发展迅速，通过 18 亿英镑的直接投资撬动了总共 60 亿英镑的私人资金投入绿色经济领域。与一般的投资银行不同，绿色投资风险是 GIB 最主要的风险之一，主要衡量其投资的绿色环保指标，是否符合可持续性的绿色发展原则，这方面也值得我们重点关注。

为实现环境可持续发展，欧盟委员会于 2008 年创办全球能效和可再生能源基金。GEEREF 具有母基金的结构，它向中小型项目开发者和企业提供股权投资。基金采取 PPP 组织架构形式，由公共部门出资，促进私营部门投向子基金和项目，包括新兴市场中的可再生能源和能效项目、绿色基础设施项目，从而有效发挥母基金的投资杠杆效应。

南非绿色基金作为南非国家绿色引导基金，现由南非开发银行管理，旨在通过支持绿色倡议，帮助南非向低碳、高效资源利用和适应气候变化的发展道路过渡。南非绿色基金主要为绿色城镇、低碳经济、环境和自然资源管理三类融资窗口提供资金。这三个窗口可以反映南非国家政策的优先事项，推动农村发展的以生态系统为基础的适应气候变化的干预措施，帮助私营企业削减环境污染和资源消耗，消除经济增长对自然资源的影响，以实现符合国家气候变化政策的低碳增长轨迹。

作为一项应对发展性金融与气候融资迫切投资需求的可靠选择，各国政府还建立战略投资基金以支持国内资本市场。特别是在新兴市场与发展中经济体，战略投资基金作为私人投资者在基础设施公私合作项目基金，例如亚洲基础设施基金（2010 年）和非洲可再生能源基金（2014 年），以及中小型企业基金等国内项目的投资者；又如以色列和巴西战略投资基金可以持少数股权以有限合伙人身份投资混合私募股权和风险投资基金，有效解决创新性中小企业融资难的问题。

从财税政策上看，不同的国家对申请绿色发展基金的企业给予优惠，例如美国纽约州能源研究与开发署对于申请清洁能源基金企业，根据能源利用绩效安排补助发放；泰国合同能源管理基金为合格的中小企业提供低成本的设备租赁和商业银行贷款担保等；荷兰政府推进的绿色基金计划，对绿色基金投资者仅正式 1.2% 的资本收益税和 1.3% 的所得税；韩国政府对投资绿色产业超过 60% 的产业投资基金给予分红收入免税等优惠政策。

从国际经验来看，绿色债券功不可没，如"欧洲 2020 项目债券"计划，旨在为能源、交通、信息和通信网络建设融资的债券由项目的负责公司承担发行责任，并由欧盟和欧洲投资银行通过担保的方式提高信用级别，以吸引更多的机构投资者。此外，在金融产品创新和服务方面，绿色银行能够提供信用增级、贷款损失准备、贷款担保和贷款捆绑等金融产品。对于期限较长的项目，主要采用直接投资或者通过高级、夹层、次级债券向项目组合投资的方式，并确保每个交易都能达到绿色银行要求的信用标准和投资标准。

政策建议

近年来，中国绿色金融体系在各方推动下呈现快速发展的趋势，中国已经成为全球首个建立了比较完整的绿色金融政策体系的经济体，但尚须充分发挥绿色金融在构建绿色技术创新体系中的作用。

积极推动绿色基金支持绿色技术创新的政策和投资落地。绿色基金是绿色金融体系中资金来源最广的融资方式，包括但不限于绿色产业基金、担保基金、碳基金、气候基金等。建议鼓励各级地方政府以多种形式发起或参与 PPP 模式的绿色发展基金，用于雾霾治理、水环境治理、土壤治理、污染防治、清洁能源、资源利用效率和循环利用、绿色交通、绿色建筑、生态保护和气候适应等领域。引导各类机构开展绿色投资，提升绿色投研体系和投资决策机制，鼓励金融机构开发绿色金融产品支持绿色技术创新。

建立绿色基金支持市场化绿色技术创新的相关政策框架，有效鼓励绿色 PE/VC 支持科技型中小微企业。党的十九大报告对构建市场化的绿色技术创新体系指明了重要方向，应逐步建立以绿色企业为主体、市场为导向、产融结合的技术创新体系。鼓励绿色发展基金、政府引导基金、国家新型产业创业引导基金、绿色技术银行、国家科技成果转化引导基金、民营企业引导基金等把绿色技术创新作为重要的支持领域，促进环保科技产业发展和成果转化，并建立相应的投资激励机制，完善绿色基金投资绩效评价体系和筛选指标体系，为绿色发展奠定技术创新的动力。

推动绿色金融改革试验地区与国家可持续发展议程创新示范区在绿色技术创新方面的协调。目前，地方政府参与绿色金融的积极性很高，除了浙江、江西、广东、贵州和新疆的部分地区作为绿色金融改革创新试验区之外，包括河北、湖北、山东、陕西、江苏、福建等地已开始了绿色金融的初步探索并积累了一定经验。建议今后与国家可持续发展议程创新示范区、国家级经济技术开发区、国家级产业园区的发展有效衔接，鼓励符合条件的民间资本设立绿色银行，绿色基金，支持绿色信贷和绿色融资租赁项目，鼓励企业发行绿色债券，鼓励试点的地方政府发行绿色市政债券，推进绿色金融支持绿色技术创新的落地，以金融科技＋绿色金融创新为城市绿色低碳转型提供投融资路径。

发挥绿色金融体系在市场化绿色技术创新体系的驱动作用。推动政府、金融机构、企业、科研院所之间有效沟通，使绿色金融与绿色技术创新体系有机结合。注重外部激励和内部动力机制培育，让更多资金流向绿色技术研发领域，有以下几个措施：一是完善绿色金融支持绿色技术创新制度框架；二是健全金融支持绿色技术创新的管理机制；三是建立绿色技术创新激励机制；四是建立金融支持绿色技术创新的风险防范机制。

建立服务绿色技术创新的多层次资本市场体系和融资机制。支持符合条件的绿色技术企业在主板、中小板、创业板以及新三板等上市和挂牌融资，规范发展区域性股权市场，大力发展创业投资、天使投资。重点支持新一代信息技术、高端装备、新材料、新能源、节能环保以及生物医药等高新技术产业和战略性新兴产业。

（本文成稿于 2019 年 3 月）

绿色金融在乡村振兴中的作用

2018 年的中央一号文件部署了乡村振兴战略，其中农业及乡村绿色发展成为最大亮点，为绿色发展打开了新的空间，也为绿色金融提供了重大机遇。农业农村优先发展和城乡融合发展的体制机制和政策机制，为今后进行乡村振兴战略的顶层政策设计指明了方向，而绿色金融作为绿色可持续发展的重要创新力，无疑为乡村振兴提供了可持续发展的动力。

绿色金融支持乡村振兴正当其时

增加绿色金融供给，扶持农林产业发展，是贯彻落实五大发展理念和发挥金融服务供给侧结构性改革作用的重要举措。国家鼓励发展普惠金融和绿色金融，并以此作为推动金融"脱虚向实"、支持实体经济发展的重要抓手。农村绿色金融可以推动供给侧结构性改革，推动生态环境改善，满足农村人口日益增长的美好生活需要。

目前，各地政府也推出了绿色金融支持农林产业发展的政策措施，但总体工作尚处于起步阶段，中小金融机构和市场主体参与能力薄弱、缺乏专业的绿色投资和配套服务机构、社会资本进入农村绿色产业的动力不足，而乡村绿色发展相关项目也普遍存在规模小、区位分散、主体信用信息缺失等问题。这就需要动员和激励广大社会资本提供更多绿色资金，加强市场制度建设和市场参与主体建设，培育和开发更多的农村绿色金融工具，拓展社会资本进入农村和农业的绿色产业渠道。

第一，完善绿色金融市场体系，推动绿色金融工具创新。目前资金瓶颈仍是绿色低碳发展的一大挑战。中国应推进政府和社会资本合作，加快建立统一规范的多层次绿色金融市场体系，包括银行绿色化转型、绿色信贷、绿色债券、绿色基金、绿色保险、绿色担保体系、碳金融的构建，细化财政、金融支持政策，完善债券、股权、基金、保险市场建设，积极发展排污权交易，加快建立高效的绿色低碳交易市场，推动绿色金融的地方试点工作，满足多元化多层次的投融资需求，提高市场整体竞争力，让市场在资源配置中起决定性作用。

第二，推动金融机构在绿色金融方面的能力建设，强化金融服务方式创新。抓紧出台金融服务乡村振兴的指导意见，明确国家开发银行、中国农业发展银行在乡村振兴中的职责定位，加大中国农业银行、中国邮政储蓄银行三农金融事业部对乡村振兴的支持力度，强化股份制商业银行和城市商业银行绿色金融服务方式创新，加大对乡村振兴中长期绿色信贷支持。

以农发行为例，近年来，农发行坚持绿色金融为导向，将加强农村生态建设、环境保护和生态整治作为重点，引导信贷向绿色、生态产业倾斜。2017 年，全年累计发放改善农村人居环境贷款 712.87 亿元，支持农村污水垃圾处理、农村危房改造等项目 1452 个，林业资源开发与保护贷款 140.05 亿元。

建议金融机构围绕"三农"领域，加快创新农村绿色金融产品和服务方式，推进构建现代农业产业体系、生产体系、经营体系，支持农田建设，加大力度支持农村土地流转和适度规模经营、农业科技创新、农村流转体系建设等，不断促进农业增效、农民增收，支持促进农村绿色产业健康有序发展。要引导地区商业银行、农信社向绿色银行转型，设立绿色金融事业部或绿色支行，以金融手段引导新兴绿色产业发展，促进传统产业绿色化改造，全面助力乡村振兴。培育绿色金融地方服务主体，夯实绿色金融基础设施，提高金融支持农村建设、农业发展、脱贫致富的精准度。

第三，引导绿色信贷，通过优化信贷结构和产品，拓宽绿色融资渠道，积极为绿色农业发展、农业循环经济、农村污染防治项目提供金融服务。根据乡村振兴的发展和需求特点，加快产品和信贷模式创新，增加绿色产品的金融供给。深化"三位一体"农民合作经济组织体系改革，对于专业合作社、农业产业化龙头企业等新型农业经营主体，推出"农合贷"和土地承包经营权抵押贷款，破解融资担保难题。同时，加大与政府部门合作，破解群众转贷难题，促进新旧动能转换。同时，优化授信和审批流程，在信贷准入、项目评估、贷款审批、放款审核等环节设立绿色信贷的专项通道，积极引导信贷资金流向绿色制造业、生态旅游业及节能环保产业等绿色产业，大力支持休闲农业、乡村旅游、农村电商、特色小镇等领域的信贷需求。

第四，适时推进绿色债券等证券市场绿色产品和市场主体支持乡村振兴。根据人民银行颁布的《绿色债券支持项目目录》规定，绿色债券募集资金主要投向节能、污染防治、资源节约循环利用、清洁交通、清洁能源、生态保护和适应气候变化等方面，为企业提供低成本资金，促进经济、社会、生态全面协调可持续发展。应发挥绿色债券工具的特点，政策性引导绿色债券为中长期乡村振兴、绿色农林业项目提供融资便利，提升投资者对中长期绿色项目的信心。鼓励金融机构进行绿色金融债的发行并更多关注乡村振兴领域。

第五，积极通过绿色基金民间资本进行绿色投资。鼓励更多地方政府设立绿色基金，以国家绿色产业为政策导向，引导社会资本支持绿色城市和乡村振兴，促进农村绿色产业健康、有序发展。

绿色基金可以有效提高社会资本参与环保产业的积极性。未来也可以考虑设立担保基金，包括绿色中小企业信用担保、绿色债券、绿色PPP项目担保等，并通过市场化与差别化的担保政策、补贴政策、税收优惠政策等进行综合调整。担保基金可以涵盖绿色中小企业信用担保、绿色债券、绿色PPP项目担保等，以担保的完善推进绿色产业融资的风险管理与激励机制创新。

第六，鼓励加快绿色保险市场发展。一方面，保险资金具有资本存量大、现金流稳定、存续期长的特点，对于建设资金需求量大的轨道交通工程、绿色建筑、公共建筑节能改造、新能源汽车产业基地、绿色产业园区等重点绿色项目来说是优质的资金选择。另一方面，利用保险的产品创新对绿色项目进行绿色发债，对绿色信贷进行再担保，可以提高市场投资者的信心。

第七，结合绿色金融试点有效实施推进乡村振兴的金融方案。在推进绿色金融改革和创新试点中，应鼓励地方政府实施适合地方农村发展的绿色金融实施方案，建立地方乡村和农业绿色项目库，利用地方特色打造绿色金融服务品牌。改善"三农"金融服务组织体系，强调建设绿色农业实验区域，支持循环农业示范乡镇、低碳排放、农业园区循环化改造，为绿色金融支持乡村振兴提供有效路径。

第八，把握乡村振兴战略，利用"互联网＋绿色金融工具"助力农村小微企业发展。乡村振兴的主要着力点包括农村环境治理、农村规划和道路建设、观光农业和旅游开发，互联网金融的发展为绿色金融产品创新和服务拓展了广阔空间，绿色信贷数据库和绿色项目数据库的有效搭建，有助于将绿色金融与普惠金融有效地结合起来，共同推动乡村振兴。

完善绿色金融支持乡村振兴战略的配套政策

绿色金融在支持乡村振兴发展过程中，要有效协调中央政府和地方政府、政府和市场的关系，促进绿色金融支持绿色发展自上而下的推广方式与自下而上的落实方式有效结合。绿色信贷、绿色债券、绿色发展基金、绿色保险和碳金融等绿色金融工具，应逐步形成合力，满足绿色城市和乡村振兴中能源、环保、交通、市政、绿色建筑、绿色农林业等绿色产业的投融资需求，形成可持续发展的推动力，服务好实体经济的绿色低碳转型升级。

一是建立健全乡村振兴农村绿色金融政策扶持机制。发挥财政支持农村绿色金融发展的政策撬动作用，通过财政贴息、风险补偿、投资补助等手段，加快构建循环农业和循环农业服务业的循环经济体系；借鉴德国经验，试点财政部门将绿色贷款的贴息管理权交给绿色银行或绿色金融事业部等做法，扩大绿色贴息的范围。根据绿色信贷市场需求出台财政保障措施，以财政贴息支持绿色信贷，运用再贷款和宏观审慎评估体系，降低社会融资成本，提升绿色政策的市场反应效率和效果。为此，建议成立区域性的绿色经济和绿色产业发展基金，引导更多社会资源投入绿色金融领域；建立以绿色企业为主体、市场为导向、产融结合的技术创新体系，引导更多资金投向绿色农业、农业农村污染防治、生态建设等产业；各级地方政府要根据其资源禀赋，完善发展特色农林产业，实行以项目为载体，放宽市场准入、完善公共服务定价、实施特许经营模式、落实财税和土地政策等措施，为有效吸引金融机构和社会资本提供空间。

二是完善绿色担保机制支持乡村振兴。担保基金可为绿色市政收益债券和绿色 PPP 项目债券提供信用担保。还可以考虑拓宽包括土地承包权、流转权、宅基地使用权在内的抵质押物范围，深化小额贷款保证保险。除此之外，地方政府可以考虑成立专业性的绿色担保机构，或委托专业化机构提供担保服务，还可考虑多级政府（如省、市、县）共同出资，建立绿色项目风险补偿基金，要有效保障投资人的利益，真正搭建民间资金与政府项目之间的普惠桥梁。

三是加大绿色农业科技的投入，增强相应金融机构的责任投资理念。通过责任投资和绿色发展原则加大空气污染、水污染、土壤污染的绿色技术创新力度。借鉴国际经验，明确金融机构应尽的责任。完善绿色投资融资政策引导，引导社会资本和先进的绿色技术参与乡村振兴基础设施建设领域、绿色交通和绿色农林业等方面。通过设立投资基金母基金的方式引导社会资本和金融机构，对乡村振兴和绿色城市发展中低碳发展项目和公共设施项目进行融资支持。

四是逐步完善绿色项目和绿色企业的评估认证标准和体系。实践中，可以按照统一规划、可持续发展的原则，因地制宜推动乡村振兴和绿色发展。结合国内相关标准和产业政策，建立绿色项目和绿色企业的认定评价标准，将企业项目的环境表现有效量化评定。对破坏环境、造成污染和损害生态资源的项目坚决不予支持，有效发挥绿色金融的激励机制。统一和完善有关监管规则与标准，特别是形成监管层和金融机构关于"绿色"定义共识，建立公共环境数据平台，完善绿色金融产品标准，完善绿色评级和认证，建立环境压力测试体系，打破信息不对称所导致的绿色投融资瓶颈，有效防范"洗绿"和"漂绿"的行为。

五是加强绿色金融国际合作。目前，各国在坚持环境友好、合作应对气候变化，保护好人类赖以生存的地球家园上已经达成共识。建议通过绿色基金的方式联合全球合作伙伴，在"一带一路"经济带沿线地区进行绿色投资和绿色技术的落地，应对气候变化，推动改善生态环境，在环境效益、产品创新、风险管理、信息披露、融资渠道、国际资本和绿色技术等方面借鉴国际的成功经验，更好地发挥绿色金融助推中国经济绿色转型的积极作用，推动绿色城市和乡村振兴可持续发展进程。

（本文与刘昆合著，成稿于 2018 年 5 月）

◑ 绿色金融助力绿色经济

"绿色"作为政府"十三五"规划中的"创新、协调、绿色、开放、共享"五大发展理念之一，在生态环境保护和生态文明建设中不断被关注。"十三五"规划中"发展绿色金融，设立绿色发展基金"成为一大亮点得到各方关注。

8 月 30 日，中央全面深化改革领导小组第二十七次会议审议通过了《关于构建绿色金融体系的指导意见》。8 月 31 日，中国人民银行、财政部等七部门联合出台《关于构建绿色金融体系的指导意见》（以下简称《指导意见》），构建多层面的绿色金融市场体系达成各方共识。随着《指导意见》的出台，中国将成为全球首个建立比较完整的绿色金融政策体系的经济体。《指导意见》在 G20 峰会前夕出台，也彰显中国倡导全球绿色金融发展的决心和责任。

《指导意见》强调，构建绿色金融体系的主要目的是动员和激励更多社会资本投入绿色产业，同时更有效地抑制污染性投资。构建绿色金融体系，不仅有助于加快我国经济向绿色化转型，也有利于促进环保、新能源、节能等领域的技术进步，加快培育新的经济增长点，提升经济增长潜力。

在政策层面上，《指导意见》提出一系列支持激励政策，包括用再贷款、贴息、担保和设立政府参与的绿色发展基金等手段降低绿色项目的融资成本，以起到激励社会资本的作用。《指导意见》从中央政府层面和地方政府层面对绿色发展基金的设立路径提出了明确的路线图。建议中央财政整合现有节能环保等专项资金设立国家绿色发展基金，《指导意见》对地方绿色金融发展的政策落地方面也指明了方向，鼓励地方政府和社会资本共同发起绿色发展基金，通过 PPP 模式动员社会资本。地方政府可通过放宽市场准入、完善公共服务定价、实施特许经营模式、落实财税和土地政策等措施，完善收益和成本风险共担机制，支持绿色发展基金所投资的项目。

《指导意见》明确证券市场支持绿色投资的重要作用，要求统一绿色债券界定标准、积极支持符合条件的绿色企业上市融资和再融资、支持开发绿色债券指数、绿色股票指数以及相关产品、逐步建立和完善上市公司和发债企业强制性环境信息披露制度、发展绿色保险和环境权益交易市场，支持发展各类碳金融产品，推动建立排污权、节能量（用能权）、水权等环境权益交易市场，发展基于碳排放权、排污权、节能量（用能权）等各类环境权益的融资工具。

《指导意见》提出广泛开展绿色金融领域国际合作，继续在二十国集团（G20）框架下推动全球形成共同发展绿色金融的理念。积极稳妥地推动绿色证券市场双向开放，提升对外投资绿色水平。

国际上对七部门《指导意见》十分关注，在中国出台政策之后，印度尼西亚和拉美的一些国家开始研究类似的支持绿色金融的框架性政策。9 月杭州召开 G20 峰会上，在中国的推动下，绿色金融得到各成员国关注，并且首次被写入 G20 公报中。G20 绿色金融研究小组颁布了《G20 绿色金融综合报告》，提出了发展绿色金融面临的挑战与可选措施。

应该说，建立健全绿色金融体系，需要金融、财政、环保等政策和相关法律法规的配套支持。这是一个系统工程，需要各部门、地方政府、金融机构和企业的多轮驱动。

近年来，雾霾频发等引发各方关注。良好的生态环境是最普惠的民生工程，而绿色金融正在成为绿色发展的重要推动力，已经达成了共识。中国政府"坚持绿色发展，着力改善生态环境"明确提出加快推进绿色城市、智慧城市、人文城市建设，加快财税体制和投融资机制的改革。

在现有的宏观金融形势和金融改革背景，以及全国低碳发展目标之下，我国的绿色发展面临着很多融资挑战。针对解决绿色投融资经常面临的期限错配、信息不对称、产品和分析工具缺失等问题，如何通过发展创新绿色金融工具和服务手段，多维度创新满足绿色产业投融资需求值得各方合力推动。

（本文成稿于 2016 年 9 月）

我国绿色金融发展挑战与对策

近年来，中国积极推动绿色低碳发展的国际潮流，提倡"创新、协调、绿色、开放、共享"五大发展理念，低碳发展和应对气候变化已成为中国生态文明建设的重要途径，"建设美丽中国、实现生态文明"逐步成为社会的共同愿景。如何通过创新性金融工具，引导和激励更多社会资金投资环保、节能、清洁能源、清洁交通等绿色产业，推动绿色发展，有效实现生态文明建设和可持续发展的目标，值得我们深入探讨研究。

问题与挑战

截至 2017 年 6 月，21 家主要银行业金融机构绿色信贷余额 8.22 万亿元人民币，较年初增长 9.19%，约占各项贷款总额的 10%。2016 年底，我国仅用一年时间就成为世界最大的绿色债券市场。2017年，中国依然是全球绿色债券市场上最大的发行来源之一。根据中央结算公司和气候债券倡议组织（CBI）合作发布的《中国绿色债券市场报告2017》显示，中国境内外绿色债券共发行118只，其中在岸发行113只共计2045亿元人民币，离岸发行5只共计441亿元人民币，合计2486亿元人民币。符合国际绿色定义的债券发行量达1543亿元人民币，占全球发行量的15%。

绿色金融的发展同样存在一些问题。2017年《G20绿色金融综合报告》指出，缺乏清晰和持续的政策信号、缺少方法论和相关数据、金融机构能力不足、期限错配、投资条款和绩效激励不足等因素，是绿色金融体系面临的最大障碍。

第一，投融资工具创新机制和能力建设亟待加强。机构建设是实现绿色投资的组织保障，需要中央和地方政府的体制改革和资金参与，培育责任投资的理念，相关的金融风险管理制度和投融资工具创新也亟待完善。

第二，期限错配等问题导致中长期绿色项目融资难、融资贵。较长的投资周期，使得银行在向轨道交通、废弃物处理、清洁能源等需要长期贷款的绿色项目发放贷款时面临期限错配风险，导致银行长期贷款供给不足。如何进行绿色金融工具创新来缓解期限错配带来的风险问题，保障长期绿色项目融资供需平衡面临挑战。同时，为解决长期绿色项目的融资难、融资贵问题，相应的机制创新也亟待落地，政府应通过完善收益和成本分担机制、设立绿色基金等，有效带动社会资本进入低碳环保发展领域。

第三，绿色金融标准化体系建设亟待各方协调推进。绿色金融和绿色产业标准的认定是发展绿色金融的前提条件之一。社会投资者和绿色企业以及银行等各方需要在投融资过程中对投资产品的绿色性有一个清晰的界定，以降低环境风险管理难度，促进企业沟通，给政策设计一个明确的参考。到目前为止，我国对绿色的界定和国际对绿色的界定还有一定的差异，这给我国绿色金融的国际化带来了一定的挑战。

第四，监管与法律标准亟待完善。相关的举措包括在环境高风险领域适时出台环境污染责任强制保险制度，确立银行的环境法律责任，建立上市公司环保信息披露机制等。这些措施需要立法机构、相关部委和金融机构的配合和推动。另外，目前国内外绿色评估口径存在差异，国内市场准入、资本项目开放、风险对冲机制等亟待完善，为有效避免"漂绿"和"洗绿"的问题，绿色金融风险管理也需要各方协调推进。

对策与建议

未来，要通过创新性的制度安排，引导和吸引更多的社会资木进入绿色产业，通过绿色金融工具和机制创新，为绿色发展提供可持续推动力。

第一，完善绿色金融市场体系，推动绿色金融工具创新。目前，资金瓶颈仍是绿色低碳发展的一大挑战。中国应推进政府和社会资本合作，推动银行绿色化转型，完善绿色信贷、绿色债券、绿色基金、绿色保险、绿色担保体系，加快碳金融体系的构建，细化财政、金融支持政策，完善债券、股权、基金、保险市场建设，积极发展排污权交易，加快建立高效的绿色低碳交易市场，推动绿色金融的地方试点工作，加快建立统一规范的多层次绿色金融市场体系，以满足多元多层次的投融资需求，提高市场整体竞争力，让市场在资源配置中起决定性作用。

第二，切实推进绿色金融地方试点落地实施，完善投融资机制，保障城市绿色低碳发展。2017 年推出的五省市绿色金融试点，考虑了经济发展阶段、空间布局、地区特点、产业特点等因素，从国家层面上体现了对绿色金融大范围推广的期望。目前，应该根据各个地方的环境资源禀赋和经济特点来发挥本地区的优势，探索各省市未来绿色金融发展中的问题和路径。地方在绿色金融改革创新试点过程中，应探索完善相关法律基础设施，积极落实环境责任、生态资源产权确权和绿色信贷优先受偿等制度。完善 PPP 模式绿色基金的收益和成本风险共担机制，完善公共服务定价，实施特许经营模式，落实财税和土地政策等措施，保障社会资本进入的公平性。支持地方和市场机构通过专业化的担保和增信机制支持绿色债券的发行，降低绿色债券的融资成本。定期进行绿色融资实施情况考核，设立相关绿色融资项目库和绿色评级标准体系，有效解决中长期绿色项目融资难、融资贵的问题。

第三，促进绿色金融广泛参与"一带一路"建设。运用绿色金融手段和工具促进国家"一带一路"倡议，重点在于建立专项绿色管理审批体系、绿色信贷审批体系、绿色基金投资体系、绿色债券审核体系、绿色企业"走出去"的绿色保险体系和风险管理体系等。促进沿线企业进入排污权交易市场，开展碳排放权交易，推动沿线区域产业转型升级等。完善相关配套制度，带动绿色金融、绿色贸易、绿色技术的发展和输出，形成绿色经济链，在新的层面上，引领沿线区域绿色经济发展。通过开辟"一带一路"专门债券平台，一方面为参与"一带一路"建设的企业和政府提供债券融资平台，另一方面也为关注"一带一路"的绿色投资者提供双重投资机会。同时，通过绿色基金撬动社会资本投资沿线国家和地区绿色交通、绿色建筑、绿色能源和环境治理等基础设施建设，为沿线提供绿色发展机会，推动"一带一路"投资的绿色化。

第四，以绿色金融的国际合作推动全球绿色发展进程。有效的国际合作是推动各国绿色发展的重要动力。中国倡议发起并共同主持 G20 绿色金融研究组，在全球范围内推动发展绿色金融的共识，包括推动银行和资本市场绿色化、环境风险分析、绿色金融指标体系等。在国际合作和共同应对气候变化方面，许多国家面临财政资源的制约，中国为全球在绿色投资方面提供了有价值的战略框架和政策指引。中美成立了中美绿色基金，中英、中法开展财金对话，也有效推动了绿色金融合作等内容。亚投行、丝路基金、亚洲开发银行、金砖银行、国际金融公司等在推动亚太金融合作、"一带一路"基础设施投资方面也更多强调绿色投资，这为可持续发展提供了更多的助力。

展望 2018，随着改革的不断深化，中国必将在全球市场进一步发挥绿色金融创新方面的领导力，推动绿色可持续发展的进程。

（本文与王钦方合著，成稿于 2017 年 8 月）

绿色金融推动自贸区可持续发展探讨

🌀 我国绿色金融与自贸区发展概况

经过近几年的发展，我国的绿色金融发展势头正好，绿色金融体系已相对完善且系统化。早在 2006 年，中央政府层面就已开始出台绿色金融相关政策。2015 年 9 月，"建立绿色金融体系"首次在《生态文明体制改革总体方案》中提及。2016 年，七部门联合推行的《关于构建绿色金融体系的指导意见》作为世界范围内第一部绿色金融的系统化政策文件，倡导包括绿色基金等绿色投融资的金融创新。2017 年，浙江、广东、贵州、新疆、江西 5 省（区）建立分工明确的绿色金融改革试验区。随后党的十九大报告为绿色经济未来发展前景提供了明确指示：构建市场化的绿色技术创新体系。2019 年党的十九届四中全会同样强调了绿色技术创新的必要性与重要性，再次强调推动绿色经济循环低碳发展。

近年来，绿色金融在我国迅速发展，绿色基金、绿色债券等新产品、新服务相继出现。人民银行统计数据显示，2019 年全国主要金融机构本外币绿色贷款余额 10.22 万亿元，中国境内外绿色债券年发行量超过 3600 亿元，自 2016 年以来累计发行量突破 1.1 万亿元。截至 2019 年 12 月底，我国已有超 1300 只政府引导基金，其规模超 2 万亿元，母子基金总规模超 11 万亿元。政府引导基金有向绿色基金转型的潜力和趋势，未来政府引导基金将成为绿色基金的中坚力量。据中国基金业协会统计，证券投资机构中 16% 已经开展了 ESG/绿色投资相关实践，近八成开展了相关研究工作。在未开展 ESG/绿色投资实践的投资机构中，84.6% 已对 ESG/绿色投资有所关注；未来 1～2 年，在尚未开展相关实践的机构中，超过半数机构将有所行动。

2020 年是"十三五"规划收官、"十四五"规划出台的承上启下之年。在这一重要历史节点上，绿色金融在生态文明建设、可持续发展、推动绿色开放等发展理念方面的作用应当得到进一步发挥，包括将自贸区作为绿色发展国际合作的重要平台予以多元化支持。

我国政府历来对自贸区建设高度重视。党的十九大报告中提出，自贸区需要更大的创新自主权。2018 年 4 月，习近平总书记代表中央提出支持海南全岛建设自贸区。2018 年底，中央经济工作会议首次提出从商品为主的开放向制度型开放转型的发展方向，这为我国新一轮开放点明了具体的实现路径。

当前我国体制改革面临的阻力明显变大，改革成本上升。同时，发展失衡的现象也出现在各个生产部门和地区之间，故而在我国向世界贸易规则看齐的过程中，需要寻求一个相匹配的平衡位置。因此，我国政府提出指定特定区域作为自贸区，利用先行先试优势进行实践，进而决定是否进行全国范围内的大面积推广。2013 年 8 月上海浦东成立首个自贸区，也是基于这样的考量。

自贸区战略是开放性质的"质"的转变，是党中央在当前对外开放重要战略机遇期提升我国对外开放质量和水平的一大创举，对我国在新一轮全球经贸规则重塑中提升话语权具有重要意义。目前我国自贸区建设卓有成效。自 2013 年上海自贸试验区起，我国已初步形成"1 + 3 + 7 + 1 + 6"的新一轮全面开放格局。在全球跨境投资创新低的背景下，2019 年我国外商直接投资金额 9415 亿元，比上年增长 5.8%。自贸试验区引资作用不断增强，2019 年新设 6 个自贸区和增设上海临港新片区，18 个自贸区落地外资企业 6242 家、利用外资 1436 亿元，占全国比重均超过 15%①。

自贸区内金融领域的改革开放也备受瞩目。比起国外自贸区，我国自贸区具有"境内关内"的特征，即自贸区内（除了保税区、保税港等部分地区）实行国内现行金融制度，并充分结合"自上而下"和

---

① 数据来自 Wind 和人民银行官网。

"自下而上"理念进行创新。这不仅有助于中央把握金融创新改革进程，也能够激发各地金融创新的积极性。

以上海、天津、广东、福建为代表的四大自贸区围绕外汇改革、人民币跨境使用、市场准入等方面进行了大胆尝试，不同自贸区的金融创新方向因地制宜，各有侧重。上海自贸区以国际金融中心为定位，强调在重要领域的突破和全面开放，广东自贸区以粤港澳大湾区为根基，天津自贸区着重于京津冀城市群发展模式，福建自贸区围绕建设两岸合作推动政策。云南、广西、黑龙江等自贸区沿边金融开放特征明显。目前各自贸区的金融创新点主要有：一是外汇管理改革创新，包括外汇宏观审慎管理、经常项目和资本项目便利化趋势及跨境资本池流动管理。二是离岸金融业务创新，自贸区内开办外币离岸业务试点，广东、天津等自贸区提出要积极发展离岸贸易，海南提出打造区域性离岸贸易中心。三是人民币跨境使用方式创新，自贸区内积极创新人民币业务模式，鼓励开展跨境双向人民币资金池业务。四是绿色金融创新，上海自贸区鼓励发展环境污染责任保险等绿色金融业务；天津自贸区支持企业发行绿色债券；河北自贸区提出加快培育排污权、水权等环境权益交易市场；陕西自贸区推进"一带一路"绿色投资的合作。

表1　　　　　　　第一批、第二批自贸区的金融创新案例数量

序号	领域	上海		广东前海		天津		福建	
		数量	占比（%）	数量	占比（%）	数量	占比（%）	数量	占比（%）
1	利率市场化	2	1.8			1	1.4	2	1.5
2	人民币跨境使用	13	11.8	2	2.3	5	6.8	10	7.4
3	自由贸易账户	19	17.3						
4	外汇管理	2	1.8	3	3.4	7	9.6	9	6.7
5	跨境资金集中运营管理	6	5.5	1	1.1	6	8.2	2	1.5
6	跨境融资	9	8.2	7	8.0	9	12.3	17	12.6

续表

序号	领域	上海		广东前海		天津		福建	
		数量	占比（%）	数量	占比（%）	数量	占比（%）	数量	占比（%）
7	境内融资	4	3.6	9	10.3	10	13.7	17	12.6
8	市场准入	5	4.5	2	2.3	2	2.7	11	8.1
9	交易平台	15	13.6	5	5.7			2	1.5
10	债券产品	7	6.4	3	3.4	1	1.4	1	0.7
11	期货产品	3	2.7	1	1.1				
12	产业基金	3	2.7	3	3.4	2	2.7	10	7.4
13	外汇交易	1	0.9			2	2.7	5	3.7
14	保险	16	14.5	14	16.1	4	5.5	11	8.1
15	资产证券化	1	0.9	2	2.3	5	6.8	3	2.2
16	融资租赁	3	2.7	2	2.3	19	26.0	6	4.4
17	绿色金融	2	1.8			3	4.1	0	0.0
18	金融科技	1	0.9	37	42.5	1	1.4	4	3.0
19	航运金融	4	3.6	1	1.1			1	0.7
20	离岸金融			1	1.1	2	2.7	2	1.5
21	金融监管	5	4.5	3	3.4	1	1.4	6	4.4
22	其他	6	5.5	6	6.9	7	9.6	27	20.0
	合计	110		87		73		135	

数据来源：王方宏、杨海龙：《我国自贸区金融创新的特点、主要任务、成效与展望》，《海南金融》，2020（2）。

目前我国自贸区发展立法还不够完善，金融创新可借鉴经验不足，政策的约束与激励机制尚未完全匹配，中央顶层设计和地方区域试点、区域金融改革和宏观政策大局之间的关系有待进一步深化。需要在已有改革经验基础上，进行更高质量、更有效率、更可持续的探索。同时绿色经济发展进程中也仍然存在一定缺陷：统一的绿色金融标准体系亟待建立，绿色技术标准和评价体系尚未健全完善，相关支持性政策有待加强；绿色企业资产质量堪忧，普遍面临一定融资困境；市场化激励手段不足，信息披露透明度有待提升，政府还需加强引导国际机构投资者投资于绿色产业；科技成果转化体系和绿色技术环境效益评估体系等还需进一步完善。

绿色金融及自贸区相关文献综述

近年来，中国对于绿色金融的创新和实践发挥了积极的引领作用。绿色金融的发展前景及成效检验方面，马骏（2015）认为应提高绿色项目的投资回报率以吸引民间资金投资于绿色产业，鼓励机构投资者进行绿色投资。马骏（2016）还提出了绿色金融的经济学分析框架，发现可以通过建立绿色投资网络、提高消费者和投资者意识、增强上市公司的 ESG 透明度等手段提升社会责任。安国俊（2016）探讨了我国绿色金融的国际经验以及发展现状，提出绿色金融市场的发展应以法律为保障，通过监管和市场的协调沟通、政府和市场发挥双重推动作用等共同推动绿色化发展的进程。杨娉和马骏（2017）对比了绿色金融在英国和中国的发展模式，认为中国自上而下的绿色金融发展模式对发展中国家来说极具借鉴意义。陈雨露（2018）认为，要推动绿色金融深入各地落实，需建立全国统一、明确清晰的评价体系与考核标准。马丽（2018）认为我国应通过法律体系建设、金融产品创新、政策性金融机构引导以及畅通信息渠道等方式发展绿色金融。王韧（2019）构建了涵盖绿色金融、技术创新、绿色政策的指标体系并使用灰色关联模型进行测算，得出需推进三者协同发展，从而增强整体协同放大效应的结论。秦雨桐和王静（2019）提出绿色金融发展应创造健全的法制环境、深化激励机制、开发相应的产品与服务并完善环境信息披露体系，建立健全透明的信息共享机制。岳娟丽等（2019）探讨了我国政府绿色发展基金的投融资模式，从融资角度提出了多层次的资金结构池设计方案，从投资机制角度分类提出了相应的投资机制。纪晓丹

（2019）探究了"一带一路"倡议背景下绿色金融体系的构建问题，并根据实际情况提出一系列绿色金融体系的构建策略。凌玲等（2020）通过全国投入产出表定量分析了我国绿色金融发展的成效，发现环保产业对国民经济的拉动作用越发明显，且环保产业和金融业之间的关联越来越紧密。雷博雯和时波（2020）发现绿色信贷对商业银行绩效存在正向促进作用，同时有助于商业银行的流动性风险管控。

在自贸区发展研究方面，程翔等（2019）认为自贸区中的金融创新应以实体经济为根本，做好顶层设计，辅以有效具体的金融监管。罗贞等（2019）围绕跨境投融资、跨境人民币业务创新发展、外汇管理创新等方面着重介绍自贸区金融创新实践，并从加强政策引导、增强金融服务功能、商业银行组织管理、风险管控等方面探讨自贸区金融发展创新路径。杨大伟和孟丽（2019）讨论了自贸区内企业现存的法律风险，并结合当地自贸区的特性提出针对性的建议。庄钰静和王敬波（2019）研究了我国自贸区的负面清单制度，认为我国政府应不断调整外资准入的监管措施，进一步扩大对外开放市场，推动我国市场准入法律、法规全面转型升级。韩剑（2019）认为推动区域一体化合作与自贸区联动发展，对于推动具有国际影响力的城市群建设具有重要理论和实践意义。邢晓溪（2019）探讨了上海自贸区推进人民币国际化的目标方向与具体路径，认为需要从利率市场化、汇率浮动、资本账户开放等方面推进人民币市场化体系建设。侯彤昕（2019）提出在中国自贸区的发展和建设过程中应特别关注吸引外资，要积极打造系统完善的外商投资体制，根据实际要求适当放宽外商准入并做好监管工作，为我国自贸区的全面发展和建设创造良好条件。

对于绿色金融如何推动自贸区发展方面，杨帆等（2016）从政策、市场等多个角度为绿色经济产业链构建提供了发展建议。章颖薇等（2017）提出应为中小企业发展绿色技术提供有力的政策支持，并与自贸区的区位特点相结合，开辟出创新的绿色金融发展模式。孙萌和宾建成（2018）从市场机制、畅通信息渠道以及市场监管三个方面分析了福建自贸区绿色金融发展路径并有针对性地提出对策。谭异初和贾帅帅（2019）分析了海南自贸区（港）绿色金融的发展现状及存在的问题，从法律法规、信息共享机制、产品创新等方面提出了推动绿色金融落地的政策建议。赵祎琦（2020）探讨了建设离岸金融中心在我国金融改革进程中的关键作用，对自贸区发展离岸金融提出具体措施。聂飞（2020）通过 PSM – DID 模型研究发现闽粤自贸区建设总体上能够抑制地区制造业规模空心化和效率空心化，这对于我国进一步加快自贸区建设以实现制造业空心化破局具有重要的政策启示。

综上所述，近年来我国学者对绿色金融方面的研究越发重视，但在绿色金融如何与自贸区结合并实现两者共赢方面，目前我国文献还缺乏一定的时效性及系统性。本文围绕绿色金融如何推动自贸区可持续发展进行系统梳理并提出多层次的建议。

◑ 自贸区发展绿色金融的必要性和可行性分析

环境外部性理论是绿色金融体系发展的重要理论支撑，从外部性角度，能够解释绿色金融发展的必要性，也能够为政府参与绿色金融体系构建提供理论依据。具体来说，传统的金融市场会忽略企业生产带来的环境负外部性成本，从而引起环境污染和资源浪费等现象。构建完善的绿色金融体系，则能够使参与方的活动受到约束，促使生产带来的环境负外部性转化为内部性。另外，政府、金融机构、个人以及企业等都在绿色金融发展中扮演不可或缺的角色，要真正使绿色金融发挥作用，就需要政策、资本、技术以及上下游产业等多层面支持。在现实背景下，如何实现对传统产业的绿色化转型升级，淘汰落后产能，实践环境友好型经济已经成为中国经济问题的重中之重。绿色金融作为以绿色可持续发展为目标的金融手段，可以有效解决绿色企业面临的融资问题。同时，绿色金融对缓解经济与环境矛盾、保障经济绿色发展具有重要意义。

可持续发展是绿色金融的核心目标之一。欧盟近期通过新版《循环经济行动计划》，发布最新绿色债券标准，力图寻求绿色转型；世界银行首个绿色农业基金项目落地河南。国内也进行多方面绿色金融创新，中国平安集团签署"一带一路"投资原则，兴业银行落地首单绿色矿山修复项目，金融科技也开始在绿色金融方面显效。联合国的《2030 年可持续发展议程》（SDGs）从 2016 年起开始执行，可以预见的是，这将为中国的金融市场创造更多"风口"。同时，中国政府也在不断努力推动绿色金融深入发展：2017 年，中国人民银行在宏观审慎评估中增加了绿色信贷；国家发展和改革委员会每年更新绿色产业相关指导文件；证券监管机构和证券交易所致力于在 2020 年为上市公司建立强制性的 ESG 披露框架，这些对于建立绿色金融投融资的标准和市场基准发挥了重要作用。

目前我国绿色金融相关政策和机制在自贸区落地实践具有深远的意义。第一，绿色金融在国内的进一步实践落地是循序渐进的过程，同时在各地区之间落地程度有所差异。充分利用自贸区的政策优势，促进绿色技术及资金的顺畅流通，引导区内形成自贸区特有的发展绿色金融的实践经验，向未来更深程度的绿色发展提供参考。第二，自贸区是全国开放的前沿，而绿色金融的国际合作也会优先推进绿色技术和绿色产业在自贸区的落地。第三，在自贸区推动绿色金融是提高中国世界地位的重要推动力之一。在全球日益重视可持续发展、应对气候变化与环境治理的过程中，中国扮演的角色越发重要。中国以发行绿色债券等方式募集资金并用于支持"一带一路"沿线国家和地区的可再生能源发展和绿色基础设施建设，充分体现大国责任与担当，也为进一步拓展可持续发展的国际合作提供了契机。

同时，中国也处于建立绿色金融体系的快速发展阶段，从绿色金融助力自贸区国际投资合作、绿色技术创新、离岸市场发展、人民币国际化与跨境资本流动等各方面都已经具备了可行性和基础。第一，可以充分利用自贸区强大的制度保障和经济基础优势，为绿色技术、绿色企业发展提供优渥环境，并为绿色金融在全国范围内的推广提供参考和经验。第二，绿色金融是全球经济发展下一轮的风口，自贸区作为对外开放的窗口，当地政府应紧跟全球潮流，争取在其中寻找到最适合我国自贸区的绿色金融发展模式。第三，自贸区选址均为我国沿海地区、省会城市以及对外开放程度较深的地区，金融市场相对完善，具有丰富的发展绿色金融的资源要素禀赋，有利于自贸区成长为绿色金融国际创新中心。如深圳作为自贸区之一，建设有深圳证券交易所和排放权交易所。深交所在全球各大交易所中交易活跃度较高，并且可以通过创新绿色金融产品、构建与国际社会衔接的 ESG 考核标准等措施推动我国金融市场中的绿色经济体系建设。第四，自贸区内涌现大批优质产业群，绿色产业可以与其特有的优势产业链、特色经济结合，进而迸发出更加强劲的发展活力，促进区域实体经济繁荣发展。像上海、深圳、广州等自贸区内拥有大量先进发达的产业链，如新能源、5G 技术、生物制药等。在疫情冲击之下，医药产业、生物制药和大健康产业链的创新成为重中之重，但受到全球疫情冲击，物流运输及产业链上下游畅通性将受到影响。自贸区正拥有推动支持这类产业链的开放环境，提供信息集中、对外开放的渠道，从而在疫情关键时刻稳住产业链完整性与畅通性，助力实体经济可持续发展。第五，从绿色金融改革试验区的发展成果来看，各试验区纷纷建立起相对完善的省级绿色金融体系，发行了多种创新型绿色金融产品，各区绿色金融风险防范化解机制也基本构建成，绿色金融的区域发展从多维度得到推进，这为绿色金融推进自贸区的发展奠定了基础。

🌓 当前自贸区绿色金融发展情况

一、上海自贸区

2015 年李克强总理在视察上海时指出，要在自贸区发展建设中实践"创新、协调、绿色、开放、共享"的发展理念。随后，"十三五"规划中提出深入发展绿色金融，促进绿色金融产品创新。2019 年，国务院发布《中国（上海）自由贸易试验区临港新片区总体方案》，上海自贸区的发展前景得到进一步的明确。2020 年初临港新片区境内贸易融资资产跨境转让业务试点正式启动，这是助力上海自贸区发挥金融改革创新引领作用和金融对外开放先行先试作用的又一项重要举措。近期的"示范金融十六条"以建设体系化绿色金融服务平台为中心提出具体措施，绿色金融逐渐成长为支撑长三角试验区生态绿色体系化发展的不可或缺的力量。

上海自贸区金融机构凭借自身发展的优势，积极参与引导低碳节能产业的发展和绿色产品的改革创新，努力打造金融中心"绿色品牌"，作为全球有影响力的国际金融中心，为绿色金融的体系建设与国际合作开拓道路。上海自贸区作为政策先行者，通过长三角绿色发展基金等工具创新，其与绿色金融的有效衔接也会推进国际金融中心和科创中心作用的有效发挥。

二、深圳自贸区

目前深圳的绿色信贷、绿色基金业务发展迅猛。目前深圳已有十余家基金公司发行混合型、指数型等多种绿色基金产品，环境污染责任险在绿色保险中占据主流，总额占比超过80%[①]。

同时，深圳作为首批通过国务院审批的可持续发展创新示范区，在创新中引领大型城市发展潮流，充分发挥了创新示范区的作用，为未来持续深层次推广低碳环保发展奠定基础。深圳市可持续发展规划中确立2025年目标，力争成为国际领先的低碳绿色发展城市，刺激经济增长中创新的原动力，加快构建现代绿色低碳产业体系，加快发展绿色技术领域创新，同时深入打造有利于科技创新的金融业态。

三、海南自贸区（港）

海南省凭借优良的外部环境和政策优势不断对绿色金融的落地实践进行探索，2018年海南省政府出台了《海南省绿色金融改革发展实施方案》，鼓励以绿色金融支持海南主要产业发展，海南自贸区（港）的绿色金融体系得以初步建立。2019年5月，国务院发布《国家生态文明试验区（海南）实施方案》，从机制、创新、监管等多个方面对海南开展绿色金融工作提供了政策支持。以贸易投资自由化便利化为重点，提高优化营商环境的制度建设，推动实施海南自贸区（港）政策制度体系。同时，海南省政府积极部署自贸港建设基础设施，全力推动复工复产，为自贸港建设创造有利条件。

目前，海南的绿色信贷、绿色保险等产品制度不断得到完善与健全。海南银行业以自身特色定位和优势结合海南省的实际发展情况，制定了侧重点不同的绿色信贷政策，如邮储银行重点支持旅游业、特色农业等行业的融资需求。海南保险业则充分利用了"保险＋银行＋政府"这种风险补偿机制，以信贷作为保险的担保，帮助解决中小企业的贷款难题。另外，海南省政府不断加强绿色基金领域的建设，设立多个绿色产业基金，如环境清洁发展基金、热带农业产业发展基金等。同时海南

---

① 数据来自蒙艳《深圳绿色金融发展现状及建议》，《资源节约与环保》，2019年第9期。

省在构建信息披露平台、绿色金融产品创新等领域加强国际合作。

此外，海南的绿色经济产业聚集区在扩建中。通过采取导入优质金融资源、创新绿色金融工具等措施，吸引社会资本支持绿色产业项目，为海南推进绿色金融建设提供高效开放的平台。

四、陕西自贸区

陕西自贸区是党中央、国务院 2016 年批准设立的第三批自贸区。陕西自贸区积极参与"一带一路"和全球范围内的供应链、价值链，力争变成资源配置环节中的重要枢纽，不断推动西部大开发和区域经济进程。

从 2015 年开始，陕西陆续设立了 28 只、总规模约 835 亿元的产业发展基金。2017 年 8 月，陕西第一只绿色企业债券发行，同时也是全国首只以地方融资平台为媒介的绿色债券；陕西金融控股集团于 2018 年 3 月发行价值超 10 亿元的绿色企业债券，并有 5.5 亿元被投向陕西绿色投资基金有限公司。

近年来，陕西通过绿色金融产品创新带动"一带一路"的国际合作，推动陕西自贸区的绿色金融及西部绿色技术的蓬勃发展。同时，以西安银行为代表的城市商业银行对环保行业制定相应的绿色信贷标准和评价体系，结合金融科技的支持，极大地促进了陕西自贸区绿色金融业务的发展。

◣ 自贸区发展绿色金融的路径探讨

在我国倡议推动下，绿色金融的国际合作无论对 G20 国家、双边合作框架，还是"一带一路"的绿色投资原则都得到广泛认可，而自贸区作为中国对外开放国际合作的窗口，发展绿色金融对于吸引外资、推动跨境资本流动和加强国际合作无疑具有可持续的推动力。

一、以宏观策略组合推进自贸区绿色金融发展

1. 坚持绿色财政和绿色金融等宏观政策发挥多轮驱动作用

通过金融、财政、税收方面的政策措施以及法律支持，细化社会资本参与绿色项目的财政贴息办法、补贴办法、税收优惠政策、项目优先准入等优惠政策，以此吸引更多的社会资本，降低项目运营的风险。以政策调整的手段来不断拓宽绿色企业的融资渠道，鼓励民间投融资、政府资金、国外资金等多方参与的投资主体结构，积极推广金融机构投贷联动的试点，为绿色产业发展创造良好的激励机制。通过绿色信贷管理、评估贷款环境风险标准等方式方法有意识引导银行贷款投向绿色产业和绿色技术。

构建绿色投资项目的风险识别、补偿机制，通过政府担保以及保险体系降低投资风险。建立绿色产业信息交流平台，缓解绿色金融市场交易中的信息不对称问题，加强对"漂绿"行为的防范。同时，建立起相应的绿色基金约束与激励系统，引导社会资金投入。政府需要完善绿色考评体系与考察标准，提供融资支持（如融资租赁、担保基金）、税收减免、绿色金融通道等，减免绿色低碳行业的增值税、消费税，及时发布环保相关的税收优惠政策，安排绿色发展专项引导基金。

2. 培育多层次绿色金融市场

融资约束也是绿色低碳产业经济发展的一大阻碍。建议政府加快展开和社会资本的合作项目，鼓励创新型绿色金融产品创新；大力扶持绿色产业 PPP 模式；加强引导鼓励责任投资和 ESG 市场（杨帆等，2016），推动绿色金融市场多元化发展。推动开发"互联网 + 绿色金融"新模式，提供多样化的绿色金融融资渠道。另外，可以通过优惠政策提高绿色金融市场的活跃度，使得市场内绿色金融的参与主体范围扩大，激发市场活力。引导资本市场服务于绿色企业，疏通科创板、

创业板通道。鼓励引导绿色技术企业上市融资，推动发展多层次资本市场和并购市场，建立健全绿色技术企业投资者退出机制。

引导自贸区大力支持壮大优质企业，加快引进先进产业链龙头企业。鼓励制造业企业运用新技术，瞄准产业链关键环节和突出短板，实施先进制造业集群培育行动，推动现代服务业、制造业驱动型发展。鼓励金融机构按照市场化原则，增加对自贸区绿色制造业企业的中长期贷款和信用贷款投放规模。

3. 发挥责任投资和ESG标准对绿色投资和可持续金融的指引作用

2019年，国务院金融稳定发展委员会发布了11条金融业对外开放措施，旨在降低全球投资者在中国投资以及中国投资者在海外投资的壁垒。这项政策改革包括责任投资和ESG标准、可持续发展目标（SDGs）和气候变化等概念。自贸区作为对外开放的广阔平台，在适应全球资产管理的趋势、推进ESG投资、吸引绿色投资者，提高机构社会责任方面发挥着重要作用。

差异化的投资理念推动了全球绿色基金投资标准体系的构建，包括联合国发起的责任投资原则的ESG标准，可持续发展的主题投资，比如清洁能源、绿色技术、垃圾处理、可持续农业等方面的投资，这些都值得我国在绿色基金投资的引导机制方面予以关注和借鉴。我国应借鉴国际经验，制定绿色基金的责任投资管理制度和绿色投资指引，丰富ESG评价指标体系，改善投资决策机制，完善绿色投研体系，为全面践行ESG责任投资、推动绿色可持续发展奠定基础。同时应积极鼓励责任投资论坛等组织开展研讨活动，发挥社会团体和智库的力量。

4. 自贸区、可持续发展创新示范区与绿色金融改革试验区创新有效衔接

2016年底，国务院提出在"十三五"期间建立可持续发展创新示范区的战略规划，以创新带动经济发展。当前我国可持续发展创新示范区的全国布局初现雏形，建议将可持续发展创新示范区、绿色金融改革

试验区和自贸区建设有效衔接，未来自贸区发展可以积极借鉴绿色金融改革试验区的经验，结合可持续发展创新示范区、绿色城市发展、区域经济一体化、"一带一路"绿色投资原则等相关顶层设计和落地实施等有效推进。

推动绿色技术、绿色专利、生态环保、医疗技术等相关产业在上述地区的落地，在自贸区内建立多层次绿色金融组织体系、推动形成多元化的绿色金融服务体系。同时，通过发展绿色投资者来推进可持续发展，发展民间资本、金融机构、政府资金等多元主体投资结构。

新冠肺炎疫情对全球经济和供应链带来巨大的冲击，应加强对可持续发展创新示范区和自贸区建设的重视，在疫情的特殊背景下出台的各种经济刺激政策措施，如税收优惠、补贴、担保等，也应该强化绿色筛选的标准和要求，有效引导绿色投资发挥可持续增长的推动力。

二、绿色金融工具创新

1. 大力发展绿色债券

完善自贸区内绿色债券市场的基础设施建设。虽然我国关于绿色债券的顶层设计基本完善，但自贸区内相关的基础设施还有待进一步加强建设，绿色债券发行量尚处于起步阶段。当地政府应通过优惠政策引导绿色债券、绿色基金等业务，推动绿色市政债、绿色企业债发行。需加强人民银行、财政部、银保监会、发改委、证监会、交易所等之间的协调合作，健全绿色债券考核监督标准。推动市场发展的政策机制的出台，包括标准界定、资金使用以及信息披露、担保机制、项目效益以及环境效应考核、流动资金投向标准等多个方面完善（安国俊，2016）。也可适当借鉴欧美国家经验，利用自贸区以及政策优势来引入国外绿色投资者以推动绿色技术的落地。

近年来，我国陆续出台绿色金融债、企业债等相关发行政策。国际经验表明，市政债券可以为绿色低碳产业的资金来源问题提供较好的解决方案。建议未来在风险可有效预防的前提下，鼓励自贸区发行绿色市政债券以引导投资者参与，推进低碳绿色城市建设。可以通过税收优惠、担保、贴息等绿色财政政策与绿色金融政策有效结合，为自贸区投融资改革提供创新工具。同时，引导支持国外投资者投资于国内绿色债券市场，密切货币当局、监管部门以及政府部门间的合作，切实推动中国金融市场开放进程。

2. 绿色基金推动绿色技术创新

当前，随着全球化的快速发展，城市污染和资源短缺的压力日益突出，全球市场对于绿色低碳的国际投资以及环境社会责任的承担日益关注。绿色基金作为内外资合作的重要工具之一，可以有效发挥政府和市场的合力，解决基础设施融资中市场失灵的问题。推动绿色技术创新在自贸区的实践，鼓励设立中外合作的绿色基金，发挥政府资本的引导和激励作用，发展政府机构、金融机构、国内外资本共同参与的多元化投资主体、对境内外机构参与绿色基金市场予以支持，推动绿色产业推广及技术转化。促进绿色基金投资区内节能减排相关项目，为自贸区引进成熟的绿色技术和企业提供资金支持。建立政府担保机制，为绿色企业提供融资担保等金融支持，鼓励自贸区引入国外创新技术及龙头企业，发挥创新的驱动性作用①。同时，建议通过绿色基金开展全球合作，利用"一带一路"倡议进行绿色投资和绿色技术研发，实现"一带一路"绿色化发展。

目前，我国已在江苏、山东、新疆、浙江、陕西、海南等多省市设立绿色产业发展基金。2020年4月"两山理念"发源地湖州建立总规模500亿元的绿色产业基金，以助力绿色技术产业发展。未来应鼓励符合条件的外资股权投资机构在自贸区内发起管理创业投资基金，通过政府和商业结合的合作模式促进绿色投资参与度。借鉴国际经验，吸引

---

① 参见《国务院关于积极有效利用外资推动经济高质量发展若干措施的通知》（国发〔2018〕19号）。

民间资本进入自贸区内参与绿色投资基金、中外合作绿色基金、绿色专利、绿色技术成果转化基金、战略投资基金、创业投资基金等，为符合政策条件的企业提供资金支持，引导创新融资渠道，如贸易融资、绿色租赁融资等。同时，健全完善绿色证券政策以支持环保企业上市，适当降低审核标准和交易成本，增强市场透明度，完善上市公司的环境信息披露制度。可以考虑在自贸区设立多层次担保基金，以缓解区内环保企业在绿色技术创新过程的融资问题，推动绿色技术的创新发展（安国俊，2017）。

3. 推进构建绿色资产/项目评估筛选框架和指标体系

在国内，由于环境挑战的相对多元性，绿色资产/项目的涵盖范围相对广泛。另外，不同行业、类型的绿色资产/项目其环境目标、环境绩效表现形式存在差异性，基金绿色投融资重视对绿色资产/项目环境目标和环境绩效的阐释和披露，成为增加市场认可度和信心的关键。而资产/项目识别界定标准、环境绩效评价指标、核算方法、环境信息披露，这些是规范建立完善的基金规则的重要内容。探索符合地方特点的绿色金融支持实体经济绿色发展的政策体系，这对绿色资产/项目的识别和界定标准提出了新要求和新挑战。

相对于国际相关绿色准则和标准，国内相关绿色标准支持的行业领域相对更为广泛。除了与国际相关标准在应对气候变化、生物多样性方面的共识之外，国内标准还涵盖环境污染治理、资源节约主题。这与中国现阶段面临严峻的环境污染挑战和资源匮乏阶段性挑战相关。在中国境内建立绿色基金，并且在国内不同自贸区开展绿色投融资资产/项目筛选评估时，需要考虑地区产业结构特点，关注所在地区面临的主要环境挑战，服务于地方绿色转型重点，在有效规避风险、促进环境目标实现的同时，以金融科技＋绿色金融创新为自贸区绿色发展提供投融资路径。

三、加快自贸区内制度创新

1. 推动绿色金融离岸中心建设

建设金融离岸市场是推动自贸区快速发展、推动人民币国际化的重要路径。建议将离岸中心建设与绿色金融建设结合，丰富离岸市场金融产品，为绿色企业、绿色技术发展提供更加多元的资金支持。

推动绿色金融离岸中心的设立，为境外机构投资者提供开放自由的平台。丰富市场参与主体，通过绿色银行、绿色基金、绿色债券、绿色保险、绿色信托等创新型金融工具，稳步推进相关投资管理、保险、技术的研发。引导人民币作为主要货币参与自贸区和"一带一路"沿线国家的跨境贸易与投资，鼓励使用跨境电子商务人民币结算，鼓励自贸区内金融机构在符合条件的情况下发放境外项目人民币贷款。围绕贸易自由和投资自由理念，建设自贸区金融对外开放基础平台，建立与自贸区发展匹配的本外币账户管理体系，推进跨境投融资便利化。

根据本国国情来运作绿色金融离岸中心，引导绿色资本进行跨国投资。加强绿色金融离岸中心的监管，充分发挥法律法规功能，及时预警潜在风险。保持上海自贸区、海南自贸区（港）与香港以及国外自贸港、金融中心的互动对接，保证资金顺畅流通、绿色技术及时完善。构建数字化、智能化的投融资平台，利用大数据、云计算等科技手段完善金融服务体系。

2. 利用孵化器助力绿色金融发展

自贸区具有得天独厚的政策优势，为孵化器的发展提供了便捷平台。广东自贸区是我国孵化器构建最成功的自贸区之一，目前已利用孵化器成功孵化创业团队 300 余家。绿色金融的推动可以为自贸区孵化器内绿色科技的转化提供优越的环境，并辅以绿色财政等服务支持。海外的科技孵化器大都注重于产业创新和技术研发，通过主导企业的集聚效应和示范带动，打通创新要素流动渠道。我国同样可以借鉴这种发展思路，以绿色技术创新带动绿色产业链发展，可以从人才服务、技术及基础设施服务等方面入手。一是大力引进绿色技术和绿色专利人才，构建完整的绿色技术创新创业人才培养体系。二是重视自贸区内绿色企业技术研发创新，利用自贸区的国际开放平台，推动国际绿色技术和产业在中国落地实践。三是完善绿色孵化器投融资的机制，有效缓解投融资双方的信息不对称问题和创业企业面临的融资困境，健全风险投资引导机制，发挥自贸区对绿色技术企业的支持力度。

3. 配套政策提供法制保障

首先，政府应出台一系列支持保障绿色金融在自贸区开展落实的制度条例，从法律角度保障绿色金融配套建设。其次，自贸区本地政府可根据自身发展特点进一步完善相关政策。例如，出台绿色资产交易相关法律法规、绿色企业上市条例、绿色知识产权保护条例等，全力发挥政府扶持作用，以鼓励绿色产品创新。另外，推广绿色技术环境效益评估体系和科技成果转化机制等保障机制，以增强金融机构应对风险的信心和能力。

同时，健全科技成果转化激励机制和运行机制，尝试试点知识产权所有权长期化，以知识价值为指向，积极引进人才。健全绿色技术知识产权管理保护机制，打造一批具备知名品牌和核心知识产权的优质绿色企业。

四、开展自贸区绿色金融的区域合作与国际合作

1. 推动绿色金融的"基础设施"与区域一体化金融合作

进一步重视对创新型人才、技术的政策支持，推动市场化绿色技术创新体系完善。发挥上海科创中心、长三角一体化绿色发展先行示范区作用，发挥京津冀一体化和雄安自贸区的辐射力和影响力，落实粤港澳大湾区的绿色经济和自贸区发展相关政策，出台支持利用外资、绿色技术转移转化众创空间的政策，加强创新人才融合和培养，有效吸引先进的绿色技术、人才和国际资本在自贸区的落地和实践。允许高校、科研院所和国有企业的科技人才按规定在区内兼职兼薪、按劳取酬。鼓励创投、风投和各类产业投资基金加大对自贸区企业"双创"支持力度。

建议自贸区内建设国际合作园区，积极引进绿色行业的跨国公司。鼓励自贸区在绿色投资贸易便利化等重点领域加大改革力度，充分发挥引领示范作用。支持符合条件的自贸区建设外贸转型升级基地和投资公共服务平台、绿色资产交易平台，推进关税保证保险改革等配套机制的完善。

2. 绿色金融国际合作推动自贸区国际投资

高效的国际合作是推动各国绿色低碳产业发展的驱动力，中国倡议并在全球范围内推进发展绿色金融的共识。面对疫情冲击，自贸区作为国际开放的窗口，再次成为吸引外资促进国际贸易平衡发展稳增长的重要平台。区内企业在优惠政策支持下可扩展对外开放业务，当地政府应进一步扩大外商投资范围，引导跨境电商领域与绿色经济结合。完善重大外资绿色项目落地的机制建设，保障外贸产业链、供应链畅通运转。通过自贸区内绿色金融的推广和落地，积极构建国际间绿色金融交流合作平台。

目前，应对气候变化已经成为全球各国的共识，疫情冲击让气候风险和生态环境保护问题更加突出，亟须采取切实行动，从立法、技术和行为层面进行根本性变革。国际投资的绿色低碳化和环境社会责任的承担已经成为全球关注热点。借鉴"赤道原则"、可持续发展原则和 ESG 等国际广泛接受的标准，发挥世界银行、亚洲开发银行、金砖银行、国际金融公司、丝路基金在亚太金融合作和"一带一路"绿色投资的影响力，通过绿色金融工具创新和配套政策引导国际资金流向自贸区，推动发展绿色技术、绿色专利、绿色产业，鼓励进出口、跨境资本流动的国际合作，协力推动"一带一路"绿色投资，推动沿线国家和地区可持续发展的进程。

（本文与訾文硕合著，成稿于 2020 年 5 月）

绿色基金推出正当其时

◔ 国家绿色发展基金推出正当其时

2020 年 7 月 14 日，经国务院批准，国家绿色发展基金股份有限公司成立，注册资本达 885 亿元人民币，由财政部、生态环境部、上海市人民政府三方发起成立的绿色发展领域的国家级投资基金，长江经济带沿线 11 省均参与出资。国家开发银行、中国银行、建设银行、工商银行、农业银行、交通银行、浦发银行，上海银行、上海久事（集团）等都有参与。绿色基金重点支持环境保护和污染防治、生态修复和国土空间绿化、能源资源节约利用、绿色交通和清洁能源等领域，可以有效发挥政府资本对于社会资金的引导效应，利用市场机制支持生态文明建设和绿色发展，积极推动美丽中国建设。

近年来，绿色基金从研究、政策建议到落地，得到各方关注。2015年 9 月，《生态文明体制改革总体方案》提出要"支持设立各类绿色发展基金，实行市场化运作"。2016 年 8 月 31 日，在各方推动下，中国人民银行、财政部等七部门联合印发了《关于构建绿色金融体系的指导意见》，提出支持设立各类绿色发展基金，实行市场化运作。中央财政整合现有节能环保等专项资金设立国家绿色发展基金，投资绿色产业，鼓励有条件的地方政府和社会资本共同发起区域性绿色发展基金，支持地方绿色产业发展。支持社会资本和国际资本设立各类民间绿色投资基金。

政府出资的绿色发展基金要在确保执行国家绿色发展战略及政策的前提下，按照市场化方式进行投资管理。地方政府可通过放宽市场准入、完善公共服务定价、实施特许经营模式、落实财税和土地政策等措施，完善收益和成本风险共担机制，支持绿色发展基金所投资的项目。这从中央政府层面和地方政府层面对绿色发展基金的设立路径提出了明确的路线图，向社会各界发出了政策层面支持绿色投资的风向标，绿色基金可以充分运用政府与市场的双轮驱动，有效激励更多金融机构和社会资本开展绿色投融资，化解绿色环保产业的资金瓶颈问题。绿色发展基金的政策落地也一定会成为中国金融支持实体经济发展的有效路径。

对比国内外绿色基金发展历程和趋势，结合我国具体国情，中国绿色基金的发展已经开始呈现以下特点和趋势。

第一，国家绿色基金大有作为。

绿色基金可以充分运用政府与市场的双轮驱动，有效激励更多金融机构和社会资本开展绿色投融资，化解金融创新的资金瓶颈问题。国家绿色发展基金的落地也一定会带动更多社会资本参与绿色环保产业，成为中国财政金融支持绿色可持续发展的新动力。绿色基金可用于雾霾治理、污染防制、清洁能源、绿化和风沙治理、资源利用效率和循环利用、低碳交通、绿色建筑、生态保护和气候适应等领域。从投资者结构来看，绿色发展基金应是作为公私混合型的模式设立，投资人包括政府、金融机构、企业、私募股权基金、保险公司、养老基金、国际金融机构、各类气候基金等。

同时，完善绿色基金的制度框架和激励机制。明确绿色发展基金的资金投向、运作模式、发展目标、监管机制等，以此促进绿色发展基金良性发展。健全绿色发展基金管理机制。包括设立合适的风险应急机制、完善信息披露机制、投资环境效益评估体系、为社会投融资主体、政府部门、金融机构等部门提供良好的信息。建立绿色发展基金激励机制，提高社会资本参与度。逐步建立绿色项目库，完善绿色投资标准和筛选标准、退出机制和法律框架。

第二，各级政府发起设立绿色发展基金可以有效带动社会资本参与绿色发展。

目前，我国已在云南、河北、湖北、广东、浙江、贵州、山东、陕西、重庆、江苏、安徽、宁夏等十几个地方建立了50多个由地方政府支持的绿色发展基金，还有很多民间资本、国际组织等也纷纷参与设立绿色发展基金。

2017年6月14日，国务院常务会议，决定在浙江、江西、广东、贵州、新疆5省（区）选择部分地方，建设各有侧重、各具特色的绿色金融改革创新试验区，而地方绿色基金的推出也成为绿色金融改革试验区的重点。

绿色基金可以引导更多资金投向绿色产业，包括农业农村污染防治、生态建设等产业，各级地方政府要根据其资源禀赋，以项目为载体，放宽市场准入、完善公共服务定价、实施特许经营模式、落实财税和土地政策等措施，为有效吸引金融机构和社会资本提供空间。绿色基金可以带动绿色投融资，促进地方政府投融资改革，帮助筹措绿色城镇化资金，各级政府发起绿色发展基金成为一种趋势。

第三，绿色基金积极推动绿色技术创新。

党的十九大报告对构建市场化的绿色技术创新体系指明了重要方向，应逐步建立以绿色企业为主体、市场为导向、产融结合的技术创新体系。鼓励绿色发展基金、政府引导基金、国家新型产业创业引导基金、绿色技术银行、国家科技成果转化引导基金、民营企业引导基金等把绿色技术创新作为重要的支持领域，促进环保科技产业发展和成果转化，并建立相应的投资激励机制，为绿色发展奠定技术创新的动力。

第四，完善绿色基金投资绩效评价体系和筛选指标体系。

资产/项目识别界定标准、环境绩效评价指标、核算方法、环境信息披露，这些是规范建立完善的基金规则的重要内容。借鉴发达国家具有代表性的绿色投资基金的环境筛选指标，这些指标涉及污染减排、气候变化和能源利用等不同的范围。对政府引导的投资而言，绿色投资基金主要以支持环境治理技术和资金落后的企业为目标，以负向筛选与一般社会责任投资筛选体系相融合的方式，为环境亟待改善的地区和企业提供环境治理资金，从而推动当地环境的改善。

对比主要发达国家的绿色基金，尽管各自在应对气候变化、能源效率、污染防治、环境治理测算上有所差异，但是环境污染与保护、能源利用和供给、水资源保护、大气污染、清洁技术都是各地区基金关注的焦点。差异化的投资理念推动了全球绿色基金投资标准体系的构建，包括联合国发起的责任投资原则的 ESG 标准，可持续发展的主题投资，比如清洁能源、绿色科技、垃圾处理、可持续农业等方面的投资，这些都值得我国在绿色基金投资的引导机制方面予以关注和借鉴。

第五，推动绿色基金的"基础设施"与区域一体化金融合作。

建议发挥绿色基金的多方合力，将可持续发展创新示范区、绿色金融改革试验区和自贸区建设有效衔接，进一步重视对创新型人才、技术的政策支持，推动市场化绿色技术创新体系完善。发挥上海科创中心、长三角一体化绿色发展先行示范区作用，发挥京津冀一体化和雄安自贸区的辐射力和影响力，落实粤港澳大湾区的绿色经济推进和自贸区发展相关政策，出台支持利用外资、绿色技术转移转化众创空间的政策，加强创新人才融合和培养，有效吸引国际绿色技术、国际资本和人才在自贸区的落地和实践。

第六，发展多元化的投融资结构。

应通过政策和制度调整，积极拓宽绿色基金的融资渠道，发展民间资本、养老金、金融机构、国外资本和政府资金等共同参与的多元化投资主体结构，积极推动商业银行投贷联动试点，为绿色基金发展创造良好的激励机制。积极利用外资推动绿色基金可持续发展，进一步获得国际金融机构等在基金和技术上的支持。吸引专业人才推进绿色技术创新，发挥责任投资和 ESG 标准对绿色投资和可持续金融的指引作用。

从可持续发展承诺、政府投资拉动、ESG 评价指标体系、创新激励机制、公司治理、资本市场、法规制度的完善等多层面推动更多机构投资者参与环保产业和绿色投资基金的发展。我国应借鉴国际经验，改善投资决策机制，提升绿色投研体系，为推动绿色投资基金、全面践行ESG责任投资奠定基础。

第七，绿色基金成为国际绿色金融合作的新动力。

应该说，国际投资的绿色化和环境社会责任的承担已经成为关注热点，而绿色基金也会成为全球绿色金融合作的重要路径。加强绿色金融的国际合作，支持社会资本和国际资本设立各类民间绿色投资基金将成为绿色发展的合作重点。未来我们可以联合全球的合作伙伴，通过绿色基金在"一带一路"沿线国家和地区进行绿色投资，推动改善生态环境，促进绿色金融的国际合作。而世界银行、亚投行、丝路基金、亚洲开发银行、金砖银行、国际金融公司等在推动亚太金融合作、"一带一路"基础设施投资方面也更多强调绿色投资。上海作为国际金融中心和自贸区，在有效推动绿色基金和绿色技术创新的国际合作方面一定会大有作为。

（本文成稿于2020年7月）

我国绿色基金发展前景广阔

2017年6月14日，国务院总理李克强主持召开国务院常务会议，决定在浙江、江西、广东、贵州、新疆5省（区）选择部分地方，建设各有侧重、各具特色的绿色金融改革创新试验区，在体制机制上探索可复制可推广的经验，推动经济绿色转型升级。会议同时决定，支持金融机构设立绿色金融事业部或绿色支行；鼓励小额贷款、金融租赁公司参与绿色金融业务；支持创投、私募基金等境内外资本参与绿色投资。绿色金融和绿色基金再次引发社会各界关注。

绿色金融与绿色基金

绿色金融是支持环境改善、应对气候变化和资源节约高效利用的经济活动，它的主要作用是引导资金流向节约资源技术开发和生态环境保护产业，引导企业生产注重绿色环保，引导消费者形成绿色消费理念，促进环保和经济社会的可持续发展。绿色金融的突出特点是将对环境保护和对资源的有效利用程度（生态效率）作为计量其活动成效的标准之一。绿色信贷、绿色债券、绿色保险、绿色基金都是绿色金融体系的重要组成部分。绿色基金（专门针对节能减排战略，低碳经济发展，环境优化改造项目而建立的专项投资基金）可以用于雾霾治理、水环境治理、土壤治理、污染防制、清洁能源、绿化和风沙治理、资源利用效率和循环利用、绿色交通、绿色建筑、生态保护和气候适应等领域，在绿色金融体系中资金来源最为广泛，具有举足轻重的作用。

绿色基金的发展历程

从绿色金融体系发展的国际经验来看，绿色基金的发展经历了从无到有、从缓慢发展到高速发展的历史阶段。

美国是世界上社会责任投资（SRI，关注道德和社会责任）发展最早和最完善的国家。在20世纪60~70年代环保运动的影响和推动下，1982年世界上第一只将环境指标纳入考核标准的绿色投资基金——Calvert Balanced Portfolio A在美国面世。此后，英国于1988年推出了其第一只绿色投资基金——Merlin Ecology Fund。绿色投资基金的概念虽然在20世纪80年代就已出现，但是直到20世纪末期，绿色投资基金的数量增长仍十分缓慢。

随着各国对环境问题以及经济可持续发展的重视，近年来，绿色基金在美国、日本和欧洲等发达国家和地区得到了较大发展。美国市场相继有更多的SRI将生态环境作为重要筛选指标，通过股东话语权来促使企业提高对环境的重视，这便是美国绿色投资基金初期的构成形式。进入21世纪后，绿色投资基金进入高速发展阶段，极大地促进了美国社会经济生态效率的提高。在日本，曾经的粗放型经济增长模式造成的严重危害也使得企业逐渐认识到环境的改善能节约成本，而通过绿色投资基金可以在取得良好经济效益的同时又推动生态环境的改善，这极大地促进了绿色投资在日本的发展。在西欧地区，绿色投资基金是社会责任投资的第三代金融产品，更专注于环境等某个具体的领域，而且其资产增速也大于市场资产的平均增速。

当前，全球可持续发展进入了以绿色经济为主驱动力的新阶段。美国的"绿色新政"，日本的"绿色发展战略"，德国的"绿色经济"总体规划等表明，经济的"绿色化"已经成为全球增长的新引擎。

我国的绿色发展基金起步较晚，但发展势头迅猛。中国政府"坚持绿色发展，着力改善生态环境"，明确提出加快推进绿色城市、智慧城市、人文城市建设，加快财税体制和投融资机制的改革，创新金融服务。2016年7月，在中国的推动下，G20财长和央行行长会议正式将发展绿色金融的七项倡议写入会议公报。之后，在G20峰会上，绿色金融得到各成员的关注，并且首次被写入G20峰会公报中。几乎与此同时，"发展绿色金融，设立绿色发展基金"已经被列入"十三五"规划，成为一大亮点。绿色发展基金可以充分运用政府与市场的双轮驱动，有效化解金融创新的资金瓶颈问题，势将成为中国可持续发展的新引擎。

2016年8月30日，中央全面深化改革领导小组第二十七次会议顺利召开，会议审议通过《关于构建绿色金融体系的指导意见》。同年8月31日，中国人民银行、财政部等七部门联合印发了《关于构建绿色金融体系的指导意见》（以下简称《意见》），引起了各方关注。《意见》明确提出，通过政府和社会资本合作（PPP）模式动员社会资本，支持设立各类绿色发展基金，实行市场化运作。《意见》首次提出中央财政整合现有节能环保等专项资金设立国家绿色发展基金，同时鼓励有条件的地方政府和社会资本共同发起区域性绿色发展基金。《意见》向社会各界发出了政策层面支持绿色投资的信号，有利于激励更多的金融机构和社会资本开展绿色投融资，同时更有效地抑制污染性投资。2017年6月14日，国务院常务会议决定建设绿色金融改革创新试验区，多措并举，推动经济绿色转型升级，并提出支持创投、私募基金等境内外资本参与绿色投资。绿色基金的政策落地也会有助于提振投资者信心。

我国绿色基金发展前景广阔

截至2016年底，在中国基金业协会备案的265只节能环保、绿色基金中，股权投资基金159只，占比达到60%；创业投资基金33只；证券投资基金28只；其他类型基金45只。对比国内外绿色基金发展历程和趋势，结合我国具体国情，中国绿色基金的发展已经开始呈现以下特点和趋势。

绿色产业市场空间巨大，绿色基金大有作为。在大气、水、土壤三个"十条"以及PPP模式的推进下，"十三五"期间，中国环保市场潜力巨大。根据国合会绿色金融课题组的测算，"十三五"期间，若按照现有的环境规划和计划的"低方案"，中国在可持续能源、环境基础设施建设、环境修复、工业污染治理、能源与资源节约五大领域的绿色融资需求为14.6万亿元；若基于环境无退化原则的"高方案"，则资金需求高达30万亿元，未来的绿色金融市场发展空间广阔。作为绿色金融体系的重要组成部分，绿色基金的资金来源广泛，资金量充足，可以汇集政府、机构以及私人资金，在绿色产业市场中必将大有作为。

各级政府发起设立绿色发展基金已成为一种趋势。目前，内蒙古、云南、河北、湖北、广东、浙江、贵州、山东、陕西、重庆、江苏、安徽、河南、宁夏等省份已经纷纷建立起绿色发展基金或环保基金，贵州还建立起了绿色金融交易平台。地级市也在大力推动绿色基金的发展，例如普洱市绿色经济发展基金、张家口市绿色发展产业基金等地市级绿色基金相继设立，带动绿色投融资，促进地方政府投融资改革，帮助筹措绿色城镇化资金，各级政府发起绿色发展基金成为一种趋势。

越来越多的企业积极创设绿色私募股权和创业投资基金。目前，节能减碳、生态环保已成为很多私募股权基金和创业投资基金关注的热门投资领域。2010 年以来，一些大型企业积极参与绿色基金设立和运作，如中国节能环保集团公司联合银行、保险公司、工商企业等设立的绿色基金已超过 50 亿元人民币，建银国际联合上海城市投资开发总公司共同设立建银环保基金；亿利资源集团、泛海集团、正泰集团、汇源集团、中国平安银行等联合发起设立了绿丝路基金，致力于丝绸之路经济带生态改善和光伏能源发展等。

环保类上市公司成为发起设立绿色并购基金的主要力量。2015 年以来，环保类上市公司逐渐成为发起设立绿色并购基金的主要力量，例如，南方泵业设立"环保科技并购基金"；格林美拟设立"智慧环保云产业基金"；再升科技发起设立"再升盈科节能环保产业并购基金"；高能环境设立"磐霖高能环保产业投资基金"等。进入 2016 年，环保并购基金持续得到市场关注，势必引起一轮环保产业的并购热潮。

绿色基金成为中国国际绿色金融合作的重要载体。在经济全球化的大背景下，加强绿色金融的国际合作，支持社会资本和国际资本设立各类民间绿色投资基金已成为绿色发展合作的重点。因而绿色基金已成为全球绿色金融合作的重要载体。比较典型的案例是，中美绿色基金与张家口市政府共同发起设立的"张家口市绿色发展产业基金"。该基金作为绿色金融国际合作的载体，促成并加速美国节能环保技术与经验在中国市场的应用，专注于张家口市及其周边地区绿色发展和节能环保领域的投资，旨在为张家口市的绿色节能产业发展提供金融服务，推动张家口市 2022 年冬奥会协办城市节能减排，降低用能成本，发展绿色经济。

存在的问题

目前，中国绿色金融中的绿色信贷、绿色债券、绿色保险已取得积极进展，绿色基金也将进入快速发展阶段。然而，在现有的宏观金融形势和金融改革背景，以及全国低碳发展目标之下，我国的绿色发展面临着很多融资挑战。针对绿色投融资经常面临的高风险、期限错配、信息不对称、产品和分析工具缺失等问题，政策的顶层设计落到具体执行层面时，所依据的细则还并不完善：绿色项目的收益风险分担机制并不完善，激励投资者进行绿色投资的动力不足，绿色金融产品在设计和发行的过程中，无法突破原有的限制，配套的细则尚未落实到位，等等。如何通过创新金融工具和服务手段，多维度地满足绿色产业投融资需求，值得各方深入讨论与通力合作。

政策建议

基于国内外绿色基金发展历程的对比分析，结合我国绿色基金发展的特点、趋势和存在的突出问题，参考国际经验，本文给出如下推动绿色基金发展的建议。

发挥社会投资论坛的力量，以责任投资的理念推动绿色投资基金的发展。社会投资论坛（SIF）对欧美绿色投资基金的发展起到了关键性作用。例如，1991 年英国建立世界上第一个社会投资论坛（UK Social Investment Forum，UKSIF），对包括绿色投资在内的 SRI 具有里程碑意义，它为 ESG（环境、社会与治理标准）投资搭建了良好平台。2001 年成立的亚洲可持续发展投资协会（ASrIA）也推动了亚太地区企业责任与可持续金融实务。同时，社会投资论坛还能发挥监督作用：一方面，监督金融机构自身的环保状况和节能减排效果；另一方面，监督金融机构对环境污染企业的融资状况、对环保产业的支持力度以及绿色产业投资基金的使用情况。我国也已经发起成立中国责任投资论坛

（China SIF）并已经召开了四次年会。未来，应积极鼓励类似的组织，推动更多机构投资者参与到环保产业和绿色投资基金的发展进程中来。

积极利用 PPP 模式，吸引和鼓励更多的金融机构和社会资本开展绿色投融资。从国际经验来看，单靠政府资金已不能满足庞大的公共基础设施投资需求，在 PPP 模式下，政府通过特许经营权、合理定价、财政补贴等公开透明方式，完善收益成本风险共担机制，实现政府政策目标；投资者按照市场化原则出资，按约定规则与政府共同成立基金参与建设和运营合作项目。PPP 模式实现了公共财政和私人资本的合作，能够利用国际及国内民间资本进行公共基础设施建设，已逐步成为应用广泛的项目融资模式。欧盟委员会于 2008 年创办全球能效和可再生能源基金（GEEREF），该基金即采取 PPP 组织架构形式，由公共部门出资，向中小型项目（包括新兴市场中的可再生能源和能效项目、绿色基础设施项目）开发者和企业提供股权投资，再由后者完成相关绿色项目，"四两拨千斤"，有效发挥母基金的投资杠杆效应。我国应加大利用政府和社会资本合作（PPP）模式动员社会资本的力度，支持设立各类绿色发展基金，实行市场化运作，激励更多金融机构和社会资本开展绿色投融资，有效抑制污染性投资。

鼓励各级政府以多种形式发起或参与发起 PPP 模式的绿色发展基金。建议根据不同的绿色发展基金特点合理确定政府定位和参与方式。政府出资的绿色发展基金要在确保执行国家绿色发展战略及政策的前提下，按照市场化方式进行投资管理。地方政府可通过放宽市场准入、完善公共服务定价、实施特许经营模式、落实财税和土地政策等措施，完善收益和成本风险共担机制，支持绿色发展基金所投资的项目。同时，应陆续出台具体政策，以解决民间资本融资难、融资贵等问题。要有效保障投资人的利益，真正搭建民间资金与政府项目之间的普惠桥梁。

在"十三五"期间，我国环保市场潜力巨大。建立公共财政和私人资本合作的 PPP 模式绿色发展基金，提高社会资本参与环保产业的积极性，是推动绿色基金发展的重要路径。绿色基金可以用于雾霾治理、水环境治理、土壤治理、污染防治、清洁能源、绿化和风沙治理、资源利用效率和循环利用、绿色交通、绿色建筑、生态保护和气候适应等领域。

积极探索建立绿色担保基金，扩大绿色项目融资来源。绿色基金不仅包括绿色投资基金，也包括绿色担保基金。未来中国可以考虑设立包括绿色中小企业信用担保、绿色债券、绿色PPP项目担保等在内的绿色担保基金，并通过市场化、差别化的担保政策、补贴政策、税收优惠政策等进行综合调整，以担保机制的完善推进绿色产业融资风险管理与激励机制的创新，积极运用绿色担保基金解决环保企业尤其是中小企业的融资难问题。绿色担保基金可以通过银行贷款、企业债、项目收益债券、资产证券化等市场化方式举债并承担偿债责任。在实践中，可以考虑以地方财政投入启动资金，引入金融资本和民间资本成立绿色担保基金。当地政府应在资金筹集和投向等方面发挥政策引导作用。

未来我们应该当对绿色金融助力城市低碳绿色发展的执行层面给予更多关注和研究，分析地方城市（包括绿色交通、绿色建筑等行业）低碳融资障碍。另外，支持绿色基金发展的财税金融政策在实践中还需要不同层面予以推进落实。同时，要有效保障投资人的利益，真正搭建民间资金与政府项目之间的普惠桥梁。

（本文成稿于 2014 年 2 月）

中国绿色基金发展趋势

中国绿色基金发展特点及趋势

我国各级政府发起绿色发展基金成为一种趋势。目前，我国绿色基金发展也展现出巨大的市场爆发力。包括内蒙古、云南、河北、湖北等多个省份已纷纷建立起绿色发展基金或环保基金，地级市也在不断推动绿色基金发展的进程，以带动绿色投融资，这对地方政府投融资改革和协调绿色城镇化资金的筹措十分有利。还有很多民间资本、国际组织等也纷纷参与设立绿色发展基金，PPP 模式的基金成为政府支持绿色发展的主要形式之一。

责任投资和绿色投资在资产管理业方兴未艾。截至 2017 年第三季度末，我国以环境（E）、社会（S）和公司治理（G）为核心的 ESG 社会责任投资基金共计 106 只。据中国基金业协会数据统计，截至 2017 年 6 月底，包括基金、信托等各类资产管理产品规模达 97.81 万亿元，在中国基金业协会自律管理下的资管规模达 52.80 万亿元，约占整个资管行业的 54%。

绿色基金成为国际绿色金融合作的新动力。应该说，国际投资的绿色化和环境社会责任的承担已经成为关注热点，而绿色基金也会成为全球绿色金融合作的重要路径。加强绿色金融的国际合作，支持社会资本和国际资本设立各类民间绿色投资基金将成为绿色发展的合作重点。2016 年，中美绿色基金作为第八轮中美战略与经济对话的重要成果之一正式推出。该基金将与镇江和张家口两个城市合作，建立市级建筑节能和绿色发展基金，推动当地节能工作的开展，并将成功经验在国内其他城市进行复制和推广。未来我们可以联合全球的合作伙伴，通过绿色基金在"一带一路"进行绿色投资，推动改善生态环境，促进绿色金融的国际合作。而亚投行、丝路基金、亚洲开发银行、金砖银行、国际金融公司等在推动亚太金融合作、"一带一路"基础设施投资方面也更多地强调绿色投资。

秉承社会责任的企业积极创设绿色私募股权和创业投资基金。目前，节能减碳、生态环保已成为很多私募股权基金和创业投资基金关注的热门投资领域。

环保类上市公司成为发起设立绿色并购基金的主要力量。2015 年以来，环保类上市公司逐渐成为发起设立绿色并购基金的主要力量，如南方泵业设立"环保科技并购基金"；格林美拟设立"智慧环保云产业基金"；再升科技发起设立"再升盈科节能环保产业并购基金"；高能环境设立"磐霖高能环保产业投资基金"等。进入 2016 年后，环保并购基金持续得到市场关注，势必引起一轮环保产业的并购热潮。

应进一步完善绿色基金发展的配套机制

通过绿色基金可拓宽融资渠道，构建多元化的投资主体结构。首先，应通过政策和制度的调整，积极拓宽绿色产业基金的融资渠道，发展民间资本、养老金、金融机构、国外资本和政府资金等共同参与的多元化投资主体结构，积极推动商业银行投贷联动的试点，为绿色基金的发展创造良好的激励机制。其次，积极利用外资推动绿色基金可持续发展。加强引进国际来源资金是城市绿色发展的重要领域。考虑到国际市场的因素，产业基金的发展不仅可以寻求国内投资，更可以引进外资和国外专业人员，建立绿色产业基金项目库，进一步获得国际金融机构等在基金和技术上的支持，同时，提高资金使用效率也是确保城市绿色发展融资的重要因素。

切实推进绿色金融地方试点落地实施，完善投融资机制保障城市绿色低碳发展。目前，应该根据各个地方的环境资源禀赋和经济特点来发挥本地区的优势，探索各省市未来绿色金融发展中的问题和路径。完善 PPP 模式的绿色基金的收益和成本风险共担机制，完善公共服务定价、实施特许经营模式、落实财税和土地政策等措施，保障社会资本进入的公平性。支持地方和市场机构通过专业化的担保和增信机制支持绿色债券的发行，降低绿色债券的融资成本。定期进行绿色融资实施情况考核，设立相关绿色融资项目库和绿色评级标准体系，通过担保基金和机制创新，有效解决中长期绿色项目融资难、融资贵的问题。

完善绿色基金的制度框架和激励机制。一是完善绿色发展基金制度框架。加快绿色发展基金法制化进程,明确绿色发展基金的概念界定、资金投向、运作模式、发展目标、监管机制等,通过立法确定约束性指标,明确各责任主体的法律责任,规范各参与主体的行为,以此促进绿色发展基金良性发展。二是健全绿色发展基金管理机制。建立健全绿色发展基金的各项内部制度,包括设立合适的风险应急机制、内部管理控制制度、行业发展自律制度、基金筛选机制、风险监控机制等方面的制度。完善信息披露机制,为社会投融资主体、政府部门、金融机构等部门提供良好的信息,有利于监管的有效和投资者利益的保护。三是建立绿色发展基金激励机制,提高社会资本参与度。政府应完善绿色经济考评体系和考核办法,细化社会资本参与绿色项目的财政贴息办法、补贴办法、税收优惠政策、项目优先准入等优惠政策。四是建立绿色基金风险防范机制。健全问责制度,制定投融资风险考核机制,引进第三方绿色评估机构,将绿色投资业务开展成效、环境风险管理情况纳入金融机构绩效考核体系。制定专门的绿色投融资审查体系,严格监督资金的使用方向和影响结果,确保绿色基金投向真正的绿色项目上。五是依法建立绿色项目投资风险补偿制度,通过担保和保险体系分散金融风险。建立绿色金融信息交流交易平台,解决市场中的信息不对称问题,防范"漂绿"行为发生,加强绿色金融体系本身的抗风险能力,加快绿色金融助力低碳绿色发展的进程。六是绿色基金的相关制度框架包括投资环境效益评估体系亟待完善。建立绿色项目库,完善绿色投资标准和筛选标准、退出机制和法律框架。

通过绿色基金引导民间资本进行绿色投资。建议以国家绿色产业为政策导向,引导社会资本支持绿色城市和乡村振兴,促进农村绿色产业健康、有序发展,鼓励各级政府以多种形式发起或参与发起 PPP 模式的绿色发展基金。目前,我国已在内蒙古、山西、河北、山东、四川等十几个地方建立了 50 多个由地方政府支持的绿色发展基金,还有很多民间资本、国际组织等也纷纷参与设立绿色发展基金。绿色基金一般聚焦于雾霾治理、水环境治理、土壤治理、污染防制、清洁能源、绿化和风沙治理、资源利用效率和循环利用、绿色交通、绿色建筑、生态保护和气候适应等专项项目，这些领域与乡村振兴息息相关，绿色基金可以引导更多资金投向绿色农业、农业农村污染防治、生态建设等产业，各级地方政府要根据其资源禀赋，完善发展特色农林产业，以项目为载体，放宽市场准入、完善公共服务定价、实施特许经营模式、落实财税和土地政策等措施，为有效吸引金融机构和社会资本提供空间。

建立绿色基金支持市场化绿色技术创新的相关政策框架，有效鼓励绿色 PE/VC 支持科技型中小微企业。党的十九大报告对构建市场化的绿色技术创新体系指明了重要方向，应逐步建立以绿色企业为主体、市场为导向、产融结合的技术创新体系。鼓励绿色发展基金、政府引导基金、国家新型产业创业引导基金、绿色技术银行、国家科技成果转化引导基金、民营企业引导基金等把绿色技术创新作为重要的支持领域，促进环保科技产业发展和成果转化，并建立相应的投资激励机制，为绿色发展奠定技术创新的动力。

完善绿色基金投资绩效评价体系和筛选指标体系。借鉴发达国家具有代表性的绿色投资基金的环境筛选指标，这些指标涉及污染减排、气候变化和能源利用等不同的范围。对政府引导的投资而言，绿色投资基金主要以支持环境治理技术和资金落后的企业为目标，以负向筛选与一般社会责任投资筛选体系相融合的方式，为环境亟待改善的地区和企业提供环境治理资金，从而推动当地环境的改善。

对比主要发达国家的绿色基金，尽管各自在应对气候变化、能源效率、污染防治、环境治理测算上有所差异，但是环境污染与保护、能源利用和供给、水资源保护、大气污染、清洁技术都是各地区基金关注的焦点。差异化的投资理念推动了全球绿色基金投资标准体系的构建，包括联合国发起的责任投资原则的 ESG 标准，可持续发展的主题投资，比如清洁能源、绿色科技、垃圾处理、可持续农业等方面的投资,这些都值得我国在绿色基金投资的引导机制方面予以关注和借鉴。

积极探索建立绿色产业担保基金。目前,国家融资担保基金的成立正在提速,首期注册资本人民币661亿元,将实现每年15万家(次)小微企业和新增1400亿元贷款的政策目标。未来也可以考虑设立绿色担保基金,有效缓解环保企业、"三农"和创新企业尤其是中小企业的融资难问题。担保基金可以向绿色中小企业提供信用担保,也可以担保绿色债券、绿色PPP项目等。担保基金也是国际上通行的做法,包括法国、中国台湾地区、菲律宾等都有相关经验,以地方财政投入启动资金,引入金融资本和民间资本成立绿色担保基金,当地政府应在资金筹集和投向等方面发挥政策引导作用。

发挥责任投资和ESG标准对绿色投资和可持续金融的指引作用。从可持续发展承诺、政府投资拉动、ESG评价指标体系、创新激励机制、公司治理、资本市场、法规制度的完善等多层面推动更多机构投资者参与环保产业和绿色投资基金的发展。我国应借鉴国际经验,制定公募基金和私募股权基金的责任投资管理制度和绿色投资指引,丰富ESG评价指标体系,改善投资决策机制,提升绿色投研体系,为推动绿色投资基金、全面践行ESG责任投资奠定基础。同时应积极鼓励包括责任投资论坛的组织,发挥社会团体和智库的力量。国际经验表明,非政府组织对欧美绿色投资基金的发展起到了关键性作用。

支持绿色基金发展的财税金融政策在实践中还需要不同层面予以推进落实。要有效保障投资人的利益,真正搭建民间资金与政府项目之间的普惠桥梁。目前,推动绿色金融的全球发展已经在G20达成共识,国际投资的绿色化和环境社会责任的承担也成为关注热点。

(本文成稿于2018年10月)

❖ 中国绿色金融发展前景

近年来，中国积极推动绿色低碳发展的国际潮流，统筹国内、国际两个大局，提倡创新、协调、绿色、开放、共享五大发展理念，低碳发展和应对气候变化已成为中国生态文明建设的重要途径。作为推动绿色经济发展不可或缺的金融制度安排，绿色金融通过创新性金融制度安排，引导和激励更多社会资金投资环保、节能、清洁能源、清洁交通等绿色产业，推动绿色发展，着力改善生态环境，已经达成各方共识。

我国绿色金融发展面临的挑战

2017 年《G20 绿色金融综合报告》指出，缺乏清晰和持续的政策信号、方法论和相关数据缺失、金融机构能力不足、期限因素、投资条款和绩效激励不足等因素，是全球绿色金融发展面临的最大障碍。

建立健全绿色金融体系，需要金融、财政、环保等政策和相关法律法规的配套支持，通过建立适当的激励和约束机制解决项目环境外部性问题。同时，也需要金融机构和金融市场加大创新力度，通过创新金融工具和服务手段，解决绿色投融资所面临的期限错配、信息不对称、产品和分析工具缺失等问题。

疏解经济效益与社会效益，构建责任投资发展模式。如何协调中央政府和地方政府、政府和市场的关系，使得绿色金融自上而下的推广方式与自下而上的落实方式有效结合，是发展绿色金融的主要挑战之一。例如，如何实现 GDP 考核与绿色生态效益的可替代性考核，帮助地方政府寻求新的经济增长点，实现绿色经济效益的长期可持续发展等问题。

目前我国绿色金融发展已走在世界前列，但与国际绿色金融技术交流还存在一定障碍。中国对于绿色的定义和国际公认的绿色定义存在差异，国外资本对中国绿色金融市场的了解有限，在国内市场准入、资本项目开放、风险对冲机制等方面还有待完善。

绿色金融发展展望

目前资金瓶颈是绿色低碳发展的一大挑战。建议推进政府和社会资本合作，加快建立统一规范的多层次绿色金融市场。而如何完善绿色金融服务体系，促进绿色金融工具创新，提供融资支持（包括融资租赁、资产证券化、担保支持）、财政税收支持、金融服务支持等，减免低碳行业的增值税、消费税，出台环境保护的"绿色税收"优惠政策，安排国内节能减排财政专项扶持资金，完善相应的法律法规，值得政策制定者深入研究。

大力支持地方绿色基金发展

绿色基金是绿色金融体系中资金来源最广的融资方式，包括但不限于绿色产业基金、担保基金、碳基金、气候基金等。建议鼓励各级地方政府以多种形式发起或参与 PPP 模式的绿色发展基金，用于雾霾治理、水环境治理、土壤治理、污染防治、清洁能源、绿化和风沙治理、资源利用效率和循环利用、绿色交通、绿色建筑、生态保护和气候适应等领域。

支持社会资本和国际资本设立各类民间绿色投资基金，通过政府和社会资本合作模式动员社会资本参与绿色投资。推动完善绿色项目 PPP 相关法规规章，鼓励各地在总结现有 PPP 项目经验的基础上，出台更加具有操作性的实施细则。支持绿色基金发展的财税金融政策在实践中还需要不同层面予以推进落实。建议根据不同的绿色发展基金特点，合理确定政府定位和参与方式。政府出资的绿色发展基金要在确保执行国家绿色发展战略及政策的前提下，按照市场化方式进行投资管理。地方政府可通过放宽市场准入、完善公共服务定价、实施特许经营模式、落实财税政策和土地政策等措施，完善收益和成本风险共担机制，支持绿色发展基金所投资的项目，保障社会资本进入的公平性；积极创立绿色私募股权和创业投资基金，加大对节能减排和生态环保产业的投资，为地区绿色产业的发展提供充足的融资手段支持。

通过机制创新引导民间资本进行绿色投资

相关部门应陆续出台具体政策解决民间资本融资难、融资贵等问题。例如，内蒙古、江苏、浙江、重庆等地已相继设立民营企业投资引导基金，在低碳环保、市政基础设施、先进装备制造、科技成果转化等领域扶持创新型企业发展。目前内蒙古、云南、河北、湖北等地已经纷纷建立起绿色发展基金和环保基金。同时，也可以考虑运用担保基金有效解决环保企业尤其是中小企业的融资难问题。担保基金可以涵盖绿色中小企业信用担保、绿色债券、绿色 PPP 项目担保等，以担保的完善推进绿色产业融资的风险管理与激励机制创新。除此之外，还可考虑多级政府共同出资，建立绿色项目风险补偿基金，有效保障投资人的利益，真正搭建民间资金与政府项目之间的"普惠桥梁"。

目前，我国已在内蒙古、山西、河北、山东、四川等十几个地方建立了绿色发展基金。考虑到国际市场的因素，产业基金的发展不仅可以寻求国内投资，更可以引进外资，引进国外专业人员，建立绿色产业基金项目库，进一步获得国际资金在基金和技术上的支持。加快推进帮助环保企业上市的绿色证券政策。尽量降低上市门槛和交易费用，同时加强市场的透明度和监管力度，完善上市公司的环境信息披露制度。

目前，节能减碳、生态环保已成为很多私募股权基金和创业投资基金关注的热门投资领域。建议进一步发挥社会投资论坛的力量，推动 PRI 可持续发展原则和 ESG（环境、社会与治理标准）投资原则的推广，以责任投资的理念推动绿色投资基金的发展。

适时推进绿色债券市场发展，创新债券市场绿色产品

提高绿色债券市场发展能力。根据人民银行《绿色债券支持项目目录》的规定，绿色债券募集资金主要投向节能、污染防治、资源节

约循环利用、清洁交通、清洁能源、生态保护和适应气候变化六大方面，为企业提供低成本资金，促进经济、社会、生态全面协调可持续发展。应发挥绿色债券工具的特点，政策性引导绿色债券为中长期绿色项目提供融资便利，提升投资者对中长期绿色项目的信心。

作为债券市场的创新品种，绿色债券市场发展亟待相关政策的出台。首先，完善绿色债券的相关规章制度，将各种有助于降低绿色债券融资成本的激励机制尽快通过制度框架予以明确。加强部门间协调，完善并统一我国绿色债券界定标准。作为债券市场的创新品种，绿色债券市场发展亟待相关政策的出台，除了绿色债券和发行项目标准的界定，在资金投向、信息披露、第三方认证、信用评级、绿色债券指数、担保、次级债券与再保险等信用增信工具、环境效益评价、项目评估和资金使用评价体系等多个方面完善。同时，可以考虑绿色债券发行人或投资人提供税收优惠、风险权重优惠、审批的快速通道、海外人民币离岸市场发行的相关配套支持等一系列政策出台落地。另外，我国已经相继出台绿色金融债、绿色企业债、绿色公司债发行指引等制度。从国际经验来看，市政债的发行可以很好地解决地方政府城镇化环保产业投融资的问题。未来我国可以考虑出台相关制度，在有效防范风险的前提下，允许试点城市通过绿色市政债的发行，创新推进低碳绿色城市化的发展。

从企业跨境融资的角度来看，积极推动境内环保类企业、金融机构在境外发行绿色债券的进程，助力绿色企业提高海外投融资的效率。同时，逐步推进债券市场对外开放的进程，吸引国际投资者投资于中国绿色债券市场，加强各离岸市场、货币当局、监管部门、金融机构间的合作，以人民币国际化推进低碳节能环保产业海外投融资的进程。

目前我国一部分碳金融产品已进入实际操作阶段，在摸索中逐步积累起碳市场和碳金融体系的发展经验，有序地发展碳金融产品和衍生工具，探索推动建立排污权、节能量（用能权）、水权等环境权益交易市场，继续推进全国性碳产品交易市场建设。

积极推动绿色金融地方试点工作

2017 年 6 月 14 日，国务院常务会议决定选择浙江、江西、广东、贵州和新疆的部分地区作为绿色金融改革创新试验区，从而推动中国的绿色转型。未来通过在 5 个省区的体制机制探索，积累可复制推广经验，从而更好地发挥绿色金融助推经济和城市的绿色转型。

目前，地方政府参与绿色金融的积极性很高，其中浙江、贵州、广东、新疆、内蒙古、云南、河北、湖北、山东、陕西、江苏等地已开始了绿色金融的初步探索并积累了一定经验。绿色金融体系的重要组成部分绿色信贷、绿色债券市场、绿色基金、绿色保险在部分地区开花结果，但由于缺乏统一的监管和法律标准、评估口径，各地绿色金融发展也存在很多问题，亟待配套政策的落地。第一，鼓励试点地区金融机构和银行业积极开展绿色金融，设立绿色金融事业部或绿色支行，引进专业人员开展业务。第二，在风险可控、设计合理的前提下，建立适用于试点地区的绿色金融指标评价体系，定期进行绿色融资实施情况考核，设立相关绿色融资企业和绿色评级标准体系。第三，划拨专项绿色发展区域，运用 PPP 模式实现区域的基础建设，为该模式在本地区的推广积累经验。鼓励符合条件的民间资本设立绿色银行、绿色保险公司、绿色基金等，支持银行业开通绿色融资租赁项目，用于支撑地方绿色产业的发展和升级。

以绿色金融创新推动绿色低碳城市发展进程

我国明确提出加快推进绿色城市、智慧城市、人文城市建设的目标，加快财税体制和投融资机制的改革，创新金融服务。绿色金融已成为我国国家战略的重要组成部分，也为推动区域和城市绿色投融资提供了基础的政策框架。但是，我们也应清醒地认识到，在当前宏观金融形势和金融改革背景下，我国的绿色发展仍面临着诸多投融资方面的挑战，与国家的绿色低碳发展目标还存在一定距离。其中，最显著的挑战是：如何将绿色金融的重大顶层设计落地实施，在城市的绿色低碳转型过程中予以贯彻执行。

2018 年，我们应该当对绿色金融助力城市绿色低碳发展的执行层面给予更多关注和研究，分析地方低碳融资障碍，探讨绿色债券、绿色发展基金、绿色保险等绿色金融工具在试点地区中面临的机遇挑战。应加大以绿色债券市场推进城市绿色发展进程，以互联网＋绿色金融创新为绿色化提供快速的融资路径。

以绿色金融的国际合作推动全球绿色发展进程

有效的国际合作是推动各国绿色发展的重要动力。中国倡议发起并共同主持了 G20 绿色金融研究组，在全球范围内推动形成发展绿色金融的共识。目前，中美成立了中美绿色基金，中英、中法开展了财金对话，这些都为绿色金融的国际合作带来了更多机遇。

在经济全球化的大背景下，加强绿色金融的国际合作、支持社会资本和国际资本设立各类民间绿色投资基金已成为绿色发展合作的重点。值得一提的是，"一带一路"的绿色化投资已经得到很多关注，建议通过绿色基金的方式联合全球合作伙伴，运用 PPP（公私伙伴合作）模式，在丝绸之路经济带沿线地区进行绿色投资和绿色技术的落地，应对气候变化，推动改善生态环境，利用亚投行、金砖银行、丝路基金等机构和国际资本实现"一带一路"的绿色化发展。

建立绿色金融风险防范体系

绿色金融的发展仍处于探索阶段，必须建立绿色金融风险防范机制、健全问责制度、推动金融机构开展环境压力测试、强制性上市公司环境信息披露制度，制定投融资风险考核机制，引进第三方绿色评估机构，加强绿色金融发展监管。制定专门的绿色融资审查体系，严格监督资金的使用方向和影响结果，培育专业的第三方绿色评估机构，确保绿色融资资金投向真正的绿色项目。依法建立绿色项目投资风险补偿制度，通过担保和保险体系分散金融风险。建立绿色金融信息交流交易平台，解决绿色金融市场中的信息不对称问题，有效防范信用风险和流动性风险，加强绿色金融体系本身的抗风险能力，加快绿色金融助力低碳绿色发展的进程。

党的十九大报告进一步明确，我国要坚持环境友好，合作应对气候变化，保护好人类赖以生存的地球家园。绿色金融关乎我国乃至全球永续发展，而我国在相关领域已经走在了全球前列，并逐渐显现出对全球的引领作用。展望 2018 年，随着改革的不断深化，绿色金融等工具创新和逐步落地实施，中国将在全球市场上进一步展示在绿色低碳发展和绿色金融创新方面的领导力，绿色金融也必然成为绿色可持续发展的重要引擎，推动"建设美丽中国、实现生态文明"的共同愿景实现。

（本文与敖心怡合著，成稿于 2018 年 1 月）

应对气候变化投融资与碳中和

全球气候基金的发展

以气候变暖为主要特征的全球气候变化已成为 21 世纪人类共同面临的最重大的环境与发展挑战，考验着人类的人性、社会制度、经济发展模式、国际政治和文明，应对气候变化是当前乃至今后相当长时期内实现全球可持续发展的核心任务，而且直接影响到发展中国家的现代化进程。面对当前"逆全球化"思潮和保护主义倾向抬头的复杂世界局势以及持续蔓延的气候变化等非传统安全威胁，《巴黎协定》"破纪录"的达成、签署和生效具有里程碑式的意义。气候资金规模、来源及其管理模式一直是国际谈判与合作的核心，气候基金作为最主要的形式越来越受到关注和讨论。

全球气候基金的发展现状

气候资金涉及许多利益相关方，《联合国气候变化框架公约》（以下简称《公约》）内的气候资金机制包括一系列的资金主体、运行机构和资金实体，2010 年坎昆气候大会后建立的资金常设委员会是目前气候资金的主要决策机构，相关机制包括全球环境基金（GEF）及其下托管的气候变化特别基金（SCCF）和最不发达国家基金（LDCF）、《京都议定书》下的适应基金（AF）以及作为未来资金主渠道的绿色气候基金（GCF）等；《公约》外的机制以多边金融机构和私营部门专门基金为主，部分发达国家也通过各自的发展署、对外援助等机构对发展中国家进行资金支持。《巴黎协定》第二条特别提出了气候资金发展的长期目标，即"使资金流动符合温室气体低排放和气候适应型发展的路径"。气候基金作为支持应对气候变化行动而设立的资金操作实体，经过近 30 年的发展已经成为气候资金最重要的管理方式。气候基金的运营往往更为商业化、市场化和专业化，能够灵活利用一系列适配的金融工具，为减缓和适应气候变化提供可持续的资金支持。

1992 年《公约》订立到 2001 年马拉喀什气候大会期间的九年是气候基金发展过程中至关重要的起步期。1994 年，《公约》正式达成并生效，为全球气候治理夯实了政治基础，也为之后气候资金模式的设立铺平了道路。1994 年，GEF 顺利从世界银行中脱离并实现了改组，并开始了第一次增资，确立了国际气候资金机制的运营实体。1997 年通过的《京都议定书》引入的联合履行（JI）、清洁发展机制（CDM）和排放贸易（ET）三大机制为气候基金创新了资金来源。但 2001 年，美国布什政府上台后拒绝签署《京都议定书》，为当时的气候谈判进程蒙上了一层阴影。

2001 年到 2009 年哥本哈根气候大会期间，全球气候基金由于气候谈判局势的变化特别是"双轨制"的启动迎来了一个多元拓展期，其中 SCCF、LDCF 以及 AF 都在这期间成立。气候基金形式的拓展并不是因为资金总量的大幅度增加，而是来源于发达国家出资意愿的敷衍和资金领域分配的不平衡。《京都议定书》在 2005 年艰难生效后，发达国家开始淡化出资责任，不愿意因为出资而凸显气候责任。开辟新基金，是发达国家和发展中国家在资金领域上的妥协。2007 年巴厘岛气候大会出台了"巴厘岛行动计划"，成立了适应基金。2008 年，以美欧为主的 14 个发达国家联手出资成立了气候投资基金，标志着气候资金正式进入最具影响力国家决策部门的视野。但在 2009 年哥本哈根气候大会上，《哥本哈根协议》无疾而终，延迟了相关机制的建立和完善。

2009 年至 2012 年多哈气候大会期间气候基金发展经历了三年动荡的调整期。发达国家作出了"到 2020 年为发展中国家应对气候变化每年动员 1000 亿美元"的长期资金（LTF）承诺和"2010—2012 年提供 300 亿美元快速启动资金（FSF）"承诺，在多哈《公约》第十八次缔约方大会上也宣告已经向 FSF 注资总计 330 亿美元，即已超额完成捐资任务，但由于国际资金机制中的规定过于简略，缺乏统一的出资标准，且没有专门的监管部门，没有方式对发达国家"自己说了算"的出资额进行评估，以及对其计算方式"一金多用"的嫌疑进行检查，以致遭到了广大发展中国家的不满。2009 年哥本哈根气候大会上"绿色气候基金"（GCF）概念被首次提出，意在另辟蹊径，通过成立《公约》资金机制新的独立运营实体重新布局。2010 年坎昆气候大会对成立 GCF 提供了正式授权，决定新的多边适应资金的很大部分应当通过 GCF 提供，并指出要确保使用专题供资窗口以支持在发展中国家缔约方开展的项目、方案、政策和其他活动。坎昆会议还就 GCF 秘书处的设立和董事会组成、受托管理人以及过渡委员会等要素达成了共识。2011 年，《绿色气候基金治理导则》在德班《公约》第十七次缔约方大会上获得通过。德国和丹麦分别宣布向 GCF 注资 4000 万欧元和 1500 万欧元，成为首批向该基金注资的发达国家。

2012 年以来，气候基金逐渐迈入了以 GCF 为主的新阶段。2012 年 10 月 20 日，韩国仁川松岛成为 GCF 秘书处所在地。在此基础上，韩国承诺直至 2019 年每年为 GCF 提供 100 万美元支持基金运作，并在 2014—2017 年以信托基金的形式向 GCF 援助 4000 万美元。在 2018 年 4 月前的过渡阶段，世界银行作为其临时托管方负责接收、保障、投资并负责转移来自投资者的资金。

2017 年特朗普政府上台后，拒绝履行其向发展中国家提供气候资金支持和向 GCF 注资的义务，这对《公约》框架下的资金机制再次造成了极大的影响。

气候基金在中国的发展和实践

中国一贯重视气候变化问题，除了国际流入的资金外，中国国内通过直接赠款、以奖代补、税收减免、政策型基金、投资国有资产等形式投向气候变化领域，支持了大量的应对气候变化行动，并带动了社会资金的投入。中国气候基金以中国清洁发展机制基金和正在筹备的气候变化南南合作基金为典例。

中国清洁发展机制基金是由国家批准设立的按照社会型基金模式管理的政策型基金，是中国参与全球气候变化资金治理的一项重要成果。该资金的主要来源为通过 CDM 项目转让温室气体减排量所获得收入中属于国家所有的部分。基金的资金使用包括赠款和有偿使用等方式，其中赠款主要支持了各级应对气候变化相关的政策研究、能力建设和宣传，而有偿使用主要支持了低碳产业活动和商业项目。截至目前，基金已累计安排 11.25 亿元赠款资金，支持了 522 个赠款项目，并已审核通过了 210 个有偿项目，覆盖全国 25 个省（市、自治区），安排贷款资金累计达到 130.36 亿元，撬动社会资金 640.43 亿元。

中国以援外为主的南南合作经过了六十多年的发展历程，涵盖了双边、多边、地区和地区间等多个层级规模。与应对气候变化相关的早期技术援助项目最早可追溯到 20 世纪 80 年代，此后，中国政府在包括中非合作论坛、联合国系列高级别会议，以及系列联合国气候变化大会等在内的重要政治外交场合也多次宣布要广泛而务实地开展南南合作，帮助南方国家提高应对气候变化的能力。2014 年 9 月，气候变化南南合作基金建立。未来，气候变化南南合作基金将总体定位为国际化、开放性的合作组织和开发性金融机构，成为中国执行气候变化南南合作业务、深度参与全球气候治理的重要支撑。

气候基金发展的政策建议

敦促大国在"共同但有区别的责任原则"下积极参与全球气候资金机制，将气候资金议题主流化、平台化是保障气候基金可持续发展的前提。大国是全球气候治理和资金治理的主角和领导者，加强大国间气候变化领域的国际合作，推动全球经济发展和战略政策的主流进程中纳入对气候变化的考虑，提高大国应对气候变化的共识和行动力，能够保证气候基金业务开展良好的政治、政策环境，帮助化解气候基金发展过程中可能遇到的不确定性风险，为气候基金的发展创造宝贵的生存和发展空间。

做好中国气候变化南南合作基金的筹备工作，积极向全球展现在气候资金问题上的"中国方案"。中国提出的关于建立气候变化南南合作基金的设想和承诺已经得到了国际社会的广泛赞誉和各方的高度期待。在围绕基金战略定位做好各项准备工作的同时，加快基金的筹建进度，展现中国"言必信、行必果"负责任的大国形象，也是中国推动国内外气候投融资工作的先行示范。

（本文成稿于 2017 年 7 月）

✍ 中国 2060 年碳中和目标对金融市场的影响

2020 年 9 月 22 日，习近平在第七十五届联合国大会一般性辩论上的讲话中提出，"中国将提高国家自主贡献力度，采取更加有力的政策和措施，二氧化碳排放力争于 2030 年前达到峰值，努力争取 2060 年前实现碳中和"。这是中国首次提出碳中和目标，引起国内外广泛关注。

全球气候安全是自然资本的要素。避免气候变化损害、保持全球气候稳定，实际上是通过投资使自然资本保值增值。稳定的气候、良好的空气质量，是人民美好生活所必需的自然资本，随着现代化进程的推进，其在国民财富的分布及相应的投资会稳步上升。习近平主席所宣布的"力争 2030 年前碳排放达峰、2060 年前碳中和"的目标，本质上是确定自然资本的边界和规模，从而为人民健康、安全、舒适的生活提供保障。

过去十余年，中国先后三次提出了减碳目标。第一次是 2009 年提出的 2020 目标，即到 2020 年单位国内生产总值二氧化碳排放比 2005 年下降 40%～45%。第二次是 2015 年提出的 2030 目标，即到 2030 年二氧化碳排放 2030 年左右达到峰值并争取尽早达峰，单位国内生产总值二氧化碳排放比 2005 年下降 60%～65%。第三次就是刚刚宣布的 2060 目标，努力争取 2060 年前实现碳中和。

从 2020 目标到 2030 目标，再到 2060 目标，经历了三次飞跃。2020 目标实现从 0 到 1 的飞跃，是中国首次对国际社会作出的应对气候变化的承诺。2030 目标实现从碳排放强度到碳排放总量的飞跃，此后碳排放总量不再增长。2060 目标实现从总量控制到碳中和的飞跃，此后中国将做到"净零碳排放"，成为"零碳国家"。

"零碳国家"并不是一点碳排放都不能有，而是尽最大限度地减少碳排放，对当前技术条件下无法避免的一些碳排放，通过植树造林或购买碳信用的方式抵偿（Carbon Offset）。

当前，世界范围内已有 20 多个国家和地区提出了"零碳国家"目标。从地区分布看，欧洲最多：芬兰、奥地利、冰岛、瑞典宣布在 2035—2045 年实现零碳，还有多个欧洲国家如英国等宣布在 2050 年实现零碳。在东亚地区，韩国执政党在今年国会大选时提出 2050 年零碳目标，但尚未写入政策文件中；日本则承诺"在本世纪下半叶尽早实现零碳"，还没有具体指出哪一年。相比之下，中国 2060 年碳中和目标更加清晰。

表 1　　　　　　　　　　世界范围内碳排放落实情况

承诺类型	国家和地区（承诺年）
已实现	苏里南、不丹
已立法	瑞典（2045）、英国（2050）、法国（2050）、丹麦（2050）、新西兰（2050）、匈牙利（2050）
立法中	欧盟（2050）、西班牙（2050）、智利（2050）、斐济（2050）
政策宣示	芬兰（2035）、奥地利（2040）、冰岛（2040）、德国（2050）、瑞士（2050）、挪威（2050）、爱尔兰（2050）、葡萄牙（2050）、哥斯达黎加（2050）、斯洛文尼亚（2050）、马绍尔群岛（2050）、南非（2050）、韩国（2050）、中国（2060）、日本（本世纪下半叶尽早实现）

来源：Energy & Climate Intelligence Unit 及作者整理。

虽然 2060 年比英、法、德等欧洲发达国家 2050 零碳目标晚了 10
年，但这样的比较并没有考虑各国经济发展阶段的因素。如果把这个因
素纳入，我们更应比较从排放达峰到实现零碳的年数。欧洲国家多在
50 年以上，中国只有 30 年。这表明，中国要实现 2060 碳中和的目标并
不容易，这一目标的提出彰显出中国的责任担当。

表 2　　　　　　　　　　　　各国情况分析

国家	达峰年份	零碳年份（承诺）	差值（年）
瑞典	1993	2045	52
英国	1991	2050	59
法国	1991	2050	59
丹麦	1996	2050	54
中国	2030	2060	30

来源：作者整理。

中国一直是全球应对气候变化实业的积极参与者，目前已经成为
世界节能和利用新能源、可再生能源的第一大国，2019 年可再生能源
装机量领先全球，成为全球能源转型的领军者。

依据 2020 年 6 月发布的《BP 世界能源统计年鉴》，2019 年全球可
再生能源实现了创纪录的增长 3.2EJ（千兆焦耳），占 2019 年一次能源
增长的 40% 以上，可再生能源在发电领域的占比（10.4%）首次超越
了核电。其中，中国是可再生能源增长的最大贡献者（0.8 EJ）。实际
上，此次向全球明确 2060 年实现碳中和的目标，及早实现零碳转型，
不仅是为全球应对气候危机作出表率，同时也可以在万亿级的绿色产
业中占据先机，推动疫情后世界经济"绿色复苏"。

中国 2060 碳中和目标给中国经济转型设定了一个远期目标，由此
产生的政策约束和产业变迁都会对金融市场形成重大影响。宏观政策
上的气候变化目标，在微观市场上很可能通过碳成本的形式表现出来。
我们预计，金融市场会逐步将碳成本纳入融资成本。具体表现为：一些
资产所有者和资产管理公司开始计算资产组合的碳强度，更激进的投

资者开始拒绝买入化石能源资产；一些商业银行也开始减少或退出与高碳企业的业务合作。

全球范围内，这一进程已经开启。无论是世界银行、欧洲投资银行等多边金融机构，还是汇丰银行、摩根大通等商业金融机构都已经调整与煤炭和化石能源相关的融资政策。这些举措既有政策逻辑，也有商业逻辑，两个逻辑相互关联。譬如，政府为了实现零碳目标，必然会推出相应的政策举措，支持低碳转型，这样会导致对高碳资产需求下降，高碳资产出现资产贬损。又如，气候变化加剧会导致一些资产因为飓风等自然灾害增加出现大面积贬损，这些资产贬损会体现在金融机构的资产减值，从而可能引发系统性金融风险，由此，政府就有必要提前干预，防范风险。

中国政府已经注意到这一点，着力建立健全绿色低碳循环发展的经济体系，构建清洁低碳、安全高效的能源体系，并将发展绿色金融列为重要支撑措施之一。2016 年，国务院印发了《"十三五"控制温室气体排放工作方案》，为确保完成"十三五"规划纲要确定的低碳发展目标任务，推动二氧化碳排放 2030 年左右达到峰值并争取尽早达峰做了一系列安排和部署。《方案》中提到要创新区域低碳发展试点示范，以投资政策引导、强化金融支持为重点，推动开展气候投融资试点工作。《方案》还指出，要出台综合配套政策，完善气候投融资机制，更好发挥中国清洁发展机制基金作用，积极运用政府和社会资本合作（PPP）模式及绿色债券等手段，支持应对气候变化和低碳发展工作以投资政策引导、强化金融支持为重点，推动开展气候投融资试点工作。为贯彻落实《方案》中关于气候投融资试点的安排和工作部署，保障应对气候目标的实现，必须建立一套符合低排放和气候适应性发展路径的气候投融资体系，以有限的资金带动和引导大量的社会资金对气候相关领域进行投资，支持和服务实体经济可持续发展。

中国的金融监管部门也在引导金融机构应对气候变化。2020 年 9

月 19 日，中国人民银行副行长陈雨露在中国金融学会绿色金融专业委员会的年会中发言，重点强调了要引导金融机构加强对气候和环境风险的识别、分析和管理。他指出，"气候变化和环境因素带来的风险具有长期性和不确定性，并可能通过多个渠道演化为金融风险，金融机构应该高度关注此类长期风险，参考央行与监管机构绿色金融网络（NG-FS）近期发布的《金融机构环境风险分析概述》和《环境风险分析方法案例集》，加强对相关风险的前瞻性研判，并积极采取措施，防范环境与气候风险演化为金融机构风险和系统性风险"。

可以预见，中国 2060 碳中和目标的提出，将会加速金融监管部门对金融机构气候风险的监管进程，金融机构会面临气候风险这一新的监管要求。我们建议，金融机构可以先做好两件事情：一是做好气候变化的风险评估工作，通过压力测试、情景分析等方法，量化评估气候变化造成的资产风险，中国 2060 碳中和目标为情景分析提供了最新的参考依据；二是做好气候相关的财务信息计算与披露，即通过气候相关财务信息披露（TCFD）等方法，对底层资产的碳强度、碳排放予以测算、跟踪和披露，为未来信息披露要求做好准备。

当然，达峰和减排需要大规模投资，因此金融机构也可以在中国 2060 碳中和目标中挖掘巨大的机会，特别是在产品创新方面。绿色信贷、绿色债券、绿色产业基金、ESG 投资基金等有利于《巴黎协定》目标实现的产品，将更容易得到政策扶持和市场青睐。

（本文与郭沛源合著，成稿于 2020 年 10 月）

应对气候变化投融资与碳中和路径探讨

近日，生态环境部联合国家发展改革委、人民银行等部门发布了

《关于促进应对气候变化投融资指导意见》（以下简称《指导意见》）。文件涉及的内容包括总体要求、政策体系、标准体系、地方实践、国际合作、组织实施以及引导民间投资和外资进入气候投融资领域七部分内容。这是继 2016 年人民银行、财政部、国家发展改革委等七部门联合下发《关于构建绿色金融体系的指导意见》后，又一次推进环保绿色发展相关政策的纲领性文件。

《指导意见》为进一步推进气候投融资的发展明确了目标和方法，既体现了我们应对全球气候变化的贡献，也对我国应对气候变化实践和生态文明建设提出了明确的要求，也会为"十四五"贯彻绿色发展理念再谱新篇章。

一、出台背景

2020 年 9 月 22 日，国家主席习近平在第七十五届联合国大会一般性辩论上宣布中国将提高国家自主贡献力度，采取更加有力的政策和措施，二氧化碳排放力争于 2030 年前达到峰值，努力争取 2060 年前实现碳中和，并提出各国要树立创新、协调、绿色、开放、共享的新发展理念，抓住新一轮科技革命和产业变革的历史性机遇，推动疫情后世界经济"绿色复苏"，汇聚起可持续发展的强大合力。在刚刚发布的十九届五中全会公报中，提出要加快推动绿色低碳发展。

因此，《指导意见》的发布是为响应党中央的重要宣示，为解决因气候资金供需矛盾而制约我国绿色低碳转型和国家目标任务落实的突出问题，亟须加快构建以气候目标为导向的投融资政策体系，更好地发挥政府引导作用和市场主体作用，激励和动员更多资金投向应对气候变化领域，为积极应对气候变化、协同打好污染防治攻坚战、推进生态文明建设、实现高质量发展提供重要支撑和注入全新动力，是实现"碳中和"愿景的必然要求。

二、国际气候投融资发展概况

2020 年 9 月 24 日，德国和卢森堡政府联合世界银行（The World Bank），欧洲投资银行（European Investment Bank）和全球市长公约共同设立城市气候融资缺口基金（The City Climate Finance Gap Fund，Gap Fund）。Gap Fund 将推动发展中国家和新兴经济体城市的低碳、气候韧性和宜居的投资。德国和卢森堡在首阶段分别提供 4500 万欧元和 1000 万欧元的支持。Gap Fund 将由世界银行和欧洲投资银行共同运营。

Gap Fund 将会帮助城市和地方政府解决融资困难，为城市领导提供气候智能投资的技术援助，特别在早期阶段，为城市开发气候投资机会提供支持。Gap Fund 首阶段目标是为发展中国家和新兴市场中的城市提供 1 亿欧元的赠款，以协助它们确定低碳发展目标和规划。Gap Fund 的目标是带动 40 亿欧元气候智能城市项目和城市气候创新项目。

世界银行的发展政策和伙伴总监 Mari Pangestu 表示，"世界银行非常愿意配合 Gap Fund，为发展中国家城市提供资源来实现他们的气候目标。"城市相关排放占全球排放的 70%，城市人口在未来 30 年仍然会迅速增加，预计 25 亿人会由农村转移到城市生活。在新冠肺炎疫情之前，预计 2030 年前需要 93 万亿美元的可持续发展投资来实现气候目标，其中城市有关气候友好基建投资是其中最大的组成部分。

三、我国应对气候变化发展历程

2009 年，我国提出到 2020 年单位国内生产总值二氧化碳排放（以下简称碳强度）比 2005 年下降 40%～45%、非化石能源占一次能源消费的比重达到 15% 左右、森林面积和蓄积量分别比 2005 年增加 4000 万公顷和 13 亿立方米的目标；2015 年，进一步提出 2030 年左右二氧化碳排放达到峰值并争取尽早达峰、碳强度比 2005 年下降 60%～65%、非化石能源占一次能源消费比重达到 20% 左右、森林蓄积量比 2005 年增加 45 亿立方米左右的国家自主贡献目标。2020 年 9 月，又提出 2060 年前后努力实现碳中和的伟大愿景。

三次目标的飞跃，说明党中央、国务院高度重视应对气候变化工作，体现了一个负责任大国的积极担当。横向对比，实现碳中和愿景我们需要的时间比发达国家缩短 30 年左右，这是一个非常巨大的挑战，也显示了我国应对气候变化工作的决心。在这一目标的指引下，中国陆续颁布一系列应对气候变化的措施，多次出台法令完善应对气候变化法律框架体系。

截至 2019 年底，我国碳强度较 2005 年降低约 48.1%，非化石能源占一次能源消费比重达 15.3%，提前完成我国对外承诺的到 2020 年目标，为努力实现达峰目标和碳中和愿景奠定了坚实的基础。

四、大力支持绿色金融和气候投融资地方实践

《指导意见》强调了气候投融资是绿色金融的重要组成部分，从政策协调、金融产品创新、地方试点等多角度为气候投融资与绿色金融的协同发展奠定了基础。目前，随着绿色金融标准体系、绿色数字基础设施建设、绿色产品创新体系和绿色激励约束机制"四大支柱"的建立和完善，绿色金融已经成为供给侧改革的重要内容，有效推进绿色可持续发展，也为气候投融资工具创新奠定了基础。

1. 气候投融资与绿色金融试点稳步协调推进低碳绿色城市发展

实际上，中国早在 2010 年前后就陆续启动了两批包括广东、辽宁、湖北、陕西等在内的 42 个试点省市进行低碳省区和低碳城市的试点工作。自那以后，地方应对气候变化的工作一直稳步推进。2011 年国家发展改革委印发了《关于开展碳排放权交易试点工作的通知》，同意北京、天津、上海、重庆、湖北、广东及深圳开展碳排放权交易试点。2015 年，39 个试点省市编制完成了低碳发展专项规划，13 个试点省市设立了低碳发展专项资金。2017 年 6 月 14 日，国务院常务会议决定在

浙江、江西、广东、贵州、新疆 5 省（区）选择部分地方，建设各有侧重、各具特色的绿色金融改革创新试验区，在体制机制上探索可复制可推广的经验，推动经济绿色转型升级。目前，地方政府参与绿色金融的积极性很高，其中浙江、贵州、广东、新疆、内蒙古、云南、河北、湖北、山东、陕西、江苏等地已开始了绿色金融的初步探索并积累了一定经验。

中国推进绿色金融工作，试点是一个重要环节。由于中国幅员辽阔，各地发展程度也不尽相同。因此，绿色金融的推动应根据各地的资源条件和经济特点来发挥本地优势，走出一条适合本地的绿色金融发展模式。各地应在前期理论探索的基础上，结合本地区实际情况，先行先试，以点突破，积累经验，全面推进，并在实践过程中不断丰富已有理论，实现理论与实践的双重推进，以便未来能更广泛地推进绿色金融实践。目前，试点省市已经实现了东部、西部和中部的空间全覆盖。未来，随着试点工作的进一步推进，绿色金融将在全中国形成联动效应，以一省市带动周围省市的发展，实现省市联动及区域联动。

2. 气候投融资地方试点意义重大

气候投融资是绿色金融的重要组成部分，开展气候投融资试点工作具有重大意义。

首先，通过在地方开展气候投融资工作在应对气候变化金融工具开发上积累的有益经验，有助于进一步探索和丰富国家绿色金融体系的内涵。通过在地方的试点工作，可以总结正反两方面经验教训，丰富理论与实践探索，优化相关政策支持经济社会发展的制度安排。

其次，通过地方气候投融资调动各利益相关方积极参与，实现新旧动能转换。服务实体经济是金融的核心。但是，在国家经济转型时期，金融如何能够为实体经济的发展助力是传统金融行业面临的难题。在推进地方气候投融资的过程中，通过创新绿色金融产品，实现金融与地方经济的更好融合，使得金融在拓宽投融资渠道、激发各主体潜力、助推经济增长实现动能转换等方面发挥独特的优势。

最后，地方积极开展气候投融资活动，有利于实现我国的绿色中国的目标，为我国进一步深入参与全球气候治理奠定良好基础。绿水青山就是金山银山，未来中国必将不断推进绿色中国的建设。同时，作为负责任的发展中大国，中国也在积极履行各种国际义务。因此，在地方开展气候投融资工作为我国进一步深入参与全球气候治理进程中创造新的动力。

五、推动气候投融资工具的创新实践

《指导意见》注重通过多种手段撬动社会资本参与气候投融资。鼓励地方建立区域性气候投融资促进中心、构建有气候投融资特色的绿色支行等手段吸引金融机构，而且强调通过市场化方式撬动更大规模的社会资本参与。其中明确列出了"政银担""政银保""税融通""银行贷款＋风险保障补偿金"等合作模式。

《指导意见》明确了鼓励地方积极探索气候投融资模式和机制，并积极创新气候投融资工具。气候投融资涉及应对气候变化资金的筹措、决策和使用，具有财政与金融两种特性，在工作开展中的职能定位于弥补商业性投融资过程中对气候变化领域的空隙和市场机制缺陷，实现经济效益与应对气候变化目标协同发展。我们未来要通过创新性的金融制度安排，引导和吸引更多的社会资本进入绿色产业，通过绿色信贷、绿色债券、绿色股票指数及相关产品、绿色发展基金、绿色保险和碳金融等金融工具，为绿色金融发展提供可持续推动力。

可以预见，中国 2060 碳中和目标的提出，对于气候投融资也带来了机遇与挑战，地区发展和金融机构也可以在中国 2060 碳中和目标中挖掘巨大的机会。在"十四五"规划和未来十年的规划当中，都将体现加快绿色低碳转型的内容，加快推进全国碳市场建设，积极参与全球气候治理。比如能源、交通、建筑、制造业、农业包括金融行业都需要

实行更加明确的绿色低碳化战略，同时可以考虑选择合适地方试点。明确减碳和去碳化的目标、路径、绿色低碳融资额，金融服务创新和产品体系应该围绕绿色低碳目标进行创新。气候基金、气候债券、绿色信贷、绿色债券、绿色产业基金、ESG 投资基金等有利于低碳绿色目标实现的金融工具，将更容易得到政策扶持和市场关注。

气候投融资涉及应对气候变化资金的筹措、决策和使用，具有财政与金融两种特性，在工作开展中的职能定位于弥补商业性投融资过程中对气候变化领域的空隙和市场机制缺陷，实现经济效益与应对气候变化目标协同发展。

六、积极开展绿色气候基金的落地实践

世界各国也在积极研究制定创新型金融手段，开发新的模式和合作伙伴关系，利用传统金融活动者的角色转变及其各自的优势来扩大对气候友好型基础设施的投资。

资金的融通是解决气候变化问题的关键。积极创新气候投融资工具就是为应对气候变化解决资金融通的一种可行方式。在我国推进气候投融资的过程中，政府引导基金和气候基金也会发挥重要作用，如中国清洁发展机制基金，该基金是国家批准成立的政策性基金。在商业银行与清洁基金合作的过程中，很多地方的财政为这些气候投融资项目提供了贴息，进一步降低了企业开展气候项目的资金成本。

2016 年 8 月 31 日，在各方推动下，中国人民银行、财政部等七部门联合印发了《关于构建绿色金融体系的指导意见》，提出支持设立各类绿色发展基金，实行市场化运作。中央财政整合现有节能环保等专项资金设立国家绿色发展基金，投资绿色产业，鼓励有条件的地方政府和社会资本共同发起区域性绿色发展基金，支持地方绿色产业发展。支持社会资本和国际资本设立各类民间绿色投资基金。

绿色基金的发展可以助力地方政府绿色金融试点的落地。2017 年 6

月，国务院常务会议决定在5个省区设立绿色金融改革创新试验区。会议同时决定，支持金融机构设立绿色金融事业部或绿色支行；鼓励小额贷款、金融租赁公司参与绿色金融业务；支持创投、私募基金等境内外资本参与绿色投资。绿色金融和绿色基金再次引发各界关注。2020年3月，中共中央办公厅、国务院办公厅印发了《关于构建现代环境治理体系的指导意见》，再次强调完善金融扶持，设立国家绿色发展基金。2020年7月14日，经国务院批准，国家绿色发展基金股份有限公司成立，注册资本达885亿元人民币。绿色基金作为支持绿色金融发展的多层次金融体系中的重要一环，将充分发挥财政资金的带动作用，引导社会资本支持环境保护和污染防治、生态修复和国土空间绿化、能源资源节约利用、绿色交通和清洁能源等领域，更好实现节能减排目标，可以有效发挥政府资本对于社会资金的引导效应，利用市场机制支持生态文明建设和绿色发展，积极推动美丽中国建设。

地方政府也在积极寻求与银行等金融机构合作，开展气候投融资和绿色金融模式的创新。例如山东省政府出资设立了投资引导基金和节能投资引导基金以支持绿色金融的发展；陕西省发起了创业投资引导基金助力绿色环保领域，建议借鉴绿色基金的案例与实践，充分吸收金融机构、国际资本、民间资本的力量，推动气候基金在试点城市的落地。

七、开展碳市场金融创新实践

《指导意见》明确了碳金融在气候投融资中的重要地位。

2011年10月，国家发改委批准了北京、天津、上海、重庆、湖北、广东以及深圳7省市开展碳排放权交易试点，并将2013年至2015年定为试点阶段。2014年5月国务院下发《关于进一步促进资本市场健康发展的若干意见》，明确指出应进一步丰富碳配额交易工具和融资工具。碳交易市场随后也在试点省市发展起来。7个试点碳市场从2013

年陆续启动运行以来，逐步发展壮大。初步统计，目前有 2837 家重点排放单位、1082 家非履约机构和 11169 个自然人参与试点碳市场。截至目前，试点省市碳市场累计成交量超过 4 亿吨，累计成交额超过 90 亿元。

中国碳市场已从试点走向全国，碳金融产品也随之出现，进一步丰富气候投融资工具。目前中国商业银行提供了一系列碳金融产品，包括碳资产质押、碳资产回购、碳债券、碳基金、碳资产结构性理财等。

以碳基金为例：碳基金专为碳排放权或减排量交易而设立，通过发行机构集中来自公共或者私人部门投资者的资金进行投资操作，以获得投资收益和资本增值收益，所得收益由投资者分享。我国碳基金的发展目前仍处于引进探索阶段。从实践看，我国目前有一个碳减排证卖方基金，即中国碳基金。但是该基金处于碳交易的产业链的末端，在碳交易上处于被动地位。未来随着中国减排压力加大，我国必须加紧建立自己的碳基金，缓解中国在节能减排上面临的压力，同时帮助在中国建立、保持和扩大碳减排的国际市场，进一步提高中国从碳减排市场获益的能力。

《指导意见》提出要探索设立以碳减排量为项目效益量化标准的市场化碳金融投资基金，这为碳基金发展和减排项目的投融资提供了可持续的支持。

八、气候投融资发展政策建议

目前，中国各地都正在积极开展气候投融资方面的工作。但是，我们也确实面临很多现实的问题。例如中国还未形成完善的气候投融资的制度框架，法律、行政、财税、金融没有形成促进气候投融资发展的有机统一体；气候类项目的融资渠道也不通畅，目前只有部分银行等金融机构积极参与气候类融资项目。同时，贷款期限错配也造成了气候类项目融资过程中的壁垒。诸如此类的问题成为地方开展气候投融资项目的障碍，是未来需要进一步关注的问题。

（一）加快构建气候投融资政策体系

包括推动各类政策的协调、发挥环境经济政策对应对气候变化的引导作用、完善气候投融资领域金融监管政策、在产业政策中纳入气候因素、通过相应的人才政策等作为保障，推动各类政策的协同作用，形成政策合力。

（二）建立信息披露制度和项目筛选指标体系

《指导意见》强调，要统筹推进气候投融资标准体系的建设，通过制订气候项目标准、完善气候信息披露标准、建立气候绩效评价标准，充分发挥标准对气候投融资活动的预期引导和倒逼促进作用。气候项目标准与《绿色产业指导目录（2019年版）》相衔接，为金融机构气候投融资产品创新提供了产业参考。

建立完备的气候投融资信息披露制度，鼓励国有企业、上市公司率先向公众披露气候投融资相关信息，设立气候投融资供给和需求信息发布平台。稳妥推动气候投融资发展，强化企业对气候变化风险的认知和评估，完善气候投融资风险管理体系，控制气候投融资杠杆率在合理区间。同时，还要依法建立绿色项目投资风险补偿制度，通过担保和保险体系分散金融风险。

《指导意见》明确提出要建立国家气候投融资项目库，并注重指导各地做好气候项目的储备，挖掘高质量的低碳项目，项目的筛选指标体系与环境效益评价体系亟待建立。《指导意见》强调，要统筹推进气候投融资标准体系的建设，通过制订气候项目标准、完善气候信息披露标准、建立气候绩效评价标准，充分发挥标准对气候投融资活动的预期引导和倒逼促进作用。

（三）建立丰富多层次的绿色气候基金投资者体系

通过创新机制引导民间资本进入绿色金融领域，同时积极引入包括养老金、社保基金、企业年金、社会公益基金、主权财富基金等机构投资者在内的投资者体系。

我国地方政府未来也可以考虑通过引入担保基金有效地解决环保企业尤其是中小企业的融资难问题。担保基金可以涵盖绿色中小企业信用担保、绿色债券、绿色 PPP 项目担保等，并通过市场化与差别化的担保政策、补贴政策、税收优惠政策等进行综合调整，以担保制度的完善推进绿色产业融资的风险管理与激励机制创新。

（四）完善气候投融资工具、出台气候投融资试点激励及配套政策

结合试点地区情况和特色，制订促进气候投融资发展的导则，统一气候债券、气候基金、气候信贷、气候保险等金融工具的施行标准，加强导向性与可操作性。出台产业、投资、财税、价格、金融、信贷等激励扶持政策，通过补贴、税收减免、政府担保等手段，降低气候投融资成本和风险。

气候投融资工具创新是拓宽资金来源、保障资金可持续、管控投融资风险的关键，也是地方开展气候投融资工作的客观需求。鼓励地方政府在设置和利用引导基金、发行气候债券、发展气候信贷、推动碳金融和利用互联网＋新技术等领域积极创新，着眼和立足于市场及客户，促使金融系统充分理解和认识气候风险，合理利用各金融产品的特性，使得气候投融资整体价值最大化，利润最大化，成本最小化实现气候友好型项目的可持续发展。

鼓励各地方利用已有的引导基金，或建立新的专门引导基金，对适合环境友好型项目发展的产业基金、担保基金、碳基金、气候基金等提供支持，并积极引导创立地毯私募股权基金或创业投资基金，推广政府和社会资本合作模式，为应对气候变化项目动员更多的资金资源。鼓励地方政府探索建立气候债券发行和管理制度，通过担保和增信机制支持气候债券发行。大力发展气候信贷业务，地方政府一方面可以为气候信贷业务提供担保，另一方面应积极探索建立气候信贷统计、报告制度及考核和问责机制。依托全国碳市场和地方试点碳市场，鼓励地方政府

开发碳指数、碳保险、碳期货、碳元气、碳掉期、碳期权等交易工具，碳质押、碳抵押、碳回购、碳租赁、碳托管等融资工具，推动碳金融创新。与此同时，应认识到新技术带来的挑战和机遇，鼓励地方政府充分利用"互联网+"、大数据、云计算等新兴技术的优势，提高气候投融资灵活性，开发适合小微企业、社区家庭和个人的气候投融资创新工具。

（五）推动气候投融资试点、绿色金融改革试验地区与国家可持续发展议程创新示范区、生态文明示范区在绿色低碳技术创新方面的协调

目前，地方政府参与绿色金融的积极性很高，除了浙江、江西、广东、贵州和新疆的部分地区作为绿色金融改革创新试验区之外，包括河北、湖北、山东、陕西、江苏、福建等地已开始了绿色金融的初步探索并积累了一定经验。建议今后与国家可持续发展议程创新示范区、国家级经济技术开发区、国家级产业园区的发展有效衔接，鼓励符合条件的民间资本设立绿色银行，绿色基金，支持绿色信贷和绿色融资租赁项目，鼓励企业发行绿色债券，鼓励试点的地方政府发行绿色市政债券，推进绿色金融支持绿色技术创新的落地，以金融科技+绿色金融创新为城市绿色低碳转型提供投融资路径。

（六）搭建气候投融资国际交流与合作平台

应对气候变化是全球性问题，单靠一个国家无法有效解决，需要世界各国通力合作。近几年，中国作为最大的发展中国家，不仅自身积极应对气候变化，也主动对外提供气候援助。同时，我们也要积极学习借鉴国外气候投融资领域的发展理念、管理经验和最佳实践。我们将继续与各国和各国际组织开展气候投融资的交流和合作，不断贡献气候投融资的中国智慧和中国方案。

应鼓励金融机构支持"一带一路"和"南南合作"低碳化建设，推动气候减缓和适应项目在境外落地，将"一带一路"应对气候变化与绿色投资有效结合。

《指导意见》对于国际合作具体提出了相关指引，包括支持离岸市场丰富人民币绿色金融产品及交易、支持建立人民币绿色海外投贷基金、鼓励境外机构到境内发行绿色金融债券、鼓励使用人民币作为相关活动的跨境结算货币等。

加强与国际多双边金融机构的交流与合作，积极申请能源与气候相关国际资金支持，学习借鉴国外气候投融资领域的发展理念、管理经验和最佳实践。鼓励试点地区金融机构在国外发行气候"熊猫债券"，支持国际金融组织和跨国公司在试点地区开展气候投资，推动气候基金资本与相应技术的国际合作，实现"一带一路"绿色投资与应对气候变化的有效协同。

（本文与郭沛源、马祎旋等合著，成稿于 2020 年 11 月）

影响力投资、
ESG 与资本向善

⚡ 国内外影响力投资的发展现状

一、国外影响力投资发展的基本情况

1. 市场规模不断扩张，改善社会效益的作用不断显现

近年来影响力投资在主要发达国家市场增长迅猛，在流动性不足的另类市场也越来越受欢迎。根据全球影响力投资者网络（GIIN）报告，影响力投资资产管理规模从 2016 年的 1200 亿美元增至 2018 年的 5000 亿美元（+400%）。影响力投资的发展可补充约 12 万亿美元的投资缺口，是未来在 2030 年实现联合国可持续发展目标（UNSDG）的一个重要的投资机会。以 ESG 投资为例，根据 GISA 在 2018 *Global Sustainable Investment Review* 提供的数据，截至 2018 年，全球 ESG 投资在五大市场中的总规模达到 30.7 万亿美元，两年内增长 34%。全球范围内 ESG 投资资产规模中，欧洲占比最高，接近全球可持续投资资产的一半。日本自 2016 年以来可持续投资资产迅速增长，在全球可持续投资资产中所占比例同比增长 3 倍。美国、加拿大、澳大利亚、新西兰等国家各持有的全球可持续投资资产的比例则基本保持不变。

影响力投资旨在为现实社会中存在的种种问题和挑战提供创新、高效的解决方案，并且已经展现出改善社会效益的巨大潜力。例如，美国 2006 年成立的革新食品连锁（Revolution Foods）依靠影响力投资者和风险投资，目前每周为学生提供 100 万份校餐，其中 75% 的学生属于低收入群体。印度的梅拉高微型电网公司（Mera Gao Power）为 25000 印度农村人口提供太阳能照明，公司已经实现盈利并获得有影响力的投资者来继续扩大规模。目前全球范围内的影响力资产管理规模不断扩张，摩根大通和洛克菲勒基金会认为未来 10 年影响力资本规模达到 1 万亿美元左右。

2. 投资主体更加多元化

（1）公益创投组织是影响力投资的重要主体。

公益创投组织通过影响力投资为社会组织提供必要的发展资金。在加拿大、德国、英国、美国等国家，社会部门占 GDP 比重在 5% 以上。在意大利，社会部门占 GDP 比重为 15%，由劳动部门雇佣的劳动力占 10% 左右。但社会部门的发展还需要多方政策扶持。传统商业有专门为其服务的生态体系，社会部门组织也需要类似的运营体系，尤其是金融服务体系。由于流向社会部门的资金支持在使用上通常限于固定的项目，扩大社会部门的业务规模需要更灵活的资金。因此，社会部门可以借助公益创投等具备影响力投资性质的机构进行多层次融资。公益创投主要为投资对象提供必要的融资和运营支持，帮助企业建立成熟的组织体系。目前，为贫困学生提供高质量教育的 Teach for America 和 Kiva 小微贷款平台等影响力组织都是公益创投的成功案例；同时，欧洲公益创投协会已有 170 余个会员。全球范围内的公益创投得到普及，政府和社会组织合作共赢的新机制逐渐完善。

（2）影响力基金在投资轻资产企业方面优势明显。

一般地，倾向于解决社会问题的企业以轻资产为主，此类企业融资条件受限，而影响力基金作为发展成熟、体制健全的投资主体，是帮扶这类企业的重要支柱。2020 年国际私募巨头 KKR 宣布总额 13 亿美元的 KKR 全球影响力基金已募集完成，该基金将在腾飞期的中型市场中，投资于能够显著推动实现联合国可持续发展目标的公司，从而创造符合风险偏好的投资回报。在缓解和应对气候变化，增强安全性的科技解决方案，为有全球意识的消费者提供更加健康、更具可持续性的产品及服务等方面，全球影响力投资将发挥其最大的作用。

二、影响力投资的国际经验总结

1. 将社会目标嵌入商业模式

参考国外影响力投资发展经验可以发现，将社会目标嵌入商业模式是扩大影响力的重要途径。当前，将社会目标嵌入商业模式中的企业数量逐渐增加，大集团与社会组织的合作也在增加，如达能集团与格莱瑞组织在改善孟加拉国贫困儿童营养上的合作。很多影响力投资企业仍旧选择使用有限公司等传统企业法律框架，以增加潜在投资者，扩大资金来源，也有创业者靠三方认证来激励员工、提高透明度和向消费者宣传价值观。目前，已经有1000多家企业拥有Bcorporation社会影响力企业认证。在法律法规方面，美国已经有半数以上的州设立了适合影响力企业的注册形式，即Beneht Corporation。

2. 政府予以资金及政策法规等多方面扶持

政府在资金和政策法规上的扶持在影响力投资发展中发挥重要作用。不论是企业还是社会组织，大都面临着难以获取初始资金的困境。初始资金在企业发展过程中起着最为关键的作用，但机构投资者不愿承担投资高风险高成长的企业的风险。社会组织和企业还需要运营方面的扶持来探索市场。一是多国政府向社会影响力组织提供初期资金和能力建设方面的支持。日本在2010—2012年为800家新兴社会企业提供了8000万美元资金，同时14家组织为企业提供了能力建设支持和启动资金。意大利、法国、英国和美国也都已经通过设立政府投资机构或专职部门推动影响力创业。二是我国政府也通过调整现有政策来释放资金，如给予社会影响力组织一定的信贷支持、解除限制社会组织盈利的法律条款、鼓励影响力驱动型企业上市等。三是除资金和法律外，政府还会通过改善采购服务的形式来支持社会影响力组织。影响力组织需要保证一定的收入来源，而最主要的收入来源之一便是政府采购，如英国慈善机构每年来自政府采购经费的收入就达到110亿英镑。政府和慈善机构应成为特定社会成果的购买者，这样，在创造投资机会的同时也会促进创新力和财政效率的提升。例如，英国于 2010 年开创性地使用了社会影响力债券（SIB）对社会改善项目进行融资，通过增加政府支出、提高采购效率等形式，可以有效提高影响力投资组织的资金使用效率，实现社会效益的明显提升。

三、影响力投资在国内的发展现状

1. 影响力投资在政策方面逐渐得到重视

随着我国经济快速发展，资源过度消耗、环境污染、生态破坏、社会不公等问题越来越凸显，为未来我国社会可持续发展埋下了潜在风险。过去几年，在党中央、国务院的领导下，贫困人口从 2012 年的 9899 万人减少到 2018 年的 1660 万人，连续 6 年平均每年减贫 1300 多万人。中国的反贫困斗争取得了历史性的突破，扶贫攻坚进入了决战阶段。要做到脱贫可持续化，必须不断创新、不断探索，探索建立稳定脱贫的长效机制，社会影响力的作用不容忽视。

社会影响力投资作为新兴的可持续投资方式，在国内政策导向中逐渐展现出巨大的发展潜力。我国 2018 年《政府工作报告》指明了未来发展方向，"坚决打赢脱贫攻坚战""推进绿色发展"；2019 年的《政府工作报告》进一步指出，我国应"扎实打好三大攻坚战""解决民生问题""降低中小微企业融资成本"；2020 年《政府工作报告》在疫情的特殊背景下，提出"六稳""六保"。这都意味着市场面临越来越大的环境、经济、社会压力，政府担负着越来越重的公共服务事业，同时也表明，能够兼顾社会效益和经济效益的企业将会有更广阔的发展空间。因此，以金融创新、投资扶持的方式治理环境污染、发展影响力投资，推动社会公平，势必成为下一步我国社会经济转型发展的重要手段。

2. 影响力投资发展仍处于起步阶段

国内影响力投资发展处于起步阶段，与影响力投资配套的产业链尚在构建中，包括投资管理公司、融资顾问、第三方评估机构、社会企业孵化器、影响力投资联盟、社会企业上市交易市场等各种机构。TPG（德太投资）旗下影响力投资基金"睿思基金"（The Rise Fund）于2018年领投百度金融业务分拆的A轮融资，其小贷业务的37%流向大学生，产生了不可计量的社会效益。另外，2019年我国境内"贴标"绿债发行数量为195只，发行规模2827.60亿元，数量和规模分别较上年增长52.34%和26.86%，AAA和AA+级别的发债主体依旧保持稳步增长的态势[①]。2020年6月，亚洲首个新型可持续金融平台STAGE在香港交易所成立，STAGE旨在提高可持续及绿色金融产品的市场关注、信息透明及流通，并致力于推动可持续、绿色和社会责任债券发行。

3. ESG投资既是影响力投资的一种重要表现形式，也对影响力投资发展起到了重要推动作用

（1）ESG投资与社会影响力投资的主要关系。

ESG投资与社会影响力投资有着密不可分的关系。从概念上来说，两者存在部分交叉领域，影响力投资和ESG投资作为前瞻性金融的代表，都提倡更多关注投资的长远时期的社会影响，强调投资的社会效益。但两者并不完全相同。ESG投资倡导在投资过程中考虑环境（E）、社会（S）和企业治理（G）三大因素，它为投资者提供了社会化考察企业非财务指标的工具，不同的投资者可以用这三个维度构建自己的投资方法，以获得长期回报和规避风险。另外，也为企业提供了发展非财务表现的方向。相比社会影响力投资，其不同点主要有三方面。首先，ESG考量的范围相对更精确、更具可量化性，ESG评价指标相对完善，已成为衡量上市公司业绩的重要参考之一；社会影响力投资涉及

[①]　数据来自中国证券业协会。

内容十分广泛，而不仅仅限于 ESG 所考量的三个因素。其次，在投资收益方面，ESG 投资的主要目的还是财务回报，社会影响力投资似乎更多带有慈善色彩，更关注财务回报之外的扶贫、环保等社会需求。最后，ESG 投资比较注重对负面事件的预防，而影响力投资更具主动性，积极地把资产投入基金以获得更好的社会影响。当前，A 股纳入 ESG 评级，ESG 为主题的金融产品逐渐得到重视，但影响力投资仍是一个新兴领域，ESG 投资构建的相对标准化的指标体系将成为未来影响力投资指标体系的重要指引力和推动力。

投资者对 ESG 方面的意识和诉求随着新冠肺炎疫情的出现与日俱增。新冠肺炎大流行显示了当前全球公共卫生系统、市场和供应链的脆弱性。近期除了广义的 ESG 主题投资越发受欢迎，一种新型 ESG 主题投资——新冠债券在 2020 年也吸引了大量资金。在近几年 ESG 投资不断增长的促进下，新冠肺炎疫情暴发后该类与病毒有关的债券迅速创立。这类债券的收益或被用于资助开发疫苗或治疗方法，或被用于加强卫生保健系统，还可能被用于任何与缓解新冠肺炎疫情相关的工作中。同时，我国政府积极引入外资，不断推动海南自贸港等自贸区自贸港的建设；出台相关绿色金融优惠政策以吸引外资和先进绿色技术，这也是 ESG 未来顺应政策方向的热门投资领域。

（2）ESG 投资体系逐渐健全完善，发展不断加快。

深交所 2006 年就发布了《上市公司社会责任指引》，2008 年上交所发布《〈公司履行社会责任的报告〉编制指引》，2018 年 9 月证监会重新修改《上市公司治理准则》，确立了上市公司 ESG 信息披露框架。2019 年 5 月 17 日，香港证券交易所发布《环境、社会及管治报告指引》及相关《上市规则》条文的咨询文件。该咨询文件就董事会 ESG 管治、ESG 汇报原则和范围提出强制性披露建议，并分别从环境、社会和治理三个维度修订了多项关键披露指标，强调重要性评估和量化信息披露原则，以期全面提升香港上市公司 ESG 报告的合规标准。8 月

15 日，陆家嘴金融城理事会绿色金融专委会联合成员单位华宝基金共同推出国内首只基于 MSCI（明晟指数）ESG 评级的指数型基金，以绿色金融产品创新更好地服务实体经济，响应我国绿色发展理念。ESG 指标体系的完善、绿色金融体系的健全等，为影响力投资在中国的创新奠定了基础。截至 2019 年，泛 ESG 公募基金在中国的规模已达到 502 亿元，相较 2013 年的规模增长了约 78%[①]。

四、目前影响力投资发展中存在的主要问题

1. 影响力投资在我国处于起步阶段，其现有发展体系还存在一定的缺陷

影响力投资相关概念在我国还未得到充分普及，目前影响力投资的关注度仅限于慈善公益机构，金融机构投资者作为影响力投资的主力军，还停留在初步了解阶段；国际指标并未充分考虑地域差异和各国国情，在指标设计上缺乏差异化，中国的影响力投资发展具有中国特色，而国际指标普遍缺乏对中国市场的理解；影响力投资主体的投融资渠道有待多层次扩充，基金是比较常见的投融资渠道，影响力相关债券、保险、信托等金融工具在影响力投资中的使用并不多见，例如儿童债券这种涵盖教育、卫生、营养、环境健康等领域，关注儿童青少年的项目投融资；政府对于影响力投资还应提高重视程度，推动相关政策落实到位。

2. ESG 投资发展也受到一些制约

一方面，我国资本市场仍然存在诸多缺陷，ESG 作为上市公司必须披露的信息，受到投资者的广泛关注。但近期部分上市公司的违规操作、虚假信息等，不仅为 ESG 评估体系，更为我国资本市场健康发展带来了一系列的负面影响。另一方面，随着外资引入，上市公司评估标

---

① 数据来自中央财经大学绿色金融国际研究院的研究报告《中国资本市场 ESG 发展 2019 年度总结报告》。

准亟须与国际接轨，以提高国际竞争力，完善国内资本市场。2018 年 6 月，MSCI 将 A 股纳入 MSCI 指数体系，相应地对超过 400 家 A 股上市公司进行了 ESG 评级。A 股上市公司将直接接受国际机构 ESG 标准的检验。近日商道融绿一份研究结果显示，在正常时期，ESG 投资策略能让投资者在中国市场获得较高的回报；在新冠肺炎疫情暴发期间，股票回报与 ESG 评级之间依然存在正相关。这表明，尽管中国还处于 ESG 投资的早期阶段，但投资者还是会偏爱 ESG 评分高的公司，尤其在危机时期更为明显。未来，ESG 投资发展仍需监管方、投资方及第三方评估机构等多方协调合作发展。

影响力投资的发展前景及建议

影响力投资的发展在中国尚仍处于起步阶段，但是其潜在的市场是巨大的。扶贫、养老、民生保障等领域正是社会发展过程中的聚焦点，同时也是影响力投资的重点投资目标，有极大的发展潜力。影响力投资作为公益与投资的中介，通过金融手段实现社会影响力，引领商业向善，借用市场的力量解决社会问题，以经济效益反哺社会，继而获取更长远的效益，实现可持续发展。近年来我国许多领域涌现出了一批有代表性的投资范例和社会企业，如专注于小额信贷扶贫项目管理和拓展的"中和农信"、阿里巴巴的脱贫基金、浙江绿康医养投资管理有限公司等。可以预期，在大力发展普惠金融、健康养老产业、扶贫产业、环保产业的过程中，我国必将成为"影响力投资"大国。对未来中国影响力投资的发展，现提出以下建议。

一、扩大影响力投资标的范畴

当前我们对影响力投资标的界定较狭窄，有时甚至限定在社会企业的范围，这会对影响力投资的发展造成诸多限制。一方面，在较小范围的标的中筛选出优秀标的机会较少，筛选成本过高；另一方面，这也会将有参与意向的机构或正在参与影响力投资实践的机构排除在外，不利于形成完整统一的投资体系。因此，现阶段应不断扩展影响力投资的概念并扩大标的范畴，将影响力投资与绿色金融、可持续金融、责任投资等概念做适度的连接，将同时兼具社会效益和经济效益的标的都纳入广义的投资标的范畴。

但扩大范畴并非放弃边界。为避免概念模糊，须建立简明的甄别标准用于甄别影响力投资及投资标的。为满足多样化的需求，也可以将影响力投资及投资标的按议题类别、口径宽严归类，分类施策。另外，也可以在多种投资领域寻求优质的投资项目作为切入口，树立各行业的投资标杆，形成行业内的带动效应，同时也能缓解投资领域较狭窄的现象，如"中农信和"案例就被认为是中国社会影响力投资的标杆项目。在其他领域，如养老、环保、绿色农业等行业也可以打造类似的优质项目，辅以新媒体的宣传力量，吸引更多的投资主体进入影响力投资领域。

二、培育多层次投资者群体

公益资本可以与传统的风险资本、股权资本搭配，以弥补影响力投资项目投资属性不足的问题。第一种方式是前后衔接，即公益资本先进入早期项目，待项目成熟后再引入风险资本、股权资本；第二种方式是结构混搭，即公益资本与传统资本同时介入，但公益资本承担相对较高的风险。通过这些组合方式，可以改善影响力投资项目的风险收益特性，吸引传统资本的参与，形成多层次的投资者群体。

企业家教育也是推动影响力投资的关键一环。许多国外大学商学院开设以影响力投资为主题的研讨会，或者专门针对企业家开办研学班，以提升他们的社会责任感。同时，新闻媒体对于公益性质的项目也应大力宣传推广，提高影响力投资的普及度，引导投资者关注社会影响力投资领域。

三、建立影响力投资基金

影响力投资基金是影响力投资的重要主体之一。一般地，倾向于解决社会问题的企业以轻资产为主，融资条件受限，融资成本较高。基于此，针对这类企业的投资往往十分关键。但传统意义的投资追求投资回报最大化，投资周期长、营利性不确定的企业并不受青睐。因此，影响力投资基金是帮扶这类企业的重要支柱。如 TPG（德太投资）旗下影响力投资基金"睿思基金"（The Rise Fund）在 2018 年领投百度金融业务分拆的 A 轮融资，其小贷业务的 37% 流向大学生，社会效益不可计量。中和农信专注于为农民提供小额贷款，近年来，红杉资本、国际金融公司（IFC）和蚂蚁金服等都先后进行投资。目前，TPG 已经成为中和农信的第二大股东。

发达国家的经验显示，在影响力投资发展的萌芽期，一方面，发展成熟资金充裕的基金会可以下设社会影响力投资基金，特别是通过种子基金的形式大范围投资初创企业，给予资金方面和技术方面的支持。同时，这类规模较大的基金能够承受较长的投资回报期，减少初创企业资金来源的不稳定性。另一方面，政府机构可以成立政府引导基金，通过与民间资本相结合的方式吸引多方投资者参与。借助财政资金的杠杆放大效应，以少量财政资金撬动更大规模的社会资本参与产业投资，推动影响力投资的市场参与度。例如，在英国，政府与基金会合作设立的企业孵化器，由经验丰富的企业家运营，为初创企业进行针对性的运行指导及资金协助。从目前来看，我国影响力投资所处的发展阶段以及初创企业所处的环境，都需要类似的影响力投资基金。

四、促进社会价值财务折现

促进社会价值财务折现，是指调整影响力投资项目的风险收益特性以匹配投资者的需求，即把"义"（影响力、社会价值）转化为"利"（财务价值）。许多措施能产生这样的效果，例如，政府对有社会价值的企业或项目予以税收优惠、政府采购倾斜；融资便利（绿色贷款优惠、发行社会效应债券等）；大型企业选择供应商时给予一定的优惠；消费者在消费选择时予以优先；等等。这些措施实施起来有一定难度，但可以从更深层次解决影响力投资的问题，把"义""利"真正兼容。在实施过程中，通常涉及对项目的识别和效益测算等问题，在此过程中社会企业认证若能匹配政策扶持，或许能发挥更大的效用。

五、建立统一的社会影响力评估标准

影响力投资的评价标准是度量其社会效益的重要指标。未来，随着影响力投资在全球范围内的普及和发展，建立统一的评估体系是其发展的必然成果。但目前由 G8 发达国家倡导构建的影响力评估体系 IRIS 有待健全完善，若中国能将国际经验与本国实际结合，创造出更完善、更明确、操作性强的评估体系，那么发展中国家将会占据更大的话语权及发展空间。

同时，一套统一的影响力投资评价体系也能为国内投资者提供量化项目产出效益的工具，引导国内影响力投资体系的发展完善。这项工作需要多方参与者共同合作。从国际经验来看，可以考虑与经验丰富的第三方机构合作建立可操作性强的影响力投资评价指标体系。企业管理者也需要更多地关注社会影响力的评估，并结合运用到企业的经营决策过程中。而投资者影响力投资的核心，也应主动与被投资者联手进行企业建设，并提供影响力投资评估方面的技术支持。

随着我国市场供给侧结构性改革的深化，以及数次公共卫生事件的发生，公众对于上市公司的关注点从过去只看业绩的单维度转向多维度。这就要求我国的影响力评估标准需要有较高的时效性与灵活性。一是要剔除国外影响力投资评价体系中不适用于国内市场的指标，二

是要反映中国社会舆论与国内投资者关心的问题。设计国内影响力投资评价体系时，应当遵循两个原则：第一个原则，是延续国际标准的核心要义，基于联合国责任投资原则（PRI）构建一个基本框架并对其适当扩充；第二个原则，是要基于国内市场特点，对基本框架内的指标进行调整，剔除不适用、数据无披露的指标，并针对我国市场、行业特点、ESG 信息披露情况，设计具有中国特色的指标，对评价体系进行补充。

六、政府给予政策支持和引导

政府是推动影响力投资发展的重要环节。在中国的金融市场上，政府是投资风向标，起着引导和疏通的作用。而社会影响力投资不仅是新兴的投资方式，也是一种新的公共管理工具。政府在影响力投资中作为受益者，理应发挥其引导作用支持影响力投资的发展。另外，我国影响力投资发展还处于起步阶段，亟须政府宏观层面的引导支持，否则也许会陷入"资本堰塞湖"，出现资金利用效率低下、资源分配不均等诸多问题。

在具体实施层面，我国政府可以鼓励引导各类产业链上中间组织的设立创办，推动构建积极的投资市场生态。如政府对影响力投资参与者及中介机构等给予资金和政策扶持。另外，政府可通过资金和服务两个方面推动影响力投资发展。对于初创企业和非营利组织，资金始终是一个较大的限制条件，因此在传统投资者抱有观望态度的时候，政府可以进行资金补贴或税收优惠来鼓励投资初创企业的社会影响力投资资本。同时，政府政策也应向这些企业倾斜，通过定向采购、专项债等多种方式释放资金。

🔘 "后疫情时代"的影响力投资发展方向

2020 年初新冠肺炎疫情蔓延全球，受此影响，各国政府通过各种手段缓解疫情冲击，一方面稳定民心、纾解困难，另一方面刺激经济。除实施宽松货币政策外，各种消费券、失业救济金、政府融通贷款等，都陆续出台并实施。欧美政府纾困规格甚至超过 2007—2008 年的国际金融危机。现阶段，我们应针对疫情凸显的问题提出解决方案，如供应链集中化、公共卫生漏洞等，以可持续系统性方案来解决。解决长期问题需要中长期资金，而影响力投资则是重要的投融资工具之一。影响力投资与传统投资的不同之处在于：传统投资是单底线投资，投资人以最大化财务回报为目标；影响力投资是双底线投资，投资人不只追求财务回报，还追求社会回报。这与疫情之后的全球发展理念不谋而合。

一、关注新兴产业投资

一方面，新冠肺炎疫情对一些依赖物流交通的产业链带来了较大冲击，也揭示出一些新经济产业的韧性，数字化的新兴产业在疫情中迎来结构性利好变化。另一方面，中小微企业在经济发展中起着贡献就业、服务居民的重要作用，相较于体量庞大的大型企业，推迟复工复产给中小微企业带来了更大的冲击。调研结果显示：85% 的中小企业现金只能维持 3 个月以内，接近 30% 的中小企业收入将下降 50% 以上，并面临更加严峻的融资困境①。中小企业中高科技企业占比较大，固定资产较少，企业内部结构不完善，经营不稳定性较高，更加需要外部资金支持。

以此为契机，影响力投资也应紧跟新兴产业发展趋势，将云经济、

---

① 数据来自艾瑞咨询系列研究报告《疫情下中国新经济产业投资研究报告》。

数字经济纳入影响力投资覆盖范围，推动传统行业向智能化、数字化转型升级。随着在线教育门户网站和线上会议的普及，灵活的工作环境已经成为一种常态，远程服务逐渐成为主流，这种情况即使在危机结束后也将继续保持。数字创新不仅可以缓解新冠肺炎疫情对个人和企业的影响，而且可以增加监测和沟通的途径，打破行业界限。与此同时，近年"新基建"不断被提及，北京、广东、重庆、湖南等多个省份的2020 年《政府工作报告》涉及"新基建"。2020 年有望成为"新基建"的大举布局之年，包括 5G 基建、新能源汽车充电桩、大数据中心、人工智能等在内的新型产业将在政府支持下快速发展，成为大国竞争的推动力之一。影响力投资作为"资本向善"的手段，此时应紧跟浪潮，起到扶持新兴产业、新兴中小企业的作用。对于科技创新型中小企业，影响力投资为其提供资金支持进行科技创新研发，同时也对风险投资等后续的投资机构形成一定引导力，促进高新技术产业快速发展，实现投资的社会影响力。

二、加强公共医疗服务体系建设

由于疫情蔓延，人们的健康管理意识整体提升，带动了全民对保健食品的需求提升，尤其是增强免疫力类、各种营养补充类产品等。国家统计局数据显示，到 2023 年，我国大健康产业预计将实现超 14 万亿元的产值。在这一数据的产业前景下，后疫情时期的大健康行业存在巨大的发展机遇。据 CBN Data 联合天猫发布的调查数据，2020 年第一季度我国口罩、手套、酒精等核心防护用品消费是 2018 年此类产品消费量的 3 倍以上①。结合我国人口老龄化趋势、健康中国战略，大健康产业的市场规模将呈井喷式增长。另外，党的十八大以来党中央对平安中国建设高度重视，致力于实现平安中国的现代化，公共医疗服务体系与平

---

① 数据来自《天猫家用防护用品趋势洞察》。

安中国建设息息相关，将成为未来维持社会民生的重要支柱。政策、资本、技术等因素的变化也加速了公共医疗服务体系变革，在需求与环境的共同作用下，公共医疗服务体系供给模式、产品形态也随之变化，如医疗＋互联网形成了在线问诊，医疗＋5G促进了远程医疗、健康医疗智能硬件、基因检测等领域发展。

因此，随着公共医疗服务体系不断建设完善，大健康产业将会是未来影响力投资的一个重要领域，以投资带动健康行业发展。影响力投资可以通过PE／VC、设立大健康等产业基金支持初创企业，给予充足的技术与资金支持，将其与互联网、数据链结合，加快产业之间融合，AI＋医疗形成的辅助诊断，以及移动医疗、医药供应链金融等普及和推广，为普惠民生和公共卫生安全奠定基础。

三、发展可持续金融

2020年6月，香港证券交易所宣布计划成立可持续及绿色交易所"STAGE"。STAGE为亚洲首个可持续金融资讯平台，并致力于成为区域内领先的可持续及绿色金融产品资讯枢纽。香港证券交易所将随市场发展逐步开发STAGE资讯平台，并考虑扩大其覆盖范围，以引入更多资产类别和产品类型，例如与可持续性相关的衍生产品或与ESG相关的指数产品，以及其他可持续和绿色金融产品。亚太地区可持续及绿色金融产品近年的增长可观：亚太地区的绿色债券发行量在2019年创下新高，达188.9亿美元，其中，中国内地绿色债券市场占81.3亿美元。香港在区内推动可持续及绿色金融发展中发挥了重要作用，截至2019年底，在本地市场处理和发行的绿色债券累计金额达到260亿美元[①]。

疫情过后，在构建应对系统性风险的经济体系过程中，可持续金融是值得引起全球重视的新兴投资原则。一方面，本次疫情对经济、环境

---

① 数据来自港交所披露信息。

及社会的多方面生态都造成冲击。传统的资源分配体系被打破，中小企业及收入较低的群体受到的冲击最大。纯粹的经济政策刺激并不能完全解决这些问题，还需要更周全的更可持续的社会治理来保民生。同时，环境也是导致公共卫生事件的一个不可忽视的原因，疫情之后的经济、环境、社会重建中，我们需要考虑如何应对环境的系统性风险。气候变化正日益成为金融行业的主流话题。穆迪等信用评级机构已经开始将气候相关风险作为负面因素纳入其对市政债券等固定收益类产品的信用评级中。同时，英格兰银行近来已警示英国的银行关注气候变化的风险，并引导它们在长期商业计划中纳入减缓气候风险的策略。而可持续发展金融，便倡导了经济、社会、环境的协同发展。从股票到债券、从地产到保险、从风险投资到小企业借贷，各式金融产品创新都在追求社会效益和环境效益，同时产生有吸引力的投资回报。

　　另一方面，可持续发展金融在此次疫情中表现突出，显现出其对抗系统性风险的能力。晨星近期发表的报告显示，可持续 ETF 的表现市场平均水平，这意味着在疫情的经济震荡期，具备可持续金融特质的投资组合更受到投资市场的青睐，这有利于政府资金更有效地调动市场参与。

　　因此，在政府主导、市场力量响应的"疫后"投资中，可持续金融为经济转型、投资重新定位提供了机会。影响力投资与可持续金融的发展理念有极大程度的重合，将影响力投资融入可持续金融中，引导政府与民间资本支持低碳绿色可持续的技术或企业，可以实现正面的财务回报和积极的社会影响力，实现经济效益和社会效益的协调。小额信贷也成为另一种可持续金融模式"影响力创投"（impact venture investing）的催化剂。该模式支持商业机构在技能提升、性别包容、移动人口权益、获取安全饮用水等领域创造社会效益和环境效益，所涉行业包括能源、教育、医疗保健和农业，这正是此次疫情暴露的重大缺陷之处。为缓解疫情冲击，国内外金融机构还通过发行社会责任债券的方式帮助小微企业渡过难关、助力复工复产，例如中国银行于 2020 年 2 月

27 日在境外成功发行 50 亿等值澳门元中小企业专项社会责任债券，瑞典三家资产所有者宣布投资 3.19 亿美元于国际金额公司（IFC）发行的新冠肺炎社会责任债券。因此，影响力投资的方式应该为满足不同利益相关方的需求而多样化，包括但不限于社会责任债券、小额信贷、气候基金等，以资金的力量推动社会前行，实现社会可持续发展，为我国经济发展提供新的动力。

“双循环”格局下构建完整国内大循环

在新冠肺炎疫情全球蔓延的影响之下，全球经济呈现明显的下行趋势。面对全球经济下行的局面，习近平总书记提出要坚持用全面、辩证、长远的眼光分析当前经济形势，努力在危机中育新机、在变局中开新局，逐步形成以国内大循环为主体、国内国际双循环相互促进的新发展格局。这一战略的提出具有重大意义，是顺应世界经济变化的调整举措。当前受新冠肺炎疫情影响：一是全球经济在物流、人员往来等方面受到限制，供应链循环受阻；二是一些国家的“逆全球化”思想也在影响国际经济循环，跨境投资与国际贸易明显受阻；三是全球处于贸易投资不景气的阶段，外贸投资在我国国民经济中占比下降，2019 年我国外贸依存度为 31.8%，相较于 2006 年最高值下降一半左右。中国作为全球唯一拥有完整产业门类与全球最大单一市场的国家，有能力、有条件实现独立的经济内循环，形成完整的内需市场，推动中国经济正常运行。

在构建内需体系方面，应以稳定市场预期、提高社会资本投资积极性为着力点，围绕供给侧结构性改革的主线，提高资源配置效率，推动就业扩大和居民收入提高，更好地发挥政府在扩大内需、维护市场中的作用。同时，为助推国际经济大循环，应稳步降低关税水平、持续扩大进口，提升我国在世界经济舞台上的话语权；放宽服务业市场准入门槛，打造国际一流营商环境；以自贸区和中国特色自由贸易港为依托，推动构建开放新高地；积极参与国际经贸规则谈判和制定，形成内需外需兼容互补、国内国际双循环相互促进的新格局。

影响力投资在构建国内国际双循环新格局中，可着力于以下投资方向：一是在市场与技术上推动本土关键企业发展，例如半导体的加工设备、电子产业的高档芯片等在产业链中的关键部门，这些部门也是我国产业链中所存在的短板。二是为人民提供基本的生活保障的产业，例如发展绿色农业、推动农业技术研发。过去 10 年来众多农民工进城务工导致大量农田荒芜，疫情的发生导致相关产业就业受到冲击，可通过呼吁农民工返乡就业，支撑乡村振兴，发展绿色农业，建立农产品交易市场，鼓励农民创业，激发农业市场新的经济增长点，对于农村市场供给需求进行全面研判和支持，有效应对"后疫情时期"挑战。三是发展数字经济推动智慧城市和国家医疗建设，利用数字经济和科技力量改造传统产业，推动物联网、云计算、社会计算、大数据、人工智能等新兴产业，重塑产业链上下游生态。"十四五"时期，应利用影响力投资解决包括公共卫生服务、精准扶贫、污染防治等相关民生问题，引导资本向善流入公共领域，促进普惠金融、绿色金融与可持续金融有效衔接，推动完善政府和社会组织合作共赢的新机制。

（本文与訾文硕、贾馥玮合著，成稿于 2020 年 7 月）

宏观层面需要
更多的前瞻性

金融国际化与企业"走出去"

以金融国际化助力企业海外投资和产业升级，这需要政府、金融、商贸、市场、法律等多层面共同推进。应进一步推进市场化改革，在防范风险的前提下，稳步审慎推进人民币资本项目开放，积极应对国际经济、贸易、投资环境变化的挑战。

近期，国务院常务会议部署加大金融支持企业"走出去"的力度，促进产业升级。实际上随着经济全球化的加快，"引进来"与"走出去"已经成为中国与全球经济相互融合的主旋律。目前，"一带一路"、亚太区域金融经济合作成为各方关注热点。中国海外投资的战略一定要以全球化的视角推进多方合作，包括金砖银行和亚洲基础设施投资银行的建立无疑会推动基础设施、城镇化和国际投资的进程。

以商业银行国际化推动企业"走出去"

国际经验表明，金融的全球化是经济全球化的有效推动力。中国商业银行要从服务国家战略和提升自身国际竞争力的角度探索适合自身特点的国际化发展道路。近年来，无论是工行、农行、中行、建行还是招商银行、光大银行、民生银行等都非常重视国际化进程，但是与全球化大银行相比，中资银行在本土化经营能力、金融产品线、全球竞争力方面仍存在一定差距。无论是选择境外新设分支机构还是跨国并购或参股的方式，商业银行在由传统商业银行向跨国金融机构转变的进程中，一定要密切关注经济全球化的进程，充分了解市场的状况和发展潜力，推动海外市场的开拓及国际化战略的实施，在跨国经营中要放眼全球寻求商机，在激烈的市场竞争环境下发挥比较优势，因地制宜发挥业务优势和特色，跟随企业"走出去"的战略，推动有成长性和比较优势的企业寻找商机，满足客户的全球金融服务需求，找准在全球价值链中的定位。

后危机时代，全球经济金融生态环境发生了深刻的变革，商业银行应积极应对国际经济结构深度调整带来的机遇和挑战，加大海外资源投入，在金融市场竞争中加速全球布局，增强国际金融资源配置能力，积极支持我国企业"走出去"和经济转型升级战略。考虑到经济金融发展环境、直接投资和双边贸易、文化、体制和地理差距，在发展区域选择上，应以包括亚太地区在内的新兴市场为重点，将欧美作为中长期发展的目标，同时根据政府间合作框架，将其他新兴市场作为战略性发展目标，在以服务国家战略、坚持市场导向和分散风险的前提下，走差异化和专业化发展道路，渐进式推进中国银行业全球化的路径，这里，中国企业海外投资的重点区域应成为商业银行全球化布局的重要目标市场。

为企业"走出去"提供融资和相关配套支持

应推动外汇储备多元化运用，为"走出去"企业提供必要的外汇资金支持。中国巨额外汇资产的投资管理面临各类风险，包括信用风险、汇率风险、利率风险、流动性风险等。需要建立多元化的投资组合结构，在债券市场、资本市场、大宗商品、直接投资、资源等之间寻求合理的平衡。目前，有必要推动我国具有比较优势的企业跨出国门、提高中国品牌尤其是装备的国际竞争力，推进外贸结构优化升级，促进金融服务业支持制造业等产业"走出去"的步伐。

拓宽融资渠道，助力企业"走出去"。应鼓励商业银行加大对重大装备设计、成套设备出口融资提供多元化的金融支持。拓宽融资渠道，探索政府与社会资本合作（PPP）、特许权协议（BOT）等投融资模式。从国际经验来看，PPP模式逐步成为应用广泛的项目融资和实施模式，以各参与方的"双赢"或"多赢"作为合作理念，政府通过特许经营权、购买服务、股权合理定价、财政补贴等公开透明方式，完善收益成本风险共担机制，促进政府与项目的投资者和经营者相互协调，各自发挥比较优势，引导民间资本和政府合作推动海外投资进程。而从多层面积极鼓励民间资本参与基础设施和海外投资进程，包括设立民营银行和互联网金融的发展，也是中国企业"走出去"和全球合作的有效创新路径。

从企业跨境融资的角度来看，取消境内企业、商业银行在境外发行人民币债券的地域限制，简化境外上市、并购、设立银行分支机构等核准手续，无疑可以推动金融助力企业"走出去"的效率。在经济全球化的背景下，全球市场传递机制和连锁反应日渐明显。股市、债市、汇市联动机制和风险传递机制值得深入探讨。

以人民币国际化和债券市场开放为企业"走出去"提供金融支持

在我国日益融入经济全球化的进程中，企业规避风险、降低成本的迫切需要激发了使用人民币进行跨境贸易投资结算的强烈需求。积极推动人民币跨境贸易、跨境信贷及投资的支付清算，完善人民币跨境支付和清算体系，提高自身的金融服务和国际化经营水平。同时，支持中资银行在中国进出口贸易伙伴国和人民币离岸中心的布局，提高海外分支机构的竞争力。同时，稳步发展贸易融资和资产管理，推进出口信用保险市场的建设，大力发展海外投资险，强化风险防范，护航中国企业、中国装备"走出去"进程。

在经济全球化的进程中，债券市场的开放无疑会推动人民币国际化和企业"走出去"的进程。2006 年，有关部门批准国际金融组织发行人民币债券和泛亚基金投资人民币债券，以及两家政策性银行发行境内美元债券，这为我国债券市场的国际化进程奠定了良好基础。2014 年 10 月 21 日，英国政府发行的首只 3 年期 30 亿元人民币主权债券在伦敦证券交易所挂牌交易。这是全球非中国发行的最大一笔人民币债券。债券发行收入将被纳入英国外汇储备成为全球金融市场的一大亮点。

2007 年 7 月，中央政府批准内地金融机构包括政策性银行、商业银行以及外资银行的内地法人到香港地区发行人民币债券，之后，内地机构到香港地区发行人民币债券不断提速。近年来，人民币离岸中心的全球化布局范围正从亚洲向欧洲、北美洲以及南美洲等地区拓展，欧洲法兰克福、英国伦敦等国际金融中心已成为亚洲以外全球最重要的人民币离岸中心。今后应逐步发展包括中国香港、中国台湾、新加坡、伦敦在内的人民币离岸市场，不仅有利于推动企业在人民币离岸市场发行债券融资，吸引国际投资者投资以人民币计价的金融工具，丰富机构投资者的层次，完善基准利率形成机制，还有助于提高资金市场流动性，加强各离岸市场、货币当局、监管部门、金融机构间的合作，降低人民币市场参与者的交易和管理成本，有效提升人民币的国际吸引力与市场信心，以人民币国际化推进海外投资。

值得一提的是，在国际投资的过程中需要有效对冲汇率风险，也需要关注国际资本周期性流出风险。美国量化宽松政策逐步退出，新兴市场经济体将面临资本流出和本币贬值的压力，而继瑞士、丹麦、土耳其、加拿大竞相降息之后，欧洲央行量化宽松政策如期推出，全球低利率时代并未因美联储退出 QE 而结束，发达经济体经济走势和货币政策分化也会带来一系列连锁反应，包括对金融市场的流动性、资产价格、进出口、利率和汇率的影响。应从政策层面创造有利条件，完善掉期、远期结售汇等对冲工具，完善外汇市场和外汇理财产品，开发风险管理和投资产品，帮助进出口企业和跨境投资机构对冲汇率风险和市场风险。

对中国而言，应进一步推进市场化改革，建立更加适应市场供求变化和更为灵活的人民币汇率形成机制，增强汇率的弹性和灵活性，应在防范风险的前提下，稳步审慎推进人民币资本项目开放，积极应对国际经济、贸易、投资环境变化的挑战。值得关注的是，应着力把握人民币汇率的市场化改革、资本账户开放、人民币国际化、离岸人民币市场等金融改革的步骤和顺序，同时从政策层、监管层、市场层不同角度有效防范开放过程中的金融风险。

目前在中国资本市场日益开放的背景下，资本市场监管的跨境合作是十分必要的，包括监管机构的合作，市场、投资者保护等层面的合作等，有利于进一步提高资本市场透明度，建立更加完善的投资者保护机制和风险对冲机制。同时，金砖银行和亚洲基础设施投资银行等新成立的区域性多边机构在推进各国基础设施和相关产业发展方面一定会发挥非常重要的作用，在投资决策过程中也要充分考虑低碳节能减排的要求。应对全球化的调整，我们一定要了解全球财富流向的最新趋势，在推进金融机构和企业海外投资的过程中，把握产业结构优化和升级的进度，充分提高中资企业的核心竞争力的比较优势，在把握投资机会的同时合理规避市场风险，以金融机构的国际化推进企业海外投资的进程。

（本文成稿于 2015 年 1 月）

◑ 后危机时代对我国金融体系和货币政策传导机制的挑战

目前，中国的金融体系正处于深刻的变革之中，货币供给不仅会受到内部需求增长的影响，还会受到外部经济扩张的特殊影响，中国货币供给内生化趋势增强，货币政策的传导不畅日益突出。尤其近几年，非存款类金融机构债权和外汇占款对货币供给产生的影响较大。一方面，20 世纪 90 年代中后期，我国金融机构的金融风险逐渐暴露。为了整个金融的稳定，中央银行不得不支持金融资产管理公司剥离国有商业银行的不良资产，结果造成对非存款类金融机构贷款的增加，形成被动的货币投放，其体制原因导致的内生性十分明显。另一方面，1994 年我国外汇体制改革后，外汇储备迅猛增加，外汇占款占基础货币的比重达50% 以上，成为影响我国基础货币供应最主要的因素。在当前的汇率体制下，中央银行是不可能自主控制外汇占款的，而只能被动地提供基础货币，这也大幅提高了货币供应的内生性。2002—2007 年，非存款类金融机构债权和外汇占款等因素导致经济体内货币供应量大幅增加，尽管央行采取相关措施进行反向对冲，但流动性富裕局面并没有得到根本改善。除了部分货币以企业贷款的形式通过信贷传导渠道流向实体经济外，货币流动性相当部分都集中在金融体系当中。存在金融体系中的货币一部分直接进入以房地产为主的资产要素市场，另一部分以票据贴现的方式间接进入资本市场，大量货币进入资本市场必然会导致资产价格的快速非理性上升，催生资产泡沫，2007 年前后的地产泡沫和股市泡沫就是最好的证明。

美国次贷危机时期，中国政府为降低内外需求下降的不利影响，推出4 万亿元经济刺激计划，宽松货币政策再次占据主导地位。经济刺激计划效果较为明显，新增贷款规模大幅增加，大部分经济指标开始企稳回升。但不容忽视的是，在巨额增加的贷款当中，相当一部分是票据贴现类信贷资产，而增加的企业存款相对较少，表明新增贷款并没有全部进入实体经济从而推动经济复苏，这也就增加了人们对未来可能通胀重燃和资产泡沫的担忧。

中国的经济问题在于以前经济增长的"三驾马车"中，出口一直发挥重要作用，而国际金融危机导致依赖出口拉动的经济增长格局面临挑战。认识货币供给的内生性，有助于理解货币的长期中性。根据20 世纪30 年代的大萧条及美国实施量化宽松货币政策的经验与教训，量化宽松货币政策应适时退出，尽快建立常态化的储蓄向投资转化的通畅货币政策传导通道，积极发展资本市场直接融资，实现定向货币投放管理，有效促进内部货币需求，替代不稳定的外部需求，消化有效需求不足与产能过剩之间的矛盾，才能实现刺激经济稳定增长并预防未来通胀的目标。

（本文成稿于 2013 年 6 月）

量化宽松政策退出对全球市场的影响及应对

2013 年以来量化宽松政策的退出成为市场的焦点，退出时机的选择和退出规模对资本市场影响巨大。综合各种观点和信号来看，全球范围量化宽松政策（QE）退出将是一个逐步的、有针对性的过程。

基金跟踪研究机构（EPFR）最新的统计结果显示，自 2013 年 5 月量化宽松政策退出预期逐渐强化以来，国际资本从新兴市场流出，新兴市场债券基金累计缩水"失血"240 亿美元，在 8 月，约有 43 亿美元资金撤离了新兴市场，并且货币出现贬值倾向，亚洲新兴市场成为最大国际资本流出地；短期资本并未大举回流美国和欧洲，这从美国国债和欧元区国债收益率不断上升中被证实；部分资金流入中东欧市场。

有分析认为，量化宽松的延期退出实际上反映了美国的财政困局。首先，由于受到财政政策和货币政策调整的影响，推动经济增长的力量发生了结构性变化，家庭消费对经济增长的贡献在下降。其次，美联储退出量化宽松政策的预期导致美国长期利率明显提升，无疑增加了美国家庭部门的债务负担。2013 年 5 月，随着美联储基本明确了量化宽松政策的时间表和路线图，并不断向市场传递 QE 退出的重要信号，美国国债收益率就持续走高。美国目前也面临制订减赤方案、寻找长期的经济增长点、吸引国际资本来刺激经济复苏的进程。

中国是美国国债最大的海外持有者，美国财政部数据显示，截至 2013

年7月，中国持有1.27万亿美元的美国国债，未来中国应加强对国际资本流动的监管，调整外汇储备结构，充分量化国外主权债务投资的风险。

后危机时代，"去美元化"，建立主要储备货币稳定的汇率体系成为全球市场的关注点。自2013年初以来中国人民银行已经先后与阿根廷、韩国、印度尼西亚、马来西亚和白俄罗斯五个国家的中央银行签署了总金额高达数百亿美元的货币互换协议。根据这些协议，中国在与这几个国家进行贸易结算时可以使用人民币或对方国家货币，不必再使用美元作为交易的中介货币。2013年10月9日，中国人民银行与欧洲中央银行签署了规模为3500亿元人民币/450亿欧元的中欧双边本币互换协议，可为欧元区人民币市场的进一步发展提供流动性支持，促进人民币在境外市场的使用，也有利于贸易和投资的便利化。在国际金融危机美元大幅贬值的背景下，通过货币互换机制，央行可以有效降低汇率风险，促进国际贸易和投资合作，以人民币国际化推进国际经济和投资合作的进程，同时有利于维护金融稳定。

（本文成稿于2013年10月）

区域金融合作的路径

在全球后金融危机时代，区域经济一体化和国家经济安全性逐渐发展成为当今世界经济发展的两大主题。如何突破中国区域经济的发展，如何实施中国经济结构的战略转型，如何布局新兴产业振兴计划，前瞻性地布局战略性的金融支持体系值得深度探讨。其中的关键环节就是区域金融服务的配套与强化，而区域金融合作的必要性和紧迫性因此不断彰显。按照2010年中央金融政策提出的"稳步推进金融改革，努力维护金融安全与稳定，全面改善金融服务"的金融指导方针，区域金融发展政策应该更加积极主动，其中的工作重点就是完成区域金融服务的功能配套与区域金融现代化体系的建立。

从北京与周边地区的情况来看，虽然与目前"长三角""珠三角"在总体经济竞争力，制度和体制竞争优势相比，环渤海地区存在一定差距，但是区位优势与自然优势、产业结构、金融生态环境、金融集聚程度、人才资源等也体现了环渤海区域经济发展的优势。而且，振兴北方拉动西部的作用、新增长极的选择、金融辐射力、首都国际金融中心的建设等也使环渤海区域经济一体化和区域金融一体化具有很大的发展潜力。如何加强区域金融合作进程，促进首都金融业的发展，共同构建金融合作与协调机制，提升金融业的创新力、集聚力、贡献力和辐射力，实现互利多赢，共同促进地区新兴产业和金融产业的全面发展，是值得我们深入探讨并在区域发展规划中统筹考虑的问题。

一、区域金融合作的主要经验

根据我国区域经济梯次发展战略，环渤海经济区将成为继长三角和珠三角地区之后的第三个经济增长极。作为改革创新先行先试地区，长三角和珠三角地区的经济金融合作探索为包括环渤海在内的其他经济区域的协调发展，提供了一些有益的启示。

长三角地区在深化区域合作时，坚持以政府为主导、企业为主体的原则，加快建立多层次、宽领域、全方位的区域合作长效机制。在政府层面建立了包括决策层、协调层和执行层在内的"三级运作、统分结合、务实高效"的区域合作机制。

广东省政府遵循明确功能定位、各有侧重、分工协作、避免同质化和恶性竞争的原则，以广州和深圳两个区域性金融中心建设为核心，构建多层次的资本市场体系和多样化、以中心城市为核心，建立优势互补、共同促进的区域金融错位发展格局。

珠三角地区坚持上下游错位发展，加大与港澳金融业的合作力度。

通过加快推进粤港澳金融一体化,构建以香港为主体,广州和深圳为两翼的实力影响辐射全球的金融中心区域,提高我国的金融发展实力、国际竞争力和抵抗国际风险能力,更好地参与国际经济合作与竞争。

长三角地区则以上海国际金融中心建设为契机,利用比较完备的金融市场体系、金融机构体系和金融业务体系,提升金融服务水平,加快推进各种金融创新,协调长三角地区和国内其他中心城市的关系,推进与香港的金融合作与联动发展,进一步加强与东北亚、欧元区以及英美等世界发达国家和地区的合作,在更大范围、更广领域、更高层次上融入世界经济金融体系。目前,上海正加快对境外人民币资金投资境内金融市场、扩大国际开发机构在境内发行人民币债券的规模、拓展离岸金融业务等方面进行深入研究,积极推进国际金融中心建设。

二、探索区域内金融机构的合作,实现资本跨区域合理流动和优化配置

为了促进资本的跨区域流动与融合,探讨如何为金融机构开展区域金融合作提供政策支持,包括:

(一)实现金融机构业务范围和功能在环渤海地区的拓展

支持金融机构跨区域相互参股、控股、交叉持股、兼并重组等,在有条件的地区,鼓励商业银行跨地区开展银团贷款、融资代理业务等合作,支持金融机构联合进行业务创新,进一步提升区域中心城市的金融辐射和带动作用。应该鼓励城市商业银行、农村商业银行、农村合作银行、农村信用社跨地域参股,鼓励持有区域内其他商业银行、信用社的次级债券和其他资本性工具,以提高区域内各机构的资本充足率,有效防范金融风险。

(二)在现有金融业综合化经营的趋势下,推动区域间银银、银保、银证、银期、银信的合作

逐步发展成金融控股公司,提高金融机构的综合化经营能力及核

心竞争力。可以推进成立环渤海区域金融控股公司，通过控股方式把业务延伸到环渤海地区各金融行业，推动银行、保险、证券期货、信托等行业间深度合作与融合。

（三）实现资金合理流动和优化配置

通过加强信贷项目交流、银团贷款的方式促进跨省际融资交流，实现资金的合理流动和优化配置。加强区域内信贷政策与产业政策的配合，从总体上把控产业布局、信贷投向和资金流量，加速区域经济金融的对接和融合。

三、建设和完善区域性金融市场，推进金融市场多元化发展

未来区域金融合作的关键，在于建设多种形式的区域性金融市场。建议积极争取环渤海区域成为金融创新先行先试的基地。环渤海地区要根据错位发展、优势互补的原则，以北京的总部金融为核心、天津滨海新区金融改革先行先试为先导，积极推进环渤海区域的金融改革创新。加快环渤海跨区域金融资源流动的进度，逐步培育比较完善的金融资产交易、区域性股权交易市场、票据市场，逐步建成直接融资和间接融资结构合理、子市场协调发展、功能匹配的多层次金融市场体系，实现区域内中小民营企业的融资便利化。

（一）加强产业投资基金和股权投资的区域合作路径

吸引国内外的战略投资者及大量的创业投资基金，建立区域创业投资中心。未来应利用各地不同的资源优势，推动产业投资基金和股权投资基金领域的合作，包括资源类、新能源、节能减排方面的合作。发展产业投资基金目标是将产业资本、金融资本和社会资本融合在一起，通过直接出资参股、收购兼并等多种方式，借助资产证券化、IPO上市、股权市场交易等多种渠道，以国际化的产业金融运行模式，低成本运营和专业化管理带动国家重点支持的产业发展和升级，通过金融产品的不断创新，降低投资的系统性风险，提高国际竞争力。

（二）充分发挥北京金融资产交易所的作用

作为国内首家揭牌运营的金融资产交易平台，北京金融资产交易所的组建会完善要素市场体系和金融市场的发展，也会推动区域金融合作的进程。

完善相关碳交易平台机制

完善北京环境交易所、天津排放权交易所等相关交易所的交易平台和机制，推动金融机构和基金参与碳金融市场，着力将北京建设成为全国碳金融创新试点中心。积极推动共同设立环保领域的专项基金，促进碳金融等领域的区域化合作，助推低碳经济和经济发展模式的转变。

加强区域中小企业融资与区域信用担保的合作

中小企业融资难是当前区域金融合作的薄弱环节，也是受金融危机冲击较大的板块，要综合采取多种措施支持中小企业发展。解决中小企业融资难问题，需要在多层次融资渠道、财税支持、信用体系和担保机制建设等方面进一步完善。加强区域中小企业融资方面的交流与合作，包括中小企业集合债和中小企业集合票据的发行，支持中小企业再担保公司发展，发挥其对担保机构信用增进、业务创新等方面的促进作用，实现信息资源共享、担保联动、政府增信与银企联动，共同为中小企业的发展营造良好的环境。

推动区域信用体系建设

促进区域企业信用信息系统建设，在金融监管部门的指导下，推动统一征信平台建设。充分发挥信用服务机构作用，建立完善企业信用评价体系，为债券市场的信用评级奠定基础，推进直接融资工具的信用风险管理及多层次资本体系市场体系的完善。

四、金融创新的合作

目前，北京和天津在多层次金融市场和金融创新方面已经作出了较多的尝试。北京中关村代办股份报价转让试点工作的正式启动拓宽了投资的进入和退出渠道，有利于吸收私募资本、风险投资等多种形式资金。天津借助滨海新区试水金融创新，包括在发展各类产业基金、住房信贷体系、开展资产证券化业务、组建金融租赁公司和服务公司、设立柜台交易市场等进行了大量的创新探索。

为实现全国金融创新中心的发展目标，北京应搭建国家与地方金融创新的联动工作平台，组织协调银行、证券、保险、基金、信托、租赁等金融机构，营造具有国际竞争力的金融创新环境，推动开展各类金融政策创新、金融体制机制创新、金融产品和服务创新，力争成为全国金融领域综合配套改革的示范区。同时，应着力建立世界一流资产管理中心和金融中心，包括财富管理服务、跨国资本流动服务、综合金融投资服务等领域的金融创新突破，充分发挥北京的首都经济圈优势，创新金融服务产业和国际化管理模式。

目前，环渤海区域经济发展面临很多机遇及挑战。寻找各省市的不同区域优势，建立地方政府、金融管理部门和金融企业的跨区域合作与协调机制推进金融合作，金融支持实体经济落地，积极支持区域内基础设施建设，包括交通路网互联互通一小时商圈的构建，推动京津冀协同发展，才能有效提升环渤海地区的协调发展能力和综合竞争力，推动区域金融合作促发展的进程。

（本文成稿于 2011 年 1 月）

谁能成为未来十年的黄金产业

10 月 12 日，新供给 2014 年第三季度宏观经济形势分析会在北京举行，和讯网作为合作媒体在现场全程播报。中国社会科学院金融研究所副研究员安国俊在会上作了发言，她谈到房地产业是中国过去十年的一个黄金产业，谁能来替代它？

以下为发言实录：

非常高兴有机会参加这个论坛，今天汇集了这么多大师对第三季度经济形势进行预判。1997年亚洲金融危机以后，各家银行的行长、各个部委领导都会来参加这个例会。我参加了两年这种会议，今天重温了当年的感觉。几个专家都提到了，中国的经济是不是在探底的过程当中？让我想起来了2011—2013年，我在美国纽约的经历，2011年10月的时候，联合国召开了一个全球性的会议，请了各大教授讲授对全球经济的判断，对欧债危机的状态各国没有一个统一的财政政策。刚才几位专家提到，不仅仅是货币政策的负担之重，去年大家在市场上都知道，针对钱荒、流动性的问题，大家共同配合解决了中国经济的很多问题。现在还有一点，大家可能对房地产市场非常关注，9月30日，人民银行出了一个930的新政取代证券化，有一种说法将撬动10万亿元，房地产板块到了一个新的涨幅，大家对市场有信心。我拜访过很多大师级的人物，关于中国房地产市场是不是会出现爱尔兰的债务危机，房地产市场的泡沫破灭，导致政府债务市场来救这个债市，给房地产市场以信心，这一轮做了很多房地产行业的调研，三四线城市有很多的空盘，房地产商面临着大量的资金链的问题，之前证监会重起的房地产公司债，都会对融资有很多的关注。

房地产业是中国过去十年的一个黄金产业，谁能来替代它？实体经济的发展，我记得在2012年，回国的时候，我说大家经历了这三天的雾霾天气，2012年的股市是全球经济的"晴雨表"，这个股市经济数字是最慢的，应该给投资者信心的。那天市场还是反弹，特别凑巧，我觉得环保的题材好。如果从中长期发展来说，对财政资金的拨付，对环保的发展，医疗、新能源产业、信息工程，这些都是在未来十年，包括农业，能够推动中国经济发展的一些产业。习近平总书记对军工产业比较关注，李克强总理强调中国的高铁技术推到海外去，这是全球经济融合的问题。关于金砖银行的成立，我写过一篇文章，这也是金融合作的一个突破，包括亚洲基础设施投资银行的成立。这是亚太金融合作的一个联合平台，在全球化形势下，中国参与了同全球经济共同复苏的过程。大家谈得更多的是 CPI、债券市场，去年的钱荒，城镇化带来的收益，政府投资远远不是"四万亿元"的概念，城镇化的进程，城镇化也是需要政府支持的，包括现在财政部经常说的 PPP 模式，政府如何引导民资进入投资的一个过程，也是我们大家共同关注的一个范畴。

我们之前也谈到了，今年 5 月参加一个亚太金融合作的论坛，全球化进程中，中国企业这几年面临中国银行业向海外"走出去"的过程，也是银行业带动中国企业向海外投资的过程，这是需要我们不断关注的点。我特别愿意加盟到这个团队，视野改变人生，智慧成就未来。非常愿意在推动未来的发展、推动中国实体经济的发展中，做出我的一份努力。

谢谢。

（本文成稿于 2014 年 10 月）

用财政和绿色金融的力量引进社会资本

女士们，先生们，下午好！今天有幸邀请到来自不同金融机构的、来自企业的、来自学界的青年才俊和我们一起分享绿色金融和绿色经济发展的不同视角。

绿色金融委员会和贵阳有不解之缘。2014 年 7 月，生态文明会议在贵阳召开。大家共同发起成立的绿色金融工作小组，一直到 4 月绿色金融委员会的建立，很多专家奉献了非常多的真知灼见，包括今天看到的《构建绿色金融体系》。我之前发表了一些关于构建绿色金融体系的文章，得到了非常多环保企业的点赞。今天作为第一个发言嘉宾，和大家分享一下绿色金融——中国环保产业新引擎。

构建一个多层次的绿色金融体系，国际金融合作的热点在哪里？"一带一路"绿色化投资，金融如何助力企业"走出去"，如何大力推动绿色产业基金发展，怎么用PPP的模式，政府支持和民间资本双轮驱动的方式，还有互联网和绿色金融如何合作，助力环保企业的发展，包括昨天跟民生银行的黄院长有很多观点碰撞，为投资方和企业搭建一个非常好的交易平台和桥梁。巴菲特曾经说过，人生最重要的事是在于选择，一个是选择人生伴侣，一个是选择一个合作伙伴和桥梁，让你少走很多弯路。

我们可以看到，绿色金融得到更多人的关注，在过去一年里我们能感觉到绿色金融的理念深入人心，绿色金融也被纳入"十三五"规划，这一年的牛市大家也可以看到，资本市场挑战5000点大关，环保发展功不可没。那么，可以说中国经济的可持续发展一定是呼唤一个环保产业，低碳环保、节能产业的持续发展，这需要来自多方的努力，实现共赢。

"一带一路"，包括亚太经济合作，丝绸之路推动"一带一路"的进程成为全球的关注点，对外投资如何承担责任。去年我们讨论新常态下谁能成为未来十年的黄金产业，包括"一带一路"的产业，包括环保，包括军工板块，环保也是重中之重的产业。怎么去发挥政府和市场的不同作用，怎么用双路驱动，推动绿色产业基金的发展，无论通过PPP的模式，还是互联网金融和PPP模式，都需要引起我们关注。

5月28日，第八届中国环境产业大会上，环保部赵司长说在大气、水、土壤三个十条以及PPP等新模式的推进下，"十三五"环保市场潜力巨大，总的社会投资有望达到17万亿元。在经济新常态下，环保产业面临财政投入、模式创新等多重挑战。在这方面如果仅靠公共财政资金来推动，这确实有一些困难，社会资本引导民间资本通过市场化的方式投入到减排当中来，怎样吸引外资介入也受到非常多的关注。

5月30日，在上海举行的中国绿色低碳融资国际论坛上，财政部副部长提到应积极推进政府和社会资本合作，加快建立统一、规范的绿色金融市场。怎么去建立统一规范的多层次的绿色金融市场体系，健全法律法规，价格、财政、金融支持政策，完善债权、股权，建立高效低碳交易市场，满足多元化投融资需求，提高市场整体竞争力，也是我们一直关注的点。

在中国绿色低碳发展的机遇和挑战方面可以看到，环境保护方面面临着很多困境，一个就是行政手段比较有限，另外政府治理环境投入有限，包括环境污染治理投入巨大，经济效益低，还有区域发展不平衡，金融支持方面还有漫长的路要走，包括绿色信贷、政策体系也需要不断完善，金融创新有必要进一步加强。

绿色经济增长对资金需求量是非常大的，包括未来城镇化的需求。为了保证市场资金投入的积极性和有效性，迫切需要一个明确的信号，在发达国家与绿色金融相关的制度安排方面已经有非常多的经验，对发达国家的经济转型，可持续发展也会起到重要的帮助作用。绿色金融体系就是通过绿色信贷、绿色债券、绿色基金等工具。英国绿色的投资银行、韩国政府这方面都有很多值得我们借鉴的地方，通过绿色金融给环保投资提供新的引擎。

从全球市场来看，绿色金融在全球已经得到一定发展，包括绿色贷款、绿色银行和其他的绿色 PE、绿色 ETF 指数等。我们在谈到四个层面的构架、机构建设方面，包括绿色银行体系、绿色产业基金的发展，在亚洲投资银行建立高标准的管理环境风险制度，在对外投资方面充分考虑节能减排的要求，政策层面涉及财政和金融政策，对绿色金融产品，比如绿色贷款，绿色债券，包括 IPO 的绿色通道。IPO 绿色通道包括简化环保企业的整个程序，包括新三板，支持绿色投资基础设施建设，绿色评级，股票指数构成，培育机构投资者的能力。还有一点，依法治国时代，绿色金融法律法规体系亟待完善，包括绿色保险，建立一个强制性的上市公司的环境披露机制，从去年10月开始到现在，大家很关注的上市公司有一个非常大的成长空间，这些环保类的上市公司的信息披露制度也是我们较为关注的。

国际金融合作也是需要我们关注的点。去年APEC会议期间，亚太经济合作带来很多互联互通和投资机会，尤其是环保方面的合作，加快发展清洁能源和可再生能源等，并促进这方面的投资。金砖银行区域性的多边金融机构在推进环保产业发展方面也会发挥非常重要的作用，包括基础设施产业和高铁的发展。

随着全球化经济的步伐加快，工业化、城市化、全球化和城市污染资源短缺的压力都是发展中国家共同面临的问题，将来需要多维度联合跨国行动来实现可持续的发展。

我昨天来看到"绿色城镇化"，智能绿色和低碳新型城镇化也是每个城市和每个地区面临的挑战，中国的城镇化和美国高科技产业发展被认为是21世纪对世界影响最大的两件事情，绿色城镇化地方政府融资路径一方面通过债务发行，另一方面通过PPP融资模式，由政府带动与私人资本更多的合作，就是混合制的合作方式，通过这种发展也会带来非常大的推动力。

绿色产业基金方面主要是投资于区域环境保护，建立土壤修复产业基金，应该出台规范的PPP模式、绿色产业基金的法律法规，发挥当地政府在绿色资金筹集方面的作用，可以支持民间资本进入相关的城市污水处理、空气污染治理、城市园林绿化等领域，政府在操作系统上可以放宽准入、土地政策支持绿色产业基金的发展。还要完善绿色产业基金的退出机制。

再补充一点，互联网金融助力绿色产业融资，互联网金融的模式包括P2G的方式，怎么和PPP模式融合，怎么用绿色金融的窗口更多为环保企业提供融资的服务。从机制层面要推动绿色金融体系健康发展，包括融资支持，绿色信贷，绿色金融租赁，节能环保，研究推进能效贷款，碳金融产品，鼓励绿色保险的创新，加快推行绿色评级制度建设，加大财政税收支持力度，发挥政府和市场的协调合力作用，推进整个市场的发展。碳金融市场发展创新很多嘉宾也提到了，这一块应该是非常地有潜力，放眼未来，我们应该更期待发展与碳金融相关的中间业务以及设立碳基金直接参与碳的交易。

绿色生态环境需要法制来做基础，需要政府、市场、企业多方合力，需要环保理念、信息披露以及绿色投资网络建设，需要多方努力承担环保社会责任，为美丽中国的碧水蓝天付出我们的每一份努力。

这是我的发言，希望会起到抛砖引玉的作用。我的第一份工作就是去山东做水污染治理的调研，深刻体会到环保治理任重而道远，在场的嘉宾一定和我一样有非常多的责任投资者的理念，谢谢你们！

（本文是 2015 年 6 月贵阳生态文明国际论坛会议发言）

绿色发展基金——政府与市场多轮驱动促进绿色发展

8 月 30 日，中央全面深化改革领导小组第二十七次会议顺利召开，会议审议通过关于构建绿色金融体系的指导意见。8 月 31 日，中国人民银行、财政部等七部门联合印发了《关于构建绿色金融体系的指导意见》（以下简称《意见》）引起了各方关注。应该说，构建和完善绿色金融体系是一个系统工程，需要各部门、地方政府、金融机构和企业的多轮驱动。

近几年中国越来越重视绿色金融的发展，在中国的倡导下绿色金融首次写入 G20 的峰会议程。"十三五"规划中"发展绿色金融，设立绿色发展基金"成为一大亮点受到各方关注。良好的生态环境是最普惠的民生工程，而绿色金融正在成为绿色发展的重要推动力，已经达成了共识。我们未来要通过这种创新性的金融制度安排，引导和吸引更多的社会资本进入绿色产业，包括通过绿色信贷、绿色债券、绿色股票指数和相关产品，绿色发展基金、绿色保险和碳金融等金融工具，为绿色金融发展提供可持续推动力。

在现有的宏观金融形势和金融改革背景，以及全国低碳发展目标之下，我国的绿色发展面临着很多融资挑战。针对解决绿色投融资经常面临的期限错配、信息不对称、产品和分析工具缺失等问题，如何通过发展创新金融工具和服务手段，多维度创新满足绿色产业投融资需求值得各方合力推动。

国家绿色发展基金和区域性绿色发展基金正当其时

《意见》明确提出通过政府和社会资本合作（PPP）模式动员社会资本，支持设立各类绿色发展基金，实行市场化运作。《意见》首次提出中央财政整合现有节能环保等专项资金设立国家绿色发展基金，同时鼓励有条件的地方政府和社会资本共同发起区域性绿色发展基金。这就向社会各界发出了政策层面支持绿色投资的风向标，有利于激励更多金融机构和社会资本开展绿色投融资，同时更有效地抑制污染性投资。绿色发展基金的政策落地也会有助于提振投资者信心。

从国际经验来看，城市绿色转型需要中央政府和地方政府、金融和民资共同推动。例如，英国绿色投资银行是世界上第一家专门致力于绿色经济的投资银行，它的作用是解决基础设施融资中市场缺失的问题，通过调动私人资本来加快向绿色金融的转型。绿色基金的发展势必会对低碳经济起到促进作用。

如何深化投融资体制改革，通过绿色基金市场，带动更多的民间资本进入到低碳环保行业也成为国内外各方的关注点。G20财长和央行行长会议对政府通过绿色金融带动民间资本进入绿色投资领域已达成共识，而绿色发展基金可以充分运用政府与市场的双轮驱动，有效化解金融创新的资金瓶颈问题，也一定会成为中国可持续发展的新动力。

《意见》从中央政府层面和地方政府层面对绿色发展基金的设立路径提出了明确的路线图。建议中央财政整合现有节能环保等专项资金设立国家绿色发展基金，有条件的地方政府和社会资本共同发起区域性绿色发展基金。在实践中，可以考虑以财政投入启动资金，引入金融资本和民间资本成立绿色发展基金。

目前，内蒙古、云南、河北、湖北等地已经纷纷建立起绿色发展基金和环保基金，同时，也可以考虑运用担保基金有效地解决环保企业尤其是中小企业的融资难问题。建立担保基金也是国际上通行的做法，包括法国、中国台湾、菲律宾等。担保基金可以涵盖绿色中小企业信用担保、绿色债券、绿色 PPP 项目担保等，并通过市场化、差别化的担保政策、补贴政策、税收优惠政策等综合调整，以担保完善地推进绿色产业融资的风险管理与激励机制创新。

PPP 模式助力绿色发展基金

《意见》指出，支持在绿色产业中引入 PPP 模式，鼓励将节能减排降碳、环保和其他绿色项目与各种相关高收益项目打捆，建立公共物品性质的绿色服务收费机制。

从国际经验来看，单靠政府资金已不能满足大量的公共基础设施投资需求，利用国际及国内民间私人资本进行公共基础设施建设，PPP 模式逐步成为应用广泛的项目融资和实施模式。

第一，在大气、水、土壤三个"十条"以及 PPP 等新模式的推进下，"十三五"环保市场潜力巨大。建立公共财政和私人资本合作的 PPP 模式绿色发展基金，提高社会资本参与环保产业的积极性，是推动绿色基金发展的重要路径。绿色基金可以用于雾霾治理、水环境治理、土壤治理、污染防治、清洁能源、绿化和风沙治理、资源利用效率和循环利用、绿色交通、绿色建筑、生态保护和气候适应等领域。基金可以通过银行贷款、企业债、项目收益债券、资产证券化等市场化方式举债并承担偿债责任。

第二，推动完善绿色项目PPP相关法规，鼓励各地在总结现有PPP项目经验的基础上，出台更加具有可操作性的实施细则。鼓励各类绿色发展基金支持以PPP模式操作的相关项目。应完善顶层设计，通过特许经营权等壮大绿色基金的实力，为绿色基金的发展注入持续推动力。

第三，鼓励各级政府以多种形式发起或参与发起PPP模式的绿色发展基金。建议根据不同的绿色发展基金特点合理确定政府定位和参与方式。同时，政府出资的绿色发展基金要在确保执行国家绿色发展战略及政策的前提下，按照市场化方式进行投资管理。当地政府在资金筹集和投向等方面发挥政策引导作用。

第四，有效发挥PPP融资支持基金的绿色发展引导作用。为提高社会资本参与PPP项目积极性，拓宽项目融资渠道、优化各方投资风险、中央与地方两级政府都在积极探索成立PPP引导基金，包括财政部与国内10家大型金融机构共同发起设立1800亿元PPP融资支持基金，财政部与山东、山西、河南、江苏、四川及新疆等地都成立了不同规模的PPP引导基金。目前由省级政府或地市层面出资成立引导基金，再以此吸引金融机构和社会资本，合作成立产业基金母基金的方式比较普遍。

例如"山西省改善城市人居环境PPP投资引导基金"、江苏PPP融资支持基金就是这种实例。其他地区可借鉴相应经验，出台这种PPP模式引导基金的法规和操作指南，并且更多发挥其在低碳环保绿色产业的投资引导作用，为社会资本参与创造更多动力。

《意见》指出，地方政府可通过放宽市场准入、完善公共服务定价、实施特许经营模式、落实财税和土地政策等措施，完善收益和成本风险共担机制，支持绿色发展基金所投资的项目。

如何加快财税体制和投融资机制的改革，创新金融服务，通过体制上的创新来推动政府层面和企业层面等多元化的资金保障成为关注热点等。而绿色基金无疑会成为城市绿色转型的重要投融资工具。另外，应陆续出台具体激励政策，以解决民间资本融资难、融资贵等问题。例如内蒙古自治区、江苏省、浙江省、重庆市等设立民营企业投资引导基金，在低碳环保、市政基础设施、先进装备制造、科技成果转化等领域扶持创新型企业发展等。另外，支持绿色基金发展的财税金融政策在实践中还需要不同层面予以推进落实。同时，要有效保障投资人的利益，真正搭建民间资金与政府项目之间的普惠桥梁。

绿色基金将成为绿色金融国际金融合作的新动力

《意见》指出，加强绿色金融的国际合作，支持社会资本和国际资本设立各类民间绿色投资基金。

应该说，国际投资的绿色化和环境社会责任的承担已经成为关注热点，而绿色基金也会成为全球绿色金融合作的重要路径。

日前，中美建筑节能与绿色发展基金作为刚结束的第八轮中美战略与经济对话的重要成果之一正式推出。在基金的运作上，引入跨境的公私合作关系（PPP）这一创新模式。未来可以通过这种基金的模式鼓励绿色金融国际合作，并共同创造绿色就业机会。

未来我们可以联合全球的合作伙伴，通过 PPP 模式的绿色基金在"一带一路"上进行绿色投资，推动改善生态环境，促进绿色金融的国际合作。而亚投行、丝路基金、亚洲开发银行、金砖银行、国际金融公司等在推动亚太金融合作、"一带一路"基础设施投资方面也更多强调绿色投资。相信《意见》的颁布实施，将有效助力绿色发展基金推动政企合作，拓宽绿色投融资和国际合作进程，加强对责任投资者的培育，统筹协调社会各方面的力量，为绿色金融和可持续发展提供更多的助力。

（本文成稿于 2016 年 9 月）

资本市场呼唤理性的慢牛与责任投资

ⓒ 市场需要什么样的救市组合

两周以来股市的暴跌引发了各界关注，这是否会引发系统性金融风险，并演变成对金融体系和实体经济的冲击和传递成为焦点。

市场发展需要什么样的金融稳定组合拳，本次出台的一系列"救市"组合拳受到各方瞩目。包括：政府建立常态透明的沟通机制，稳定预期至关重要，包括公募私募集体联合发声，看好股市和经济发展，力挺牛市；投放流动性，降息降准，减缓或暂停IPO都属于逆周期调节工具；政府及受政府影响的资金直接入市，包括但不限于汇金增持金融股，汇金申购ETF，保险资金入市等；降低相关的交易成本；打击恶意做空投机，禁止裸卖空；鼓励上市公司回购增持股票，稳定投资者对公司发展的信心。股市是经济发展的"晴雨表"，中国经济的发展需要一个健康稳定的资本市场，要增强投资者对资本市场的信心。

7月5日晚，中国证监会公告称，为充分发挥中国证券金融股份有限公司的作用，多渠道筹集资金，扩大业务规模等，中国人民银行将协助通过多种形式给予中国证券金融股份有限公司流动性支持。此次股市暴跌在很大程度上被认为是融资盘连环"爆炸"引发股市流动性风险，信用被动收缩，汇率大幅波动。总结历史上的金融危机，新古典经济学认为，货币金融不稳定或者危机关键不在于金融市场本身，而在于管理货币金融的政策措施，因此，如何加强对政策的设计和市场管理至关重要。

市场需要一系列的金融稳定组合拳，而暂停IPO也只是治标的手段，而央行参与救市，通过释放流动性，稳定市场预期，这一举措应该是防范系统性金融风险的有力工具。这一举措被认为是央行背书的中国式平准基金。平准基金（Stabilization Fund）又称干预基金（Intervention Fund），是政府通过特定的机构（证监会、财政部、交易所等）以法定方式建立的基金。它对证券市场进行逆向操作，熨平非理性的剧烈波动。主要是为了防止股市暴涨暴跌，以达到稳定证券市场的目的。其组建、操作、评价、管理的全过程都受政策的影响或直接接受政府的指令，为证券监管部门服务，成为有效的证券市场直接监管手段之一。平准基金的操作和管理有特别的规定和程序，以保证"三公"的原则，充分保护投资者的合法权益。

一般情况下，平准基金的来源有法定的渠道或其基本组成是强制性的，如国家财政拨款、向参与证券市场的相关单位征收等，也不排除向自愿购买的投资者配售。

平准基金可以通过对证券市场的逆向操作（比如在股市非理性暴跌、股票投资价值凸显时买进，在股市泡沫泛滥、市场投机气氛狂热时卖出）的方式，熨平股市非理性波动，达到稳定市场的目的。

平准基金的基本功能是平抑股市的非理性波动。这一方面是指对大盘（指数）的非理性波动，另一方面也应包括个股的暴涨暴跌。按照美国股市理论，从高点连续下跌 20% 即可称为熊市，而单日跌幅超过 5% 可谓股灾。除了"平准"的功能外，美国 SIPC 赋予平准基金保险的职能，即为投资者（包括券商、机构和一般投资者）提供风险赔偿或担保。例如，在某个券商陷入财务危机时，平准基金可以按一定的程序介入该券商内部，或提供管理方面的建议，或提供资金支持，乃至帮助其清算并负担一定的清偿保险费。这一点值得我们借鉴。

从平准基金作用的市场来分，目前主要有外汇平准基金、国债平准基金、股市平准基金等几类。2008 年爆发的国际金融危机提醒我们，在经济全球化和一体化的背景下，应关注股市、债市、汇市的风险联动机制和风险传递机制。中央银行应根据国内外金融市场的最新态势及汇率走势，对公开市场操作进行"相机抉择"，以对市场变化做出及时反应。平准基金应有足够大的盘子，以充分发挥稳定的定海神针作用。

在中国股市制度和机制亟待完善的情况下，设立股市平准基金，能增强中国股市的稳定性，减少或缓冲大起大落的市场冲击，增强中国股市整体抗御系统性风险的能力，有效完善保护投资者机制和风险对冲机制。另外，通过股市平准基金的运作，能够体现国家的产业政策，通过股市平准基金的投资流向，进一步引导投资者，推动金融助力实体经济和国家产业政策的有效落实。

值得一提的是，应着力把握金融市场开放、人民币国际化、资本账户开放、离岸人民币金融市场等金融改革的步骤和顺序，同时从政策层、监管层、市场层不同角度有效防范开放过程中的金融风险。

股市是经济的"晴雨表"，一个崛起的大国需要一个健康稳定的资本市场。在全球经济一体化的进程中，金融工具不断创新，中国金融安全面临的挑战和风险越来越大，在对外开放过程中如何加强监管，应对风险，保护中小投资者利益值得我们深思。需要多方努力重塑市场信心，风物长宜放眼量，守得云开日出时……股市，拭目以待。

（本文成稿于 2015 年 7 月）

中国牛市还能走多远——中国股市上涨的原因及未来走势探讨

2014 年下半年以来，A 股市场在宽松流动性和趋好政策面的支持下快速上行，增量资金不断蜂拥入市，带领指数一路高歌猛进，屡创新高，特别是刚刚过去的 4 月，上证综指从 3748 点狂涨到 4441 点，涨幅高达 18.51%，同时成交量也不断放大，牛冠全球。上证综指近期连续攀上七年高位，中国股票账户数量激增，两市成交量也不断放大。由此带来的估值快速提升，引发了业界关于股市泡沫和未来走势的争议。

股市上涨的多重原因

对市场来说，牛市的驱动力来自不同层面。

第一，资金驱动是推动股市上涨的直接因素。面对经济下行压力，自去年11月底央行首度降息以来，目前已累计两次降息、两次降准，特别4月20日的这次降准幅度达一个百分点，这一降幅是2008年国际金融危机以来的最大值。据分析，本次降准释放超过1.5万亿元的流动性规模。央行超预期降准或打开经济下行背景下的货币宽松的空间，形成"股债双牛"的良好预期。另外，降准在一定程度上缓冲了市场对于"去杠杆化"预期的压力，直接提振了对银行、地产和有色金属板块等相关权重品种的中长期回报信心。

而社保基金、养老金、保险资金等机构投资者长期资金大规模入市，不仅为股票市场带来了大量的增量资金，同时其对收益稳定性的偏好和低风险的特征，有利于市场价值投资理念的培育，有效平抑股市波动。

第二，牛市大逻辑是因为新周期的酝酿。与过去十年房地产在经济发展的主力军作用的格局不同，"一带一路"、京津冀、长三角、新技术应用（"互联网＋"等）、混合所有制改革、工业4.0、环保、中国制造2025，这些将成为新一轮中国经济周期启动的黄金产业。"互联网＋"引领新经济，鼓励全民创业创新；"一带一路"为中国高铁和装备行业国际化铺路；而混合所有制可以有效推动产业重构和民资参与热情。"一带一路"、长江经济带、京津冀先后完成顶层设计，地方可能掀起继2009年4万亿元之后的又一次基建投资热潮。而新一轮经济周期的黄金产业无疑受到投资者的青睐，成为市场成长的风向标。

第三，投资驱动因素为市场提气。目前，中国第一季度GDP增速已下滑至7%，稳增长成为今年经济工作的中心。而且在传统投资、消费、出口"三驾马车"中，投资对经济增长拉动的效果最显著。据统计，虽然第一季度全社会固定资产投资增长13.5%，同比下降了4.1个百分点，但是基础设施投资增长23.1%，同比提高了0.6个百分点。其中铁路、公路、水路投资增长15.2%，提高了3.8个百分点。从市场来看，"铁公基"等"一带一路"投资类概念股获得资金追捧。

第四，资产的重新配置需求。随着中国经济的转型升级，房地产市场面临战略性调整，中国将进入财富重新配置的时代，这将改变中国居民的投资偏好，减少对房地产等固定资产的投资比例，股票等权益类资产的配置比例将大大提高。除了房地产市场下滑，居民资产配置从房地产市场转向股市之外，面向个人的高收益金融产品——理财产品的风险已被逐步关注。过去两年，大量资金流入了理财产品，而股市投资回报高的预期使金融资产配置更多转向股市。投资者资产配置的调整也是此轮大盘上涨的一个重要的资金力量。

第五，国企改革提速。资本市场的发展机会与目前国企改革的背景密切相关。国企改革是中国各项改革中最核心的一项改革。据统计，国资委旗下共有112家国有企业，其中277家公司已经在A股上市。企业降低债务率是面临的比较迫切的问题，而企业的股权融资，并购重组，包括央企合并，高铁和核电领域的整合，在改革和转型过程中，繁荣的资本市场可以为国企改革提供重要的平台。

第六，沪港通推进了股市上涨。2014年沪港通正式启动，为内地和香港投资者在资本市场上互联互通搭建了桥梁，同时吸引了大量的境外资金进入中国A股市场，为中国股市的快速上涨注入了资金和活力。沪港通推进了资本市场开放的进程，将类似"堰塞湖"的内地资本市场通过香港这一纽带与国际资本市场进行连通，有效吸引海外投资者关注A股市场，同时将对定价机制产生较大影响，特别是对在A股市场长期被严重低估的银行等金融股，这在很大程度上推动去年11月、12月金融股带动的A股上涨行情，使上证综指不断向上攀升，屡创新高。

而今年有望推出深港通，将给境内外投资者跨境投融资提供便利，对提升A股价值和资本项目开放都将产生积极作用。

第七，改革红利是催生牛市的最大动力。在中小投资者和机构投资者加快入市推动市场上涨的背后，2014年5月9日国务院出台了《关于进一步促进资本市场健康发展的若干意见》，"新国九条"有效破解了股指从 6124 点历史高位连跌七年的 A 股困境，给市场信心带来提振，为 A 股市场走牛提供了制度保障。应该说"新国九条"的推出对多层次资本市场、债券市场、私募市场、期货市场的建设带来多重利好，对于投资者来说，"新国九条"释放出积极建立规则、完善投资者保护机制的信号，这为建立起真正稳定健康的市场奠定了基础。建设多层次股权市场，提高上市公司质量，推进发行、并购重组、退市改革等相关政策的陆续出台，这些将在未来给中国资本市场带来更多成长的空间。

另外，融资融券制度提供了杠杆效应，放大了做多的力量，这是推动股市上涨的交易制度力量。

金融助力实体经济，呼唤一个慢牛、长牛

从宏观面上来看，稳增长是当前中国经济面临的首要问题。4 月中央政治局会议强调要"高度重视应对经济下行压力"，宏观政策更强调"保持稳增长、促改革、调结构、惠民生、防风险综合平衡"，并从财政货币政策、投资、房地产等方面释放了诸多稳增长"药方"。

未来财政和货币政策的宏观政策组合仍有必要进一步加码。从财政政策来看，需要进一步增加公共支出，加快投融资体制改革，引导民营资本投资公共服务部门和基础设施，而推进地方债券市场的发展，完善 PPP 公私合营模式来建立地方政府市场化投融资机制至关重要；从货币政策而言，要综合运用包括利率、准备金率、公开市场操作、短期流动性调节工具等多种货币政策工具，来有效降低社会企业融资成本。

除了降准降息之外，多层次资本市场建设等一系列金融改革将在加快投融资机制改革、降低融资成本中发挥重要的作用。诸多经济大战略稳定了 A 股市场信心。国家现在正大力寻求新的经济增长动力，"一带一路"作为国际经济合作和海外投资的新增长点受到市场关注，而"一带一路"倡议、长江经济带、京津冀区域经济协同发展战略的具体实施，金砖国家各领域深化合作，特别是亚投行和丝路基金将大力推动成员国

基础设施建设投资和国际经济合作，国际金融合作如何促进全球经济新增长点有待进一步落地，而国家对中西部地区基础设施建设的大力支持，将有效提振市场对中国经济发展的信心，推动股市积极向好发展。

国务院总理李克强4月17日在考察国家开发银行、中国工商银行时曾表示，金融和实体经济相互依托、相辅相成。而对国际金融危机的反思促使我们更加重视和强调金融服务实体经济。

必须承认，中国的实体经济，尤其是其中的小微企业、"三农"企业等，长期以来面临融资成本高、融资难问题，如何疏通金融向实体经济的传导渠道，推动金融血液流入实体经济的肌体，满足新兴产业的融资需求，值得我们深入探讨。与传统的银行信贷为主的间接融资格局相比，多层次资本市场体系是金融支持实体经济有效的路径，这既要求股票市场平稳发展，也要求IPO发行制度改革的稳步推进。一个健康活跃的资本市场可以降低企业上市门槛，引导社会资金流向初创型新兴企业，从而激发全民创业的活力。

股市是经济发展的"晴雨表"，经济复苏，股市先行。中国经济的可持续发展也需要一个慢牛、长牛。我们需要多方努力建立投资者保护机制和风险对冲机制。在有效防范金融风险的前提下，提高股市的内在稳定性、市场的信心和金融机构创新和服务市场的能力，这对完善投资者保护机制、促进资本市场改革发展、充分发挥金融服务于实体经济的作用至关重要。

（本文成稿于2015年5月）

✔ 也谈三市联动——关注股市、债市、汇市的风险联动机制

股市、债市、汇市联动机制和风险传递机制值得深思。在经济全球

化的背景下，全球市场传递机制和连锁反应日渐明显，包括欧洲、美国和新兴市场。始于 2009 年末的希腊债务危机，逐渐由希腊、爱尔兰等小国向西班牙、意大利等中大型国家蔓延，银行财务状况恶化和资产负债表的连锁反应也使法国、德国、英国等发达经济体深陷主权债务危机。庞大的公共债务仍可能带来一系列问题，包括巨额偿债支出、市场信心的缺少以及对汇率的负面影响等。同时，巨额财政赤字会引起货币贬值和通货膨胀，这从英镑、欧元的走势也得到充分验证。而 1997 年东南亚金融危机中汇率的垮台也是由财政赤字和不断增长的债务共同作用的结果。欧债危机、美债危机充分说明合理的政府债务规模和风险管理策略对于政府积极面对经济和金融危机的冲击，促进金融市场及汇率的稳定乃至经济的快速复苏至关重要。爱尔兰债务危机的爆发更警示我们关注资产泡沫、银行业流动性危机与政府债务危机的内在关系。

第一，完善汇市。一般来讲，国际资本流动的路径主要包括国际直接投资、国际证券投资、私人股权投资基金的跨境投资等。在经济全球化和国际投资的路径中，应积极推动人民币在跨境贸易和投资方面的使用。另外，应在防范风险的前提下，逐步放宽对跨境资本交易的限制，审慎地推进人民币资本项目开放。同时，应从政策面创造有利条件和环境，比如提供对冲工具、掉期、远期结汇、远期售汇等工具，积极开发风险管理、风险对冲及投资产品，完善做市商制度，发展外汇市场和外汇理财产品，完善与外汇相关的配套制度，帮助进出口企业和跨境投资机构对冲汇率风险和利率风险。

逐步实现人民币资本项目渐进式开放，要参照世界各国经验，选择适合我国国情的步骤，以渐进的方式有步骤地推进，恰当把握实现资本项目可兑换的节奏和灵活度。未来需要推动利率市场化改革，根据国际金融市场的利率水平确定我国的基准利率，推进 SHIBOR 作为货币市场基准利率的改革进程。同时，应进一步发挥国债作为货币市场和资本市场基准的功能，为投资者提供无信用风险的金融工具和对冲工具，通过国债市场的稳步发展进一步提升人民币的国际吸引力与市场信心，推进人民币国际化的进程。密切关注利率和汇率的联动效应，有效防止国际游资的冲击，使人民币汇率形成机制更趋完善。

第二，夯实股市。对国际金融危机的反思促使我们更加重视和强调金融服务实体经济。今年，稳增长成为经济工作的中心，而且在传统投资、消费、出口"三驾马车"中，投资对经济增长拉动的效果最显著。诸多经济大战略有助于稳定市场信心。国家现在正大力寻求新的经济增长动力，"一带一路"、京津冀、长三角、新技术应用（"互联网＋"等）、混合所有制改革、工业4.0、环保、中国制造2025，这些将成为新一轮中国经济周期启动的黄金产业。而"一带一路"倡议、长江经济带、京津冀区域经济协同发展战略的具体实施，金砖国家各领域深化合作，特别是亚投行和丝路基金将大力推动成员国基础设施建设投资和国际经济合作，国际金融合作如何促进全球经济新增长有待进一步落地，而国家对中西部地区基础设施建设的大力支持，将有效提振市场对中国经济发展的信心，推动股市积极向好发展。

我们必须承认，中国的实体经济，尤其是其中的小微企业、"三农"企业等，长期以来面临融资成本高、融资难问题，如何疏通金融向实体经济的传导渠道，推动金融血液流入实体经济的肌体，满足新兴产业的融资需求，值得我们深入探讨。

与传统的银行信贷为主的间接融资格局相比，多层次资本市场体系是金融支持实体经济有效发展的路径，一个健康活跃的资本市场可以降低企业上市门槛，引导社会资金流向初创型新兴企业，从而激发全民创业的活力。

第三，大力发展债市。中国的金融改革作为经济改革的重要组成部分，进入了一个关键阶段。作为直接融资体系的重要组成部分，无论是从推进利率市场化的进程、资本市场的多层次建设、金融市场对外开放、人民币国际化、离岸人民币市场的发展等角度，还是以金融支持实体经济发展，都需要债券市场的大力支撑。如何为地方经济提供市场化保障，如何为中小企业融资提供平台，城镇化的进程需要债券市场的有力支持，如何推进财政政策与货币政策的协调配合、如何进行多层次金融市场体系建设与风险防范值得深入探讨。债券市场的发展，既是金融改革的结果，也有助于深化改革。债券市场的流动性是货币和债券市场总体发展的催化剂。高流动性的市场不仅能降低企业的筹资成本，有助于缓冲国内及国际经济冲击的影响，而且有利于降低利率风险、货币风险以及其他金融风险。

除了降准降息之外，未来必须推进多层次资本市场建设等一系列金融改革在加快投融资机制改革、降低融资成本中发挥重要的作用。未来财政政策和货币政策的宏观政策组合仍有必要进一步加码。从财政政策来看，需要进一步增加公共支出，减税、加快投融资体制改革，引导民营资本投资公共服务部门和基础设施，推进地方债券市场的发展，完善 PPP 公私合营模式来建立地方政府市场化投融资机制至关重要；从货币政策来看，要综合运用包括利率、准备金率、公开市场操作、短期流动性调节工具等多种货币政策工具，以有效降低社会企业融资成本。

（本文成稿于 2015 年 8 月）

利用外资与中国企业"走出去"

✔ 中国海外投资战略的关注点与着力点

　　随着经济全球化的加快，"引进来"与"走出去"已经成为中国与全球经济相互融合的主旋律。中国海外投资的战略一定要以全球化的视角推进多方合作，包括金砖发展银行的倡议和亚洲区域合作多边性金融机构或基金的倡议，在海外投资的进程中提高核心竞争力，以金融的国际化助力企业海外投资，这应是政府、金融、商贸、市场、法律等多层面共同推进的进程。

关注点

关注全球财富流向

　　从全球财富流向来看，经过金融危机之后，全球都是一个量化宽松的政策。多国央行纷纷注入流动性，美联储 2012 年 9 月出台第三轮量化宽松政策（QE3），欧洲央行则出台直接货币交易（OMT）政策，刺激经济复苏的进程。

　　2013 年资本在全球范围内的流动将更加频繁。这主要有两方面的因素，一是全球量化宽松的货币政策；二是实体经济亟待刺激，因为无论哪个国家都需要依靠投资、消费和出口这"三驾马车"。欧洲出现危机以后，实际上有很多资本从欧洲撤离出来，流向了新兴市场，或者是回流到美国。美国自金融危机之后就迫切希望从国际市场上吸引投资来刺激经济复苏。

　　事实上，在美联储 QE3 正式出台之前，美国已经采取了很多公开市场操作，为市场注入大量流动性，再加上美元超发，引发黄金、原油、粮食这种大宗商品价格出现新一轮上涨，同时提高未来的通胀预期，这些都会在一定程度上刺激热钱进入新兴市场。国际金融协会（IIF）也于 2013 年 1 月发布报告表示，2013 年，经济成长强劲，新兴市场国家将持续受到国际资本的青睐。

实际上经历了国际金融危机、欧债危机、美债危机后，金融机构重新在全球配置风险资产，中长期资本流向也由发达国家更多地转向包括中国在内的亚洲新兴经济体，新兴市场面临较大的资本流入压力和本币升值压力。未来需要关注周期性流出风险——如果发达国家经济复苏企稳，投资者调整投资策略，投资回流到发达市场，新兴市场将面临资本流出和本币贬值的压力。

关注欧债危机和美债上限的最新进展

应该说，从 20 世纪 80 年代的拉美债务危机、90 年代的东南亚金融危机直到欧债危机、美债危机，充分说明合理的政府债务规模和风险管理策略，对于政府积极面对经济和金融危机的冲击，促进金融市场及汇率的稳定乃至经济的快速复苏至关重要。爱尔兰债务危机爆发更警示我们关注资产泡沫、银行业流动性危机与政府债务危机的内在连锁关系。宏观政策的制定必须从动态的、长远的视角去权衡审慎考虑，在实行宽松的货币政策和大量财政赤字解决流动性危机的时候，应避免制造新泡沫以缓解旧泡沫破裂的短期影响，在运用宽松政策刺激经济增长、防范政府债务风险以及预防通胀之间寻求最优平衡点，以免为下一个危机埋下隐患。

从欧洲来看，欧债危机爆发四年来并没有发生根本性的转机，塞浦路斯问题使欧洲复苏进程雪上加霜。塞浦路斯对银行储户强行减记并实施资本管制的举措，导致该国银行业资产规模缩水，欧元贬值，对其以金融和旅游为支柱的经济模式形成严重冲击。即便获得欧盟、国际货币基金组织（IMF）和欧洲央行"三驾马车"的救助，也不能从根本上改变银行资不抵债和储户资产缩水的结构性顽疾。由于没有统一的财政联盟体制、合理的退出机制、合理的减赤方案，一味地高代价救助高负债国给单一货币联盟的长远发展埋下了重大隐患。

从美国来看，美国国会参众两院在 2013 年第一天通过解决"财政悬崖"议案，暂时缓解各方的"悬崖"之忧。但在短暂欢呼过后，越来越多的人发现，两党达成的协议只是解决了临时性问题，并不能从根本上解决美国面临的高额财政赤字和未来政府开支增长的来源问题。实际上，美国的"财政悬崖"问题根源是由于美国债务持续突破债务上限所引起的，被认为是美国债务危机的后遗症。如果美国主权信用评级如2011年8月那样再次被评级机构调降，将对美国及全球金融市场造成巨大冲击。目前，"财政悬崖"问题导致美国经济下行和失业率高企，而延长量化宽松货币政策的实施期限，迫使美联储投放更多货币，甚至购买美国国债。美元超发将增大赤字货币化的风险，向全球经济注入过多流动性，提高未来通货膨胀预期和货币贬值，也会在一定程度上刺激热钱流入新兴市场。已有市场分析人士警告，债务上限问题远比"财政悬崖"严重，如何妥善解决政府债务上限问题，将成为确保美国经济短期和长期走好的必要因素。

中国巨额外汇资产的投资管理面临各类风险，包括信用风险、汇率风险、利率风险、流动性风险等。需要建立多元化的投资组合结构，在债券市场、资本市场、大宗商品、直接投资、资源等之间寻求合理的平衡。黄金是外汇储备多元化的一种重要选择，未来是否增储黄金要综合考虑外汇投资组合、汇率、国家综合抗风险能力、黄金市场波动等因素。

了解东道国的市场环境和政策环境

近年来，中国企业包括民营企业海外投资的热情与日俱增。从海外投资的市场和行业选取来看，要侧重节能环保、生物制药、高科技、农业、电子、新能源、基础设施、资源类等东道国有比较优势而且也是我们迫切需要发展的领域，实现海外投资的比较优势互补。

值得关注的是，中资企业在海外投资尤其是海外上市的过程中一定要充分了解东道国的市场环境和政策环境。无论是始于两年前的中概股海外退市潮，还是2012年底美国证监会（SEC）因财务问题将五家会计师事务所的中国分支诉上法院的消息，都警示企业在海外投资的进程中一定关注信息披露、财务、信用评级的真实性和透明度，同时一定要对当地的法律和监管环境充分了解和把握。将来市场的健康发展，一定要完善信息披露和投资者保护方面的创新机制和风险管理机制。

从资本市场对外开放的进程来看，中美资本市场监管的跨境合作是十分必要的，包括监管机构的合作、市场、投资者保护等层面的合作等。监管对接的实现，不仅有利于 SEC 对在美国上市公司的监管，也有利于中国改善资本市场的监管现状，进一步提高资本市场透明度，建立更加完善的投资者保护机制。跨境监管合作则要求两国证监机构之间建立良性、互动的对接机制。现在贸易等领域已经有了类似"多边协议"的规则，很有参考价值，资本市场监管的"多边化合作"，也应是各国探讨的问题。

着力点

推进中国商业银行国际化的进程

目前，无论是工行、中行、建行、农行，还是招商银行、光大银行等都非常重视国际化的进程。与全球化大银行相比，中资银行在本土化经营能力、金融产品线、全球竞争力方面仍有一定差距。无论是选择海外新设分支机构还是跨国并购或参股的方式，商业银行由传统商业银行向跨国金融机构转变的进程中，都一定要密切关注经济全球化的进程，充分了解市场的状况和发展潜力，推动海外市场的开拓及国际化战略的实施，在跨国经营中要放眼全球寻求商机，在激烈的市场竞争环境下发挥比较优势，因地制宜地发挥业务优势和特色，跟随企业"走出去"的战略，满足客户的全球金融服务需求，在对外投资和商贸往来中为中资企业提供有力的支撑。同时在商业银行国际化发展的进程中，针对东道国的相关市场环境和监管政策，有效管理市场风险、流动性风险、声誉风险和法律风险，形成国际竞争力和市场影响力，找准在全球价值链中的定位。

考虑到经济金融发展环境、直接投资和双边贸易、文化、体制和地理差距，在发展区域选择上，应在服务国家战略、坚持市场导向和分散风险的前提下，走差异化和专业化发展道路，渐进式推进中国银行业全球化的路径。这里，中国企业海外投资的重点区域应成为商业银行全球化布局的重要目标市场。

稳步推进人民币国际化的进程

逐步发展包括中国香港、中国台湾、新加坡、伦敦在内的人民币离岸市场，积极推动人民币跨境贸易、跨境信贷及投资的支付清算，支持中资银行在中国进出口贸易伙伴国和人民币离岸中心的布局，提高海外分支机构的竞争力。

随着中国经济的平稳健康发展，逐步发展人民币离岸市场，不仅有利于吸引国际投资者投资以人民币计价的金融工具，丰富机构投资者的层次，完善基准利率形成机制，还有助于提高市场流动性，加强各离岸市场、货币当局、监管部门、金融机构间的合作，降低人民币市场参与者的交易和管理成本，有效提升人民币的国际吸引力与市场信心，以人民币国际化推进海外投资的进程。

应在防范风险的前提下，稳步审慎推进人民币资本项目开放。值得关注的是，应着力把握人民币汇率的市场化改革、资本账户开放、人民币国际化、离岸人民币金融市场等金融改革的步骤和顺序，同时从政策层、监管层、市场层不同角度有效防范开放过程中的金融风险。

在经济全球化的背景下，全球市场传递机制和连锁反应日渐明显。股市、债市、汇市联动机制和风险传递机制值得深入探讨。这也是一个风物长宜放眼量、任重而道远的过程。

简而言之，中国海外投资战略一定要综合考虑全球经济、宏观政策、监管政策、市场环境、投资地区与行业、税收政策、法律环境等综合因素。反思国际金融危机和欧债危机，应对全球化的调整，我们一定要了解全球财富流向的最新趋势，推动政府、贸易、监管、金融、企业、法律等各方面的国际合作和对接。在推进金融机构和企业海外投资的过程中，充分提高核心竞争力，在把握投资机会的同时合理规避市场风险，做到知己知彼，百战不殆，以金融机构的国际化推进企业海外投资的进程。

（本文成稿于 2013 年 3 月）

以人民币国际化助力"一带一路"进程

"一带一路"被认为是中国对外开放新战略的重要组成部分，而此次达沃斯论坛也从更深层面探讨国际经贸和投资合作的路线图，包括如何以优质产能输出和基础设施投资助推沿线国家经济发展，从政府层面和市场层面实现中国与世界经济共赢。中国海外投资的战略一定要以全球化的视角推进多方合作，而人民币国际化和人民币离岸中心的发展作为"一带一路"规划中跨境贸易与资金融通的重要路径，无疑会推动国际投资与区域合作的进程。

目前，在全球经济复苏面临诸多挑战的背景下，如何推动相关产业的发展更成为各国关注的问题。"新常态"下培育新增长点是一个系统工程，需要在国际经济合作中明确未来产业发展的战略方向，包括交通基础设施相关产业、装备产业、环保产业、新能源等，为下一轮经济增长奠定良好的基础设施和政策环境。

在我国日益融入经济全球化的进程中，企业跨境出海与日俱增，规避风险、降低成本的迫切需要激发了对跨境贸易投资结算的强烈需求。应积极推动人民币跨境贸易、跨境信贷及投资的支付清算，提高自身的金融服务和国际化经营水平。同时，支持中资金融机构在中国进出口贸易伙伴国和人民币离岸中心的布局，提高海外分支机构的竞争力。另外，应稳步发展贸易融资和资产管理，完善出口信用保险市场，大力发展海外投资险，强化风险防范，护航中国企业、中国装备"走出去"进程。

在经济全球化的进程中，债券市场的开放无疑会推动人民币国际化和企业"走出去"的进程。2007年7月，中央政府批准内地金融机构包括政策性银行、商业银行以及外资银行的中国法人到香港发行人民币债券，之后，内地机构到香港发行人民币债券不断提速。2011年8月，在欧债危机和美债危机的冲击下，财政部在香港发行200亿元人民币国债也为债券市场注入了稳定剂。近年来，人民币离岸中心的全球化布局范围正从亚洲向欧洲、北美洲以及南美洲等地区拓展，欧洲法兰克福、英国伦敦等国际金融中心已成为亚洲以外全球最重要的人民币离岸中心。从企业跨境融资的角度来看，取消境内企业、商业银行在境外发行人民币债券的地域限制，简化境外上市、并购、设立银行分支机构等核准手续，无疑会提升金融助力企业海外投资的效率。今后应逐步发展包括中国香港、中国台湾、新加坡、伦敦在内的人民币离岸市场，这不仅有利于推动企业在人民币离岸市场发行债券融资，吸引国际投资者投资以人民币计价的金融工具，丰富机构投资者的层次，完善基准利率形成机制，还有助于提高市场流动性，加强各离岸市场、货币当局、监管部门、金融机构间的合作，降低人民币市场参与者的交易和管理成本，有效提升人民币的国际吸引力与市场信心，以人民币国际化推进海外投资的进程。

后危机时代，建立稳定的汇率体系成为全球市场的关注点。2008年以来，为应对国际金融危机，维持国际金融市场的稳定，双边货币互换协议得到了广泛应用。中国人民银行已经先后与阿根廷、韩国、印度尼西亚、马来西亚、俄罗斯、加拿大、欧洲等28个国家和地区的中央银行签署了本币互换协议，为境外人民币市场发展提供了有力支持。在国际金融市场联动、全球各国货币政策及财政政策相机抉择的背景下，货币互换协议的功能已从应对危机转向支持双边贸易和投资，有助于降低汇率风险，为金融机构的海外分支机构以及海外中国企业提供流动性支持，以人民币国际化推进国际经济、贸易和投资合作的进程。同时，中国与多国建立双边本币互换协议，也就相当于建立了一个以人民币为中心的"一对多"的交换、融资、清算系统，有利于推动人民币成为全球主要的贸易、金融和储备货币。

在国际投资的过程中需要有效对冲汇率风险，也需要关注国际资本流动的最新态势。目前，面对全球经济下行风险，尽管美国量化宽松（QE）政策逐步退出会给新兴市场带来资本流出和本币贬值的压力，但是继瑞士、丹麦、土耳其、加拿大竞相降息之后，欧洲央行量化宽松政策如期推出，全球低利率时代并未因美联储退出 QE3 而结束，发达经济体经济走势和货币政策分化也会影响到国际资本流动、进出口、资产价格、利率和汇率层面。对中国而言，应进一步推进市场化改革，建立更加适应市场供求变化和更为灵活的人民币汇率形成机制，增强汇率的弹性和灵活性，应在防范风险的前提下，稳步审慎推进人民币资本项目开放，积极应对国际经济、贸易、投资环境变化的挑战。应从政策面创造有利条件，完善掉期、远期结售汇等对冲工具，完善外汇市场和外汇理财产品，开发风险管理和投资产品，帮助进出口企业和跨境投资机构对冲汇率风险和市场风险。

值得关注的是，应着力把握人民币汇率的市场化改革、资本账户开放、人民币国际化、离岸人民币金融市场等金融改革的步骤和顺序，同时应根据全球经济、宏观经济状况、通货膨胀、货币政策变动、货币市场和资本市场资金供求的变化、国际金融市场利率和汇率态势等多方面因素，从政策层、监管层、市场层不同角度有效防范开放过程中的金融风险，在推动"一带一路"的进程中，为国际经济合作和金融市场稳定作出贡献。

（本文成稿于 2015 年 1 月）

货币政策、
汇率政策与流动性

◕ 量化宽松政策、资产泡沫与通胀隐忧

面对持续动荡的国际金融危机，美联储一直维持宽松的货币政策，不仅保持在零利率区间，而且用量化宽松政策（Quantitative Easing）注入流动性。2009 年 3 月美联储宣布巨额的量化宽松政策，动用 1.15 万亿美元购买各类债券和不良资产，规模创近 40 年之最。英国、欧洲央行、日本等国家也纷纷效仿采取量化宽松的措施。

为了缓解日趋严重的通缩预期，在基准利率没有下降空间的时候，采取临时性量化宽松政策注入流动性是不得已而采取的一个临时措施，但量化宽松政策是否会让美国从通缩扭转进入通胀局面，市场预期未来全球是否会出现恶性通胀甚至滞胀呢，无法通过简单判断来下定论，本文拟从货币供应的基本机制来探讨这些问题。

一、量化宽松政策的历史借鉴：1929—1933 年大萧条

1929—1933 年大萧条时期，美国政府拯救经济的政策就是集中加大货币投放，这与当前的货币政策具有相似性。凯恩斯学派和货币供给学派理论对经济摆脱大萧条的政策制定具有深远影响。

凯恩斯理论认为，货币是非中性的。中央银行的货币政策操作不仅可以影响货币供给的数量，而且可以影响利率水平以及市场对货币政策的预期，发挥信号效应。凯恩斯认为，由于价格和工资缺乏弹性，经济不存在一个自动矫正机制，非充分就业下的潜在产出均衡低于充分就业下的均衡水平。因此，只要资源没有充分利用，那么总需求的扩大就会使产出增加，因此，凯恩斯主张实行扩张货币政策和财政政策来扩大总需求，以此消除失业和经济危机，促进经济恢复。长期以来，经济学术界将凯恩斯解释 20 世纪 30 年代大萧条的理论通常概括为"有效需求不足学说"，而其核心的经济复苏对策之一就是"赤字财政或扩大政

府投资"。但实际上，凯恩斯的财政赤字政策只适用于货币政策完全失效的"流动性陷阱"，而其基本的主张仍是扩张货币，减少储蓄收益，从而扩大投资达到增加产出和充分就业的目标。

凯恩斯学派的反对者，货币学派代表人物弗里德曼主张货币短期非中性、长期中性，从而为自己主张货币供给是外生变量预留了空间。在弗里德曼的货币供给理论模型中，货币供应量的决定因素主要包括：强力货币 H（基础货币）、存款—准备金比率 D/R、存款—通货比率 D/C。弗里德曼认为经济具有内在的自动趋于稳定的机制，货币政策应实施"单一规则"，货币当局或中央银行按一个稳定的增长比率扩大货币供应，使货币增长率同预期的经济增长率保持一致。由此可见，货币学派的理论观点也支持政府和央行加大货币供给，帮助经济走出危机。

弗里德曼和施瓦茨的《美国货币史（1867—1960）》（弗里德曼和施瓦茨，1963）对货币与经济之间的关系做了深入的理论和实证研究，通过对美国和国际历史数据的整理和分析，证明了货币是一个独立的和可控的力量，影响着整个经济的进程。弗里德曼和施瓦茨发现，在1929—1933 年大萧条期间，如果货币当局能够及时采取措施让货币存量保持一个合理的增速，就可以减少大萧条的危害程度，并缩短萧条的时间。当时银行的大量倒闭是货币存量下降的主要原因。为了解释这一现象，弗里德曼和施瓦茨对比了当时美国和加拿大的情况，发现1929—1933 年，美国的货币存量下降了33%，而加拿大只下降了13%。在美国，由于银行大量倒闭，居民为避险选择持有现金而非存款；在加拿大，则没有出现类似情况。同时，美联储对当时银行大量倒闭持消极态度。直到1932 年初，美联储才出手购买美国政府债券，从而中止了货币存量的下降。弗里德曼和施瓦茨解释大萧条的关键变量是"货币供应量的崩溃"，而美联储对当时美国经济和货币困境缺乏正确判断及其所导致的银行体系危机则是货币供应量崩溃的主要原因。

大萧条之后，联邦存款保险制度的确立和美联储结构和货币政策工具的改变，对恢复货币存量增长和带动经济复苏发挥了重要作用，这些新的工具主要包括数量型货币政策工具，价格型信用政策工具，存款准备金率等银行监管工具。

弗里德曼和施瓦茨通过对大量历史事件的分析，证明在一定的时间跨度内，货币与经济变化之间存在着因果关系，经济波动即名义收入的变动取决于货币供给函数与货币需求函数的相互作用及其均衡状况。实证研究的结果表明，货币需求函数在长期内是极为稳定的，名义收入的变动主要由货币供应量的变动而引起。弗里德曼的货币外生性理论支持中央银行及时加大货币供给及采取流动性注入政策，有助于经济从危机中快速恢复。但是，弗里德曼的整个货币理论分析架构都是基于一个封闭经济模型，没有深入考察国际货币体系制度安排（金本位制及其汇率体系）对货币供应量的影响。之后众多研究者（如金德尔伯格、戴明、伊成格林、萨克斯、伯南克和盖特勒等）详尽考察了国际货币体系（尤其是"二战"期间的国际金本位制）影响国内货币供应量的内在机制，以及货币冲击的国际传导机制，从不同角度阐述了国际货币体系的制度安排对金融体系稳定及货币政策具有深远的影响。

二、量化宽松政策的后遗症和理论批判

量化宽松的后果就是直接加大货币供应，中短期增加名义需求，长期必将推高通胀。这里值得一提的是，1930 年费雪就以独特的视角揭示了"债务—通货收缩机制"乃是金融危机和经济危机爆发的根本渠道：资产和商品价格下降给债务人造成巨大偿债压力，恐慌性资产抛售导致资产价格崩溃、真实利率快速攀升，反过来刺激更大规模的恐慌性抛售，货币流通速度下降，投资者净财富急剧减少、出现大量的银行挤兑和倒闭风潮、信用市场迅速崩溃，费雪认为过度投资和过度投机往往是导致金融恐慌和危机的重要原因。基于对金融体系的理性判断，费雪向罗斯福总统建议金本位制及其汇率制度必须服从货币扩张的需要，

并最终得到采纳。大萧条时期，摆脱金本位制度、货币政策自主灵活性高的国家能够较早地走出通缩、迈向复苏，而摆脱金本位制度晚、货币政策自主性较低的国家一般衰退与通缩的时间较长，这也验证了中短期内加大货币供应对于防止经济陷入持续通缩具有积极作用。

量化宽松货币政策的盛行会带来货币对实物的大幅贬值，各国竞争性货币贬值不可避免，相对稳定的经济增长与物价预期将被打乱，经济增长和物价的波动均明显加大。1934 年后美国超过 10% 的高通胀也说明加大货币发行所导致的长期高通胀的负面影响。20 世纪 30 年代世界脱离金本位制度、70 年代布雷顿森林体系解体后以及 2007 年以来主要经济体非战争情况下物价大幅波动验证了这一观点。

另外，即使采取量化宽松政策并成功预防通胀也不·定能确保经济立刻进入持续增长的轨道。美国大萧条后采取增加货币供应与财政支出的双重措施以避免经济陷入持续的通缩，但从 1934 年开始通胀高企，虽然此后货币政策和财政政策略有收紧，经济在 1937 年立刻又重新陷入衰退，直到第二次世界大战开始后的 1942 年依靠战争需求的拉动美国才进入新的持续增长的轨道。这一历史经验表明，即使当下全球主要经济体成功预防通胀，也不一定能保证经济进入迅速复苏的通道，而这需要经济中出现新的增长动力。

这在某种程度上验证了弗里德曼主张的货币短期非中性、长期中性的结论。货币长期中性表明，增大货币供给并不能带来实体经济的增长，反而会带来长期通胀。如何走出萧条后的通胀，已经难以从货币外生性理论得出答案，货币学派后续经济学家开始主张货币供给内生论。1960 年，美国经济学家格利和肖在《金融理论中的货币》一书中，通过对原始和现代金融市场运行的比较研究，得出支持货币供给内生的结论，货币供给不仅决定于商业银行本身，而且决定于其他金融机构和社会公众的行为。货币统计的口径越宽，货币供给的内生性越大。

托宾是当代货币供给内生论的最著名代表。他指出，弗里德曼货币理论模型中的三个变量，即强力货币、存款—准备金比率和存款—通货比率之间实际上存在着交叉影响，除了强力货币可以由货币当局直接控制外，存款—准备金比率和存款—通货比率往往取决于商业银行与非银行部门的资产持有意愿，而这种意愿往往随着实际经济活动的涨落而变化，从而不能假定为常数。托宾认为，随着金融资产的多样化，货币供给函数变得复杂，银行和非银行金融机构的资产负债规模以及社会大众对资产结构的选择，都对社会货币供给产生影响，因而并非由货币当局直接控制。真正的存款创造过程是一个反映银行与其他私人单位的经济行为的内生过程。因此，在托宾的理论体系中，货币供给是内生的，不是游离于经济活动之外的，货币供应量是由货币当局、商业银行和非银行部门在经济体系以内共同决定的，难以由货币当局直接控制。如果经济体中长期的货币供给超过了经济自身的货币需求，就会导致通胀的出现。货币供给的内生性会削弱货币政策效果，但并不意味着货币政策无效或中央银行无所作为。中央银行应将管理重心从货币供给管理转向货币需求管理，将调控工具由货币供应量等数量工具转向利率和汇率等价格工具，货币政策就会大有作为，且其效果也会相应提升。

三、量化宽松货币政策的负面效应——资产泡沫和通胀隐忧

自 2008 年下半年以来，全球主要经济体大幅降低利率以稳定金融系统、刺激经济，目前利率已经降至近百年来的新低，在传统利率手段已经捉襟见肘的情况下，全球主要经济体纷纷采取量化宽松货币政策。应该说，从短期货币非中性这个角度，货币供给具备一定的外生性，在短期内增加货币供给，有助于稳定金融危机，走出经济衰退；但从长期来看，货币供给的内生性更为明显，这是货币政策面临的两难困境。

货币供给的被动增加，只是内生性的一个短期表现，换句话说，货币供给外生性是内生性在经济周期波动中的体现，是经济周期波动到

萧条阶段，剥离坏账和资本重置的必然选择。即使是中央银行主动地增加投放，长期看来依然是经济下行周期中货币供给的被动投放，从根本上来说仍然是货币供给内生性的表现。

从当今世界经济的格局来看，中国和美国都面临货币供给集中投放问题，未来都可能引发后续的通货膨胀和资产泡沫问题。美国货币供给的内生性并不是金融危机后才出现的，事实上从 20 世纪 70 年代布雷顿森林体系崩溃前，美国就陷入了过量发行货币，通过美元贬值来解决负债问题并转嫁危机。在 2000 年美国高科技泡沫破裂后，格林斯潘采用的就是这种做法。制造新泡沫以应对旧泡沫破裂的后果，是货币政策长期中性的表现，最终并不能带来实体经济的复苏。当前，美联储动用1.15 万亿美元购买各类债券和不良资产，这一做法被市场称为"巨额量化宽松政策"，其实质就是中央银行开动印钞机器的一种替代说法，因为美联储需要印钞票来购买这些国债。在已经进入"零利率"时代后，通过购买长期国债，美联储将增加货币供应量，作用类似于降息，目的就是为市场提供更加充裕的流动性。但是，由于经济危机当中实体经济信用风险增加导致银行惜贷现象普遍，货币供应量的增加并没有完全进入实体经济领域，大部分货币依然维持在资本市场内部流通，由于货币存量和流动性的增加，资产市场可能会再次面临产生泡沫的风险。

2002—2007 年，非存款类金融机构债权和外汇占款等因素导致经济体内货币供应量大幅增加，尽管央行采取相关措施进行反向对冲，但流动性富裕局面并没有得到根本改善。除了部分货币以企业贷款的形式通过信贷传导渠道流向实体经济外，货币流动性相当部分都集中在金融体系当中。存在金融体系中的货币一部分直接进入资产市场，另一部分以票据贴现的方式间接进入资本市场，大量货币进入资本市场必然会导致资产价格的快速非理性上升，催生资产泡沫，2007 年前后的房地产泡沫和股市泡沫就是最好的说明。国际金融危机爆发以来，我国政府为降低内外需求下降的不利影响，推出4万亿元经济刺激计划，宽松货币政策再次占据主导地位。从第一季度的各项经济数据来看，经济刺激计划效果明显，新增贷款规模大幅增加，大部分经济指标开始企稳回升。但不容忽视的是，在第一季度巨量增加的贷款当中，相当部分是票据贴现类信贷资产，而增加的企业存款相对较少，表明新增贷款并没有全部进入实体经济从而推动经济复苏，这都增加了人们对未来可能通胀重燃和资产泡沫的担忧。

小结

在世界经济周期中，能够与1929—1933年的经济大萧条相比拟的，是发生在20世纪70年代导致布雷顿森林体系破灭的经济危机。目前面临的全球性金融危机，很可能是第三次类似规模的危机。因此，研究货币供给的基本问题，可以帮助我们避免重蹈历史的覆辙，在运用宽松政策刺激经济增长防止通货紧缩以及预防未来通胀之间寻求最优平衡点。在应对当下经济衰退中，各国政府和央行开出了不同的药方，财政政策与货币政策组合是必然的选择，而在两大手段侧重点的选择中，则采取了不同态度。美联储在危机初期的时候更侧重货币政策，认为是货币供给不足问题所以采取持续降息和流动性注入的措施，但是收效甚微。但是我们应该看到，"大萧条"以及本次金融危机，都属于资产负债表衰退，在解决资产负债表衰退的问题中，货币政策的效果是有限的，而财政政策的作用更关键，货币政策重在调整需求，而财政政策却能解决结构性供给问题。这一点或许会对目前巨额赤字压力下的各国政府制定危机治理对策有所帮助。

中国的经济问题在于以前经济增长的"三驾马车"中，出口一直发挥重要作用，而国际金融危机导致依赖出口拉动的经济增长格局面临挑战。认识货币供给的内生性，有助于理解货币的长期中性，依赖量化宽松的货币投放，只能暂时解决问题，并不能真正拉动中国内需。宽松货币政策长期实施的负面效应，往往是在房地产市场和资本市场没有回归理性价格之前，制造新泡沫以缓解旧泡沫破裂的短期影响，最终并不能带来实体经济的复苏。根据大萧条及美国、日本实施量化宽松货币政策的经验与教训，量化宽松货币政策与积极的财政政策相结合，建立储蓄向投资转化的通畅渠道，通过拉动内部需求，替代不稳定的外部需求，消化有效需求不足与产能过剩之间的矛盾，在高投资的同时注重结构的调整和优化，从而实现刺激经济稳定增长并预防未来通胀的目标。

（本文与刘劲松合著，成稿于 2009 年 4 月）

◤ 双向波动——人民币汇率升贬之辩

随着国内外经济金融形势的不断变化，人民币双向波动的趋势和预期不断增强，应该说，双向波动符合人民币汇率市场化改革的方向。

近年来，人民币汇率问题持续为国内外广泛关注。2011 年 11 月 30 日至 12 月 15 日，人民币对美元即期汇率在连续 12 个交易日触及当日交易区间下限之后，12 月 16 日大幅高开，盘中价一度触及 2005 年汇改以来的新高。人民币汇率问题再次成为市场焦点。

其实，在 2008 年 12 月初美国次贷危机愈演愈烈的阶段，新兴市场国家的货币和人民币汇率曾出现短暂贬值，2009 年第一季度末，全球大规模量化宽松政策效果初见成效，美元指数开始下滑，新兴市场国家汇率重新进入升值通道。2010 年以来，欧债危机、美债危机爆发引起该地区货币贬值，促使大多数新兴市场国家货币大幅升值，对这些国家经济金融也带来很大挑战，包括输入型通胀和跨境资金持续大规模流入。

人民币对美元汇率波动的原因

总体来看，此次人民币对美元即期汇率急速下跌的原因错综复杂。从国际市场来看，有分析认为，欧债危机不断深化等原因引起国际金融市场持续动荡，美元的升值预期开始走强，美元指数不断反弹，是导致人民币贬值的主要因素。当前香港无本金交割远期外汇（NDF）更多地受到香港离岸市场美元对人民币即期汇率和远期汇率的影响。近期境内外人民币汇率出现倒挂，在很大程度上导致了国际投资者跨境套利活跃。另外，欧美银行的"去杠杆化"过程对资金流向、金融市场、货币汇率产生很大的影响，再加上国际金融市场震荡使国际投资的避险需求增强，从海外抽调部分资金回母国也是国际资本流出的原因。从国内市场来看，中国经济面临下滑和通胀上升、房地产和资本市场低迷等多重压力，一定程度上影响了国际资本对中国投资的预期和进度安排，但是，人民币对美元即期汇率连续触及当日交易区间下限并不能说明人民币就此进入贬值通道，也并不能理解为外资抽逃，看空中国。实际上，在12个即期汇率连续下跌的交易日中，人民币对美元汇率的中间价不仅没有贬值还略微有所升值；只是市场不应该是单边运行的市场，而应是双向波动的市场。

人民币汇率形成机制改革的目标

人民币兑美元汇率的双向波动，为进一步完善人民币汇率形成机制改革提供了很好的时间窗口。总体而言，人民币汇率形成机制改革应继续坚持渐进性、主动性和可控性原则。从长期来看，由于中国经济的平稳较快发展，人民币应该重现升值趋势。但升值的幅度也不宜过快，温和的渐进式升值有利于发展人民币离岸市场，推进人民币国际化和企业海外投资的步伐。

国际金融危机爆发以来，均衡汇率问题得到国内外政策面、市场面以及经济学界的重新认识。一般认为，判断一国汇率是否均衡的核心指标是经常账户是否平衡，而不包括资本账户的平衡，资本账户更多地受到其他主要国家货币政策和国际金融市场的影响，包括中美利差、全球市场流动性和升值预期等。

有专家指出，目前人民币汇率已经接近均衡水平，未来汇率的均衡路径也需要多方面权衡。在均衡汇率实现过程中要发挥汇率对经济增长的杠杆作用，对各市场包括商品市场、货币市场、资本市场、资产市场的均衡要综合考虑。实现汇率均衡需要多元化的政策组合，具体包括汇率政策要和外贸、外资、投资、产业等宏观政策调整相结合，结构调整要与制度改革相结合，如调整外资优惠政策、转变外贸增长方式、调整出口退税等税收政策以及收入分配改革等都可达到调整实际汇率的效果，从而实现汇率均衡，发挥汇率在实现总量平衡、结构调整及经济发展战略转型中的作用。

完善人民币汇率形成机制，保持人民币汇率在合理、均衡水平上的基本稳定，是人民币汇率形成机制改革的基本目标。未来应进一步推进改革，建立更加适应市场供求变化和更为灵活的人民币汇率形成机制，增强汇率的弹性和灵活性，积极应对目前国际经济、贸易、国际投资环境变化的挑战。实行以一篮子货币为基础的定价机制，并根据国际金融市场的变化，监测人民币汇率的波动及合理性。人民币汇率的调整应更加关注人民币有效汇率的稳定，包括中间价和日变动幅度。随着国内外经济金融形势的不断变化，人民币双向波动的趋势和预期不断增强，应该说，双向波动符合人民币汇率市场化改革的方向。

考虑到外汇占款是基础货币的重要组成部分，中央银行资产负债表上净外汇资产的变动是影响商业银行存款准备金的主要因素。中央银行公开市场业务操作，需要协调好本币和外币操作之间的关系，包括通过央行票据和存款准备金率的调整来对冲外汇占款的增加。中央银行应根据国内外金融市场的最新态势及汇率走势，对外汇公开市场操作进行"相机抉择"，并保持一定的灵活性，以对市场变化做出及时反应，这里，美国财政部设立的用于外汇市场操作的外汇稳定基金值得借鉴。

值得关注的是，应着力把握人民币汇率的市场化改革、资本账户开放、人民币国际化、离岸人民币金融市场等金融改革的步骤和顺序，同时从政策层、监管层、市场层不同角度有效防范开放过程中的金融风险。

国际资本流动、资产泡沫与风险对冲

国际金融危机爆发之后，主要发达国家长期实施低利率政策和扩张性财政政策，特别是欧美发达国家重启第二轮量化宽松政策后，利率处于接近于零的低位，而新兴市场的利率均高于发达国家，短期国际资本（国际游资或热钱）重新向新兴经济体特别是亚洲新兴经济体大量流动，加大了包括股市、房地产市场在内的资产泡沫风险。

经历了国际金融危机、欧债危机、美债危机后，金融机构风险偏好重新开始增强，重新在全球范围内配置风险资产，中长期资本流向也由发达国家更多地转向以中国为主的亚洲新兴经济体，使新兴市场面临较大的套利资本流入压力。比如2007年9月至2008年上半年，为缓解国内流动性过剩和通货膨胀问题，我国中央银行采取了一系列数量型和价格型货币政策工具，多次提高了利率和存款准备金率。在美国进入降息周期的前提下，更多的套利空间吸引短期国际资本流入中国，导致房地产市场、股市在内的领域产生更多的泡沫，"非理性繁荣"风险进一步加大。在当时加剧了中国外汇储备和流动性过剩，增加了中央银行调控通胀的货币政策难度，加大了人民币升值和金融开放的压力。应该说，我国中央银行不得不在中美利差、流动性过剩和通货膨胀目标之间做出选择。

国际经济形势动荡不安，导致国际资本流动频繁无序波动。2012

年 1 月初，标准普尔下调法国等 9 个欧元区国家的长期信用评级，欧债危机加剧无疑会抑制欧元区国家经济复苏，欧洲中央银行未来可能继续实行宽松的货币政策，而根据全球机构预测，美联储的 QE3 也有望推出，美国及欧元区的公共政策——包括财政政策和货币政策对全球经济前景至关重要。未来我们要密切关注欧洲和美国的通货膨胀水平和利率水平，以及刺激经济复苏的宏观政策安排。

　　一般来讲，国际资本流动的路径主要包括国际直接投资、国际证券投资、私人股权投资基金的跨境投资等。在经济全球化和国际投资的路径中，应积极推动人民币在跨境贸易和投资中的使用。另外，应在防范风险的前提下，逐步放宽对跨境资本交易的限制，审慎地推进人民币资本项目开放。同时，应从政策面创造有利条件和环境，比如提供对冲工具、掉期、远期结汇、远期售汇等工具，积极开发风险管理、风险对冲及投资产品，完善做市商制度，发展外汇市场和外汇理财产品，完善和外汇相关的配套制度，帮助进出口企业和跨境投资机构对冲汇率风险和利率风险。

（本文成稿于 2011 年 12 月）

◢ 国库现金管理——提高货币政策和财政政策配合效率

　　通常而言，国库现金管理可以定义为一国国库部门（财政部）管理短期现金流与现金余额的战略及相关过程。在发达的市场经济国家，国库现金管理是指财政部通过定期发行短期债券和每天运作国库现金等主要方式，实现熨平国库现金流量波，优化政府财务状况，提高国库现金使用效率，实现政府借款成本最小化，政府储蓄和投资的回报最大化，以及财政政策与货币政策的协调等目标。现金管理的目标可以概括为"使政府的长期债务融资成本最小化，控制债务风险，以最低成本的方式管理财政部（中央政府账户）总的现金需求，同时实现与货币政策目标相一致"。国库现金管理一方面可以提高国库资金使用效益，减少政府债务余额和利息支出，降低年度借债净规模。同时，国库现金管理操作将对市场流动性产生重要影响，将促进债券市场流动性和效率的提高，通过短期国债的滚动发行为市场提供基准，提高财政政策与货币政策协调配合的效率。应该说，国库现金管理既能够提高国库现金的使用效率，也能够在很大程度上促进货币市场和债券市场的发展与完善。

根据发达国家的经验，现金管理的模式分为以下几种：一是定期发行短期债券和国库现金的日常操作。短期债券是指初始期限在一年以内、定期发行的可流通债券，目的是平衡年内季节性国库收支余缺。二是国库现金的日常操作。由于主要发达国家的中央银行一般不对其负债支付利息，或所付利息明显低于市场利率，因此财政部通常在央行账户上只保留很少量的相对稳定的现金余额，其他大量现金则或者存入商业银行，或通过投资于特定的市场和金融工具提高收益，每天由财政部债务管理局进行运作。此外，根据预算收支规律定期发行中长期债券，对于国库现金管理也有很重要的影响。此外，还可采取定期从二级市场买回长期债券的措施，它既可避免债务平均期限变长，又能扩大当前债券发行量，并降低债务筹资成本和提高市场流动性。

对我国国库现金管理运作模式的建议

2001年3月，国务院批准《财政国库管理制度改革试点方案》，由此拉开我国国库管理改革的帷幕。2006年7月，经过几年的酝酿，财政部联合人民银行发布了《中央国库现金管理办法》，明确规定国库现金管理的操作方式包括商业银行定期存款、买回国债、国债回购和逆回购操作等。国库现金管理定期存款操作是通过中国人民银行"中央国库现金管理商业银行定期存款业务系统"，面向国债承销团和公开市场业务一级交易商中的商业银行总行公开招标进行。

根据对欧盟成员国经济与金融委员会的调查，欧盟国债市场大部分已实施或曾实施政府债务买回的操作。其中首要的原因是，通过买回流动性差的旧债券以提高基准债券的发行，或者熨平偿债高峰，降低债务筹资成本和提高市场流动性，以减轻发行者面临的再融资风险。目前，债券买回已成为许多国家现金管理的工具。但是，买回时既要考虑财政库款资金的盈余情况，同时还要考虑市场的资金面情况，央行的公开市场操作等。这些举措既可弥补预算收支差额，又有利于国库现金管理。从长期看，国库现金管理应从目前的商业银行定期存款和买回国债两种操作方式逐步扩大到包括国债回购和逆回购等方式。

国债管理与国库现金管理、货币政策的协调配合

根据国际通行的做法，国债管理、现金管理与货币政策运作，在机构设置与政策决策上应实现彻底分离。这是因为，货币政策的目标某种情况下会与债务管理、现金管理为实现借债成本最小化发生冲突。实践中，有必要采取措施保证财政部门与央行独立做出各自的管理决策。目前，发达国家在实现债务管理和货币政策职责目标的分离，以及在债务管理者与中央银行之间引入政府现金流信息共享机制方面已有很大进展，但是在中央银行缺乏独立性，国内金融市场尚未充分发展的国家，政府很难开发除了中央银行信用之外的金融资源。由于现金管理和货币政策操作都依靠同样的市场工具，并且都是根据收益率曲线的短端进行货币业务操作。因此，很难将二者的目标分离。对于许多国家来说，在制订政府收支计划和在财政部与中央银行之间建立协调和信息共享机制方面都面临着诸多挑战。

但是，两者在政策决策与机构设置上的完全分离，不影响在操作层

面的协调配合。首先，货币政策制定、国库现金运作、债务管理都需要分析与预测国内外宏观经济运行、国内外金融市场的波动以及国库资金的规模、流量及波动等因素。因此，建议建立专门的财政部门与央行工作协调委员会或联席会议制度，加强双方信息交流与共享、磋商与合作，有助于提高财政政策与货币政策协调配合的效率。其次，财政部制订年度或季度国债发行计划时，在考虑赤字规模、预算需要和债务风险的同时，也需要考虑金融市场流动性状况和货币政策取向。在短期国债的发行方面，财政部要与央行建立定期沟通与交流机制，使短期国债发行充分发挥财政政策和货币政策的双重实施效果。最后，财政部作为货币市场上具有特殊身份的投资者与融资者，根据库款资金情况开展国库现金运作，其操作将对市场资金供求和流动性产生很大影响。对于现金管理操作的交易方式、工具、对象、时点及金额等方面，财政部应事先与中央银行沟通、协商，达成一致，并及时向社会公布，避免与中央银行公开市场操作相冲突，确保政府债务管理、现金管理与货币政策的顺利实施。国库现金管理和公开市场将保持趋势的一致，或者互为补充，在市场资金波动较大的时候熨平利率波动。

（本文成稿于 2008 年 2 月）

谨防宽松货币政策催生下一个泡沫

为解决次级债风波产生的一系列问题，防止美国当前金融以及房地产市场形势对更广泛经济层面产生的不利影响，美联储实行了较为宽松的货币政策，9 月 18 日将联邦基准利率下调 50 个基点，这在一定程度上缓解了信贷市场资金紧张的局面，但也给市场的未来提出了一个问题：下一个泡沫是否即将被催生？

宽松货币政策勾画泡沫雏形

之前美联储向市场注资、降低贴现率等措施仅仅是"治标不治本"的短期举措，受深层次中长期风波影响，美联储不得不采取超预期的利率政策。这使市场意识到美国经济受信贷危机影响已超出早前预期，美国货币政策再次由紧缩向扩张转型。

然而值得关注的是，作为相机抉择的货币政策，一般而言，在经济上行阶段，应采取旨在控制通胀的紧缩政策，而在经济下行阶段，则应采取旨在刺激经济增长的扩张政策。美联储降息显然遵从这一规则，但在一定程度上却有悖于维持物价稳定目标下货币当局最重要的调控理念。

降息弱化金融市场风险调控

降息导致金融市场风险控制进一步弱化。对于美国房地产市场来说，市场泡沫破灭在宽松货币政策扶持下可能并不彻底，前期美联储降息预期已经使市场风险再度重现，如9月8日当周的美国房屋抵押贷款申请增长率为5.5%，继续高于8月31日的1.3%，美联储大幅降息无疑会给房贷市场持续扩张创造更为宽松的货币环境，为今后风险埋下更深的隐患。

降息冲击国际货币体系的稳定

降息将导致美元持续贬值并对国际货币体系稳定形成冲击。事实上，美联储宣布大幅降息后，美元持续贬值，并一度创下历史新低，非美货币走高，套利交易盛行。美元中长期贬值无疑将加重外汇市场的波动性，并给国际货币体系稳定带来负面影响。国际货币体系包括储备资产安全、汇率制度稳定和收支调节有效三个层次的内涵，而美元贬值以及油价和金价的波动加剧将恶化这三层内涵，并对国际货币体系稳定形成极大冲击。

金融市场诸领域充当膨胀分子

用长期眼光来看，美联储出人意料大幅降息的举措是相对激进的，未必会有利于未来美国经济的持续稳定增长，最终可能对美国经济实体构成严重影响。尤其是在逐渐消化此次降息效应后，国际金融市场将面临更大的恐慌，美元汇率信心的缺失、市场恐慌心理的增加有可能会加剧国际金融市场价格的剧烈波动，全球金融风险扩大、竞争压力上升，其结果可能会增加未来全球性金融市场动荡，加深金融危机。

美国经济衰退概率增加

从美国经济未来发展情况来看，美联储实行较为宽松的货币政策可能不利于未来美国经济的持续稳定增长，甚至有可能会加大美国经济衰退的概率。次级债危机将美国房地产问题通过金融衍生产品传递到金融系统信用危机上，然而美国经济、金融的真正问题不是流动性不足，而是过度的信心危机，利率下降将加重美元恐慌心理，进一步阻碍资金流入需求。当前美元走弱和对美联储减息的预期并未明显影响市场的通胀预期，因而当前价格的压力不太会直接影响未来美联储的减息计划。因此，有分析认为美联储降息最终将严重影响美国经济实体和美元汇率信心，美国双赤字的阴影也许会重现，市场价格波动将更加难以掌控，甚至有可能导致局部失控乃至金融危机的爆发。

信贷危机根源难以化解

从货币市场来看，美国次级债问题已经使全球贷款成本上升，致使许多投资债务证券的基金和银行出现巨额亏损。这时候降低借贷成本，可能会缓解信贷紧缺的压力，但由于信贷危机的根源在于对美国次级抵押贷款价值和品质的不确定性，而导致抵押贷款损失的直接原因就是数年来的超低利率和宽松的放款条件，因此，在运用结构金融工具的背景下，过度放款、过度杠杆操作促成了金融体系的高杠杆状况。然而这些金融体系的固有问题并非一次降息就能解决。近期全球主要央行未能促使商业银行恢复互相拆款的信心，资产支持商业票据（ABCP）市场的流动性尚未恢复到8月信贷危机前的状况，这令市场对央行在金融市场上的调控能力产生怀疑。

美元贬值加速非美货币升值

从汇率政策角度分析，美国降息缓解了亚洲对美国经济放缓将抑制出口需求的担忧，从而支持对亚洲商品的需求。美国是亚洲最大的出口市场，但如果美元处于疲势时间过长，亚洲决策者可能将面临本币升值加快、美元资产贬值以及出口受损等局面。在全球经济增长前景不明之际，亚洲决策者有必要关注本币升值过快问题。

他国货币政策受到限制

美联储降息传递了经济陷入衰退的信号，欧洲央行、英国央行暂缓原升息计划，为呼应全球信贷危机向金融体系大量注资，鉴于全球信贷紧缩危机开始冲击更广泛层面，欧洲央行可能会于年内放松银根。而随着英国消费者物价指数回落，诺森罗克银行（Northern Rock Bank）挤提事件的出现，流动性问题促使英国央行暂停加息。日本央行则正在等待更多数据来证明美国次级抵押贷款问题不会危及央行对日本经济温和成长的预估，目前隔夜拆借利率交换合约显示，日本央行12月升息的概率为55%，1月约为65%。

而国际货币基金组织（IMF）在世界经济展望报告草稿中已经将其对全球经济增长率下调0.4个百分点，并建议欧洲央行暂时维持利率不变，以防止市场动荡导致经济增长和通胀面临下跌风险。而且，IMF建议一旦这些风险消除，则有必要进一步收紧货币政策。

实际上，自 2006 年以来，随着有关美国经济、利率与汇率争论的升温，引发了全球金融市场价格的剧烈波动，金融风险呈现日益扩大的趋势。美联储过激的宽松货币政策值得我们深思。

泡沫膨胀边缘触及中国

考虑到美联储宽松货币政策的实施，连续降息政策的可能出台将连带经济各个领域负面问题的出现。当前影响美联储政策决策的主要因素仍是金融市场信贷稳定和抑制房地产市场加速下跌问题。笔者认为本轮美联储远未结束宽松货币政策实施历程，到 2008 年第一季度末美国联邦基金利率可能达到 4.00% ~ 4.25%，对此，我们应当重点观察商业票据和三个月国债收益率的情况。美联储降息可能成为中国经济泡沫化的加速器，并且随着美国经济陷入衰退，中美贸易顺差将面临很大的变局，人民币升值的压力进一步加大。

为流动性过剩支付巨额成本

目前，流动性过剩已成为一个全球性问题。全球扩张性货币政策在刺激经济复苏的同时积累了大量流动性。美联储停止升息脚步，日本长期维持零利率或者低利率，欧洲央行为了阻止本币升值步伐放慢提高利率的节奏。这些快速增长的流动性绝大部分都可能流入以中国为主的亚洲新兴经济体。与其他国家相比，中国的流动性过剩并不在于央行宽松的货币政策，而在于持续多年的"双顺差"。在持续"双顺差"和人民币升值的背景下，大量的热钱乘机涌入中国，并产生与央行基础货币投放的同样效果。统计资料表明，2003—2006 年，中国外汇储备新增额为 7798.9 亿美元，而同期的贸易顺差额为 3369.5 亿美元，仅占 43.2%，同期的非贸易顺差外汇流入则占到了 56.8%，为 4429.4 亿美元，央行为此投入了超过 3.6 万亿元的基础货币，如按 5 倍的货币乘数计算，这就形成了 18.2 万亿元的广义货币，比同期广义货币 16.1 万亿元的增长还多出 2 万亿元。贸易顺差持续扩大和外汇流入不断增加，央行不得不投放大量基础货币进行对冲，增加为流动性过剩支出的成本。

游资促成非理性繁荣

今年以来，为缓解国内流动性过剩和通货膨胀问题，我国央行采取了一系列数量型和价格型货币政策工具来调整利率和准备金率。在美国可能进入降息周期的前提下，我国如果继续加息将可能吸引更多资金流入中国，从而进一步加剧中国外汇储备和流动性过剩问题、增加央行调控通胀的货币政策难度、加大人民币升值和金融开放的压力。应该说，游资的进入将在国内包括房地产市场、股市在内的领域产生更多的泡沫，"非理性繁荣"风险进一步加大。我国央行不得不在中美利差、流动性过剩和通货膨胀目标之间做出选择。

诚然，一旦国际泡沫膨胀到中国，作为中资金融机构，需要关注以下几个方面：一是因美国货币政策变化促使海外投资构成的潜在影响，如可能采取加强对资本流入监管以缓解降息带来的流动性过剩压力；二是美元持续贬值引起的外币资产风险管理问题，包括汇率风险和信用风险，需要通过调整资产组合及时止损；三是关注国际游资对中国股市和房地产市场的冲击，主动防范信贷风险，尤其是资产证券化衍生产品的信用风险。

（本文与毕福平合著，成稿于 2007 年 9 月）

中国会发生银行业流动性危机吗

如何避免在挤泡沫的过程中经济"硬着陆"，宏观政策如何进行前瞻性的判断值得我们深思。

　　自 5 月下旬起，银行间市场流动性困局不断升级，6 月 20 日银行间市场隔夜及七天质押式回购利率均创下历史新高，银行和房地产板块股价大幅下挫。而美联储宣布将减缓购债并在明年年中退出 QE4，消息一出导致全球资本市场的新一轮暴跌。市场资金面趋紧，对银行间市场和资本市场产生很大的冲击，流动性引起各方关注，中国市场为何面临"钱荒"，是否仅是资金错配导致的结构性资金紧张，是否会出现银行业流动性危机的系统性风险，商业银行如何管理流动性风险等引发了市场的探讨。

　　以往在年中和年末市场资金紧张的关键点，央行都会及时出手通过公开市场操作向市场注入流动性，而此次央行未如预期救市的态度引发了各方争议和猜想。在经过两周停止向系统注入流动性和告诫银行清理自身资产之后，6 月 25 日，中国人民银行在其网站上发布公告称，为保持货币市场平稳运行，已向一些符合宏观审慎要求的金融机构提供了流动性支持，一些自身流动性充足的银行也开始发挥稳定器作用向市场融出资金，货币市场利率已回稳。尽管如此，问题显然远未解决，中国是否会存在银行业流动性危机的潜在诱因仍是市场争议的焦点。

　　在美国量化宽松货币政策逐渐退出的情况下，中国央行向市场注入流动性是否需要多视角考量——经济增长、通胀、资产泡沫、热钱等因素，包括对市场注入流动性会推动房地产价格新一轮上涨的担忧。目前在市场资金紧张的状况下，央行和监管层联手挤泡沫，无疑加大了市场的风险。中国是否会面临流动性的系统性风险，是否会出现类似爱尔兰的资产泡沫破灭—银行业流动性危机—政府债务风险的系统性风险，是否面临短期货币市场利率上升—资本市场下跌—企业融资成本上升—经济增长下滑这样的传递机制，如何避免在挤泡沫的过程中经济"硬着陆"，宏观政策如何进行前瞻性的判断值得我们深思。

银行业流动性危机的传递机制

通过对经历过资产泡沫破灭的国家进行比较分析可以看出，资产基本面价格上涨的原因包括制度建设、经济增长加速和货币升值。资产价格泡沫产生的原因包括金融自由化、政府隐性担保等导致信息不对称和委托代理问题，金融部门和企业过度涉入有风险国家如日本、挪威、墨西哥、泰国，资本项目全面开放后短期资本流入，过于宽松的货币政策环境。

从实践看，在亚洲金融危机中，绝大多数受影响严重的国家首先都是经历了一个资产价格的大幅下跌，然后才是银行体系不良资产比例的急剧上升和银行体系崩溃。房地产市场价格波动和银行流动性相互作用关系可以用来分析和解释在美国、日本、瑞典和泰国等国家出现的房地产市场繁荣、萧条伴随的银行业流动性危机。

实际上，银行除了流动性危机可以进行传播和扩散之外，在银行资产方面引起的危机也可以进行传播和扩散，形成行业的系统性危机。这种危机必定会通过如下几条途径进行传导：一是通过银行间市场向其他银行传导，进而波及整个银行体系；许多银行最大的风险来自其他银行。通过银行间市场资金拆借，广泛的衍生交易及多样的支付、清算和结算活动，银行间的风险得以广泛传播。如果市场大幅波动则会导致某些银行的情况进一步恶化并对其他银行产生某种溢出效应。二是通过银行资产市场进行传导。如果银行的信贷资产面临受损的风险，则市场价格肯定下降，进一步恶化了该市场的价格体系。三是通过银行信贷的抵押品市场传导。美国次贷危机就是很好的例证。通过资产证券化这种金融创新工具，贷款市场（间接融资市场）和证券市场（直接融资市场）实现连通，相应地其价格波动和风险传递效应也更加明显。对银行而言，来自其他银行状况恶化的最大挑战是接踵而至的信心危机。次贷危机中已被证明，在市场状况恶化的情况下银行间资金拆借价差大幅波动，且大银行不愿意给中小银行提供拆借资金。中央银行流动性注入的措施有助于降低这些价差，但是倘若这种价差反弹或继续扩大并长期保持这一状况，则资金成本的增加将挤压许多银行的利润，最终可能迫使银行提高贷款利率水平，或是出售那些投资利润率下降的资产，而减债则会对其余经济体产生更进一步的溢出效应。

管理流动性风险：央行和商业银行的不同角色

对于单个金融活动主体而言，所面临的金融风险大致可以分为两类：一类是可以通过建立自身的内部风险控制机制，实施合理的投资策略以及富有成效的监督管理体系来防范和化解的金融风险，我们称为非系统性金融风险，主要包括利率风险、信用风险、市场风险、流动性风险等；另一类是单个金融行为主体无法控制的风险如通货膨胀风险、资本外流风险等。这些风险因素由于其涉及经济变量的复杂性、多变性，不能靠单个经济主体来控制，因此需要国家宏观调控部门或金融监管当局进行管理。货币当局和金融机构在流动性管理方面应承担不同的角色。

尽管目前的流动性紧张有多种触发因素，市场比较认可的观点包括影子银行业造成严重的期限错配和过高的杠杆率，所以在风险面前暴露出脆弱性。而央行也希望增加金融机构防范风险的能力，而不是仅仅依靠央行注入流动性的救市政策。

次贷危机之后，全球主要央行都实行了金融市场的流动性注入、连续降息政策以及相应的政府救助方案，以缓解信贷市场危机。但值得关注的是，流动性注入只能产生短期效应，货币政策不可能从根本上解决金融市场面临的问题，尤其是对于市场风险的防范，需要其他宏观经济政策的协调配合来刺激经济增长，恢复金融稳定。

除了金融创新同时加强监管外，加强银行自身的风险防范与预警能力也十分重要，尤其是信用风险和流动性风险管理。中国商业银行通过积极完善市场风险管理框架、及时更新风险管理体系与方法，如内部评级法、压力测试、VAR 分析、情景分析等来测试和衡量风险。按宏观审慎要求对资产进行合理配置，防止期限错配风险。按照"用好增量、盘活存量"的要求，调整优化信贷结构和进度，支持重点行业的发展。在金融衍生产品和证券化产品方面，银行要注重分析跟踪金融衍生产品的杠杆效应，严密关注衍生产品的风险传导和风险分散机制与渠道，推进银行风险管理体制的完善。建议各银行完善支付管理与清算系统，一个合理有效的支付系统基础架构将降低银行的操作成本，减少操作风险并提高支付效率。建议各银行完善支付管理与清算系统，一个合理有效的支付系统基础架构将降低银行的操作成本，减少操作风险并提高支付效率。

由于流动性的丧失可能导致系统性风险，中央银行一般会通过给市场参与者提供流动性支持或利用其自身的资产管理维持市场的流动性。次贷危机后，全球主要央行都实行了金融市场的流动性注入、连续降息政策以及相应的政府救助方案，以缓解信贷市场危机。但值得关注的是，流动性注入只是短期效应，不可能从根本上解决金融市场面临的问题，尤其是对于市场风险的防范，需要其他宏观经济政策的协调配合，从而恢复金融稳定。

金融机构应关注以下流动性风险并及时预警：一是关注房地产市场的风险，商业银行一般以提供房地产开发流动资金贷款、开发项目贷款和住房消费贷款等形式，直接或间接承担了房地产市场运行的风险，总体包括政策风险、投资风险、市场风险、流动性风险、管理风险、信用风险、法律风险等。任何一方的违约或三者之间的交叉违约都会产生风险。这种房地产供需双方都完全依赖银行的支持的格局会使银行业承受潜在的流动性危机压力。不论是社会评估机构还是商业银行内审部门在评估房地产价格时，通常采用的都是市场比较法，这种办法存在的主要弊端就是对房地产泡沫不能充分识别，房价下跌不仅会导致住房抵押物的价值下跌而放大银行信贷的风险，也会导致断供增加引起的信用风险和流动性风险。二是关注汇率变动引起的外币资产风险管理问题，包括汇率风险和信用风险，需要通过调整资产组合及时止损。三是关注国际游资对中国股市和房市的冲击，主动防范信贷风险，尤其是资产证券化衍生产品的信用风险。四是关注美国货币政策变化导致美元反弹后，游资回流美元市场导致国内资产价格下降泡沫破灭的风险，对利率和汇率走势做出合理分析和判断，把握投资和交易机会，积极管理流动性风险。

资本外流与人民币升贬之辩

另外，要充分考虑全球资本流动问题。有一种观点认为，市场资金面紧张与资本外流有关，包括对人民币升值和贬值的争议，热钱流出——国际套利资金做空中国银行业。

其实在 2008 年 12 月初美国次贷危机愈演愈烈的阶段，新兴市场国家的货币和人民币汇率曾出现短暂贬值，经历了国际金融危机、欧债危机、美债危机后，主要发达国家长期实施低利率政策和扩张性财政政策，特别是欧美发达国家重启第二轮量化宽松政策后，利率处于接近零的低位，而新兴市场的利率均高于发达国家，金融机构重新在全球配置风险资产，短期国际资本（国际游资或热钱）重新向新兴经济体特别是亚洲新兴经济体大量流动，加大了包括股市、楼市在内的资产泡沫风险，新兴市场面临较大的资本流入压力、本币升值压力和输入性通胀压力。

一方面要关注国际游资的风险管理问题，另一方面要关注国际资本周期性流出风险——如果发达国家经济复苏企稳，投资者调整投资策略，投资回流到发达市场，量化宽松政策逐步退出，新兴市场将面临资本流出和本币贬值的压力。人民币贬值预期也会带来一系列连锁反应，包括对货币市场的流动性、资产价格、进出口、市场信心的巨大冲击等。

在经济全球化的背景下，全球市场传递机制和连锁反应日渐明显。而资本流动变化也直接对国内外汇占款和基础货币投放产生影响。应根据宏观经济状况、通货膨胀、货币政策变动、货币市场与资本市场资金供求的变化，国际金融市场利率和汇率态势等多方面因素，有效防范金融风险。中央银行应根据最新市场动态相机抉择，综合运用公开市场操作、再贷款、再贴现及短期流动性调节工具（SLO）等政策工具平抑市场异常波动，适时调节银行体系流动性，保持货币市场稳定，推进利率市场化和汇率市场化进程。应在防范风险的前提下，稳步审慎推进人民币资本项目开放。宏观政策组合拳也一定增加前瞻性的判断，充分考虑经济下滑、资本外流、流动性风险等多种因素叠加的负面影响，同时，充分发挥市场的经济"晴雨表"功能，完善与市场的沟通与反馈机制，引导资金有效配置流入实体经济，有效发挥金融对实体经济的支持作用，多方努力重塑市场信心。

（本文与何柳合著，成稿于 2013 年 7 月）

债券市场发展
与金融风险防范

◖ 完善债券市场定价机制的路径安排

我国债券市场从 1981 年国债恢复发行开始起步至今，其参与主体、发行量、融资工具和市场规模都在不断丰富和完善，而债券市场定价机制不合理一直是困扰债券市场发展的问题，导致一级市场发行困难和二级市场交投不活跃等诸多问题，而定价机制的不完善加剧了利率风险、信用风险和流动性风险，从长期看对债券市场的发展乃至整个金融市场的稳定将产生不利影响。而一级市场发行机制是定价机制的重要环节，一个合理有效的发行价格应反映真实的市场资金供求关系，也会对二级市场起到一个信号作用，而不会因为明显偏离市场收益率水平而造成市场的大幅度波动。在美国，国际金融危机由房地产市场波及信贷市场和债券市场，进而席卷全球金融市场，充分说明完善的定价机制对整个金融市场起到稳定发展的作用。

应该说，在考虑债务管理目标时，每一个国家政府都面临着侧重点的选择——如何以最低成本满足财政需要，同时还要考虑风险承受度、管理现有债务以及如何建立有深度的、流动性的国债市场。基于各国债务管理者多年的探讨与实践，发展一级市场和二级市场的最佳途径包括：一级市场在运作上具有以下特点：以定期招标为基础的发行策略；基准债券的发行；透明的债务管理框架；一级自营商框架；同时，高效的、流动性的二级市场方面应包括：市场流动性——具有大量的基准债券和回购市场；以一级自营商为基础的做市框架；远期等衍生工具市场；对外国投资者的准入；安全、合理的清算与结算体系；公开、透明的监管框架。上述措施在实现政府融资的基本目标——"最低成本和可接受的风险"和其他目标"促进资本市场发展"等方面仍将发挥着重要作用。

从市场需求的角度来看，完整性、流动性、效率是关键，无论是对国债还是公司债券市场。完整性意味着投资者可根据意愿对投资工具进行选择，和融资一样对冲风险，这对证券公司对证券有效定价和承销公司债的能力至关重要。流动性意味着参与者可每天或更频繁地对其资产进行估价，并充分管理风险，特别是他们必须能够连续地买卖。由于新兴市场经常缺乏经纪人的竞争，市场分割等因素造成其较低流动性。为了实现流动性的目标，发展功能完善的二级市场是基础，这进一步保证了价格发现的功能并以此作为投资决策的基础。而且，在流动性目标实现的前提下，由于政府可依靠竞争性的货币市场和银行间市场来设置利率水平，确保其与市场资金的供求情况相一致，从而会促进利率市场化的进程。效率意味着市场必须有效保证发行人成本最小化，投资者可在每一选定的风险水平上可以最大化其收益。实践表明，市场分割导致无效率。同样的资产在不同的市场中定价不同，风险和收益之间无法体现正相关的关系。债券的收益必须补偿投资者的机会成本、履约风险和流动性风险。如果债券的收益在不同的客户之间被扭曲，投资者参与债券市场发展的积极性会受到严重影响。

应该说，一个高流动性、功能完善的债券市场，在改善金融市场结构、降低企业融资成本、提供多元化投资渠道方面具有重要作用，如果由于宏观政策的调整或资产泡沫破灭导致银行信贷资产不良率上升而限制银行的放贷能力时，作为银行体系和股票市场之外的一个有效融资渠道，一个高流动性的债券市场能够为企业提供高效率的投融资渠道，有助于减轻信贷紧缩对实体经济的不利影响。

目前，在完善定价机制方面，市场化发行一直是政策制定者和市场参与各方关注的问题。如何平衡筹资人和投资人的利益目标，是债券能否成功发行的关键，因此，要结合债券具体的风险程度、收益大小，通过市场决定一个使筹资者和投资者都能接受的条件。而从发行方式的选择上，通常有直接发行、连续发行、承购包销和公募招标四种方式，从世界各国情况看，公募招标发行方式作为一种市场机制，逐渐成为主导趋势。如美国的债券发行多年来以公募招标为主。

从我国债券的发行方式来看，国债和政策性金融债经过多年的探索和实践已经全部实现了公开招标发行的方式，而短融、中期票据和企业债主要采用由主承销商组团、簿记建档的方式（铁道债发行已经采用公开招标的方式）。无论选择何种发行方式，市场参与各方都应以市场的培育为基本出发点，以建立流动性的、有深度的市场为主要目标，在发行定价中充分考虑到信用风险溢价和流动性风险溢价以及未来利率走势的判断，在以较低成本发行和保障市场流动性之间寻求一个最佳平衡点。市场的规则是由市场参与主体共同维护，如果仅为了实现以最低成本融资的短期目标而忽视了市场的长期培育，那么将背离市场发展的方向，而定价机制不完善将导致流动性的缺失，这也会制约利率市场化的进程以及货币政策传递机制的完善，并为未来债券市场投融资功能和流动性管理功能的发挥埋下隐患。同时，应在适当时机考虑推出通胀指数债券，指数债券的发行一方面与债务管理的总体目标相一致——以最低成本和可接受风险筹集、管理和偿还债务，同时通胀指数债券收益率曲线也会反映市场对未来真实利率与通货膨胀走势的预期以及与宏观经济的动态风险相关的风险溢价，同时为市场参与者提供真实的收益率参考以及一个可以防范和分散风险的有效工具，无疑会推动市场定价机制的完善。

（本文成稿于 2010 年 2 月）

◖ 国债市场发展与金融风险防范

国债作为政府信用工具，一直被认为是财政政策与货币政策的协调配合点。对于整个金融体系而言，国债市场发挥着核心金融市场的功能，具体分为以下三个层面：首先，国债市场收益率曲线是金融市场各种收益的重要风向标，是各种金融衍生工具的定价基准；其次，国债市场是金融市场中各种资金最为安全的避风港，这种避风港不仅有利于居民的避险需要，也有利于金融市场的稳定，从美国次贷危机中信用债券与国债利差急剧扩大就能看出这一点；最后，作为连接资本市场与货币市场的重要载体，国债市场的流动性对国债管理和市场发展至关重要，流动性是债券市场乃至整个金融市场的生命线，从亚洲金融危机乃至最近的美国次贷危机都充分说明了这一点。因此，加强国债运行中金融风险防范的研究十分迫切。

一、国债管理的风险

根据世界银行和国际货币基金组织的定义，国债管理的风险包括：（1）市场风险，即与市场价格波动相关的政府偿债成本风险，例如利率、汇率、商品价格，附带选择权的债券会增加市场风险；（2）旧债换新的风险，从某种程度上讲，旧债换新的风险是债务可能会以更高的利率转换，包括信用利差的波动，有时政府以长期债换短期债的成本特别大，会导致或加剧债务危机，并引起实际的经济损失，管理这种风险对新兴市场国家来说非常重要；（3）流动性风险，是指证券不能及时变现而造成投资者收益不确定的风险；（4）信用风险，一般是指政府不能如期履行偿债义务的风险；（5）结算风险，是指政府可能面对的机构结算失败的风险；（6）操作风险，包括不同种类的风险，如实施和记录交易过程中的交易失误，内部控制、系统维护中的不合理或失败之处，及证券违约等法律风险。一些债务市场的危机凸显出稳健债务管理操作的重要性，并呼吁一个有效、健全的资本市场。但是政府债务组合的期限结构、利率和货币组成，以及或有负债的实际债务经常是严重危机的起因。即使在稳健的宏观经济政策环境中，高风险的债务管理操作（如债务结构）使经济在遭受金融冲击时更加不堪一击。再者，宏观经济政策、稳健的国债管理自身也不可能抵御所有危机。因此，加强国债风险管理十分重要。

二、国债市场运行中金融风险分析

虽然国债以国家信用为基础，一般不存在信用风险，但在某些情况下，国债运行仍会对金融业产生一定的负面影响，甚至形成一定的风险，主要表现在：

1. 流动性风险。国债一直被各类金融机构作为资产流动性管理的重要工具。但是，由于我国国债市场不完善，难以满足各类金融机构资产流动性管理的需求，在某些情况下甚至会影响到金融机构的流动性。例如，（1）凭证式国债提前兑付增加了商业银行的流动性风险，如果利率上调或预期利率上升，投资者可能会提前兑付所持有的国债，商业银行系统将面临大规模的挤兑和支付风险，可能会导致银行业流动性危机，并进而对金融稳定产生影响；（2）国债净额清偿（净发行额负增长）增加了金融业的流动性风险，例如，美国在1998—1999年中央财政出现盈余的情况下，在市场上净额清偿国债，导致美国金融市场出现流动性不足的问题，就充分说明了这一点。

2. 交易结算违约风险。在国债市场发展过程中，少数商业银行和非银行金融机构利用中央国债登记托管系统设计不完善之处，或是乱开国债代保管凭证，或是以超发国债的方式进行卖空，不仅影响了金融市场秩序，甚至会威胁到金融业的安全和稳定。同时，我国银行间国债市场采取场外交易方式，没有一个中介机构做结算担保，结算风险由双方自行承担，增加了交易结算的违约风险。近年来，随着我国银行间债券市场的快速发展与交易规模的迅速扩大，市场参与人对匿名交易和净额结算的要求日益迫切。应该说，一个设计规范、具有完善的风险管理安排和法律保障的中央对手方机制可以有效控制市场信用风险，提高市场流动性和效率。

3. 金融机构债务风险。多年来，我国交易所国债市场国债托管采用二级托管制度，即对投资人持有的国债实行按券商席位托管，而不是按投资人实名账户进行托管，因此金融机构利用托管制度的这一漏洞，通过"国债代保管单"和买空卖空的假"回购交易"套取资金，形成数额巨大的债务链，导致大量金融纠纷、债务拖欠和金融诈骗等严重问题。其中少数金融机构因无力清偿债务而破产。这种因制度缺位导致国债投资的高风险，必然使国债二级市场的收益率提高，促使国债发行利率上升。

4. 利率风险。主要指利率变动引起债券市场价格波动的风险。如2007 年，为缓解流动性过剩问题、控制因 CPI 过快增长而出现通货膨胀，防止经济由过快向过热增长，人民银行实施紧缩性货币政策，连续上调存贷款利率、存款准备金率，发行定向央票等，引导利率不断上扬。对于商业银行而言，利率风险主要体现在：一是利率频繁波动，使银行利率敏感性资产与敏感性负债的调整难以跟上利率的变化，削弱了利息收入；二是影响银行存贷差；三是短期利率上升的步伐快于长期利率，使短借长贷的银行蒙受损失。

三、债券市场流动性危机与金融稳定性

1. 流动性危机的表现。目前，各国银行更多地从事证券业务（包括发行与承销、交易和提供后备支持等），因此，证券市场被公认为流动性储藏库，如果崩盘可能会导致银行的流动性危机。此外，金融脱媒和资产证券化趋势增加了金融机构对证券市场的依赖。例如，银行也会通过其投资组合中的证券化资产来实现其流动性，如 ABS 和 MBS。而非银行金融机构，也越来越依赖证券市场以募集短期运营资本（通过发行商业票据）和长期资金（通过发行债券），如瑞典的金融公司，其资金主要来源于证券市场。因此，如果证券市场崩盘，就可能导致这些金融公司违约，并通过信用传导机制引发整个金融业的流动性危机乃至金融危机。

2. 流动性丧失的原因。证券市场（包括债券和衍生产品）的流动性丧失一方面可能是由于机构投资者的行为造成的；另一方面银行和

其他中介机构的融资困难也是重要潜在根源。首先，虽然机构投资者的资产和负债一般具有相似的到期日，因此，一般不会受到类似银行的挤兑压力。但是，由于很多机构投资者可能需要最后贷款人的保护，结构化金融体系仍然会对金融稳定产生影响。例如，美国联邦储备委员会在1987年崩盘时采取策略，以避免投资银行失败而导致的系统性风险①；再如2007年为减少美国次贷危机对金融市场的影响，欧洲央行对市场流动性的注入。其次，货币市场基金的稳定性在此种情况下也会受到威胁。一个跌破面值的基金可能会面临挤兑，或由于流动性的急剧下降而引起变现困难，这些都会导致货币市场发生更大范围的流动性危机。另外，由于货币市场基金并没有实行存款保险制度，如果危机进一步扩大，政策干预的手段和有效性值得进一步研究。最后，衍生品市场会和基础证券市场一样面临流动性风险。IMF指出，在衍生品市场的信用、流动性和市场风险中，流动性风险最难处理，由于银行更倾向于利用衍生工具，尤其是远期、掉期和期权交易来管理利率风险，而不愿运用传统工具。因此，衍生品市场流动性的丧失一方面会加大银行的利率风险；另一方面由于衍生工具风险在表外核算，增加了银行风险暴露的不确定性，从而加剧了挤兑的风险。

　　由于债券市场流动性的丧失可能导致系统性风险，中央银行一般会通过给市场参与者提供流动性支持或利用其自身的资产管理维持市场的流动性。在1998年之前，流动性危机绝大部分局限于非主流市场，如垃圾债券市场。但俄罗斯危机后的经验表明，传统的高流动性债券市场，也易出现流动性缺乏的问题，这引起了理论界对货币和金融稳定性的关注。

---

　　① 1987年10月20日，伴随着机构投资者驱动的股票价格暴跌，股票期货和期权合约交易者面临大量的追缴保证金通知，一些大的经纪商面临流动性挤压，这给清算和结算系统带来锁定风险。银行不愿意扩大信贷。为了避免系统性崩盘，联邦储备委员会宣布准备发挥最后贷款人的作用，以支持经济发展和金融体系完善。

3. 高流动性国债市场对金融稳定性的重要作用。国债市场的流动性是货币和债券市场总体发展的催化剂。高流动性的市场不仅能降低国债的筹资成本，有助于缓冲国内及国际经济冲击的影响，而且有利于降低利率风险、货币风险以及其他金融风险。

值得注意的是，由美国次贷危机引发的国际金融市场的不确定性加大，次级债问题的严重性已超出预期，导致金融市场出现大幅度的调整，包括美国、欧洲和亚洲在内的全球股票市场的调整。次级债危机将美国房地产问题通过金融衍生产品传递到金融系统信用危机上，在运用结构金融工具的背景下，过度放款、过度杠杆操作造成了金融体系的高风险。美联储在1月下旬降息125个基点，将联邦基金利率降至3%。然而，这些金融体系的固有问题并非一两次降息或流动性注入就能解决。由于货币政策的时滞效应，降息政策并不会立即产生影响。虽然一些行业部门可能从第二季度开始便能显现政策益处，但降息所带来的主要影响可能要到第三季度才会出现。因此，降息125个基点能够控制经济下滑的幅度，但并不能抵消未来几个季度已确定会出现的疲软增长和经济收缩。

由于金融市场的剧烈震荡，导致了国债市场的避险功能在增强。自2007年6月以来，尽管美国CPI等没有明显回落，但是美国国债收益率大幅下降，国债与信用类产品的利差也不断扩大，凸显国债的避险功能以及金融稳定职能。

4. 提高国债市场流动性的措施。为避免或减少债券市场流动性危机的出现，可采取增加市场稳健性的政策措施，包括：通过确立清晰的债券发行和债务管理目标，建立安全而高效的债券销售渠道，并逐步扩大债券的期限范围，增加债券供应；减少对利率的扭曲及对主要投资者的直接控制，增加对债券的需求；发行标准化的基准债券，并将其作为货币政策稳定性的辅助，减轻利率的不稳定性。这些措施都将有助于增强市场的稳定性，而适当的法规框架和市场设施则是前提条件。此外，短期国债在货币市场发展方面作用独特，一般而言，富有流动性的短期国债更容易满足金融机构的流动性需要，投资者持有、出售短期国债及为债券投资组合交易融资的风险较小、成本较低。

四、国债市场发展与金融危机管理

1997 年 7 月爆发的亚洲金融危机被称为"双重危机"——银行危机和货币危机，其实质是银行危机，主要原因在于银行资产和负债存在严重的期限不匹配和货币不匹配①。在危机中亚洲许多国家的银行体系受到严重冲击。在反思金融体系和金融结构缺陷的过程中，理论界和债务管理当局开始认识到债券市场发展的落后是一些国家金融危机爆发的主要原因之一。香港金融管理局指出，债券市场的发展完善，能带来很多宏观与微观经济效益，通过分散及减少信贷及流动性资金风险来提高微观经济效益，提高企业治理标准及更有效的风险定价，并带来宏观经济的成效，从而减少金融危机爆发的概率，并抑制金融危机一旦发生所产生的负面影响。

基于此，大多数亚洲国家在危机之后都迅速发展债券市场，以降低金融体系过分依赖银行的风险，尤其以没有财政赤字的新加坡和我国香港特区为典型。亚洲金融危机之后，香港特区政府决定建立国债市场，并授权香港金融管理局发行债券。到 2000 年底，香港特区国债发行余额为 1090 亿港元，相当于香港特区 GDP 的 8.6%。新加坡金融管理局于 1998 年发行新加坡国债（SGS），到 2000 年底，债券余额达到432 亿新加坡元，占新加坡 GDP 的 27.2%。新加坡发展国债市场的目的包括：一是提供给个人和机构投资者短期的无违约风险或违约风险

①　在危机之前相当长的一段时期，亚洲的银行系统大量借入短期外债，用来发放长期贷款，同时大量的外债以本币形式投放到房地产行业，银行资产和负债存在严重的期限不匹配和货币不匹配。到 1996 年，资产泡沫开始破裂，大量银行资产变成不良资产，导致外国投资者减少了资本投入，引起迅速的资本撤退和储户挤兑，带来严重的金融危机。

小的投资选择；二是建立一个具有较强流动性的国债市场，以此作为公司债券市场的基准；三是鼓励发展与固定收益债券相关的技术，扩大新加坡可提供金融服务的领域。中国香港和新加坡在没有预算赤字的情况下建立活跃的国债市场的实践，充分表明流动性的国债市场是发展有效资本市场的前提条件。而中国内地则从1998年开始实施以增发国债刺激增长为主要特点的积极财政政策，从而有效地避免了金融风险，上述例子充分说明国债市场发展对金融风险防范具有重要意义。同时，危机国家采取了一定措施发展公司债券市场，以满足银行失效后企业融资的多样化需求，并降低银行体系的风险集中度，防止金融危机的再生。作为公司债主要投资者的商业银行，倾向于持有短期债券以便与其大量短期存款相匹配。另外，与危机前相比，无担保公司债成为主流。

五、国债市场发展与商业银行利率风险管理

商业银行债券业务的发展对中国国债市场发展起着至关重要的作用。商业银行一直是债券市场的主导力量，截至2007年6月底，在国债的持有人结构中，商业银行持有的债券超过70%。商业银行的多重角色定位（包括不可替代的交易商、债券市场的重要筹资人、债券市场金融创新的推动者等）从不同角度推动了债券市场的发展。截至2007年6月，商业银行发行各类债券超过3000亿元，品种涵盖次级债券、一般金融债、混合资本债券以及资产支持证券等，多层次债券的发行丰富了我国债券市场的品种体系。再如2005年以来，商业银行推出多种类型的理财产品，向机构和个人投资者提供境内外证券市场多样化的金融产品，极大地丰富了投资者结构。

同时，债券市场的发展促进了商业银行改革与创新。资产结构单一、信贷资产占比过高，一直是影响中国商业银行经营流动性、安全性的重要因素，近年来商业银行一直在积极通过发展债券业务来调整、优化资产结构。债券市场基础设施的完善、法规体系的健全、产品体系的

丰富，对商业银行自身资产负债结构的调整起到了积极的促进作用，并提高中国银行业利率风险管理和流动性管理水平。

可以预见，商业银行将是未来债券市场的核心投资者，而利率的提高会使银行可供出售类债券出现账面浮亏，商业银行的利率风险凸显。包括持有巨额国债的商业银行在内的债券市场投资者，需以利率衍生品为基础，对利率风险进行动态、主动的管理。

首先，要建立高效的利率风险管理机制与市场分析团队，科学准确地预测利率走势。利率政策影响因素主要包括宏观经济状况、货币政策变动、货币市场与资本市场资金供求的变化，国际金融市场利率和汇率态势；利率预测的内容主要包括变动方向、利率水平、利率周期转折的时间点等，其中转折点的预测是关键。目前国际银行业可供参考的利率预测方法包括货币供给分析法、资本流动账户分析法、费雪效应分析法、隐含利率分析法等。可以通过经济周期、利率周期的历史情况的分析以及对未来经济走势的判断，运用动态计量经济学方法，对其进行基本准确的分析。科学准确的预测结果将为商业银行的资产负债管理提供可靠的决策依据。其次，商业银行建立一个完整的能够反映与本行资产、负债和表外业务头寸相关联的利率风险计量与披露系统，分类和归总银行可能面临的各种风险，包括再定价、收益率曲线、基准与期权定价等，并按产品、部门进行分解，由各部门承担各自风险限额。再次，为了降低有效税率和保持资产的流动性，金融机构应适时提高国债的投资比重，根据不同市场环境合理制定并调整投资组合的久期目标、期限结构和凸性。最后，需要不断运用买断式回购、远期交易、掉期交易、期权交易等衍生产品及交易工具来提高资产负债管理水平。此外，2007年对公司债管理的革新为公司债市场的快速发展奠定了基础。公司债市场的发展，将对传统的银行业提出较大挑战。在无担保公司债推出之后，信用产品的风险管理就显得更加重要，建议公司债券定价以同期限国债收益率为基准，参考信用级别和风险收益的差异加点制定。总之，商业银行应努力提高信用产品的定价能力和信用衍生品风险管理能力，这对促进银行体系与债券市场协调发展具有十分重要的意义。

（本文成稿于 2007 年 11 月）

财政部赴港发债为市场注入稳定剂

中国财政部将于近期赴港发行总额 200 亿元人民币国债，引起各方面的广泛关注。财政部曾于 2009 年和 2010 年在香港发行国债，规模分别为 60 亿元和 80 亿元，此次发行相比前两次不仅在发行规模上有所扩大，而且涵盖 3 年期、5 年期、7 年期及 10 年期的期限结构，有利于收益率曲线及定价基准的完善。

在欧债危机和美债事件影响下，尤其是经历了美国主权信用评级调降，对于全球投资者来说，亚洲主权债券看起来正日益成为安全的避风港。因此，财政部选择此时赴港发行人民币国债无疑将为全球金融市场注入稳定剂，具有十分重要的意义。

总体来看，此次财政部赴港发行首先有助于充分发挥中国债券市场在全球金融市场稳定的推动力。此举充分表明中国政府在推进离岸人民币债券市场发展的同时，将亚洲债券市场与货币政策、财政政策、汇率政策协调相结合，在债券市场开放过程中注重维护金融稳定。亚洲开发银行近日发布报告指出，受 2010 年经济强劲增长的支持，今年以来，包括中国在内的亚洲新兴经济体的本币债市继续增加其在全球市场中的份额。从 1996 年到 2010 年，亚洲新兴经济体本币债券市场从占全球市场的 2.4% 增加到了 9.3%，中国的份额从 0.2% 增加到了 4.7%。今年第一季度，亚洲新兴经济体本币政府债券的发行比去年同期增长了 12%。中国政府债券市场无疑已成为亚洲金融市场稳定的核心力量之一。

其次，有助于离岸人民币金融市场的发展，为投资者提供无信用风险的金融工具和对冲工具。考虑到债券市场的风险包括信用风险、利率风险和流动性风险，人民币国债的发行有利于完善市场的定价基准，满足金融市场对基准债的需要。同时，由于投资者的风险偏好不同，具有不同的资产负债结构，对宏观经济和通货膨胀、利率走势的预期不同，无风险的基准利率可以提供重要的投资和交易参考，从而提高交易效率，分散投资风险，促进流动性的提高。

再次，有助于形成有效的人民币回流机制。随着香港人民币存款量及跨境贸易人民币结算进程的不断深化，近年来银行赴香港发行人民币债券的规模也在不断扩大。企业在香港发行人民币债券引导人民币回流机制的效果正在不断显现。

最后，有助于推动人民币国际化的进程。随着中国经济平稳健康发展，逐步发展离岸人民币债券市场，不仅有利于吸引国际投资者投资以人民币计价的金融工具，丰富机构投资者的层次，还有助于提高市场流动性，完善债券市场基础设施和各项制度，消除金融脆弱面，加强债券市场监管的协调与合作，同时提升人民币的国际吸引力与市场信心，推进人民币国际化的进程。

另外，此举也有利于推动香港人民币离岸中心建设，巩固其国际金融中心地位。

应该说，我国债券市场对外开放经历了一个循序渐进的过程。从2006年开始，我国有关部门批准了国际金融组织发行人民币债券和泛亚基金投资人民币债券，以及两家政策性银行发行境内美元债券，这为我国债券市场的国际化进程奠定了良好的基础。从2007年7月起，中国政府开始批准内地金融机构到香港发行人民币债券，可以说，逐步开放在香港发行人民币债券，发展离岸人民币债券市场是债券市场国际化和人民币国际化的关键性安排。

过去几年，我国国债市场实现了长足发展。未来还需增加发行、交易、信息披露、监管等各项制度，协调信用评级标准，逐步完善市场基础设施，丰富债券市场的期限结构，构建多元化的国债市场参与者结构，完善市场收益率曲线和定价基准，提高市场的流动性，完善做市商制度，有效防范市场风险，通过中国国债市场的稳步发展进一步提升投资者对亚洲新兴经济体主权债市的信心。

（本文成稿于 2011 年 8 月）

债券市场：风险管理与发展创新并重

2016 年以来，中国出现了多起企业债的违约案例，截至 5 月 9 日，已有 23 只信用债违约，违约主体涉及央企、民企等，公司债、企业债、中期票据等均出现案例，并且引发向银行信贷风险的传导，引起市场担忧。频频违约带来了一定程度的信用风险、利率风险和流动性风险。

据测算，中国目前的非金融债务与 GDP 的比例从国际金融危机前的 100% 左右已经升至约 280%，在"去产能"的大背景下，债市违约问题频发，一方面引起对经济下行风险的担忧，以及对信用风险会否引发整个经济体系统性风险的讨论，也引起市场各方对信用风险和监管协调等债市未来如何治理和机制工具创新等问题的深入思考。

从国际市场来看，一系列信用危机的发生为全球金融市场的参与者如何管理信用风险提出了巨大的挑战，如何管理信用风险，完善风险分担机制，降低系统性风险，提高金融市场效率，促进多层次金融市场稳定协调发展，创新信用风险管理工具等问题重新得到重视。应该说，近年来债券市场作为国内金融市场的主要组成部分以及直接融资的重要渠道，对金融稳定与经济发展发挥了重要作用。经历这轮债市违约风险集中爆发，给市场发展和监管方面提出了诸多挑战，今后有必要从以下层面不断完善，以促进多层次资本市场体系及金融稳定发展的进程。

第一，进一步完善风险管理制度框架和市场基础设施建设，包括市场化的发行定价机制、信用风险管理、投资者保护机制、偿债风险准备金、信用评级及信用增进、估值、做市商制度、第三方担保、信息披露等不同层面进行完善。

一个合理有效的发行价格应反映真实的市场资金供求关系，也会对二级市场起到一个信号作用，避免因为明显偏离市场收益率水平而造成市场的大幅度波动。国际金融危机由房地产市场波及信贷市场和债券市场，进而席卷全球金融市场，充分说明完善的定价机制对整个金融市场稳定发展的作用。如何平衡筹资人和投资人的利益目标，是债券能否成功发行的关键，因此，要结合债券具体的风险程度、收益大小，通过市场决定一个使筹资者和投资者都能接受的条件，充分体现信用风险、流动性风险和利率风险。

监管层面、投资层面、市场层面、法律层面等还需在实践中不断探索，着力推进信用债定价的市场化改革，加快利率市场化进程，完善信息披露，以增加市场透明度并降低市场风险。

第二，通过债券条款设计及偿债基金完善投资者保护机制。

在美国，在债券条款设计方面，为保护债券持有人的权利，债券契约对发行人规定了一些限制措施，如抵押品、偿债基金、股息政策和继续借贷等。债权人可在债券条款中约定，债务人在从事高风险业务时必须征得债权人同意，以避免偿债风险增加。

从国际金融市场来看，私募债券一般含有保护条款，主要包括最高杠杆比率、最低固定费用偿付比率、最低净资产控制、限制优先偿还债务、限制出售资产、控制权变更准备金等。这些限制性条款可以为投资者提供更高的信贷保障，减少其信贷损失。

借鉴国际经验，偿债保障条款作为事前防范机制，主要目的在于维持发行人的风险水平，并给予投资人在发行人信用状况发生重大改变时以退出选择权。基于此，应在发行文件中对违约相关事项予以明确和细化的约定，重点完善交叉违约、核心资产划转、实际控制人变更、预警指标类条款，灵活使用偿债保障条款，明确赋予持有人主张债项提前到期清偿的权利。同时，鼓励债券发行人制定债券违约后处置预案。根据风险事件的不同类别、明确债券违约触发机制、债券违约风险提示、信息披露要求、违约后应对流程、参与处置机构职责、偿债解决方案、债务重组安排等关键环节的总体安排，尽可能减少信用风险对投资者的冲击。

同时，应建立偿债基金等较完善的信用风险补偿和流动性风险补偿机制。包括设立偿债风险准备金并预先提取偿债基金、发行人自有资产抵押、设置发债人财务指标约束、引入第三方担保、银行备用授信等制度设计。

第三，完善市场约束和信息披露机制。

随着信用债市场的发展，应逐步建立信用产品的市场约束机制，发行人、投资者、承销商、中介机构等各方利益互相制约，形成合力，充分发挥信息披露和信用评级等市场化的约束激励机制。承销商和投资人需要对发行人进行定期与不定期的保后跟踪、检查，及时了解发行人的经营状况、资金使用情况、反担保情况、是否有重大变动事项等，保证发行人按时还本付息。可以考虑完善做市商制度——例如谁承销谁做市的机制，这样在双边中可以充分考量企业的投资预测与偿债的风险，有利于投资者有效防范风险。

同时，完善信息披露制度，建立对发行人的经营状况、财务状况、偿债能力的反馈跟进机制。在风险控制措施方面，建议债券承销商在承销过程中严格业务核查，发行人按照发行契约进行信息披露，承担相应的信息披露责任。投资者以机构投资者为主，并强化严格的投资者适当性管理。

第四，信用增进是信用风险管理市场基础设施的重要层面。

国际经验表明，信用增进作为债券市场不可或缺的制度安排，在分散、分担市场风险的同时，还为信用等级较低的企业进入债券市场提供了可能，有利于支持中小企业通过债券市场融资，推动多层次金融市场体系的建立。如2011年推出的区域集优融资模式，其中信用增进是创新力度较大的环节。该模式针对中小企业信用等级较低的情况，一方面鼓励地方政府设立偿债基金；另一方面引入第三方担保机构，支持中小企业通过债券市场融资，缓解中小企业融资难的困境。今后发行人可采取其他内外部增信措施，如可以通过第三方担保和资产抵押、质押以及商业保险等方式，提高偿债能力，控制债券信用风险。

第五，提升机构投资者的风险管理能力。

国际经验表明，机构投资者的发展有利于多层次金融市场的建立，活跃市场的交易，并且有助于金融资产的准确定价及风险对冲。近年来，债券市场的机构投资者在不断丰富和完善的进程中。央行于5月6日发布文件，宣布放宽境内合格机构投资者进入银行间债券市场的限制。除金融机构法人外，非法人类合格机构投资者也可直接在银行间债券市场开户，包括证券投资基金、银行理财产品、信托计划等。保险产品、经基金业协会备案的私募投资基金、住房公积金、社会保障基金、企业年金、养老基金、慈善基金等参照非法人类投资者管理。应该说放宽资金入市，有助于提振债市。而简化机构入市程序，或可减少一些资管产品借通道进入的情况，便于系统监管和防范风险。

随着近年来债券市场投资者层次的不断丰富，城商行、农商行等中小金融机构也逐渐成为信用债市场的重要力量，在信用风险事件多发的背景下无疑对这些机构投资者风险管理水平提出了更高的要求。可考虑充分发挥相关专业机构的作用，面向债券市场投资者提供一揽子金融服务，通过不同的风险管理工具满足投资者的需求，促进债券市场的稳步发展。

第六，完善监管的部际协调机制。

从监管协调机制来看，经过多年的发展，目前我国信用债市场形成了非金融企业债务融资工具、企业债、公司债等品种，分别由人民银行、发展改革委、证监会监管。其中，非金融企业债务工具又分为中期票据、短期融资券、超短期融资券、中小企业集合票据以及非公开发行的定向债务融资工具。由于多头监管与交易场所的分割，债券发行审核、信用评级及上市流通，相应的监管标准不尽相同，也容易产生监管的漏洞和盲区。

值得一提的是，2012 年 4 月，由人民银行、发展改革委、证监会成立公司信用类债券部际协调会议。应该说，决策层推动三部委建立监管协调机制，明确监管责任，无疑有利于信用债市场的规范发展和金融风险的防范。但是，在大资产管理的背景下，金融机构的综合化经营成为主流，交叉监管也面临很多挑战。穆迪在 4 月底发布的一份报告中称，中国整体杠杆率上升，影子银行扩张速度快。影子银行游离于银行监管体系之外，很可能会引发诸如期限错配、流动性转换、信用转换和高杠杆等方面的系统性风险以及监管套利等问题。应推动统一协调的债券监管体系，增强监管效能，不断完善企业债券市场监管机制。

第七，完善信用衍生品的工具组合和风险对冲机制。

未来应考虑推出信用衍生品对冲相应风险。信用衍生品的重要性在 1997—1998 年进入危机期间得到验证。危机证实了它能够在金融危机期间满足债券市场的需求，并使银行等金融机构在危机中得到保护。其后，信用衍生品得到了迅猛发展。而 2008 年次贷危机中信用衍生品定价机制的缺失被认为是信用危机的主要诱因。随着信用产品市场的不断发展，其在投资人债券组合中的占比不断增加，应逐步推出标准化的信用衍生工具及相关的交易指引，包括平抑对冲信用风险的工具——信用违约互换（CDS）和信用连结票据（CLN），建设相应的报价系统、清算系统和信用衍生工具信息平台，逐步完善定价机制和风险披露制度，逐步健全从交易到组合的信用风险管理体系至关重要。

第八，完善债券市场风险预警机制。

后金融危机时代，合理的政府债务规模和风险管理策略对于政府积极面对经济和金融危机的冲击，促进金融市场及汇率的稳定乃至经济的快速复苏至关重要。美国次贷危机、爱尔兰政府债务危机、欧债危机都充分说明，完善债券市场风险管理，增加市场稳健性的政策措施十分重要。包括建立债务风险预警机制；完善发行定价机制，建立信用风险、流动性风险、利率风险的定价机制与风险控制机制，推进利率市场化的进程；不断培育机构投资者，完善做市商制度，提高市场的流动性，以有效降低筹资成本，缓冲全球经济冲击的影响。这些措施都将有助于增强市场的稳定性，而适当的法规框架和市场设施是前提条件。

第九，逐步发挥中介机构的独立性和客观性，包括信用评级机构、审计机构、会计师事务所、律师事务所、第三方评估机构等，对信用风险和法律风险进行深度分析。建议逐步完善债券市场的评级制度，信用评级机构须对发行人进行跟踪评级，对其最新经营发展状况给予关注并及时披露，为市场提供有效的信息工具、定价基准和风险的及时披露等。

目前，在利率市场化进程中应不断完善市场基准，通过债券市场推动投融资机制完善，扩大资本市场服务民营企业和实体经济的范围。在供给侧结构性改革的背景下，无论是推动财政政策与货币政策的协调配合，人民币国际化与金融市场开放，"一带一路"与企业海外融资、地方政府债券市场与新型城镇化、降低中小企业融资成本，以绿色债券市场推动绿色城市和绿色发展进程等角度，债券市场都是重中之重。如何提高金融市场效率，建立债券市场发展与金融稳定的传递机制等值得关注。而市场的发展一定要相关法律制度先行，包括债券发行、交易、信用风险管理、信息披露、监管等各项制度，为投资者创造一个健康有序的市场环境，从而推进多层次金融市场体系和金融稳定的进程。

（本文成稿于 2016 年 6 月）

债券市场再出发

◑ 提高直接融资比例债市大有可为

"十二五"以来，提高直接融资比例已经成为共识，目前作为提高直接融资比例的重要渠道——债券市场融资正在显示出迅速扩张的势头。近期，中国银行间市场交易商协会统计显示，目前，我国间接融资占比已经由2006年的91%下降至2012年1~10月的84%，债券融资占直接融资的比重由60%增长至89%。

另有数据显示，近年来债券市场在社会融资体系中的地位稳步提升。2011年，非金融企业通过债券市场净融资1.37万亿元，占直接融资总量的76%；通过股权融资4377亿元，占直接融资总量的24%。债券市场作为金融市场的重要组成部分，其对金融结构调整和经济运行的作用逐步被认可。

"十二五"金融改革规划明确提出，"加快多层次金融市场体系建设，显著提高直接融资比例"。国务院发布的《2012年深化经济体制改革重点工作意见》明确要求"促进多层次资本市场健康发展"。而中共十八大报告将"加快发展多层次资本市场"作为全面深化经济体制改革的重要方面。

债券市场作为国内直接融资的主要渠道之一，为整个金融体系提供流动性支持和风险管理工具，在货币市场和资本市场中发挥桥梁和催化剂的作用。其不仅是投资者进行资产管理，有效规避金融风险和确定金融资产价格的良好场所，而且能够保证国家财政政策和货币政策的实施和衔接，为宏观调控目标和政策实施提供有效的平台，以债券市场等多层次金融市场的发展推动企业融资路径创新及实体经济发展的进程，促进金融体系的发展和金融产品的创新，进而稳步推动经济增长。

目前，债券市场发展中面临的突出问题与挑战主要包括：直接融资和间接融资格局问题、政府债务风险管理问题、地方债问题、信用债发展与风险管理、融资工具创新解决中小企业融资难问题、运用衍生工具对冲金融风险、债券市场国际化、债券市场监管协调机制等不同层面的问题。

实现地方债投资乘数效应

20 世纪 90 年代中期以来，全球市场出现了以金融市场的加速发展来补充银行主导性金融系统的明显趋势，地方或市政债券市场在全球市场比例总体上呈现迅速发展势头。

在发展中国家，城市化、中央政府和地方政府分权以及减少财政赤字是影响其经济发展基本趋势中的三个重要组成部分，地方政府投融资与信用体系则与上述基本趋势密切相关，因此也成为发展战略中最基本的因素。在投资需求增长的同时，应将投融资责任更多地从中央政府转移到地方政府，地方政府必须改善资源的利用效率，强化地方政府预算管理，引导私人部门投资公共服务部门和基础设施投资，以及利用地方政府债券市场融资等，而推动地方政府债券市场的发展至关重要。

然而，目前我国重点关注地方政府融资平台的债务风险以及由此引发的信贷风险及财政担保风险，市政债券（地方政府债券）的发行与管理成为各方关注的焦点。

目前在解决财政分权下的体制性矛盾基础上，可以借鉴发达国家地方政府的融资经验，发行市政债券是地方政府融资的市场化路径，目前亟待解决的主要问题及相关思路包括：应充分借鉴国外债务风险管理和危机处理的经验教训，建立多层次政府债务风险预警指标体系和危机化解机制，一定要完善地方政府债券风险管理机制，建议从市政债券的发行定价、交易、偿还和监管各环节进行严格规定，包括举债权的控制与发债规模的确定、市场准入的限制、信用评级体系、信息披露制度的构建、投资项目管理与评估、市场流动性的建立以降低投资风险，监管的协调以及法律框架的完善，并逐步完善债务风险预警及动态监测框架。

另外，在市政债券发展的起步阶段，在税收减免、会计制度、信用增进与保险、担保机制、信息披露、相关法律框架的修订、市场监管等方面也需要进一步完善。逐步形成了以法律法规为基础，以信息披露为核心，注重定价及多元化投资者培育，以规模控制、信用评级、风险预警、危机化解等为手段的风险监控框架体系，在政府层面为有效防范市政债券系统性风险提供了源头性保障。

随着市政债券市场的发展以及融资工具的不断创新，必将推动多层次资本市场体系的建立，有效发挥投资的乘数效应，同时通过发债主体偿债能力的提高和相关法律监管制度的完善减少地方财政风险及金融风险。

企业集合债成为融资新尝试

从国际金融市场的发展来看，信用类债券是证券市场上的重要品种，也是涉及公司资本来源结构的必要融资工具。我国目前的信用债主要包括金融债、企业债、中期票据、超短期融资券、短期融资券、私募票据、公司债、可转债、可分离交易可转债、中小企业集合债、中小企业集合票据、中小企业私募债。

值得关注的是，自 2008 年下半年以来，在国际金融危机的冲击下，我国部分中小企业面临经营困难、收益不稳定、现金流偏紧的困境，再加上信用风险的困扰，融资难成为制约中小企业发展的瓶颈。在此背景下，通过债券市场直接融资成为解决中小企业融资难的创新尝试，如中小企业集合债券和中小企业集合票据等集群融资工具的尝试，而今年推出的中小企业私募债也在发行机制上有所创新。未来需要在监管层面、投资层面、市场层面、法律层面等不断探索，逐步完善多元化的投资组合和信用风险、流动性风险、利率风险的对冲机制。

在信用债市场发展方面，需要进一步完善信用风险管理的制度框架和市场基础设施建设，加快建设适应中小企业发展和融资需求的金融服务体系。主要包括：一是完善信用增进。信用增进作为债券市场不可或缺的制度安排，在分散、分担市场风险的同时，还为信用等级较低的企业进入债券市场创造了条件，例如区域集优融资模式，该模式针对中小企业信用等级较低融资难的困境，一方面鼓励地方政府设立偿债基金；另一方面积极引入第三方担保机构，降低偿债风险，支持中小企业通过债券市场融资。二是借鉴国际经验，积极探索发行工具创新，为更多符合条件的企业提供融资支持。三是应不断完善信用风险发行、交易、定价、信用评级、担保机制、信用增进和信息披露制度、投资者保护机制、信用债的监管协调机制，为债券市场发展及金融稳定创造良好的制度环境。

相信随着中国经济的平稳健康发展，逐步发展离岸人民币债券市场，推进债券市场国际化的进程，同时在市场开放过程中应完善债券市场基础设施和各项制度，将债券市场与财政政策、货币政策和汇率政策相结合，稳步推进汇率形成机制改革、利率市场化以及资本账户渐进式开放，根据宏观经济状况、通货膨胀、货币政策变动、货币市场与资本市场资金供求的变化，国际金融市场利率和汇率态势等多方面因素，有效防范金融风险。提升全球的机构投资者对中国债券市场的信心，使中国债券市场成为全球金融市场的重要力量。

（本文成稿于 2012 年 11 月）

对债券市场化发行的若干思考

美国金融危机由房地产市场波及信贷市场和债券市场，进而席卷整个全球金融市场，充分说明完善的定价机制对于债券市场乃至整个金融市场的稳定发展至关重要。应该说，一个高流动性、功能完善的债券市场，在改善金融市场结构，降低企业融资成本，提供多元化投资渠道，实现财政政策与货币政策协调配合的目标等方面具有重要作用。如果由于宏观政策的调整或资产泡沫破灭导致银行信贷资产不良率上升而限制银行的放贷能力时，作为银行体系和股票市场之外的一个有效融资渠道，一个高流动性的债券市场能够为企业提供高效率的投融资渠道，有助于减轻信贷紧缩对实体经济的不利影响。而债券市场能否充分发挥上述功能的一个关键性因素就是债券市场化发行制度的建立与完善，基于此，本文拟对债券市场化发行问题进行粗浅的探讨，以期对我国债券市场的稳定发展提供一些思路。

一、债券能否成功发行的关键成本、收益与风险的权衡

我国债券市场从1981年国债恢复发行至今，其参与主体、发行量、融资工具和市场规模都在不断丰富和完善。而市场化发行是政策制定者和市场参与各方一直关注的问题。如何平衡筹资人和投资人的利益目标，是债券能否成功发行的关键，因此，要结合债券具体的风险程度、收益大小，通过市场决定一个使筹资者和投资者都能接受的条件。这里以国债为例加以分析。根据世界各国特别是工业化国家的实践，国债管理的基本目标可归纳为：能够以理想的借款条件持续筹集所需资金，具体包括债务成本最小化和债务风险最小化两个层面。所谓债务成本最小化，即政府应在合理条件下尽可能地提高债务管理效率，降低举债成本。应该指出的是，成本最小化并不意味着政府可以不择手段地降低举债成本，而应是以国债的成本能够充分反映特定券种所具有的收益风险特征为前提的。因此，为实现这一目标，要求政府能够在遵循市场机制的原则下制定最优的债券发行时机、发行对象、发行方式、偿还方式等成本要素方案，以此来最大限度地降低国债利息的风险溢价和

管理费用，而这在市场不完善和信息不对称的情况下很难实现。债务管理者还面临如何在降低利息成本与控制风险之间的权衡。为使成本最小化而发行风险溢价低的证券，很可能导致各个目标间的冲突。

决定国债发行条件的关键过程就是国债的发行方式。不同的发行方式对政府筹资的效率和成本影响很大，而采取何种发行方式又受到国家经济、金融体制与金融市场发达程度的制约。

二、债券市场发行方式比较

目前，在发达国家所采用的国债发行方式主要有直接发行、连续发行、承购包销和公募招标四种方式。

1. 直接发行方式。即国债发行主体（财政部）直接将国债销售给投资者，可分为向个人直接发行和向机构投资者直接发行两种。面向机构投资者则是由财政部或中国人民银行组织投资者会议，首先将拟发行国债的利率、期限、价格、偿还条件等进行公布，然后进行谈判商议，最后确定发行条件。这种方式便于财政部确定国债的发行量和发行条件以及债券发行的最佳时机。而面向个人直接发行主要以储蓄债券为主，是通过自身的发行网点或通过代理方式在证券公司、银行或邮局的柜台将预先设定发行条件的国债直接销售给个人投资者。此种发行方式的主要特点是发行周期长、发行成本高、发行效率低。

在直接发行方式下，发行人自担发行风险，有时也会影响融资目标的实现。因此，一般来说，直接发行仅适用于推销少数特定类型的债券，并且只能对那些信誉特别高、网点分布又很广的金融机构采用。在发达国家此种发行方式并不普遍。

2. 连续发行方式，也称为"随买"形式。即发行主体不预先确定发行条件，而是委托国债经纪商或代理销售机构根据金融市场行情变化相机确定，且可随时调整发行条件的一种发行方式。这种发行就像通过水龙头调节水量一样，调整发行的"流量"。一部分市场经济国家也将"随买"技术和招标方式及承购包销的方式结合起来发行可上市的中长期国债。"随买"方式适用于国债市场利率不够稳定且国债发行数额较大的情况，这时国债管理者可以根据市场的变化，随时调整发行价格。这种高度的灵活性也有助于国债管理者维持市场的供求平衡，实现财政政策与货币政策的协调配合。

值得关注的是，国债管理者根据市场情况的变化调整发行价格时，必须持非常慎重的态度。因为市场的变化是由供求关系及预期决定的，不停地调整价格会造成市场信心的缺失。此外，国债管理者是否可以实现价格调整的灵活性，取决于市场的发达程度和是否存在功能完善的做市商制度。

3. 承购包销方式。即由国债的发行主体和承销人（一般是辛迪加集团）平等协商确定发行条件，通过签订承销合同来明确双方的权利义务关系，然后由承销人向投资者分销并认购剩余部分的一种发行方式。这种方式的主要优势包括：发行期短有利于提高国债发行的效率，发行条件固定且比较接近市场，主要适用于可转让的中长期债券的推销，尤其在金融市场利率稳定的情况下。因此，可以发挥承销商作为连接国债一级市场和二级市场的桥梁作用，推动一级市场的活跃程度。但是，由于承销人承担国债销售不畅的风险，尤其在金融市场利率波动剧烈的情况下会加大这种风险，因而承销人一般会要求较高的承销佣金和手续费，尤其在辛迪加包销的情况下，这样会加大政府的筹资成本。

总体而言，承购包销方式由于发行条件的确定比较接近市场，同时适用于可流通国债的方式，其市场化程度介于直接发行方式与随买方式之间，因此也是目前发达国家国债市场常用的发行方式之一。

4. 公募招标方式。公募招标是一种在金融市场上通过公开招标、招标确定发行条件来进行国债推销的方式，或者说它是面向不特定的多数投资者所公开进行的一种发行方式。具体操作是通过投标人直接竞价来确定价格（或利率）水平，发行人按一定的顺序（自高价向低价排列或自低利率向高利率排列）对投标人的投标进行排列和选择，直到募满需要的发行额为止。因此，所确定的价格恰好是供求决定的市场价格。公募招标的中标利率能够真实反映出市场的资金供求情况，体现出公平合理的市场原则。

招标发行方式按中标的原则可分为多种价格招标与单一价格招标。多种价格招标又称美国式招标，发行人按照投标人的各自中标价格作为其认购价格，并确定中标者及其招标认购的数量。单一价格招标按照最终中标价格的确定方式不同，又可分为最低价格招标（荷兰式招标）和加权平均价格招标（美国式非竞争性招标）。从世界各国情况看，公募招标发行方式作为一种市场机制，逐渐成为主导趋势。如美国的债券发行多年来是以公募招标为主。

通过对上述四种发行方式的比较，选择合适发行方式的原则，应是这些方式能够反映债务管理的目标取向，并且能够发挥国债作为财政政策和货币政策协调配合的有效工具。因此，选择何种发行方式要考虑以下因素：一是有利于政府以最低成本、可接受的风险筹资和管理债务。二是要求实现国债管理、财政政策与货币政策的协调配合。三是要考虑中央银行货币政策操作目标和传导工具的选择。从总体上看，公募招标方式能较好地兼顾这三方面。第一，公募招标的过程有利于价格发现的实现，降低了发行者的利息成本和代理成本，是实现成本最小化的有效途径。第二，在各种方式对货币政策的影响问题上，直接发行与"随买"至少在短期内会对货币的供给和需求形成冲击、销售条件调整的时滞影响货币政策传导机制以及财政政策的顺利实施；而招标发行可以更好地发挥债券市场的价格发现功能，通过竞价方式使中标利率更好地反映市场资金供求、利率走势及通胀预期，为货币政策制定和实施提供相对真实的基准利率水平。

从世界各国的实践经验来看，各国均采用了以公募发行为主、其他发行方式为补充的组合发行模式。随着我国资本市场的开放，招标方式更受国际投资者欢迎，而债券做市商制度、清算结算制度的完善又为招标发行奠定了市场基础。

三、债券市场化发行与货币政策传导机制完善

货币政策传导机制理论认为，传导机制的通畅与否与债券市场具有密切联系。一个发达的债券市场应能为央行的货币政策操作提供条件，同时债券市场的发展水平与央行的货币政策执行效力息息相关，高效的货币政策需要以发达的债券市场作为基础。关于货币政策传导机制的主要理论包括：（1）传统凯恩斯学派的利率传导途径。其传导机制是扩张性货币政策导致了实际利率水平的下降，这会降低筹资成本，进而引起投资支出的增加，最终导致总需求和总产出水平的上升。（2）汇率水平对净出口的作用。货币政策影响汇率水平，并进一步对净出口和总产出水平产生影响，其传导机制是：扩张性货币政策导致了实际利率水平的下降，降低了本币存款相对外币存款的吸引力，本币贬值，进而会导致净出口的增加，最终总产出水平增加。（3）信用途径。其影响路径是扩张的货币政策会增加银行的准备金和存款，从而增加银行的可贷资金，借款人从银行借入资金，将会导致投资支出或消费支出增加，最终提高总产出水平。（4）托宾 Q 理论。托宾 Q 被定义为企业的市场价值与资本重置成本之比，这是通过股票市场（或住宅市场）的货币政策传导机制。扩张的货币政策将导致公众持有的货币量超过意愿持有量，他们将增加支出，其中一方面就是投资股市，这会促使股票价格上涨从而导致 Q 值上升，进而导致投资支出增加，总产出水平增加。比较以上四种货币政策传导途径可以发现，凯恩斯学派的传导途径和汇率途径都首先强调影响实际利率水平，信用途径是数量调控，影响银行体系的可用资金，托宾 Q 理论则是通过影响股票市场达到影响总产出水平。尽管影响途径不同，但上述途径都会通过债券市场发挥作用。

在现代市场经济体制下，有效防范、控制通货膨胀风险的重要手段是货币政策的运用。而货币政策能否顺利传导到实体经济并在实体经济中发挥作用，离不开一个发达的债券市场。主要原因有以下两条：一是债券市场是货币政策操作的主要场所，中国人民银行通过公开市场操作影响基础货币量，影响商业银行的头寸，导致社会货币供应量增减和金融市场上的利率波动，实现货币政策的预定政策目标。一是债券市场上形成的利率信号为货币政策提供了重要的监测指标和市场杠杆。债券市场对于社会资金供求状况以及通货膨胀预期的灵敏反应，使得债券市场的利率成为货币政策的重要监测指标和市场工具。而一级市场的发行利率也是重要的市场风向标，债券市场发行方式的选择以及合理定价也是利率市场化的重要催化剂。另外，债券市场可以有效疏导流动性，在流动性宽松或者过剩导致通胀预期加重的情况下，单纯使用调高准备金数量型货币政策工具直接收缩流动性，会把包括国际游资流入等原因造成流动性过剩所带来的风险都聚集在银行系统，不利于金融体系的稳定。从国际实践来看，面对流动性过剩的情况，许多国家都是通过发展多层次的金融市场尤其是债券市场来吸收市场上的过多流动性的。

四、债券市场化发行的制约因素及最佳解决路径

债券市场定价机制不合理一直是困扰债券市场发展的问题，导致一级市场发行困难和二级市场交投不活跃等诸多问题，而定价机制的不完善加剧了利率风险、信用风险和流动性风险。而一级市场发行机制是定价机制的重要环节，一个合理有效的发行价格应反映真实的市场资金供求关系及对未来利率走势宏观经济的判断，也会对二级市场起到一个信号作用，而不会因为明显偏离市场收益率水平而造成市场的大幅度波动。

应该说，在考虑债务管理目标时，每一届政府都面临着侧重点的选

择——如何以最低成本满足财政需要，还是更倾向于风险承受度、管理或有债务，以及如何建立有深度的、流动性的国债市场。基于各国债务管理者多年的探讨与实践，一级市场在运作上具有下述特点：以定期招标为基础的发行策略；基准债券的发行；透明的债务管理框架；一级自营商框架。高效的、流动性的二级市场应包括：市场流动性——具有大量的基准债券和回购市场；以一级自营商为基础的做市框架；远期等衍生工具市场；对外国投资者的准入；安全、合理的清算与结算体系；公开、透明的监管框架。上述措施在实现政府融资的基本目标即"最低成本和可接受的风险"和其他目标"促进资本市场发展"等方面仍将发挥重要作用。

从市场需求的角度来看，完整性、流动性、效率是关键，无论是对国债还是对公司债券市场。完整性意味着投资者可根据意愿对投资工具进行选择，和融资一样对冲风险，这对证券公司对证券有效定价和承销公司债的能力至关重要。流动性意味着参与者可每天或更频繁地对其资产进行估价，并充分管理风险，特别是他们必须能够连续地买卖。由于新兴市场经常缺乏经纪人的竞争、市场分割等因素造成其较低流动性。为了实现流动性的目标，发展功能完善的二级市场是基础，这能进一步保证价格发现的功能并以此作为投资决策的基础。而且，在流动性目标实现的前提下，由于政府可依靠竞争性的货币市场和银行间市场来设置利率水平，确保其与市场资金的供求情况相一致，从而会促进利率市场化的进程。效率意味着市场必须有效保证发行人成本最小化，投资者在每一选定的风险水平上可以最大化其收益。实践表明，市场分割导致无效率。同样的资产在不同的市场中定价不同，风险和收益之间无法体现正相关的关系。债券的收益必须补偿投资者的机会成本、履约风险和流动性风险。如果债券的收益在不同的客户之间被扭曲，投资者参与债券市场发展的积极性会受到严重影响。

从我国债券市场的发行方式上看，国债和政策性金融债经过多年

的实践和探索已经全部实现了公开招标发行的方式。目前我国记账式
国债发行采用"荷兰式""美国式""混合式"① 进行招标，招标标的
为利率、利差、价格和数量。"混合式"招标是我国债务管理者结合市
场发育情况以及荷兰式、美国式招标的特点进行的创新，对价格发现和
降低成本起到了积极作用。同时，近几年招标规则的有关限制性条款逐
步减少，比如发行人设定的利率区间逐步放开乃至取消以及投标人对
投标区间及数量的选择更加灵活，实现面向银行间市场和交易所市场
的跨市场发行以推动市场的统一互联等，这些措施使利率的决定机制
更加市场化。政策性金融债则从 1998 年开始进行市场化招标发行以来
不断创新。从品种看，在过去的十余年里，国家开发银行先后推出了长
期浮动利率债券，20 年期和 30 年期长期固定利率债券、投资人选择权
债券、发行人选择权债券、本息分离债券、新型浮动利率债券、隐含利
率掉期期权债券、远期利率债券、可互换债券、以 7 天回购利率和 SHI-
BOR 利率为基准的浮动债、境内美元债、次级债、资产支持证券等，
并采用增发方式、滚动发行等创新的发行方式对债券进行合理定价。上
述市场化发行措施使得收益率曲线更加能够反映市场供求关系及对未
来利率和通胀预期的基本判断。众所周知，收益率曲线是银行间债券市
场产品创新、发行方式创新、结构性产品创新乃至一个高流动性的一级
市场的基石，是成熟债券市场基础设施的重要组成部分。目前国债、政
策性金融债券的收益率曲线已经成为普通金融债券、企业债券、短期融
资债发行定价和一级市场交易的重要基础，对推动银行间债券市场的
发展和完善发挥了重要作用。

---

① "混合式"招标。标的为利率时，全场加权平均中标利率为当期国债票面利率，低于或等
于票面利率的标位，按面值承销票面利率一定数量以内的标位，按各中标标位的利率与票面利率折
算的价格承销；高于票面利率一定数量以上的标位，全部落标。标的为价格时，全场加权平均中标
价格为当期国债发行价格，高于或等于发行价格的标位，按发行价格承销；低于发行价格一定数量
以内的标位，按各中标标位的价格承销，低于发行价格一定数量以上的标位，全部落标。背离全场
加权平均投标利率或价格一定数量的标位视为无效投标，全部落标，不参与全场加权平均中标利率
或价格的计算。

对于国债和政策性金融债的公开招标方式而言，短期融资券、中期票据和企业债主要采用主承销商组团、簿记建档的方式（铁道债发行已经采用公开招标的方式）。无论选择何种发行方式，市场参与各方都应以市场的培育为基本出发点，以建立流动性、有深度的市场为主要目标，在发行定价中充分考虑到信用风险溢价和流动性风险溢价以及未来利率走势的判断，在以较低成本发行和保障市场流动性之间寻求一个最佳平衡点，市场的规则是由市场参与主体共同维护，如果仅为了实现以最低成本融资的短期目标而忽视了市场的长期培育，那么将背离市场发展的方向，而定价机制不完善将导致流动性的缺失，这也会制约利率市场化的进程以及货币政策传递机制的完善，并为未来债券市场投融资功能和流动性管理功能的发挥埋下隐患。

（本文与唐臻怡合著，成稿于 2010 年 2 月）

🖊 债券市场再出发

近年来金融危机频繁爆发，深化了政策制定者、监管层、市场面及学界对资本市场尤其是债券市场的认识。应该说，从 20 世纪 80 年代的拉美债务危机、90 年代的东南亚金融危机直到 2008 年次贷危机引发的国际金融危机、欧债危机、美债危机，充分说明合理的政府债务规模和风险管理策略对于政府积极面对经济和金融危机的冲击、促进金融市场及汇率的稳定乃至经济的快速复苏至关重要。

1997 年 7 月爆发的亚洲金融危机被称为双重危机——银行危机和货币危机，其实质是银行危机，主要原因在于银行资产和负债存在严重的期限不匹配和货币不匹配。在危机中亚洲许多国家的银行体系受到严重冲击。在反思金融体系和金融结构缺陷的过程中，理论界和债务管理当局开始认识到债券市场发展的落后是一些国家金融危机爆发的主要原因之一，由于这些国家缺乏一个有效的资本市场而严重依赖银行，致使这些国家的经济随着银行业的瘫痪而崩溃。香港金融管理局指出，债券市场的发展完善，能带来很多宏观与微观经济效益，通过分散及减少信贷及流动性资金风险来提高微观经济效益，提高企业治理标准及更有效的风险定价，并带来宏观经济的成效，就是减少金融危机爆发的概率，并抑制金融危机一旦发生所产生的负面影响。基于此，大多数亚洲国家在危机之后都迅速发展债券市场，以降低金融体系过分依赖银行的风险，尤其以没有财政赤字的新加坡和中国香港特区为典型。而中国内地则从 1998 年实施以增发国债刺激增长为主要特点的积极财政政策，从而有效地避免了金融风险，上述例子充分说明债券市场发展对金融稳定性具有重要意义。而 2008 年以来次贷危机引发国际金融危机、欧债危机、美国财政"悬崖问题"对全球金融市场带来连锁反应，全球金融市场和经济复苏充满了不确定性。

如何应对国际金融危机对流动性风险和信用风险的挑战，如何建立债券市场发展与金融稳定的传递机制，如何从全球视角考量政府债务管理，以及如何进行风险预警，这样的一系列问题引起了各方的关注。

中国的金融改革作为经济改革的重要部分，进入了一个关键阶段。与其他新兴市场经济体类似，中国致力于金融稳定，并在改革全球金融系统中发挥了重要作用。金融业"十二五"规划提出要加快多层次金融市场体系建设，显著提高直接融资比重，积极发展债券市场，为债市发展打开巨大空间。

值得一提的是，2013 年债市问题引发监管风暴，这也引起市场各方对债市未来如何治理和制度改革等问题的讨论。而在党的十八届三中全会《关于全面深化改革若干重大问题的决定》中也提出要"发展并规范债券市场，提高直接融资比重"。作为社会融资总量的重要组成部分，债券市场为推动国内金融市场发展和促进国民经济平稳运行起到了十分重要的作用。而十八届三中全会对金融改革作出了方向性的重要指引，利率市场化、基准、国债收益率曲线、地方政府债等问题再次成为重点，值得深入探讨。

作为直接融资体系的重要组成部分，无论是推进利率市场化的进程、资本市场的多层次建设、金融市场对外开放、人民币国际化、离岸人民币市场的发展等角度，以金融支持实体经济发展，都需要债券市场的大力支撑。如何为地方经济提供市场化保障，如何为中小企业融资提供平台，城镇化的进程需要债券市场的有力支持，如何推进财政政策与货币政策的协调配合、如何进行多层次金融市场体系建设与风险防范值得深入探讨。未来政策层面、监管层面、投资层面、市场层面、法律层面等还需在对如何推动市场的发展方面进行研究和探索。

目前，在利率市场化进程中应不断完善市场基准，通过债券市场推动投融资机制完善，扩大资本市场服务民营企业和实体经济的范围，为中小企业融资提供创新性工具。在城镇化的进程中，如何将投融资责任更多地从中央政府转移至地方政府，强化地方政府预算管理，引导民间资本投资公共服务部门和基础设施投资，以及利用地方政府债券市场融资等。而完善风险管理与对冲工具、降低系统性风险、提高金融市场资源配置效率、促进多层次资本市场稳定协调发展等值得进一步关注和探讨。

随着中国经济的平稳健康发展，推进债券市场国际化的进程，同时在市场开放过程中应完善债券市场基础设施和各项制度，将债券市场与财政政策、货币政策与汇率政策相结合，稳步推进汇率形成机制改革、利率市场化以及资本账户渐进式开放。根据宏观经济状况、通货膨胀、货币政策变动、货币市场与资本市场资金供求的变化，国际金融市场利率和汇率态势等多方面因素，有效防范金融风险，稳步提升全球的机构投资者对中国债券市场的信心，使中国债券市场成为全球金融市场的重要力量。

（本文成稿于 2014 年 1 月）

◆ 多措并举促进债市创新发展

近期债市问题引发监管风暴，这也引起市场各方对债市未来如何治理和制度改革等问题的讨论。最近国务院常务会议指出，要规范发展债券、股权、信托等投融资方式。"十二五"金融改革规划明确提出，"加快多层次金融市场体系建设，显著提高直接融资比例"。

应该说，近年来债券市场作为国内金融市场的主要组成部分以及直接融资的重要渠道，对金融稳定与经济发展发挥了重要作用。经历这次债市风暴，给市场发展和监管方面提出了诸多挑战，今后有必要从以下层面不断完善，以促进多层次资本市场体系及金融稳定发展的进程。

信用债券的定价及风险管理

监管层面、投资层面、市场层面、法律层面等还需在实践中不断探索，着力推进信用债定价的市场化改革，加快利率市场化进程，完善信息披露，以增加市场透明度，减少一级市场的寻租空间以降低市场风险。

未来需要进一步完善风险管理制度框架和市场基础设施建设，包括市场化的发行定价机制、信用风险管理、投资者保护机制、偿债风险准备金、信用评级及信用增信、估值、做市商制度、第三方担保、信息披露等不同层面进行完善。

市场化发行定价机制一直是政策制定者和市场参与各方关注的问题。一个合理有效的发行价格应反映真实的市场资金供求关系，也会对二级市场起到一个信号作用，而不会因为明显偏离市场收益率水平而造成市场的大幅度波动。国际金融危机由美国房地产市场波及信贷市场和债券市场，进而席卷全球金融市场，这也充分说明定价机制在金融市场稳定中发挥"牵一发而动全身"的重要作用。

从我国债券的发行方式来看，国债和政策性金融债经过多年的探索和实践已经全部实现了公开招标发行的方式，而短期融资券、中期票据和企业债主要采用由主承销商组团、簿记建档的方式和公开招标的方式。

近年来为有效地解决中小企业融资难的问题，在政策面、市场面和监管层各方推动下，借鉴国际经验，推出了非公开定向债务融资工具即通常所称私募债，包括中小企业私募债等发行机制的创新。

应该说，无论选择何种发行方式，市场参与各方都应以市场的培育为基本出发点，以建立流动的、有深度的市场为主要目标，在发行定价中充分考虑到信用风险溢价、流动性风险溢价以及对未来利率走势的判断，在以较低成本发行和保障市场流动性之间寻求一个最佳平衡点。

此次风暴也从深层次上反映出利率市场化的进程亟待深化。目前，在利率市场化进程中应不断完善市场基准，通过债券市场推动投融资机制完善，扩大资本市场服务民营企业和实体经济的范围。而如何管理信用风险，完善风险管理与对冲工具，降低系统性风险，提高金融市场效率，促进多层次资本市场稳定协调发展等值得关注。

债券市场的统一互联

目前，我国债券市场由银行间债券市场、交易所债券市场和商业银行柜台债券市场三个子市场组成。各子市场在交易主体、交易品种、托管方式及定价水平方面存在差异，影响了债券市场发挥其资源配置和价格发现功能。理想状态应是市场参与者具有在不同市场间选择的自由，保证市场的流动性、透明度、稳定性、高效率以及低成本，而过多的市场分割无疑会影响流动性、定价机制和相关政策传导机制。

2007年7月，上海证券交易所推出固定收益证券综合电子平台交易，固定收益证券包括国债、公司债、资产支持证券等。这一平台的建立在很大程度上为促进两个市场之间统一互联机制奠定了基础。而

2008 年以后为应对国际金融危机的冲击，证监会、人民银行、银监会联合发出通知，启动上市商业银行在证券交易所参与债券交易试点，商业银行时隔 13 年重返交易所债券市场。但由于诸多配套问题尚未解决，目前的互联互通规模较小，作用比较有限。

目前，要提高我国债券市场的流动性，解决市场的结构性矛盾，建立统一互联的债券市场是关键。根据目前我国债券市场的现状，推进债券市场的统一互联应分阶段、分步骤进行。

首先，推进上市商业银行进入交易所债券市场试点进程，逐步丰富证券交易所固定收益平台的现券交易品种，逐步完善信用风险、流动性风险、利率风险的风控机制，根据不同市场环境合理制订并调整投资组合的久期目标、期限结构和凸性，提高银行的信用风险管理和定价能力。

其次，逐步完善债券向两个市场同时发行的机制，建立公司债跨市场发行的机制，逐步丰富跨市场交易品种。这样可以丰富债券的投资者，完善市场基准和定价机制，降低发债成本，同时也可以为两个市场的投资者提供更加多元化的投资选择。

最后，随着债券市场参与者和交易品种的统一互联，应当着手在更高层次上整合托管和结算体系，为债券转托管和资金的划转提供便捷、高效的服务。这样债券市场的参与主体可以自由选择投资交易的场所，后台系统能为市场参与主体的跨市场交易提供便捷、高效的服务，从而推进市场体系的完善和市场效率的提高。

完善监管的部际协调机制

从监管协调机制来看，经过多年的发展，目前我国信用债市场形成了非金融企业债务融资工具、企业债、公司债等品种，分别由人民银行、发展改革委、证监会监管。其中，非金融企业债务工具又分为中期票据、短期融资券、超短期融资券、中小企业集合票据以及非公开发行的定向债务融资工具。由于多头监管与交易场所的分割，债券发行审核、信用评级及上市流通，相应的监管标准不尽相同，也容易产生监管的漏洞和盲区。

值得一提的是，2012年4月，由人民银行、国家发展改革委、证监会成立公司信用类债券部际协调会议。应该说，决策层推动三部委建立监管协调机制，明确监管责任，无疑有利于信用债市场的规范发展和金融风险的防范。

总之，有必要从市场基础设施、监管的协调、推动市场统一互联的进程、减少制度性障碍、完善做市商制度、投资者保护机制、加强信用风险管理等方面促进债券市场的创新与发展。而市场的发展一定要相关法律制度先行，包括债券发行、交易、信息披露、监管等各项制度，为投资者创造一个健康有序的市场环境，从而推进多层次资本市场体系和金融稳定的进程。

（本文成稿于2013年5月）

◤ 债券市场发展与创新路径

近年来，债券市场在社会融资体系中的地位稳步提升。"十二五"规划纲要明确要求，要"加快多层次金融市场体系建设，显著提高直接融资比例"。而党的十八大报告将"加快发展多层次资本市场"作为全面深化经济体制改革的重要方面。债券市场作为国内直接融资的主要渠道之一，在货币市场和资本市场中发挥桥梁和催化剂的作用。完善的债券市场不仅是投资者进行资产管理、有效规避金融风险和确定金融资产价格的良好场所，而且可以充分发挥金融市场在资源配置中的基础作用，增强金融业竞争力和抗风险能力，为货币政策与财政政策等宏观政策实施提供有效的平台，对金融结构调整和经济运行发挥重要的作用。

目前，债券市场发展中面临的问题与挑战主要包括：直接融资和间接融资格局问题、政府债务风险管理问题、地方债管理问题、融资工具创新解决中小企业融资难等不同层面的问题，需要我们从不同层面进行探讨解决。

政府债务风险管理至关重要

20 世纪 80 年代的拉美债务危机、90 年代的东南亚金融危机、2010 年以来爆发的欧洲主权债务危机、合理的公共债务管理都充分说明，合理的政府债务规模和风险管理策略对于政府积极面对经济和金融危机的冲击，促进金融市场及汇率的稳定乃至经济的快速复苏至关重要。

从国际经验看，政府的债务组合通常是国家最大的金融资产组合，通常包含了复杂和高风险的财政结构，并且会对政府的资产负债表和国家的财政金融稳定性带来持续的风险。同时，公共部门稳健的风险管理对其他经济部门的风险管理也很重要。一些债务市场危机反映了稳健债务管理和操作的重要性，并呼吁一个有效的和功能完善的债券市场。

笔者认为，建立政府债务的风险预警机制对金融风险和财政风险防范至关重要。主要包括：通过确立清晰的债券发行和债务管理目标；建立政府债务风险预警机制；完善发行定价机制，建立信用风险、流动性风险、利率风险的定价机制与风控机制，推进利率市场化的进程；完善做市商制度；发行标准化的基准债券，发挥国债的基准利率及财政政策与货币政策协调配合的功能，不断提高债券市场的流动性。

上述措施在实现政府融资的基本目标——最低成本和可接受的风险以及其他目标——促进资本市场发展等方面仍将发挥重要作用。应该说，市场本身在提供流动性方面会有一些自发性的制度安排，但是高流动性的国债市场对于整个经济来说仍不失为一种"公共产品",政府在其中负有义不容辞的职责。近年来,世界银行(WB)、国际货币基金组织(IMF)以及国际清算银行(BIS)在提高市场流动性方面进行了广泛而深入的探索,得出了一系列富有借鉴意义的成果。高流动性的国债市场不仅能降低国债的筹资成本,并且有助于缓冲国内及国际经济冲击的影响,而稳健的债务结构帮助政府减少利率、货币、信用、流动性风险,使国家更少受金融风险的冲击。这些措施都将有助于增强市场的稳定性,而适当的法规框架和市场设施是前提条件。

建立地方政府市场化融资路径

目前,我国重点关注地方政府融资平台的债务风险以及由此引发的信贷风险及财政担保风险,市政债券(地方政府债券)的发行与管理成为各方关注的焦点。如何借鉴国际经验,建立合理的地方政府投融资体系,逐步推进市政债券的发行,降低财政风险和金融风险,完善直接融资体系等问题,值得我们深入探讨。

20世纪90年代中期以来,全球市场出现了以金融市场的加速发展来补充银行主导性金融系统的明显趋势,地方或市政债券市场在全球市场比例总体上呈现迅速发展势头。在发展中国家,城市化、中央政府和地方政府分权以及减少财政赤字是影响其经济发展基本趋势中的三个重要组成部分,地方政府投融资与信用体系则与上述基本趋势密切相关,因此也成为发展战略中最基本的因素。在投资需求增长的同时,应将投融资责任更多地从中央政府转移到地方政府,地方政府必须改善资源的利用效率,强化地方政府预算管理,引导私人部门投资公共服务部门和基础设施投资,以及利用地方政府债券市场融资等,而推动地方政府债券市场的发展至关重要。

在解决财政分权下的体制性矛盾基础上,借鉴发达国家地方政府的融资经验,发行市政债券是地方政府融资的市场化路径。目前亟待解决的主要问题及相关思路包括：应充分借鉴国外债务风险管理和危机处理的经验教训，建立多层次政府债务风险预警指标体系和危机化解机制，一定要完善地方政府债券风险管理机制，建议从市政债券的发行定价、交易、偿还和监管各环节进行严格规定，包括举债权的控制与发债规模的确定、市场准入的限制、信用评级体系、信息披露制度的构建、投资项目管理与评估、市场流动性的建立以降低投资风险，监管的协调以及法律框架的完善，并逐步完善债务风险预警及动态监测框架。

　　另外，在市政债券发展的起步阶段，在税收减免、会计制度、信用增进与保险、担保机制、信息披露、相关法律框架的修订、市场监管等方面也需要进一步完善。逐步形成了以法律法规为基础，以信息披露为核心，注重定价及多元化投资者培育、以规模控制、信用评级、风险预警、危机化解等为手段的风险监控框架体系，在政府层面为有效防范市政债券系统性风险提供源头性保障。随着市政债券市场的发展以及融资工具的不断创新，必将推动多层次资本市场体系的建立，有效发挥投资的乘数效应，同时通过发债主体偿债能力的提高和相关法律监管制度的完善减少地方财政风险及金融风险。

进一步发展信用类债券市场解决中小企业融资难问题

　　从国际金融市场的发展来看，信用类债券是证券市场上的重要品种，也是涉及公司资本来源结构的必要融资工具。国际金融危机充分表明信用风险的定价能力对于金融市场发展至关重要，随着信用债券市场的发展壮大和机构投资者的成长成熟，尤其是无担保公司债券市场的发展有利于银行加强信用风险评级和管理能力，提高信用利差定价的准确度。发展良好、多层次的信用债市场将丰富银行证券投资组合的品种和工具，有利于提高银行的信用风险管理和定价能力，从而有可能进行更为积极的资产负债管理。

　　值得关注的是，从2008年下半年以来，在国际金融危机的冲击下，部分中小企业面临经营困难、收益不稳定、现金流偏紧的困境，再加上信用风险的困扰，融资难成为制约中小企业发展的瓶颈。在此背景下，通过债券市场直接融资成为解决中小企业融资难的创新尝试，如中小企业集合债券和中小企业集合票据等集群融资工具的尝试，而近期推出的中小企业私募债也在发行机制上有所创新。由于私募债在国内还是创新产品，其监管层面、投资层面、市场层面、法律层面等还需在实践中不断探索，完善多元化的投资组合和风险对冲机制也是一个循序渐进的过程。值得一提的是，2009年以来，企业债融资方式在社会融资总量中的占比逐年提升，2012年前三季度企业债券融资金额达到15613亿元，超过了2011年全年，在社会融资总量的占比达到13.31%。由于直接融资的定价方式相对灵活且一般低于银行贷款利率，因此相对于传统信贷方式，企业更倾向于通过债券市场融资，也推动了间接融资为主向直接融资为主的转变，发挥了债券市场服务实体经济的作用。

需要进一步完善信用风险管理的制度框架和市场基础设施建设，探索建立全方位的市场化约束机制，以债券市场等多层次金融市场的发展推动企业融资路径创新及实体经济发展的进程，同时有效降低市场的信用风险。

从国际市场来看，一系列信用危机的发生为全球金融市场的参与者如何管理信用风险提出了巨大的挑战，如何管理信用风险，完善风险分担机制，降低系统性风险，提高金融市场效率，促进多层次金融市场稳定协调发展，创新信用风险管理工具等问题重新得到重视。

从我国市场来看，未来需要进一步加强信用债券市场创新和风险管理的制度框架建设。一是信用增进。信用增进作为债券市场不可或缺的制度安排，在分散、分担市场风险的同时，还为信用等级较低的企业进入债券市场创造了条件。例如2011年推出的区域集优融资模式，其中信用增进是创新力度较大的环节。该模式针对中小企业信用等级较低的状况，一方面鼓励地方政府设立偿债基金；另一方面积极引入第三方担保机构，支持中小企业通过债券市场融资，有利于缓解中小企业的融资困境。二是探索信用债发行的工具创新，包括集群融资的方式，为更多符合条件的企业提供融资支持，推动多层次资本市场体系的建立。三是在信用风险防范和管理方面，应借鉴国际经验，不断完善信用风险定价、信用评级、担保机制和信息披露制度。逐步引入信用衍生品等风险对冲工具，包括完善信用风险缓释工具，建立健全资产抵押、信用担保等偿债保障机制，探索信用债的监管协调机制，积极推动债券市场风险防范管理机制的建立与完善。

加强机构投资者培育，促进多层次资本市场体系的建立

国际经验表明，机构投资者的发展对资本市场的微观结构有着普遍而深入的影响，不仅提高了清算和结算的效率，并且有助于金融资产的准确定价及风险对冲。目前，我国机构投资者虽然具有一定规模，但是整体发展仍需要不断完善。许多机构投资者缺乏资本管理经验、理性的市场投资和风险管理理念、规范的投资行为。加强合格的机构投资者培育有利于多层次的资本市场体系的建立，提高市场化的定价效率，活跃债券市场的交易、分散债券市场的风险，促进债券市场发展和创新的进程。

第一，提升商业银行信用风险定价管理能力。应发展货币市场基金和债券型基金，促进货币市场和债券市场投资主体的多元化。从各类投资者的具体持仓量看，商业银行仍然在银行间市场占主导地位，2012年第三季度末的持仓量达15.54万亿元，占银行间债市规模的67.38%，其中尤以全国性商业银行所占比重最高，保险机构和基金的持仓规模稳定在第二位和第三位，分别达2.23万亿元和2.01万亿元，分别占银行间债市规模的9.65%和8.71%。鼓励商业银行的综合化经营，包括完善资产管理公司和基金管理公司的治理，增加资本市场的流动性，促

进储蓄向投资的转化。而重启信贷资产证券化试点，在完善银行资产负债比例管理、缓解流动性压力的同时，可以为中小企业信贷提供支持。

第二，为社保基金、年金的发展创造条件。当前发展债券市场的一个重要问题就是如何能引入长期稳定资金的问题，而社保基金和养老金投资管理运作首先要满足安全性的需求。相比于股票市场，债券投资既是审慎投资的需要，也是资产负债比例管理的要求。如何进行债券市场的制度创新，通过包括税收政策和风险管理等相关政策制度安排鼓励这些资金入市值得探讨。

第三，进一步完善合格的境外投资者制度。2011年12月，证监会、人民银行和国家外汇局联合公布《基金管理公司、证券公司人民币合格境外机构投资者境内证券投资试点办法》，人民币合格境外机构投资者（RQFII）正式启动。RQFII试点将从基金公司、证券公司的香港子公司开始，运用其在港募集的人民币资金在经批准的人民币投资额度内开展境内证券投资业务，初期试点额度约200亿元，其中80%的资金将投资于固定收益证券，不超过募集规模20%的资金投资于股票及股票类基金。应该说，积极鼓励进入中国资本市场的QFII将理性的市场投资理念、国际先进的资本管理经验、规范的市场投资行为带入中国资本市场，促进我国合格的机构投资者群体的形成，使我国债券市场向规范化和国际化的方向稳步发展。

在利率市场化进程中逐步完善货币政策、财政政策、政府债务管理之间的协调机制

在利率市场化的进程中，如何维持商业银行在内的金融机构资产质量与盈利能力之间的平衡，是值得思考的问题。市场化的利率产品定价机制包括SHIBOR在不断优化，综合考虑资金成本、机会成本、信用利差、流动性补偿、实际需求等因素进行定价。对于债券市场来说，利率市场化进程将推动金融创新的明显深化，如何在这一进程中孕育更

多的创新型产品，更好地支持实体经济发展，同样是值得重点关注的问题。

同时，如何完善市场的定价基准包括国债收益率曲线值得进一步探讨。国债收益率曲线的短端受到市场资金面、公开市场操作和利率政策的影响，中长端则反映了市场对未来真实利率与通货膨胀走势的预期以及和宏观经济的动态风险相关的风险溢价。通过基准国债的滚动发行，一方面可以优化投资者的资产组合结构，提供整个市场的交易规模和流动性；另一方面可以降低发行成本，并为央行的货币政策实施提供了有效的工具。借鉴国际经验，逐步完善货币政策、财政政策、政府债务管理、国库现金管理之间的协调机制和信息共享机制，充分考虑国内外宏观经济运行和通胀状况。在考虑赤字规模、预算需要和债务风险的同时，也需要考虑金融市场流行性和货币政策取向，作为财政政策与货币政策协调配合的国债管理在推进利率市场化及经济发展的进程中如何创新值得进一步探讨。

逐步推进债券市场国际化的进程

从 2007 年 7 月起，中国政府开始批准内地金融机构到香港发行人民币债券，随着中国跨境贸易人民币结算进程的不断深化，金融机构赴港发行人民币债券的规模也在不断扩大。2011 年 8 月，在面临欧债危机和美债危机的冲击下，我国在香港发行 200 亿元人民币国债也为债券市场注入了稳定剂。2012 年初，中国人民银行与世界银行签署代理协议，允许国际复兴开发银行和国际开发协会投资中国银行间债券市场。国际金融组织对中国债券市场的参与也提升了全球的机构投资者对中国债券市场的信心，这无疑会推动我国债券市场对外开放的进程。

相信随着中国经济的平稳健康发展，逐步发展离岸人民币债券市场，推进债券市场国际化的进程，提升全球的机构投资者对中国债券市场的信心，使中国债券市场成为全球金融市场的重要力量。在市场开放过程中，应完善债券市场基础设施和各项制度，将债券市场与财政政策、货币政策与汇率政策相结合，稳步推进汇率形成机制改革、利率市场化以及资本账户渐进式开放。同时，应根据宏观经济状况、通货膨胀、货币政策变动、货币市场与资本市场资金供求的变化，国际金融市场利率和汇率态势等多方面因素，有效防范金融风险。

（本文成稿于 2013 年 1 月）

流动性与
机构投资者培育

⚡ 资产担保债券相关问题研究

从国际金融发展史和中国金融业发展方向来看，通过资本市场创造条件、积极推动资产证券化产品的创新与发展可以有效提高金融体系的效率。资产担保债（Covered Bond）作为欧洲最卓越的金融产品之一，为金融机构提供了一个稳定且低成本的融资渠道，在金融危机中受到了各国政府及银行机构的热烈追捧。我国资产证券化市场目前仍处于初级阶段，在发展资产支持证券（MBS/ABS）的同时大力推进资产担保债的发展，可以为我国投资者提供新的投资和筹资选择，促进我国债券市场乃至经济的稳健发展。

资产担保债——在金融危机背景下为银行提供稳定且低成本的融资途径

随着 2008 年国际金融危机的愈演愈烈，金融机构的违约风险出现了更大的不确定性。特别是 2008 年 9 月 15 日雷曼兄弟的破产，使金融机构的信用大幅度降低，在金融市场上的融资几近瘫痪。在这种背景下，各国政府纷纷推出银行纾困计划，其中包括不良资产担保计划（TARP），购买优先股，发行政府担保债等，但同时美国财政部长保尔森也特意提出要发行资产担保债券（Covered Bonds，CB）以缓解当前信贷紧缩问题，这得到了美国银行、花旗集团、摩根大通和富国银行的联合响应，认为这将为各银行提供"又一个稳定且低成本的融资渠道"。资产担保债券作为欧洲最卓越的金融产品之一，正在受到美国政府及银行机构的青睐。

资产担保债券是欧洲最卓越的金融产品之一，它是由抵押贷款或公共部门贷款组成的资产池为其提供抵押，并且在发起人破产时，债券持有人对资产池有优先求偿权且可以向发行人追索的债务融资工具。

它在欧洲早已经获得了长久高速的发展，已成为欧洲资本市场的一个重要组成部分。过去5年，资产担保债券是欧洲金融市场私人部门发行的最大债券品种，2003—2008年，欧盟发行的资产担保债券增长了38%，至2008年末达到2.32万亿欧元，2009年上半年预计达到2.5万亿欧元，其中75%是欧元债券，86%是固定利率，期限一般在2~10年，属中长期固定利率债券。欧洲资产担保债券发行集中度很高，2008年，丹麦、德国、西班牙、法国和英国五国金融机构的年度发行量超过总量的84%。

我国资产证券化市场仍然处于初级阶段，大力发展资产担保债券市场，对于我国债券市场的发展具有重要的促进意义。

资产担保债券特点分析

为什么资产担保债券能够成为"稳定且低成本的融资渠道"，这或许从资产担保债券的三个特点中可以看出来，一是信用等级高，二是融资成本低，三是资产与资产负债表。

（1）信用等级高

在欧洲，资产担保债券已经建立了严格的监管框架和优质资产担保的法律体系。抵押资产种类主要包括抵押贷款、公共部门贷款和船舶抵押贷款（见图1）。具体抵押资产的合格性标准、优先求偿权和其他对投资者的安全保护措施如覆盖程度、破产隔离和监管等均由各国具

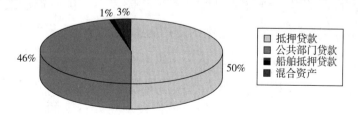

数据来源：欧洲全覆盖债券委员会（ECBC）。

图1　2006年按抵押资产分类的CB构成

体的法律规定。

　　基于抵押资产池中优质资产担保和发行银行的雄厚实力，大多数的资产担保债券具有很高的信用等级 AAA 级。资产担保的期限从 3 年到 10 年不等，近年来也有部分长期债券品种的期限超过 10 年。其投资者主要是银行、专门的结构化投资机构、保险公司和养老基金还有个人投资者（见图2）。作为一种重要的融资工具，资产担保债券在全球金融市场中的应用越来越广泛，受到投资者的热烈欢迎。

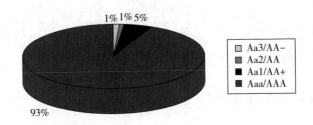

　　数据来源：惠誉、标普和穆迪（截至 2007 年 5 月 2 日）。

图 2　资产担保债券信用评级

　　（2）更低的融资成本

　　高信用等级减少了债券的利息支付，降低了发起人的融资成本。在欧洲，资产担保债券市场的流动性远远高于 ABS 等其他的债券产品，发行人在流动性高的市场中可以拥有更强的定价权。

　　（3）抵押资产仍然保留在表中

　　资产担保债券一般由发起人以资产负债表中的优质资产按照一定的原则组成资产池，以资产池中的资产为担保发行资产担保债券，只要发行人没有违约或者处于破产状态，资产池中的资产就一直保持在发行人的资产负债表中，由发行人进行管理和控制。资产担保债券的持有者同时拥有对资产池中资产的优先求偿权和对发行人的追索权，享受双重信用保障，可以有效地分散投资风险。

资产担保债券与 ABS/MBS 的区别分析

资产担保债券与 ABS/MBS 虽然都是资产证券化产品，但主要存在下列基本区别（见表1）。

表1　　　　　　　　　CB 与 ABS 特征的比较表

项目	全覆盖债券（CB）	项目全覆盖 ABS 债券（CB）
发行人动机	再融资	降低风险、监管套利、再融资
发行人	一般是贷款发起人	特殊实体（SPE）
对发起人的追索权	有	一般无
结构	抵押资产一般保留在发起人的资产负债表中，但属于覆盖池	抵押资产转让给特殊实体
对发行人资本要求的影响	无	降低
对发行人或合格抵押资产的法定限制	有（如果在全覆盖债券法下发行）	一般无
资产池的管理	一般为动态的	主要是静态的
资产池对投资者的透明度	有限的（但质量由信托人或评级机构定期控制）	一般很高
资产的提前偿还	通过资产替代（不给投资者）	一般全部给投资者
分层结构	无	普通
利息	主要是固定利率	主要是浮动利率
投资者类型	45% 是银行，37% 是养老保险基金，其他投资者占 18%；而 SIV 很少几乎可以忽略，由此可见资产担保债券更多的是作为资产配置策略的投资	49% 是 SIV，25% 是养老保险基金，23% 是银行，3% 是其他投资者，由此可见 ABS 更多作为交易策略或套利的投资品

投资者类型的对比，见图3。

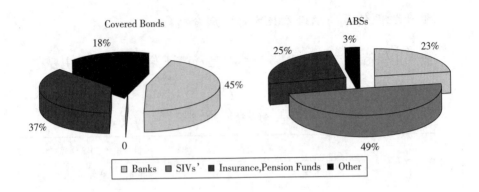

数据来源：巴克莱银行。

图3　投资者类型的对比

资产担保债券与政府担保债券的区别

政府担保金融债作为本次国际金融危机的一种衍生物，作为在金融危机愈演愈烈之时，各国政府为帮助金融机构摆脱流动性黑洞所采取的特殊的临时性措施。在危机时金融机构自身难保，以所抵押资产发行资产担保债券和MBS等更无力，在这样的时机发行政府担保债券成为政府救助金融机构一项重要措施。资产担保债券（CB）和政府担保债券的主要区别见表2。

表2　　　　　　　　　资产担保债券与政府担保债券特征比较表

项目	资产担保债券（Covered Bonds）	政府担保债券
发行动机	再融资	再融资
发行人	贷款发起人	贷款发起人
担保	优质资产抵押	政府担保
对发起人的追索权	有	有
信用	信用等级高，AAA居多	政府信用，评级均为最高信用评级AAA

项目	资产担保债券（Covered Bonds）	政府担保债券
收益率	一般收益率高于政府国债 100 个基点左右，因资产池和发行方的不同而不同	一般收益率高于政府国债 100 个基点左右，因政府国家信用的不同而不同
是否脱表	表内	表内
分层结构	无	无
利息	固定利率居多	以固定利率为主

我国发展资产担保债券的优劣势分析

1. 我国资产证券化发展仍然处于初级阶段

2005 年 4 月 20 日，中国人民银行、中国银监会发布《信贷资产证券化试点管理办法》后，我国资产支持证券市场正式启动并获得了快速发展。2005 年 12 月 15 日，首批试点的国家开发银行信贷资产支持证券（ABS）和中国建设银行的个人住房抵押贷款支持证券（MBS）正式发行。2007 年 9 月以来，浦发银行、工商银行、兴业银行等先后发行资产支持证券产品。截至 2009 年 6 月底，资产证券化产品发行总额达到 801.97 亿元。

但是，目前我国的 MBS 市场普遍面临着产品定价能力不足，法律制度不够完善、流动性偏低等问题，而相对于我国发展资产担保债券市场，则可以有效地避免一些问题，从而带动我国资产担保债券市场的迅猛发展。

2. 我国发展资产担保债券的优劣势分析

资产担保债券作为一种高信用等级，低成本的长期债务融资工具，中国引进和推广资产担保债券其有着重要的意义。

首先，它可以为中国投资者提供一个新的债券投资产品，多了一种投资选择。

其次，对于综合实力雄厚的银行来说，可以通过资产担保债券拓宽融资渠道，并且以较低的成本融通长期资金。对于长期项目贷款较多的银行来说更是一种有吸引力的产品。一般来说，从资金来源来看，银行更容易获得短期的资金来源（通过顾客存款、短期债券等），而长期项目一般金额较大，期限较长，发放长期项目贷款会占用较多的资金，从而造成银行信贷资金资产负债期限结构不匹配。而通过发行资产担保债券可以为这些银行提供一种有效的长期资金，从而减少其资产负债结构不匹配的情况，并且可以降低成本。

由于我国目前发行 MBS 的一个重要目的是将这些金融资产从资产负债表中脱离出来，以减少对资本金的要求，发行资产担保债券的一个重要缺点是资产没有脱离资产负债表，仍然保留在银行等机构的表内，这样仍然需要承担资产将来被追溯的权利，这对其资本金的要求是需要重要考虑的一个方面。

欧洲资产担保债券发展较早，几乎所有国家都有专门的资产担保债券法律。目前在中国资产证券化市场的发展进程中，坚持 MBS 与资产证券化两条腿走路的策略可以更好地促进我国资产证券化市场的发展，可以给发行者提供更多的融资渠道，给投资者更多的投资选择，这样才能进一步促进我国债券市场的发展，我们建议可以在参考欧洲相关法律及案例的基础上，逐步地在我国进行这方面的试点，这样才能使我国债券市场逐步稳健地发展，改变风险高度集中在商业银行的局面，提高我国资本市场的融资机构，促进我国资本市场的健康发展。

（本文与贾知青合著，成稿于 2009 年 6 月）

政府债券市场流动性研究

政府债务管理的首要责任就是为政府融资，不但要尽力降低融资风险，还应尽量减少融资成本。而债券的价格是由多种因素决定的，包括发行者的信用、市场容量、证券的稀有程度等。二级市场流动性是一个重要的影响因素。现代金融理论中的有效市场是指价格能够充分反映所有可获信息的市场，根据市场微观结构理论，证券市场的核心问题是市场效率问题，衡量一个市场是否有效的指标通常有四个：流动性、稳定性、透明度、交易成本。其中流动性被称为证券市场效率的基础和金融市场的生命线。而国债市场流动性的提高可以促使债券市场的价格发现功能更能充分体现，因此，国债流动性被认为是债券市场效率高低和完善与否的标志，也是政府进行国债管理和宏观调控的重要影响因素。

目前被广泛认可的观点是，一个流动性的市场应是参与者能迅速执行大宗交易却没有对价格形成较大冲击的市场。在流动性的度量方面，比较有代表性的是 Kyle（1985），他提出了做市商制度下市场流动性的计量方法，即通过紧度、深度和弹性三个层次来度量。市场紧度（Tightness），表现为交易价格偏离真实价格的程度，它反映投资者为获得流动性而支付的成本。一般以做市商所报出的买卖价差（BID – ASK-SPREAD）衡量紧度。深度（Depth），即当前价格水平下可实现的交易量，反映了做市商在当前价位上愿意并有能力进行买卖的数量，我们通常用某一时期内的国债换手率或周转率（Turnoverratio，交易量/上市国债余额）来度量国债交易深度，这一指标较为精确地反映了国债现实交易量和潜在交易量之间的关系，便于对用于不同规模市场进行比较。弹性（Resiliency），即交易价格偏离后重新恢复到真实价格或均衡状态的速度和能力。目前对于衡量弹性的合理指标还没有达成共识，一个途径是研究正常市场情况（如买卖价差或订单数量）在交易完成后复位的速度。

发达国家的政府债券以其零信用风险的重要特点而被各国的市场参与者作为基本投资工具所持有。通过对全球十大工业国（G10）现券市场的流动性指标比较分析（见表1），可初步得出以下结论：（1）具有较大余额的国债市场并不必然是招投标价差较狭窄的市场。例如，在日本，余额相当大，但其价差并没有缩小。（2）较高的交易量比例（交易量占余额的比例）通常和较窄的招投标价差密切相连。只有英国是例外，随着交易量比例下降，招投标价差反而缩小。（3）较长期限通常伴随着较宽的价差。这反映出剩余期限较长债券的内在价格更容易波动。（4）新发债券（On – The – Run Issues）的招投标价差明显窄于老债（Off – The – Run Issues），这表明前者的流动性高于后者。

表1　　　　　　　　各国政府债券市场流动性的比较

	加拿大	意大利	日本	英国	美国
买卖价差					
2 年期	2	3	5	3	1.6
5 年期	5	5	9	4	1.6
10 年期	5	6	7	4	3.1
30 年期	10	14	16	8	3.1
余额	285	1100	1919	458	3457
年度交易量	6243	8419	13282	3222	75901
换手率	21.9	7.7	6.9	7.0	22

注：国债为固定利率债券；表中截至1997年底数据；其中汇率按1997年底折算。余额和交易量单位为10亿美元。日本5年期债券是以6年期为基础计算，30年期国债是以20年期为基础计算。

资料来源：国际清算银行统计数据（1999）。

影响政府债券市场流动性的制度因素

一、产品设计

（1）发行规模

发行规模是影响流动性的重要因素。例如，1992年，加拿大固定收益基准债的发行规模增加后，交易量比例也相应提高。对新发债券的发行规模和买卖价差做具体比较，表明发行规模的增加会导致买卖价差的相对缩小。

（2）到期期限分配

政府在新发债券的期限选择上要考虑到平衡点。一方面，如果新发债券的期限没有满足投资者的期望，那么后者就会要求一个额外的收益率溢价作为补偿，这会提高政府的融资成本。另一方面，如果新发债券的期限过多，那么每一期的规模就会减少，从而降低流动性，而投资者所要求获得的流动性溢价也会提高政府的融资成本。

国债市场品种期限结构安排应该考虑国债价格的波动性以及不同投资者的风险厌恶程度。投资者对风险厌恶程度的不同，体现在对收益率曲线上不同位置国债品种的偏好。风险厌恶程度较高的投资者多选择短期品种，风险厌恶程度低的投资者多选择期限较长的品种。市场中投资者的风险偏好程度千差万别，即使同一投资者在不同时期，风险偏好也会因为其资产负债结构的变化而发生改变。期限品种结构丰富的市场，能够在不同程度上满足投资者的多种需求，投资者能够随时实现在不同品种上的投资转化，因而市场表现活跃，流动性就好。反之，如果市场中期限结构表现不均匀，缺乏某些期限品种供投资者选择，当国债投资者希望改变投资组合的风险系数时，投资品种的转化无法及时实现，投资者只能采取延迟交易或通过其他市场满足需求的策略，市场的流动性必然受到影响。

在这一点上，G10 国家似乎遵循了相似的道路——大多数国家试图将发行期限结构分布在四个区域：短期（1 年以内含 1 年）、中期（1～5 年）、长期（5～10 年）、超长期（10 年以上）。具体见表 2。由于近年来许多国家的赤字和债务水平呈现下降趋势，相应减少了期限种类并提高了平均发行规模。例如，从 1992 年开始，加拿大将固定利率付息债券的发行集中在四个关键期限（2 年、5 年、10 年和 30 年）并相应提高基准债券的发行规模。美国也停止了 3 年期债券的发行以适应融资需求的减少。大多数国家通过定期对已存在的债券进行续发行（Reopening）以建立更大规模的基准。

表2　　　　　　　　　各国政府债券市场的期限分布

	加拿大	意大利	日本	英国	美国
发行期限数量	7	10	8	5	7
发行期限：M代表月，Y代表年	3、6M、1、2、5、10、30Y	3、6M、1、2、3、5、7、10、30Y	3、6M、2、4、5、6、10、20Y	3M、5、10、20、30Y	3、6M、1、2、5、10、30Y
期限构成：					
1年以内含1年	32%	17%	5%	7%	21%
1~5年	29%	32%	8%	29%	62%
5~10年	27%	48%	78%	34%	
10年以上	12%	3%	9%	30%	17%
基准债券数量	7	5	1	1	7
	比利时	法国	德国	荷兰	瑞士
发行期限数量	7	8	6	6	12
发行期限：M代表月，Y代表年	3、6M、1、2、5、10、30Y	3、6M、1、2、5、10、15、30Y	6M、2、4、5、10、30Y	3、6M、1、5、10、30Y	3、6M、7、9、10、11、12、13、14、15、20Y
期限构成：					
1年以内含1年	19%	10%	2%	4%	27%
1~5年	6%	27%	32%	10%	23%
5~10年	43%	53%	61%	74%	13%
10年以上	32%	10%	5%	12%	37%
基准债券数量	2	7	4	2	7

资料来源：国际清算银行统计数据（1999）。

（3）基准债券发行

在上述国家中，一种或多种关键期限的新发债券作为基准，也就是说，这些基准债券作为宏观经济指标被追踪或作为相关债券的定价参考。由于新债券的付息利率更接近市场利率而价格接近面值，这简化了债券久期的计算及为税收和会计目的而进行的债券本金利息的拆分，因此，投资者倾向于将其作为对冲或短期交易工具。此外，发行规模中相当大的部分是被活跃的交易人如一级交易商（而不是为持有而购买的投资人）所持有，从而确保了基准债券的流动性。

短期国债在货币市场发展方面具有独特作用。一般而言，富有流动性的短期证券更容易满足金融机构的流动性需要，投资者持有、销售短期国债以及为债券投资组合交易融资的风险较小、成本较低。通常短期债券是定期发行的，季度内每次发行额大致相同，这便于投资者形成稳定的预期和投资决策；而季度之间每次发行额有所不同，它是根据季度国库收支预测决定的。除定期发行外，发达国家偶尔还不定期地发行期限在 13 周以内的债券，即现金管理债券，以满足国库支出的临时性需要。由于现金管理债券是不定期发行，因此其筹资成本高于定期发行的短期债券（见表 3）。

表 3　　　　　　　　　　部分欧元区国家国库券发行情况一览表

国家	总发行量（10亿欧元）	占总债务的比率（%）	时间	期限	发行频率	备注
法国	93.2	12.4	2003 - 03	以 3 个月期限为主，也发行 6 个月或 12 个月期限	一周	
德国	28.7	6.0	2003 - 03	3 个月	一个月	还发行其他短期证券，包括一个月的现金管理券
荷兰	30.7	15.1	2003 - 05	3 个月、6 个月、9 个月和 12 个月	隔周	
比利时	31.9	12.1	2003 - 04	以 3 个月期限为主，也发行 6 个月或 12 个月期限	一周	还发行 BTPs，常采用随买发行的方式，最长可达 12 个月，但通常不超过 3 个月
意大利	132.5	11.2	2003 - 03	3 个月、6 个月、12 个月	一个月	可根据需要增加发行频率
西班牙	38.5	12.4	2003 - 03	3 个月、6 个月、12 个月和 18 个月	一个月	
芬兰	5.4	9.1	2003 - 04	1 天到 12 个月	按照需要	
希腊	1.9	1.1	2003 - 03	3 个月、6 个月和 12 个月	一个季度	

注：爱尔兰、奥地利和葡萄牙很少发行国库券，但这几个国家发行商业票据。卢森堡发行规模太小，此处忽略不计。

资料来源：世界银行。

(4) 指数债和本息剥离债

应该说，在经济波动频繁或高通货膨胀的环境下，实现中长期债券市场发展的目标相对困难，而指数连结债券则是此种情况下较好的解决办法。一般来讲，发行指数连结债券主要有以下目的：一是在政府的资产比例和现金流与通货膨胀相连的情况下，可以提供内部资产的对冲工具；二是与普通债券相比，付息成本的波动性较小，从而有助于平抑预算盈余或赤字的规模；三是为市场提供了多样化的投资机会，促进了流动性和市场效率的提高。应该说，指数债券的发行一方面与债务管理的总体目标一致，即以最低成本和可接受风险筹集、管理和偿还债务；另一方面也为政策制定者和市场参与者提供了真实的收益率参考和一个可以防范和分散风险的有效工具（见表4）。

表4　　　　　　　　　　各国指数债券的特点

	加拿大	英国	美国	法国	瑞典
原始期限	30 年	不定	10 年、30 年	11 年	不定
占余额比重	2.1%	11.3%	1%	待定	10.3%
发行数量	2 只	13 只	2 只	1 只	5 只
发行方式	单一价格招标	单一价格招标	单一价格招标	承购包销	随买
指数选择	CPI	CPI	CPI	CPI	
指数化的现金流	本金指数化	本金指数化	本金指数化	本金指数化	本金指数化
时滞	3 个月	8 个月	3 个月	3 个月	2 ~ 3 个月

资料来源：国际清算银行。

引入本（零）息剥离债券（Strips）市场的目的在于：（1）促进投资者的资产的现金流（Strips）与负债（如年金）更匹配；（2）有利于投资者承担不同类型的投资风险；（3）对发行人而言，如果市场愿意为可剥离的债券支付溢价，零息剥离债券市场会略降低融资成本；（4）便于投资者根据需要创立资产。从这个意义上讲，可拆分性能够通过扩大投资者基础而提高市场流动性。

但需要指出的是，假设政府融资需求不变，可拆分债券的引入会减少附息债券的净供给，最终提高市场分割程度。为解决这一问题，一些国家（包括英国、比利时、德国）已同步将付息时间调整为与原始期限不相关的时间以保证不同期限的利息可相互替代。

二、市场结构

（1）一级交易商系统

在政府债券的现货市场，很多国家采用了一级交易商制度（PD）。央行或财政部授予 PD 参加一级市场招标和央行公开市场操作的权利，并在二级市场上承担做市义务（如在某种程度上确保流动性）。另外，PD 还承担在一级市场报价和向央行和财政部报告的义务。在英国，PDs 还承担指数连结债券市场的做市义务。当交易商之间竞争变激烈时，买卖价差变窄从而促进流动性。但是，过度竞争会通过对买卖价差产生向下的压力而影响交易商利润，这会削弱其做市功能。因此，在一级市场上提供给 PD 的独占利润在某种程度上是二级市场流动性的补贴金，否则很难达到社会的最优化水平。基于此，PD 制度的设计试图综合考虑交易商竞争的益处和维持做市功能之间的平衡。

（2）透明度

政府债券市场的信息包括多种层面：通常是价格或交易量，包括交易前信息（报价或指令招标规模）、交易后信息（合同价格或交易量）；信息公开范围（是面向交易商还是面向公众）；信息公开频率和时滞（是实时还是定期公布）。从上述层面考察，现货交易客户市场的透明度最弱，期货市场的透明度最强，现货交易商间市场居中。

在 G10 国家中，与一级市场透明度相关的突出特点是招标时间表和发行条款提前几天或更长时间公布。在这些国家中，预发行交易（When – Issued – Trading）十分活跃。预发行是指政府债券在招标前（或紧随招标）清算前出售。所有的交易商能在投标前视情况对发行额进行分配，从而有利于加强一级市场的深度，招标前分配的机制有助于开发二级市场的功能，促进价格发现，从而提高招投标的准确性。总之，这种交易制度有利于做市商测算对发行特定债券的可能需求，从而有效管理风险。同时，有助于做市商提前检验新发债券的真实价值并参与市场主导定价，会使买卖价差缩小，从而提高一级市场招标价格决定机制的效率及二级市场的流动性。

（3）做空机制

市场参与者的卖空能力有利于提高债券市场的流动性。当交易人持有空头时，他们必须在清算日前补齐头寸。如果做空机制缺乏会提高做市成本，导致流动性减少。G10 国家中普遍具有促进政府债券卖空的政策和机制。首先，所有国家都存在回购市场，交易上能够通过买入或逆回购获得所需债券而不对存货管理产生不利影响。其次，大多数国家都具有对交付失败的规定，如果交易商不能按期交货，仅付一定的赔偿金就可推迟交付。最后，在大多数国家，政府在某种债券短缺时可通过增发或短期借券（Lending）满足市场需求。

（4）交易机制

发达国家主要证券交易场所的交易机制设计虽然有很多差别，但总体上看，可分为指令驱动和报价驱动的交易机制。指令驱动（ORDER – DRIVEN）机制又称为竞价交易机制，其特点是买卖双方直接进行交易，或通过经纪人将委托指令传递到市场的交易中心进行撮合交易。竞价交易又分为集合竞价和连续竞价两种方式。我国目前上交所和深交所的交易机制是指令驱动。报价驱动（QUATE – DRIVEN）机制又称为做市商交易机制，其特征是证券交易买卖价差均由做市商报出，交易者通过做市商的买卖价差达成交易。这一制度的优点是能够使交易在合理的买卖价差内保持连续性，一般采取连续报价的方式。另外，还有一种混合型交易机制，指在电子撮合的基础上，做市商主导部分时段或证券品种的交易机制。如纽约证券交易所（NYSE）的专家制度。

政府债券市场交易机制的安排，其目标在于保证市场的流动性、透明度、稳定性、高效率以及低成本。这些目标都是政府债券市场健康运行的基本前提，然而各目标之间存在方向性和政策措施上的矛盾，使管理者很难同时实现上述目标。因此，交易机制目标的协调与选择方式不同，对市场效率尤其是市场流动性会产生重大影响。

由于国债市场债券数量多、品种复杂、价格和实际利息的计算复杂，难以实现标准化的交易，因此场外市场（OTC）成为发达国家国债交易的主要场所。美国、英国、德国等发达国家和东南亚新兴市场国家和地区的政府债券主要在场外市场进行交易。从广义上讲，场外市场是指交易所之外的所有证券交易市场形式。目前存在的场外市场交易机制主要包括单纯的做市商制度、做市商与指令报价机制结合的形式以及交易者之间直接进行询价的形式。目前，做市商双边报价机制是场外市场最主要的交易机制。场外交易具有不受交易网络覆盖面限制和交易成本低的特点，适应国债发行规模大和品种多的特点，同时为中央银行进行公开市场操作提供了平台。

三、税收问题

交易税如印花税被认为是外部成本，由于这类税收会对市场流动性产生负面影响，因此许多国家对政府债券市场采取交易税收免除政策。但是，利息税的预扣政策在许多国家仍存在。这类税收从不同的途径增加了交易成本。例如，如果对换手率很高的政府债券预扣利息税，买方和卖方之间就要对真实的利息进行调整。这种调整增加了操作成本和利息的机会成本，从而进一步提高交易成本。如果纳税实体和非纳税实体之间存在差异待遇，市场就会被分割，导致债券在不同持有人之间定价的差异。由于考虑到交易税对市场流动性的不利影响，绝大多数国家仅对交易欠活跃的个人征收预扣利息税。

总体而言，税收降低了证券持有和交易的预期回报，特别是交易税（见表5）。

表5 税收安排比较

	加拿大	意大利	日本	英国	美国
预扣预缴税	无	有	有	无	无
交易税——现货	无	无	无	无	无
交易税——期货	无	无	无	无	无
	比利时	法国	德国	荷兰	瑞士
预扣预缴税	有	有	有	有	有
交易税——现货	有	无	无	无	有
交易税——期货	无	无	无	—	无

资料来源：国际清算银行。

政府债券市场发展的方向与途径

从世界各国的经验看，政府债券市场发展的方向应是深度、流动性的市场，而提高市场流动性的途径主要包括：

1. 满足基准债的市场需求

政府债券为投资者提供了无信用风险的储蓄和对冲工具。考虑到投资人对时间的不同要求，政府债券应将发行期限集中在四个区内——短、中、长、超长，并合理调整各区的权重。为确保每个区的流动性，有必要保证其余额足够充分及基准债券的发行规模足够大（至少和投资者的偏好数量相匹配）。同时，为建立更大规模的基准债，对已经存在的品种进行增发是十分必要的。

基准利率是指金融市场利率体系中具有普遍参照价值，并对整个金融市场利率体系的变动趋势起先导和示范作用的利率。中央银行货币政策调控意义上的基准利率需要具备可控性、可测性、相关性等特征，而金融市场上的基准利率则需要具备稳定性、相关性和公信度高的特点。从国际金融市场发展的一般规律来看，有资格成为金融市场基准利率的只能是那些信誉高、结构合理、流通性好的金融商品的利率，而市场上最具备这一特点的利率就是国债利率或国债收益率。所谓基准国债是指流动性好、价格波动小、收益率为市场普遍接受，能够为市场定价提供参考的国债品种。由于基准国债的利率接近市场均衡利率水平，因此能够很好地满足投资者对冲风险和调剂短期资金头寸的需要。当市场中基准国债在各个期限中分布均匀时，市场的整体定价效率就会得到提高，不同品种之间的套利更容易进行，有利于价格的稳定。

G10 国家中，除日本以外，其他 9 个国家都进行增发操作。尽管增发的一般目标是提高基准债券发行的可替代性，但美国的情况似乎不同于其他 8 国。在美国，即便是基准国库券不存在替代能力问题，增发操作也照常进行以提高基准债的规模。

另外，预先公布发行计划和招标条件也会减少做市商和交易人对一级、二级市场供求预期的不确定性。同样这也是执行预发行交易的先决条件。

2. 交易的竞争性结构

无论是做市商制度还是交易所市场的撮合驱动，保持一个竞争性的结构对提升市场流动性都是至关重要的。做市商之间的竞争会缩小买卖价差，而交易所之间的竞争会使一种特定产品的交易更集中在一个交易所。总之，无论是做市商之间还是交易所之间以及两者之间的竞争都会有助于降低交易成本，提高信息披露的效率，从而提高市场流动性。在上述竞争性的市场框架下，理想状态是市场参与者具有在不同特点的市场间选择的自由，而过多的市场分割无疑会降低流动性。

3. 市场参与者的多元化

具有不同的交易动机和投资动机的市场参与者多元化在促进市场流动性方面也是十分重要的。市场参与者多元化并不必导致市场分割。例如，可以通过加强监管来增强流动性，如限制特殊的投资者参与市场交易，包括对非居民持有本币债券的限制。投机者也可通过持有头寸来熨平供求冲击来提高市场流动性。市场参与者的多样性反映出不同市场的制度性差异，例如会计核算、风险管理、个别情况下的交易商补偿计划等。因此，了解市场流动性与这种制度性安排的联系以及对公共政策与投资人行为的影响十分重要。

4. 培育机构投资者

对新兴市场而言，缺乏实力强大、活跃的国内机构投资者和国外投资者兴趣，导致市场发展深度和流动性不够。许多新兴债务市场具有融资来源垄断性的特点，主要来自税收力量的运用、对银行最低储备和流动性资产的要求，规定国内养老基金和其他社会保障基金投资于非市场化的政府债券。这些要求制约了政府债券市场的发展，由于非市场化债券不能在任何交易所挂牌，也不能交易，因而加剧了市场分割。同时，对银行最低储备和流动资产管理的规定人为地降低了这些工具的收益率，因而也会对市场发展产生不利的影响。所以，有必要引入可鼓励储蓄类机构购买市场化的、较长期债券的机制，以促进机构投资者的发展，而广泛的国内和国际投资者基础将有助于降低发行成本并促进未来发行。

5. 将流动性的政府债券市场提升为核心资产市场

即便是采取了上述措施，由于市场参与者的偏好不同，不同市场和金融工具的流动性仍存在差异，两者相互作用在一定程度上导致了市场流动性的集中，例如在"自我实现"的功能作用下，流动性市场的流动性逐渐提高，而非流动性市场则不断下降。基于此，如果要提高市场每一部分的流动性是不现实的，同样一种模式不能适用于所有市场。但是，如果界定流动性充足的核心资产市场并采取适合这些市场发展的政策，包括市场规则、清算、衍生工具，将会有效提高整个市场的流动性。从这个意义上讲，由于政府债券能为其他金融资产定价提供基准同时具有回购和期货市场，通常会发挥核心资产的作用。在某些情况下，十分相似的私人部门市场也会和政府债券一样起作用，甚至比后者更优。例如在欧元地区，由于近年来出现财政调整及国债缩减的趋势，因而私人部门工具也在某种程度上承担了核心资产的功能，这可以从利率掉期曲线上看出，尽管有些研究认为做出这样的预计为时过早。

6. 完善回购市场和衍生工具市场的功能

回购市场和衍生工具市场的运行将为交易商提供做空机制和对冲风险的工具，因而会提高政府债券现货市场的功能，并促进流动性。包括期货和远期合约的建立可提供对冲风险的能力，STRIPS 的运用，远期交易（包括预发行）和掉期交易（最基本的掉期交易是固定利率与浮动利率的互换）。对于新兴市场而言，这些工具有助于拓展风险管理的机会，促进二级市场流动性的提高。同样，流动性强的现货市场对前者的高效运行也至关重要。

值得注意的是，回购市场和衍生工具市场的发展也为一些投资人提供了"挤出"现货市场的机会。G10 国家通过对现货、回购和期货市场的密切监测来管理这种风险，在必要时通过诸如增发或借券——借出短缺债券（Short Supply）来防止"挤出"。

7. 标准化交易和清算操作

标准化交易和清算操作会降低交易成本，在不对市场差异性（多元化）产生消极影响的情况下提高有效供给，从而减少市场分割并提高流动性。从某种意义上说，这应是具有高度政策优先级的领域，因为清算与结算体系（包括托管体系）的质量是影响投资者信心的主要决定因素，包括对市场结构的效率和可信度的信心。完善的清算和结算体系可有效保证金融稳定，尤其是防范系统性风险，因此保证了一级市场和二级市场的平稳运作。例如，1999 年欧元的引入促进了欧洲国家在政府债券市场的密切合作与结盟，如利率水平、付息日与期限等，并且类似信用等级的不同政府发行的债券在现货市场和期货市场上更容易相互转换，从而提高了流动性并降低了债务成本。就清算方式而言，近10 年中 DVP（Delivery Versus Payment）方式已在发达国家的政府债券市场上成为主体，而其他的固定收益市场则没有实现同一程度的标准化。如果全球固定收益市场的清算日趋标准化，潜在套利和对冲交易需求就会增加，从而促进市场流动性。

8. 将税收对流动性的负面影响最小化

前面已讨论过，交易税和预扣利息税作为外部成本通常会降低流动性。因此，政府有必要在提高税收收入和对市场流动性的冲击之间做出权衡，例如，取消政府债券的交易税，或仅对交易不频繁的实体征收预扣利息税。

9. 提高交易信息的透明度

在讨论金融市场的透明度问题时，通常考虑的是金融资产发行人的信息披露，如信用状况。事实上，对于功能完善的市场而言，交易信息的透明度同样重要，特别是对价格发现和风险分散，而交易信息披露的最佳时间和程度则有待于进一步探讨。

10. 市场监管

充分的市场监管对有深度的、流动性的债券市场是必要的。

一方面，对于一级市场而言，为防止证券集中在一定交易人的手中，一半的 G10 国家（美国、加拿大、英国、法国和日本）在招标中都有报价和分销的限制性规定。这种途径不仅可防止市场垄断，同时还可使证券持有人多样化，因而有助于提高市场流动性。

另一方面，对于二级市场而言，下述措施对于降低市场操作如短期挤出的预期利润很有效。一是大多数国家（日本和德国除外）都制定交付失败的规则。这有利于证券市场的做空机制，提高了市场深度。二是通过增发或借券满足市场需求。英国、美国、意大利、比利时、德国、瑞典都具有债券借出计划，允许央行借出短缺的债券。另外，加拿大、美国、意大利、英国和比利时在市场完整性方面面临的挑战则是增发债券。

此外，建立政府融资和二级市场发展相关的、可持续的、透明的法律和监管框架也至关重要。具体包括：政府借款结构的规定和还款的职责，可流通工具、抵押品、动产和不动产的规定，关于丧失抵押品赎回权和银行破产政策的优先级应予以明确。另外，统一债券发行的注册方式，应详细说明上市、披露、评级要求、会计标准、交易、清算与结算平台等问题。毫无疑问，债券市场规则与监管的协调统一会给市场发展带来效率。

总之，政府债券市场的发展，既是金融改革的结果，也有助于改革。政府债券市场的流动性是货币和债券市场总体发展的催化剂。最终流动性的好处不仅能降低国债的筹资成本，有助于缓冲国内及国际经济冲击的影响，而且有利于政府降低利率风险、货币风险以及其他金融风险。

（本文成稿于 2006 年 11 月）

◉ 培育机构投资者　推动债券市场发展

2012 年 3 月国务院发布的《2012 年深化经济体制改革重点工作意见》中明确提出，促进多层次资本市场健康发展。债券市场作为资本市场的重要组成部分，不仅是投资者进行资产管理、有效规避金融风险和确定金融资产价格的良好场所，而且作为直接融资的主要途径，为整个金融体系提供流动性支持和风险管理工具，在货币市场和资本市场中发挥桥梁和催化剂的作用。国内外实践表明，机构投资者的发展对资本市场有着普遍而深入的影响，不仅提高了清算和结算的效率，并且有助于金融资产的准确定价，对推动债券市场乃至整个金融市场功能的发挥至关重要。而近期，中国人民银行与世界银行签署代理协议，允许国际复兴开发银行和国际开发协会投资中国银行间债券市场。国际金融组织对中国债券市场的参与也提升了全球的机构投资者对中国债券市场的信心，这无疑会推动我国债券市场对外开放、国际化的进程。

一、债券市场投资者结构的国际比较

为更好地吸引国际机构投资者并降低公共赤字的融资成本。近年来，许多国家政府也不断完善政府债券市场的基础设施建设。OECD 国家所采取的措施包括拍卖、做市商制度、融资头寸的工具（如回购协议）、取消预扣税、衍生产品市场、基准债发行、清算和结算体系的完善等。从国际经验来看，债券市场的交易者主要包括中央银行、商业银行、信托投资公司、保险机构、各类基金、企业机构、个人投资者，它们虽然分散在各个交易市场（场内市场、场外市场、大宗交易市场等），但各交易市场之间没有对交易者身份进行严格限制，尽管大宗交易市场对投资者的最低交易额度有一定规定，但其目的是使交易在数量上更加匹配，从而提高交易速度。另外，发达国家债券市场的投资者结构中，机构投资者占主导地位，个人投资者买卖国债大多通过机构投资者进行。其中，金融机构是机构投资者的主导，不同类型的金融机构负债特征的差异导致了对国债交易的不同需求，进而提高了市场流动性。例如，中央银行在国债市场的买卖行为主要是由于货币政策调控的需要；商业银行的负债增长一般比较稳定，而头寸的变化比较频繁，往往将短期国债作为备付金资产的重要组成部分，而将回购作为调剂资金头寸的重要工具；基金投资则更注重安全性，国债投资在基金组合中通常被作为降低风险系数的工具；人寿保险公司根据保单负债类型的不同采取相应的投资策略；财险公司更注重收益性，而对流动性的要求相对较低；证券公司除了将国债作为资产组合的工具外，更倾向利用国债回购来满足短期资金头寸的需要。

基于此，如果同一类机构被分割在不同的市场进行交易，交易需求的差异性必然受到影响。另外，由于投资者的风险偏好不同，具有不同的资产负债结构，对宏观经济和通货膨胀、利率走势的预期不同，而无风险的基准利率无疑可以提供重要的投资和交易参考，从而提高交易效率，分散投资风险，促进市场流动性的提高。

从发达国家的国债市场发展历程来看，国债持有者结构呈现多样化趋势，多数市场经历了由个人投资者为主向机构投资者为主的转变。在绝大多数市场化国家中，机构投资者占90%以上的份额，主要包括商业银行、保险公司、养老基金、工商企业、外国政府机构、共同基金等。

二、机构投资者对债券市场流动性的影响

首先，由于机构投资者具有资金优势和人才优势，采取专业化管理和系统化的运作，从降低交易成本和保持市场连续性等方面增强市场的效率，从而能有效地控制债券投资风险，提高市场的流动性，对债券市场的稳定发挥重要作用。其次，契约型机构投资者，如养老金和保险基金，其投资具有稳定性和长期性，形成了债券市场持续稳定的资金来源。同时，机构投资者通过投资组合可以为单个债券投资者分散投资风险，吸引潜在的投资者，增加入市资金，提高市场深度，促进流动性的提高。最后，由于很多机构投资者同时参与国债一级市场的承销，从而使一级、二级市场的发行定价机制有效联动，从整体上提高了债券市场的定价效率与流动性。

从另外一个方面讲，机构投资者的"羊群行为"也会引起市场流动性风险，包括所有人都寻求在同一时刻买进或卖出股票，而现代资本市场环境下的这种机构共同行为有可能放大市场功能，进而影响市场流动性。如当债券市场面临恐慌性抛盘时，容易导致成交稀疏、流动性差，并且面临完全丧失流动性的可能。例如1987年的垃圾债券市场危机，由于抵押担保证券市场的恐慌和流动性的丧失，出现一系列的金融机构倒闭。

对于新兴市场而言，缺乏实力强大、活跃的国内机构投资者和国外投资者兴趣，导致市场发展深度和流动性不够。许多新兴债务市场具有

融资来源垄断性的特点，主要来自税收力量的运用、对银行最低储备和流动性资产的要求，规定国内养老基金和其他社会保障基金投资于非市场化的政府债券。由于非市场化债券不能在任何交易所挂牌，也不能交易，因而加剧了市场分割。同时，出于对银行最低储备和流动资产管理的规定，人为地降低了这些工具的收益率，因而也会对市场发展产生不利的影响。所以，有必要引入可鼓励储蓄类机构购买市场化的、较长期债券的机制，以促进机构投资者的发展，而广泛的国内和国际投资者基础将有助于降低发行成本并促进未来发行。

三、培育我国机构投资者的措施

机构投资者是资本市场的主体，合格的机构投资者是资本市场健康稳步发展的基本要素。目前，我国机构投资者虽然具有一定规模，但是整体发展仍需要不断完善。许多机构投资者缺乏资本管理经验、理性的市场投资和风险管理理念、规范的投资行为，使机构投资者不断地走向成熟和更具实力有利于多层次的债券市场体系的建立，提高市场化的定价效率，活跃债券市场的交易、分散债券市场的风险，促进债券市场发展和创新的进程。

（一）提升商业银行信用风险定价管理能力。应发展货币市场基金和债券型基金，促进货币市场和债券市场投资主体的多元化。从各类投资者的具体持仓量看，商业银行仍然在银行间市场居主导地位，2011年底的持仓量达14.41万亿元，占银行间债市规模的67.47%，其中尤以全国性商业银行所占比重最高，保险机构和基金的持仓规模稳定在第二位和第三位，分别达2.06万亿元和1.69万亿元，分别占银行间债市规模的9.65%和7.92%。

（二）鼓励商业银行的综合化经营，包括完善基金管理公司的管理，商业银行通过设立基金管理公司来开展投资业务，既可以扩大机构投资者的层次，又可以充分利用商业银行的资产管理业务来增加资本市场的流动性，促进储蓄向投资的转化。有必要重启信贷资产证券化试点，在完善银行资产负债比例管理、分散银行风险、缓解流动性压力的同时，可以为中小企业信贷提供支持，为高收益债券产品发行搭建平台。信用债的发展壮大和机构投资者的成长成熟，发展良好、多层次的公司债市场将丰富银行证券投资组合的品种和工具，有利于提高银行的信用风险管理和定价能力，从而有可能进行更为积极的资产负债管理。

（三）为社保基金、年金的发展创造条件。当前发展债券市场的一个重要问题就是如何能引入长期稳定资金的问题，而社保基金和养老金投资管理运作首先要满足安全性的需求。相较于股票市场，债券投资既是审慎投资的需要，也是资产负债比例管理的要求。如何进行债券市场的制度创新，通过包括税收政策和风险管理等相关政策制度安排鼓励这些资金入市值得探讨。

（四）在机构投资者中积极培育做市商。从各国证券市场的情况来看，做市商居于场外市场的"中心""核心"位置，发挥着重要作用。可将在市场上表现良好的机构投资者补充到做市商中，推进做市商制度的发展，提高债券市场的流动性和市场效率。

（五）在人民币国际化和债券市场渐进式开放的进程中加强机构投资者培育。积极鼓励进入中国资本市场的境外机构投资者（QFII）将理性的市场投资理念、国际先进的资本管理经验、规范的市场投资行为带入中国资本市场，促进我国合格的机构投资者群体的形成，使我国债券市场向规范化和国际化的方向稳步发展。在 2005 年，世界银行集团旗下的国际金融公司（IFC）就已经获准在我国银行间债券市场发行人民币债券 10 亿元。2011 年 12 月 16 日，中国证监会、人民银行和国家外汇局联合公布《基金管理公司、证券公司人民币合格境外机构投资者境内证券投资试点办法》，人民币合格境外机构投资者（RQFII）正式启动。RQFII 试点将从基金公司、证券公司的香港子公司开始，运用其在港募集的人民币资金在经批准的人民币投资额度内开展境内证券投资业务，初期试点额度约 200 亿元，据称其中 80% 的资金将投资于固定收益证券，不超过募集规模 20% 的资金投资于股票及股票类基金。

值得一提的是，2012 年 4 月 23 日，中国人民银行与世界银行签署代理协议，允许国际复兴开发银行和国际开发协会投资中国银行间债券市场。该协议使世界银行能够通过投资中国的固定收益产品参与债券市场的发展，同时也使世界银行有可能开发并向借款人提供以人民币计值的产品，国际金融组织对中国债券市场的参与提升了全球的机构投资者对中国债券市场的信心，这无疑会推动我国债券市场对外开放、国际化的进程。

在向 QFII 开放银行间债券市场的过程中，也应逐步开发合格的境内机构投资者（QDII），包括合格的中小金融机构、社保基金、保险公司、证券投资基金、理财产品等投资于境外外币债券，扩大境内投资者的投资渠道。从 2007 年 7 月起，中国政府开始批准国内金融机构到香港发行人民币债券，随着中国跨境贸易人民币结算进程的不断深化，金融机构赴港发行人民币债券的规模也在不断扩大。2011 年 8 月，在面临欧债危机和美债危机的冲击下，我国在香港特区发行 200 亿元人民币国债也为债券市场注入了稳定剂。进一步开放我国债券市场，推进离岸人民币债券市场的发展，无疑有利于吸引外资发展本国经济，推动我国债券市场的产品创新，而建立多元化的机构投资者层次，有利于市场开放过程中金融风险的防范，同时提升人民币的国际吸引力与市场信心，使中国债券市场成为全球金融市场的重要力量。

建立多元化的地方政府债券机构投资者层次。2011 年由上海市、浙江省、广东省和深圳市开展地方政府自行组织发行本省（市）政府债券试点，市政债券（地方政府债券）的发行与管理成为各方关注的焦点。如何借鉴国际经验，建立合理的地方政府投融资体系，逐步推进市政债券的发行，降低财政风险和金融风险，完善直接融资体系等问题，值得我们深入探讨。目前地方债券主要在银行间债券市场发行，商业银行是主要的机构投资者。未来需要建立类似美国的多元化投资者层次，包括商业银行、保险公司、基金、证券公司、社保基金、养老金、个人投资者，逐步建立多元化的机构投资者层次，为市政债券的发展奠定市场基础。

同时，在债券市场发展的过程中积极防范金融风险，包括信用风险评级和管理、衍生工具定价机制的完善。针对目前市场投资需求和风险偏好同质化的倾向，逐步实现发债主体和机构投资者的多元化，以避免风险过度集中于银行体系。未来需要不断完善信用风险管理的制度框架，包括信用增进、区域集优融资模式、地方政府偿债基金及信用债的监管协调机制等多方面内容。

适时恢复国债期货为机构投资者对冲利率风险提供对冲工具。随着长期国债发行数量的增加，包括15年、20年、30年、50年期国债，机构投资者的利率风险也在相应加大。今后几年应在统一的托管结算体系和严格的风险管理框架逐步建立的基础上，逐步引入包括期货在内的衍生工具，建议适时恢复国债期货交易。从国债期货停盘至今已经10余年，我国的宏观经济和市场交易环境发生了巨大变化。我国国债期货市场具备了恢复交易的良好环境，市场参与者也确实具有十分迫切的利率风险规避需求。国际经验表明，衍生工具的发展和创新不仅可以有效地规避市场风险，同时又是促进市场发展的催化剂。应该说，国债期货的恢复有利于机构投资者规避市场风险和利率风险，对金融风险防范具有重要意义。

（本文成稿于 2012 年 3 月）

投资基金发展的路径选择

◐ 政府引导基金发展现状思考

近年来，供给侧结构性改革进入快速发展阶段。但是，与市场在资源配置中发挥决定性作用的经济体制和现代经济治理的要求相比，我国投融资管理体制仍然面临许多问题。与 OECD 国家相比，中国财政支出中经济建设支出较大，包括用于农业、林业、水利、铁道等的基本建设拨款或贷款。而政府引导基金的出现较好地解决了这一问题，政府引导基金可以借助财政资金的杠杆放大效应，以少量财政资金撬动更大规模的社会资本参与产业投资，实现支持经济发展的财政手段与市场化方式的融合。

我国政府引导基金发展迅速

截至 2019 年 12 月底，我国已成立政府引导基金超过 1300 只，引导基金自身规模超过 2 万亿元人民币，母子基金总规模超 11 万亿元。政府引导基金已经成为我国资本市场发展的重要支撑和人民币基金的中坚力量。

从运作模式来看，政府引导基金一般采取母子基金、跟进投资、直接投资等方式。在退出方面，政府引导基金原则上通过到期清算退出，存续期内如完成投资绩效和政策目标，也可以通过股权转让等方式退出。其投资的创业投资基金及项目，可通过股权转让、股权回购、股转债等市场化方式退出。

国内政府引导基金现存的问题

政府引导基金监管体系有待完善。从目前来看，对政府产业引导基金的监管包括但不限于证监会、基金业协会、财政部、国家发展改革委、商务部等，同时由于地方政府产业引导基金的快速成立，地方政府也成为产业引导基金的主要监管单位之一。证监会负责基金具体操作层面的监管，即对基金管理人、基金募集程序、投资人保护等方面进行监管；财政部对政府产业引导基金的资金预算使用、会计处理、风险防范进行监督管理；国家发展改革委监管则突出对政府投融资行为的引导，从宏观层面发挥产业引导基金对产业升级改造的促进作用；地方政府主要针对本地的实际情况，决定地方政府产业引导基金的规模、投向以及后续监管等。政府引导基金运行中监管重复、监管冲突等问题有所体现，监管体系有待进一步完善。

出资人利益不一致问题犹存。引导基金是财政资金与社会资金的集合体。政府为发挥引导作用和弥补市场失灵效果通常不以营利为目标，而社会出资人则要求获得财务回报。基金管理的政府资金和社会资金具有不同的利益诉求，目标的错配很难达到双方的妥协。政府引导基金在招募基金管理人市场化运作基金时，由于过多的限制条件和投资要求，也很难吸引到优秀的管理机构。相反，很多管理能力一般的投资机构由于很难得到社会资本的认可，反而更有动力与政府引导基金合作，从而出现"劣币驱逐良币"的现象。

政府引导基金的设立目标和原则有待廓清。政府引导基金的设立面临目标和原则不清晰的问题，其背后是政府与市场边界不清的问题。许多设立基金的政府仍然以追求最大 GDP 为主要目标，只要能够增加GDP 和投资规模，无论是竞争性领域还是具有"正外部性"的科技、绿色、中小企业领域，产业基金都会涉及，造成基金投资范围过广、数量过多、规模小、短期化。另外，部分地方政府直接把原来的产业补贴项目转换成投资基金，原来产业补贴存在的资金分散、投向重复等问题没有得到根本解决。部分政府引导基金倾向于对容易盈利的项目进行投资，也会对社会资本产生挤出效应，或者为了扶持当地某行业的发展，过度投资而导致该行业产能过剩。这些倾向都在一定程度上造成资源配置扭曲。

政府引导基金的具体运作管理缺乏精细化。一是基金募资对象单一。政府引导基金通常作为最后的出资人。目前银行占据了引导基金社会出资的主要来源，其他非银金融机构及上市公司等占据很少一部分。很多时候政府引导基金没法完成出资，从而使子基金无法如期设立。二是投资效率不高，绩效考核有待改进。由于对基金的认识和运作水平还不高、相关运行框架体系和政策不尽完善、项目管理流程没有完全建立，政府和国企管理的引导基金普遍存在投资效率低下的问题。三是绩效考核体系尚不健全，投后管理能力有待提高。从全国范围内看，引导基金主管政府部门并没有明确的考核目标（如经济效益抑或社会效益），引导基金管理机构绩效考核意识和方法体系还有待提高。目前，子基金向引导基金报送各项材料也比较耗时耗力，大多数引导基金投后管理系统还没有完全做到专业化和市场化，对于所投子基金项目投资很难实时跟踪，因此也难以为子基金提供更多的投后服务。四是退出渠道不畅通。尽管近几年我国陆续推出新三板、科创板等新的退出平台，但现有体系的引导基金退出仍面临一些问题。

重视政府与市场边界，提升基金运作效率

树立"担风险、重引导、尽职免责"理念。应该充分认识到，对于关键共性技术、经济友好、投资期限较长、产业发展断点等市场投资失灵领域，不管以什么形式投入，客观上都是存在风险的。同时，政府引导基金作为政府参与市场、引导市场投资风向的重要工具，要充分发挥其重引导的功能，通过积极参与市场、引导市场起到示范作用，从而实现国家扶持中小企业、鼓励创新创业、增加科技研发及提升基础设施建设水平的战略目标。此外，可以参考"尽职免责"的原则，建立适当的容错机制为基金管理人减压，鼓励管理人积极参与市场，真正发挥政府引导基金的投资功能，而非大量投向保本稳健产品，导致资金使用效率低下。

明确政府和市场职能，合理划清政府与市场边界。德国的高科技引导基金（High – Tech Gründer Fonds）的创投政策目标就是批量生产行业"隐形冠军"，方式就是弥补科技型企业创建初期的融资不足。对政府引导基金而言，以弥补市场失灵为核心的政府目标与基金管理人的追求资产增值存在天然矛盾。引导基金应该在不缺位、不越位的前提下，确保基金的引导性与社会资本的盈利，从而达到政府有为、市场有效的理想愿景。

收益分配从商业化分配到政策性让利，监管要求从保本增值到适当容错。很多政府引导基金开始回归撬动社会资本的本质，通过收益倾斜策略来平衡政府的政策引导目的和社会资本增值目的之间的矛盾，吸引社会资本参与引导基金。2019 年，国务院办公厅发文指出要针对地方股权基金中的种子基金、风险投资基金设置不同比例的容错率。除了传统的直接融资以外，还可以增加融资担保等方式。例如，德国曾于1989—1995 年实施"新技术企业资本运作计划"（BJTU），该计划只支持创业投资公司，为创业投资机构提供90% 被担保的无息再投资贷款，最高贷款额可达100 万马克，最长期限为 10 年。作为回报，德国经济再开发署（KfW）获得40% 的投资收益。在该计划下，创业投资机构用10% 的投资风险享受了60% 的投资收益。

积极构建全方面业绩评价体系。第一，构建全面、具体、可实施的基金绩效评价体系，包括涵盖引导目标实现程度、投资运营效率以及资本增值等多维度的考核指标，并给予不同侧重指标相应的权重。第二，充分发挥内部控制与外部监管的双重监管优势。内部监管即要通过建立完善的内部控制体系，并委派相关专业人员参与投资决策委员会或咨询委员会，及时地发现、反映和评价基金运营相关问题；同时引入独立第三方评价和审计机构，定期对引导基金运作做独立外部评价，并积极向人大和管委会汇报基金运作相关情况，提高评价的公正性和公平性。第三，完善年度绩效考核标准。创业投资等项目通常有投资期限长、回报周期慢的特点，具体体现为投资前期亏损较大、后期获取收益。因此，引导基金应当根据所投资项目的不同阶段设置相应的考核标准，从而在保证引导基金效率与投资规范的前提下更好地体现公平性。第四，充分利用绩效评价结果。应该参照绩效评估结果，对优秀的引导基金增加以后年度预算安排规模、对基金管理机构给予额外业绩奖励等措施予以激励；对评价结果较差的则可相应减少其预算安排规模并加强监督管理以及业绩考核具体指标，并要求其限期整改或者采取更换管理人等措施。

积极发挥科创板作用，大力发展其他退出渠道。科创板的设立将给政府引导基金带来的影响。从募资端来看，对投资人门槛会提高，从而催生对专业机构的强烈需求。从退出方面来看，目前主流的国内主板IPO都会有较高的盈利要求，科创板的成立给众多机构提供了一个重要的退出渠道，将一定程度地缓解当前引导基金的退出困境。同时，加大基金发展力度，充分构建一级市场的二级交易，增强创投市场的流动性。

关注绿色发展和公共安全，加强引导基金履行社会责任

注重绿色投资领域，发挥好引导功能。引导基金应充分重视引导示范性，发挥责任投资和ESG标准对绿色投资和可持续金融的指引作用。从可持续发展理念、社会责任、ESG评价指标体系、创新激励机制、公司治理、法规制度的完善等多层面推动更多社会资本参与到"绿水青山就是金山银山"的建设中来。政府引导基金也应确立ESG评价指标体系为准则的行动指南，改善投资决策机制，提升绿色投研体系，为推动绿色投资基金、全面践行ESG责任投资奠定基础。

增强引导基金应对社会突发事件的灵活性，加强引导基金的社会责任担当。政府引导基金作为政府资金对社会资本的补充，扮演重要的弥补市场失灵、引导市场方向的重要角色，就更应该突出在社会突发事

件下的反应能力和反应速度，包括加大对国家公共卫生安全、交通安全和生物安全应急机制、医疗技术方面的投入。如在抗击武汉疫情中，从人民健康和国家安全的角度，可尝试设立国家公共安全与应急基金，利用引导基金提升紧缺物质产能、加快相关疫情防范和医疗技术的研发支持，完善突发重大疫情的防范和救治机制。同时，在地方财力有限的情况下，引导基金可以发挥种子基金的作用，带动更多社会资本加大对公共安全体系及应急救治体系和技术的投入，鼓励运用大数据、人工智能、云技术等在公共安全方面发挥作用，为打造集约高效、经济适用、智能绿色、安全可靠的现代化基础设施体系建设奠定基础，推动重要领域的改革，加强引导基金和企业的社会责任和治理体系的完善。

（本文与李皓合著，成稿于 2020 年 10 月）

政府引导基金国际比较

近年来，政府引导基金的快速发展成为国内金融市场的一大热点。当前，在地方债务进入偿债高峰、PPP 项目因操作中严重异化而被迫大量停滞、民间资本投资意愿不强以及外部贸易争端不断的背景下，如何更好地发挥政府引导基金的作用，合理撬动民间资本支持创新创业，为经济转型、中小微企业发展、制造业升级和基础设施建设注入新活力，显得尤为重要。

发达国家的成功经验

澳大利亚 IIF 基金：明确政府职能，注重市场边界
为改变澳大利亚小微企业面临的融资困境以及提高其管理水平，澳大利亚政府在 1997 年宣布成立了"小企业创新基金"，后改名为

"创新投资基金"（IIF）。

以创新型初创企业为目标，弥补市场空白。IIF 资金 100% 投向创新型企业，2/3 投向种子期和初创期等不受当时市场化创新投资基金青睐的公司，IFF 参股基金平均每笔投资金额不到 300 万澳元，远低于市场化机构平均每笔超过 1800 万澳元的水平。通过集中投向初创型创新企业，IIF 规避了对市场中后期创新投资机构的挤出效应，有效填补了澳大利亚初创型企业在资本市场上的融资空白，同时也给这些企业的后续发展提供了良好的平台支持和政策保障。

专注高科技行业，体现市场导向性。IIF 投资领域主要集中于高科技行业，互联网、生物医药等类型企业占比 50% 以上，这有别于当时市场创业投资基金的制造业偏好，符合澳大利亚政府制定的创新议程（Powering Ideas）中对知识和技术密集型企业发展的规划。

收益分配倾斜，激发民间资本参与热情。IIF 基金在投资企业后的适当时间会通过 IPO、寻求并购、管理层收购或清算等方式退出。退出时的收益分配顺序为：按照投资比例退还本金；本金收回后，按照政府长期债券利率按份额分配利息收入；如仍有超额收益，则政府拿走 10%，剩下部分私人资本和管理层按 8∶2 分成。这样的收益分成激励，提高了私有资本的潜在回报率，有效调动了社会资本参与积极性，为培育澳洲早期高科技风投土壤和促进中小企业创新营造了良好氛围。

美国小企业投资公司（SBIC）：重法律政策连续性下的引导基金

20 世纪 50 年代末，美国国会通过了《小企业投资法案》，以间接的方式通过政府向私人小企业投资公司提供资金支持和优惠政策，鼓励私人投资者积极参与资金供求不均衡的初创型企业项目，满足中小企业的长期资金需求。经过约 30 年的发展，美国停止了对小企业投资公司的直接资金支持，开始转向采用债券融资担保的方式为小企业投资公司从事股权投资提供金融支持。

明确立法限制，注重法律连续性。针对小企业投资公司的相关运作与监管，美国陆续颁布实施了《小企业投资法案》《SBIC 法案》《小企业技术改进法案》《SBIC 技术性法案》等多部法案，在投资领域、投资方式、组织结构和偿还期限以及违约处理、SBIC 关联交易禁止条例等方面都有严格约束限制，最大限度地保障担保资金安全和引导效率。同时，中小企业管理局十分重视法律法规的连续性，始终坚持服务初创企业，为其提供长期股本和长期信贷资金的理念。

制定公共政策目标，明确引导职能。美国不允许 SBIC 以直接或间接方式永久性控制任何小企业，最长控制时间不能超过 7 年（特许情况除外），单个项目最大权益投资比例不能超过私人资本的 10%。同时，SBIC 投资有最低融资期限限制，向小企业发放的债务、贷款性融资期限不能低于 5 年，某些特殊情况下可放宽到 4 年，这有别于银行追求短期收益和资金安全的风格，充分保证 SBIC 的逆银行融资理念和弥补市场融资空白职能。

合理运用杠杆，收益倾斜放大 SBIC 投资倍数。小企业投资公司在运作中，运用的担保债券杠杆融资额度不能超过私人资本的 3 倍，而股权担保融资通过采用盈利支持债券以及优先股等形式认购或者为 SBIC 发行的参与式证券提供担保，使小企业管理局可以通过有限合伙人的形式获得最高 2 倍于私人缴付资金的融资额度。

以色列 YOZMA 基金：多元化募资渠道，解决政府机构利益不一致的典范

为培育本土风投市场支持小微企业和科技创新，以色列在 1992 年推出了以扶持高新技术初创企业为使命的 YOZMA 计划，该计划被认为是世界上最成功的政府引导基金之一。该计划初期规模为 1 亿美元，采取有限合伙的形式参股 10 只子基金，参与每只子基金的资金规模最高可以达到 2000 万美元。在 YOZMA 基金成立的前十年，YOZMA 及其团队衍生了 55 亿美元的创业风险投资，一度占据了以色列风投市场超过 80% 的资金来源，累计扶持了数百个科技创新项目。

明确市场边界，避免市场失灵。YOZMA 基金从成立之初就大胆放权坚持市场化路线，明确了在引导基金的经营管理中，政府的作用仅限于投资方向的引导，而基金的运作形式采取有限合伙制的方式，政府仅作为出资的有限合伙人按照比例承担出资义务而不参与管理职能，也不干预具体投资项目的选择，而将基金的管理职责全权移交专业市场化管理团队，并结合期权激励机制、跟投机制以及全流程考核等直接将所投项目的成长性与私人资本的利益挂钩。

YOZMA 计划参股的首批 10 只子基金均采用"政府资本 + 民间资本 + 海外资本"的"1 + 2"模式，其中 40% 由政府出资，另外 60% 的份额由一家成熟国内民间资本公司和一家国际风险投资公司承担。国际资本的参与不仅为当时创投贫瘠的以色列市场带来了活跃资金，同时也为以色列科技创新企业带来了全球化的视角和多元化的退出渠道。

投资方向明确，体现政策导向。从成立之日起，YOZMA 基金就对所投行业领域与产业阶段制定了有针对性、明确清晰的界定，要求自有资金和参股子基金只能投向早期创业创新企业。具体到标的选择上，YOZMA 强调弥补以色列行业短板，支持技术具有独特性且具有较大市场潜力的项目，纠正风险投资初期市场的失灵。

政府适时进退，避免与民争利。基金采用了有限合伙制形式进入基金，通过杠杆撬动其他资本更多投入到相关领域。同时，在利益分配上，在项目走上正轨之后，基金就会选择适当时间退出，这既保证了政府的引导作用又为资金的适时退出、循环利用打下了良好的基础。到 2000 年，YOZMA 基金首批 10 只子基金中的政府资金部分已经完全退出。政府还作出承诺，在项目设立五年内，基金合伙人可以按约定条件享有对政府股份的看涨期权。在封闭期的前五年，子基金合伙人可以按照"资金成本 + 一定利息比例"的行权价优先从政府手中买走其基金股份；封闭期后，政府通常以行权价为基础通过公开拍卖的形式将其持有的股份转让给其他投资者。

瑞典工业创新基金：精心培育新兴产业集群

1994 年，瑞典政府通过设立政府引导创业投资基金的方式，为科技研发支出及新技术的市场化推广提供了必要的资金支持。在基金成立后的 10 年，瑞典研发支出迅速发展，人均研发支出跃居世界第二，生物、信息技术等企业数量位居欧洲前列。

严格明确投资对象，确保资金精准使用。在扶持对象规模上，引导基金明确只有雇员数低于 250 人的中小企业才可以向工业创新基金申请投资，且投资时只能小比例持股，比例为 20% ~ 49%，投资金额严格控制在 300 万瑞典克朗以内，且多为分期投资。

精选投资领域，彰显政府导向性。工业创新基金严格限制投资对象，仅投资那些小型的、具有唯一知识产权或专利产品和具有良好市场前景的企业。严格限制投资行业，引导基金只能投向以信息技术、移动互联、基因工程、生物技术为代表的新兴产业。除资金参与支持外，瑞典政府积极研究制定相关产业配套政策，将发展壮大瑞典中小新兴企业作为重要任务，从政策、法律、技术、资金、市场等多个领域给予全面扶持，同时大力开放国内市场，实行公平竞争打破行业垄断，为中小企业的生存与发展营造一个优良的市场环境与监管环境。

政府引导基金可持续发展的关键

如何平衡政府出资人与市场出资人的利益关系是政府引导基金可持续健康发展的关键。第一，引导基金的设立目标要兼顾好政府政策引导与市场真实融资需求。缺乏实体支撑和产业基础而单纯依靠政府推动、不顾市场真实资金需求的引导基金通常难以为继。第二，明确政府职能，推动实现政府有为不越位与市场有效共建。第三，政府引导基金应该避免与社会资金竞争、挤出社会资本，应更多地弥补市场融资短板、填补市场空白，为企业发展、产业转型建立更好机制而努力。特别是对于中小企业有迫切融资需求的早期市场，政府应该发挥关键性作用弥补资本市场失灵。第四，引导基金应该放开有限合伙人的选择限制，通过搭建优秀基金管理团队，吸引更多民间、海外资金，形成财政资金、国企资金、民间资本、海外资金共同发展引导基金的局面。第五，统筹规划投资项目结构，充分平衡风险与收益的跨项目、跨区域整合，实现募投项目大规模综合性投资与小规模专项投资相结合，盈利性项目与公益性项目并举的综合投资策略。增强不同基金管理部门间的信息共享，实现资源与服务的有效对接，提高基金投资项目的落地率。出台相关支持政策，鼓励优秀基金管理机构和人才跨地区流动，适度放宽对基金投资地域的限制，改善政府引导基金发展的区域不均衡，为政府带动民营企业发展带来新动力。

（本文与李皓合著，成稿于 2019 年 8 月）

国际私募股权投资基金的发展态势及我国的路径选择

近几年来，私募股权基金（PE）的快速发展是国际金融市场的一大热点，成为继银行信贷和资本市场之后的第三大融资市场主体。而我国的私募股权投资基金发展迅猛，已经成为世界上最具活力的、新兴的PE市场。不过，需要承认的是，目前我国对PE还缺乏有效的监管，PE的发展中还存在诸多问题。在私募股权基金投融资规模迅速扩张，风险开始呈现之时，如何根据国际经验及我国PE发展的实际情况制定出适合发展的思路与监管政策，这对于促进我国PE的长远发展具有十分重要的意义。

一、国际私募股权投资基金发展现状及监管改革

美国、英国和法国私募股权基金的主要募集方式是私募发行，发行

对象为合格的机构投资者。近年来，欧美的私募股权基金资金来源呈现日益多元化的趋势，主要包括养老金、捐赠基金、保险公司、商业银行、高资本净值的个人或家族公司等。关键是要求投资者具有较强的风险识别能力和风险承受力。私募股权基金的组织形式，主要有：公司式私募、契约式私募（信托式私募）、有限合伙制私募。目前，有限合伙制是美国私募股权基金的主要组织形式。国际上对私募股权基金的监管主要有以下四方面内容：一是对基金的监管，主要体现在对基金的发行、基金的投资者数量及资格的监管。二是对基金管理人的监管，主要体现在监管部门要求管理人应具备一定的资格，并需报相关金融监管部门进行注册及定期年检。三是对基金所投资企业的监管。基金管理人必须定期向监管机构报告其主要投资市场和工具、业绩数据和风险集中度等信息。四是对投资者的监管，主要是机构投资者，对于保险公司及商业银行等机构投资者，监管层要求对投资进行严格比例限制以防范风险，并进行合理的资产负债管理。

2008 年次贷危机引发的金融风暴席卷全球，也让全球私募股权投资行业步入有史以来最为艰难的时刻。全球私募股权投资交易量、投资收益及投资回报也出现了大幅下降。次贷危机对私募股权投资基金行业带来的影响表现在以下几个方面：一是部分交易出现失败，不得不撤销或重新进行判断。二是促使并购基金创造了其他新类型的投资以配置他们巨额的投资基金，这些投资包括对上市企业的私募股权投资（PIPE），对杠杆收购交易中已经发行的债券的收购等。三是部分大型私募股权投资基金及其管理公司开始出现亏损。自次贷危机发生后，私募股权投资基金业受到了很大的影响，部分基金开始出现亏损。由于华尔街的投资银行是本轮危机的最主要的受害者，因此，包括高盛、摩根士丹利、美林等大型的私募股权投资基金管理机构在本轮危机中受到的影响最为严重。

2008 年国际金融危机之后，各国政府普遍认识到私募基金包括私募股权投资基金缺乏监管隐含的巨大风险，欧美国家对私募基金包括私募股权投资基金及其管理人的监管呈现加强趋势。奥巴马政府于2010年6月批准了自大萧条以来最具颠覆性的金融监管改革法案。法案规定资产管理规模1亿美元以上的投资顾问必须在SEC进行注册，并要求其向SEC提供交易和资产组合的有关信息，协助监管机构对系统性风险进行必要评估。SEC将对这些投资顾问进行定期和专门检查。这项法案包括限制银行从事互换交易业务、限制银行投资私募股权公司和对冲基金等严厉措施。这一法案的通过影响到私募股权投资基金资金来源的"多元化"，在一定程度上影响到私募股权投资基金的发展。英国创业投资协会提出了针对英国私募股权基金整个行业的监管指引——《英国私募股权投资信息披露和透明度的指导方针》，对私募股权基金信息披露的指导原则，并对信息披露主体和披露内容做出了明确规定。指引规定，私募股权基金应定期向英国创投协会（BVCA）指定的机构提供数据，以便对私募股权基金投资活动的经济影响进行有证据的严格跟踪分析，及时监测金融风险。欧洲议会则于2010年11月正式通过欧盟对冲基金监管法案，这是欧盟第一套直接监管对冲基金和私募股权投资行业的法规，最突出的一项内容是引入了"欧盟护照"机制。不过，它可能对新兴经济体的金融市场及非欧盟国家的对冲基金造成冲击，再加上欧美的分歧，可能为未来全球金融监管改革投下阴影。

不过，由于中国经济在本次国际金融危机中表现最为突出，再加上目前中国正在大力发展私募股权投资产业，因此，越来越多的国外私募股权投资基金开始逐渐将业务的重点放在中国市场。众多的知名私募股权投资基金开始在国内募集人民币基金就是最好的佐证。例如，自2010年以来，百仕通、第一东方、里昂证券、凯雷、TPG等外资PE机构纷纷在中国设立人民币基金，贝恩资本、瑞银、KKR等机构也筹划在国内设立人民币基金事宜。近年来中国经济的持续稳步增长、人民币升值预期、投资及退出渠道不断拓宽都给国际资本带来了可预期的高投资回报率。

二、我国私募股权投资基金发展现状

近几年来，我国的私募股权投资基金发展迅猛，2005年，中国证监会提出了上市公司股权分置改革的方案，随着股权分置改革工作的逐步完成，我国资本市场开始进入"全流通"阶段，并由此拉开了新一轮牛市的序幕。在这一阶段，国家相关部门为了促进创业风险投资的发展，出台了一系列法律法规，这标志着我国创业风险投资进入了政府引导下的快速发展阶段。同时，这一时期，私募股权投资基金也开始进入迅速发展阶段，本土基金管理公司规模迅速扩大。究其原因，主要有：（1）全球流动性过剩的输入以及中国经济自身内部的失衡使中国流动性过剩问题愈演愈烈。由于资本的逐利性，过剩的资金开始渗透到一切存在收益的领域。（2）中国经济长期保持高速增长，各行各业充斥着众多的投资机会。（3）政府出台各种政策以支持中国私募股权投资基金的发展。比如，对《公司法》《证券法》《信托法》《合伙企业法》等法律的修订和出台，为我国私募股权投资基金的发展提供了良好的法律基础。2009年国务院转发了国家发展改革委和商务部联合下发的股权投资基金的指导意见，各地地方政府纷纷拿出财政资源来设立创业投资引导基金以及制定优惠政策来促进当地私募股权投资基金的发展，带动了各方资金积极参与到这个行业。在募资方面，2010年政府也出台了向保险资金放开股权投资的一些政策，各地政府为了吸引股权投资机构落户；在注册、税收等方面给予很多的优惠政策。国务院出台了鼓励和引导民间投资的新36条，还有利用外资工作的若干意见，这一系列政策的出台都积极推动了股权投资基金的发展。（4）创业板的推出为我国私募股权投资基金提供了良好的退出机制，从而大大促进了我国本土私募股权投资基金的规范发展。

经过几年的快速发展，目前我国私募股权投资基金的整体规模和发展速度都居亚洲首位。从 2003 年至今，我国私募股权投资基金市场一直保持着 40% 的复合增长率，已经远远超过美国、日本等其他国家。

2010 年又可以称得上是中国私募股权投资基金发展过程中具有标志性的一年。在经历了 2008 年金融海啸冲击、2009 年的募资、投资低迷期之后，2010 年我国私募股权投资基金市场迎来了强劲反弹。清科研究中心发布的数据显示，2010 年中国私募股权投资基金市场募资、投资、退出案例数均创下历史新高。具体来看，募资方面，当年共有 82 只可投资于中国大陆的私募股权投资基金完成募集，募集金额 276.21 亿美元；投资方面，全年共计发生投资案例 363 起，交易总额 103.81 亿美元；退出方面，全年共计发生退出案例 167 起，其中 IPO 方式退出 160 起，股权转让退出 5 起，并购退出 2 起，一举打破了 2007 年曾经创下的 95 起的最高纪录。

三、面临的主要问题

目前，我国私募股权基金依然存在一定的问题，主要体现在以下方面。

一是相关法律法规尚不健全，缺乏统一的政府管理部门。我国目前还没有出台专门针对私募股权投资基金的法律法规，各监管部门也是"各自为政"，缺乏统一的政府管理部门。随着实践的发展，"私募"基础性规范缺失导致的不良影响或许将逐步显现。目前有关部门起草的《股权投资基金管理办法（草案）》已上报国务院，正等待批复。管理办法明确了对 PE 行业适度监管的政策指向和基本的监管框架。如果这一管理办法获得批准，则认可对 PE 行业进行适度监管的模式，即不主张严格的审批制。但是，会对合格的基金管理者、合格的机构投资者设定准入要求，包括对单个投资者的出资要求和募集资本总规模的规定，并对投资行为进行一些规范。相信这一办法的出台有助于搭建法律框架，对我国私募股权投资基金的发展有积极的、深远的影响。

二是市场化程度有待提高。我国私募股权投资基金的发展主要以政府推动为主，市场化程度有待加强。同时，很多企业与当地政府有千丝万缕的联系，如何更好地处理与地方政府的关系，成为我国私募股权投资基金发展所面临的又一挑战。

三是缺乏完善的基金管理机构。从历史业绩、内控、流程、人员素质、品牌等各方面来看，目前大部分基金管理机构缺乏足够的市场经验，这也是银行、保险、国企等机构投资者密切关注的问题。

四是缺乏相关的信用管理机制。良好的信用制度是发展私募股权投资基金的基础，在美国这种信用制度已经非常成熟，在我国市场上还没有形成"信用""诚实"为基础的运行机制，国家也没有相关的信用管理制度及惩戒机制，尤其是很难规避基金管理人造成的"道德风险"，再加上国家还没有个人破产的相关制度，所以管理人承担无限连带责任还不能真正履行，这无疑加大了基金投资人的投资成本和风险，也是阻碍股权投资基金发展的重要因素。

综上所述，我国私募股权投资基金的发展已经进入政府引导下的市场化推动发展时期，除创业风险投资基金的发展因需要政府资金作风险补偿而应由政府设立准入机制进行监管外，其他类型的私募股权投资基金可以逐步实行行业自律模式为主的形式进行管理。在私募股权投资基金立法方面要以"开门立法"模式为原则，以最大限度地发挥市场对私募资本的配置，同时为基金行业协会的自律管理留下空间。在以基金行业协会自律管理为主的情况下，政府的行政监管要以监管的介入程度不应当干预或影响到私募股权投资基金的正常的经营管理为原则。

四、私募股权投资基金发展目标及思路

从发展目标来看，应坚持"政府引导、产业导向、市场运作、监

管有效、管理规范"的原则，围绕促进经济增长和产业结构优化，积极发展股权投资基金及股权投资管理公司，构建多层次股权投资基金体系，不断优化企业投融资结构，加快经济结构包括投资结构、产业结构及产品结构的战略性调整，增强金融业整体实力并促进经济持续稳定发展。

从未来发展思路来看，需要从以下几个方面进行拓展：

一是监管环境方面。需要尽快出台相关管理办法并建立监管框架，保证各基金具备股权融资的基本要求和投融资能力。目前由于各部门出台的政策缺乏统一协调制约了 PE 的发展，因此需要对现有的法律《公司法》《合伙企业法》《证券法》《信托法》以及涉及外商投资、境内并购、海外上市、海外投资的相关法规予以整合和修订。同时，应逐步建立健全风险控制机制。包括建立决策制度，规范操作程序，制定应急预案，防范操作风险和管理风险，明确投资比例、退出机制、信息披露等事项，规定监管机构可以通过能力评估，加强投资运作监管，防范系统性风险。

二是发展环境方面。从金融监管环境、金融政策环境、金融信用环境、金融中介服务环境、金融开放环境、金融安全环境等各方面不断进行完善，为股权投资基金提供良好的发展空间。

三是建立流动性的二级市场。数据显示，2010 年前三个季度，国内私募股权基金共募集资金达 212 亿美元，超过 2009 年全年的募资总额。一级市场的蓬勃发展，使市场对于流动性的需求越发迫切。近日，北京金融资产交易所首次发布《北京金融资产交易所私募股权交易规则》，标志着国内首个私募股权基金二级市场交易平台试运行。新成立的私募股权交易平台，将在私募股权投资领域为创投企业、基金机构提供基金募集、项目融资、股权转让、基金份额转让、投资退出等全方位服务。私募股权基金二级市场在欧美国家已经有了二十多年的发展历史，形成了比较完善的市场体系。金融资产需要一级市场募集资本，二级市场来创造流动性。电子化的股权基金二级市场交易平台将是未来国际资本市场的发展趋势。

四是退出机制方面。政府需要支持多层次、多元化的投融资体系建设，提供多种退出渠道和机制，分散股权投资发展风险。私募股权基金的退出通道，通常有证券市场、股权交易市场和并购市场等，建立和完善合格投资人的场外市场，而交易平台如股权转让的大宗交易市场，包括北京产权交易所、天津产权交易所、新三板市场等。支持和鼓励各类创业投资和股权投资机构发展，逐步形成募集、投资和退出等功能完善的股权投资发展环境。

五是建立中介服务体系，支持创业投资和中小企业的发展。未来需要一批为 PE 机构，为中小企业融资服务的资讯机构和中介，推动融资服务体系的建立。

六是吸引合格机构投资者，加强与其他金融机构及金融工具的融合，加快多层次资本市场建设，如出台相应配套措施以落实合伙企业法，支持有限合伙制基金设立、放开金融机构包括商业银行、保险公司、养老金等投资私募股权基金的政策限制。鼓励商业银行开展 PE 托管业务、并购贷款业务和信托方式合法投资于股权投资基金，鼓励证券公司、保险公司、信托公司、财务公司等依法投资或设立股权投资基金和直接投资公司。支持企业年金、社保基金按照有关规定投资合法注册的股权投资基金。另外，以民间资本为背景的 PE 与外资背景和国有资本背景团队的融合也是中国 PE 未来发展的趋势。

七是出台鼓励政策，培育基金管理机构。如何培育高质量、规范的基金管理机构，这本身是对基金投资的保护，也是降低行业风险、保障各参与方利益的基础，对中国 PE 的长远发展具有深远意义。

（本文与李飞合著，成稿于 2011 年 1 月）

金融市场创新
任重而道远

✦ 发展＋创新，构建完善债市体系

近年来爆发的金融危机，从 20 世纪 80 年代拉美债务危机、1997—1998 年东南亚金融危机、2008 年以来由美国次贷危机引起的席卷全球的金融危机，到欧洲主权债务危机，无一例外地表现为债务危机及相关市场风险。而爱尔兰债务危机的爆发更表现了房地产泡沫—银行业流动性危机—政府债务危机的内在连锁关系。在反思历次危机之后，各国充分意识到应该通过政府债务管理及发展债券市场来化解和应对金融风险。

应该说，一个高流动性、功能完善的债券市场，在改善金融市场结构、降低企业融资成本、提供多元化投资渠道方面具有重要作用。当宏观政策调整或资产泡沫破灭导致银行放贷能力下降时，作为银行体系和股票市场之外的有效融资渠道，具备高流动性的债券市场将能够为企业提供高效率的投融资渠道，通过分散及减少信贷及流动性风险来提高微观经济效益，有助于减轻信贷紧缩对实体经济的不利影响，并降低金融危机爆发的风险。

近年来，我国政府决策层和主管部门对债券市场发展给予了高度重视。2004 年 2 月 1 日，国务院发布《关于推进资本市场改革开放和稳定发展的若干意见》，作为一份指导资本市场发展的纲领性文件，其中专门强调要积极稳妥发展债券市场。党的十七大报告同样指出，要大力发展各种债券市场，探索多种债权融资方式，扩大债权融资的规模，建立多层次债券市场体系。可以说，大力发展债券市场，已成为当前中国金融发展需要解决的根本性问题和面临的重要任务。

目前经济、金融发展的许多重大问题在很大程度上都与债券市场发展密切相关，包括财政政策与货币政策协调配合、货币市场与资本市场联动、地方政府债风险研究、信用债市场的风险研究、利率市场化与债券市场定价机制、债券市场与货币政策传导机制、信用衍生品定价问题、机构投资者发展与培育、金融市场创新与风险管理、信用评级与信用担保体系、金融危机防范与治理等，上述这些问题引起了国内外政策制定者和学术界的广泛关注。因此，对债券市场发展思路与路径进行系统性研究具有十分重要的意义。

借鉴国际经验，中国债券市场发展的基本目标应该是建立"统一高效、分层有序、相互补充、协调发展"的完善的多层次债券市场体系。今后应完善以银行间债券市场为主体、交易所市场为补充的市场协调发展格局，积极引导和推动市场创新，发展多种融资方式，完善市场定价交易机制，适时进行私募债券发行创新，完善清算结算、信用评级、信用担保等市场基础设施建设和监管框架、稳步推进利率市场化的进程和货币政策传导机制的配合、建立信用风险、流动性风险、利率风险的定价机制与风控机制、发展市政债券以建立地方政府融资市场化的路径、培育机构投资者等方面促进债券市场的创新与发展。

同时在债券市场发展的过程中积极防范金融风险，包括衍生工具定价机制的完善，针对目前市场投资需求和风险偏好同质化的倾向，逐步实现发债主体和机构投资者的多元化，以避免风险过度集中于银行体系，为金融体系提供流动性和风险管理工具，为投资者提高收益稳定的投资工具和市场定价基准。进一步拓宽企业直接融资渠道，积极推动债券市场对外开放，稳步发展离岸人民币金融市场，积极参与亚洲债券市场的各项发展进程，将亚洲债券市场与货币、汇率政策协调相结合，使中国债券市场成为亚洲金融市场的核心力量。

另外，应逐步建立政府监管与行业自律相结合的监管体系与协调机制，有效发挥政府和市场参与者的作用，为债券市场发展创新及金融稳定创造良好的制度环境。

值得关注的是，由中国银行间市场交易商协会时文朝秘书长、杨农副秘书长组织专家团队编写的《中国债券市场发展与创新》近期由中国金融出版社出版。该书对"十二五"时期中国债券市场的发展进行了前瞻性的系统探讨，从债券市场制度框架、债券市场机制与投资者结构、债券市场信用风险与市场风险管理、债券市场创新等不同角度构建了债券市场发展的思路框架；重点探讨了债券市场定价、信用评级与信息披露、债券市场担保体系、信用衍生品市场发展构想、债券市场风险管理体系的构建、债券市场自律管理、债券回购市场、浮动利率债券市场基准利率的选择及定价、市政债市场发展的措施、高收益债券市场发展的制约因素及推动力、国外企业债券发行制度及借鉴等问题。该书对于债券市场的长远发展进行了战略性的思考和前瞻性的规划，具有很强的理论和实践参考价值，值得我们借鉴。

（本文成稿于 2011 年 6 月）

建议银行产品设计上更具前瞻性

由对外经济贸易大学金融产品与投资研究中心举办的"中国银行理财高层论坛"于 2010 年 4 月 16 日在北京举行，以下是社科院金融研究所研究员安国俊的论坛发言。

银行理财整个市场取得非常迅速的发展，从 2005 年的 2000 亿元增长到 2009 年几万亿元的规模，2007—2009 年整个银行理财市场的模式发生了很大的变化，监管模式也面临着很多的变化，敢问银行理财市场的路在何方，监管环境的变化我个人感觉跟整个宏观经济环境和市场，以及全球金融市场的变化密不可分。未来中国理财产品市场更多开拓国际市场，投资于国际市场，经济环境的变化也是需要我们密切沟通的。

第一点，我想谈自 2008 年以来这种金融危机对理财影响的变化。

对 2008 年国际金融危机的影响还没有消除，又对经济复苏产生了严重的冲击，从迪拜到希腊，从英国到美国，欧美核心发达体经济出现了赤字，对稍微复苏的经济是雪上加霜。对国家 QD 和汇率与国际股票市场相挂钩的产品产生了冲击。

值得一提的是，欧洲给我们的启示，即宏观政策的制定必须从动态长远的视角去考虑，比如说全球的宽松货币政策和大量的财政赤字，防止经济快速下滑，来促成经济复苏。要避免这种制造新泡沫来稀释旧泡沫的短期影响，在这种宽松的政策刺激经济增长和防止通货膨胀以及防止未来金融风险之间寻找一个平衡点，从 2007 年到今年以来，我国货币政策和财政政策这种变化也是跟全球金融市场的变化是密不可分的。虽然在 2008 年以后受国际金融危机的影响，我国采取了 4 万亿元刺激方案和宽松货币政策及积极财政政策推进经济的复苏。但是可以看到我们实际上也埋下了资产泡沫的隐患，所以导致 10 年以来调整准备金的政策，包括银监会和人民银行监管政策的环境的变化，也与之前的一些政策留下隐患是密不可分的，包括对房地产信贷的控制，以及对地方政府融资平台的大量风险。今年就是意识到了这个风险，所以整个对银行理财产品的冲击，也是非常大的。包括刚才几位嘉宾都提到了，从 2009 年底银监会也陆续发行了三个这样的通知，来限制信托计划类的理财产品，今年银行理财产品投资于股票市场有一些限制，这些对去年以来信托融资类的产品在市场主导这样的格局，也会发生很大的变化。之前我去许多银行也调研过，去年虽然在国际金融危机的冲击下，实际上中国银行业面临着前所未有的发展机遇，今年和去年宏观政策环境是截然不同的，在资本约束的条件下，以及信贷规模控制的情况下，银行如何去改变它的盈利能力，如何从传统的信贷资产获益的方式，改变更多依靠金融市场的投资，以及发展中间业务，包括理财业务，这些都是特别值得我们去关注的问题。

我个人感觉从银行的理财产品市场定位角度，我们知道中国还是分业监管的格局，但是银行理财产品的市场实际上是在分业监管格局下面一个混业经营的交叉点，也是将来银期合作的很广泛的平台，应该有非常大的发展空间。但是我有一点感觉到，包括刚才你提到的问题，对于风险提示的问题，因为在2008年9月雷曼兄弟宣布破产，10月我在香港监管局参加一个会议，很多投资者投诉雷曼兄弟的债券，电视台在放很多投资者说"我的血汗钱为什么投资到这里就血本无归"的情况。2008年底，我又参加了银行业协会和香港银行业协会组成的全国财富管理的评选。通过评选我的体会特别深刻，那就是作为银行理财师或者财富管理师，良好的职业操守和道德风险对整个市场的发展是非常重要的，你要从这些投资者整个风险披露的视角，也就是说你要为客户负责，而且就是客户这种风险偏好度的差异性也是很明显的。

这两年银监会出台了一系列政策，也是对理财产品小客户，和中高端的客户，就是财富管理和私人业务进行了细分。在设计产品的时候，一方面要有一些标准化的理财产品，另一方面要充分考虑到不同的投资者的各种风险偏好和收益，以及投资的经验和水平，要全盘来考虑这个问题。另外，还要对银行设计的相关业务人员，对整个宏观经济和金融市场未来的走势判断也是非常重要的。

在这里，我想提一下，现在银行理财的业务同质化的趋势比较明显，但是我调研的时候也感觉到，就是中国的地区差异化，金融生态环境的差异性，也会影响理财产品设计和销售的方式。另外一点我想提关于碳金融市场的问题，等于这几年商业银行有涉足，有统计预测到2020年未来全球的碳交易市场规模达到3.5万亿美元，可能超过石油市场，成为全球最大的一个市场。那么到2020年商业银行在碳交易方面可以提供的理财，或者是基础设施的融资的服务可以达到150亿美元。所以这个量是非常大的，我自己感觉到商业银行更多是前瞻性的布局，包括跟相关的碳金融产品的设计，之前我也问过大的银行，他们在这一方面缺乏相关的人才，包括对市场风险和法律风险、政策风险的把控，这一块国家的政策不是特别明确，也会陆续出台未来搭建统一的交易平台，为这种商业银行提供更多的进入途径，这也是未来新的一个方式。

未来理财产品的市场竞争，一方面是产品设计的竞争，另一方面是人才的竞争，所以我也特别希望众多的理财师在理财市场的发展之中，能够悉数成长起来，与这个市场共同成长。刚才马总也提到了信贷市场没有交易市场的问题，我一直在思考一个问题就是理财市场的流通性的问题，二级市场的推出需要一个公正、公平的第三方的估值和评级的机构，另外登记托管、交易结算、风险控制等一系列的政策安排。我希望以后有机会就这个问题进行共同探讨。

（本文是在 2010 年"中国银行理财高层论坛"上的发言）

绿色金融助力
环保产业发展

◑ 期待市场化融资 助力绿色金融的"中国模式"

目前，生态文明建设得到了社会各方的广泛关注。"建设美丽中国、实现生态文明"逐步成了社会的共同愿景。良好生态环境是最公平的公共产品，是最普惠的民生工程。推进绿色发展、循环发展、低碳发展，形成节约资源、保护环境的空间格局、产业结构、生产方式和生活方式，从源头上保护生态环境已经达成社会共识。在环境保护推动可持续经济增长的过程中，如何构建一个绿色金融体系、发挥绿色金融和资本的资源配置作用至关重要。

为此，由中国人民银行研究局与联合国环境署可持续金融项目联合发起的绿色金融工作小组，邀请了来自人民银行、银监会、财政部、政策性银行、商业银行、评级机构、证券交易所、证券公司、保险公司、基金公司、社科院、高校和民间智库等多位国际、国内专家，对中国构建绿色金融体系的相关问题展开了深入研究，并于近期正式出版《构建中国绿色金融体系》。笔者认为，本书是国内外绿色金融领域专家集体智慧的结晶，是到目前为止关于构建中国绿色金融体系的最为系统的框架性建议。

现在，许多国家和地区的政府组织正在加大对绿色金融的支持力度。在金融和资本市场日益国际化的今天，绿色金融体系的推进也同样需要各个国家和地区之间的协调努力。

借鉴国际经验，绿色金融体系是指通过贷款、私募投资、发行债券和股票、保险等金融服务将社会资金引导到环保、节能、清洁能源和交通等绿色产业发展的一系列政策、制度安排和相关的基础设施建设中。在发达国家或地区，与绿色金融相关的制度安排和绿色金融产品已有几十年的发展历程，在推动绿色投资对经济结构转型和可持续发展方面，起到了十分积极的作用。对照国内，虽然在相关领域我们已经有了一些初步探索与实践，并在推动绿色信贷等方面取得了较好的成效，但是总体来看，绿色金融体系的建设仍有很长的路要走。

从经济理论上讲，绿色金融体系应包括三种机制：一是提高绿色项目的投资回报率；二是降低污染性项目的投资回报率；三是提升企业和消费者的社会责任。对此，《构建中国绿色金融体系》一书借鉴了大量国际经验，从机构建设、政策支持、金融基础设施和法律基础设施四个层面，提出我国绿色金融体系的初步设想。

第一，机构建设层面是实现绿色投资的组织保障，需要部分中央和地方政府资金参与和相关的体制改革。具体内容包括：建立绿色银行体系；推广商业银行设立生态金融事业部的经验；推动绿色产业基金的发展；在金砖银行、亚洲基础设施投资银行、丝路基金等国际和对外投资机构中，建立高标准的管理环境风险的制度，推动对外绿色投资。

第二，从政策层面来看，涉及财政和金融政策对绿色金融产品（如绿色贷款、绿色债券和股权融资）的支持，需要财政和金融监管部门的配合与推动。包括健全财政对绿色贷款的高效贴息机制，有序放开财政资金投向、规模和贴息标准的限制；发行绿色债券，在合理确定绿色债券边界的基础上，创新金融监管和税收支持方式，简化审批流程以提高发行效率；建立股票市场支持绿色产业融资的机制。

第三，支持绿色投资的市场基础设施建设，大部分可以由金融机构和民间机构（如银行、评级公司、环交所、证券交易所、券商、基金、NGO等）自发推动，政府和社会应该给予鼓励和舆论支持。具体内容包括：加快排放（污）权交易市场建设；建立绿色评级体系；改革股票指数构成；建立公益性的环境成本核算系统；建立中国的绿色投资者网络。相关政府部门以及有较大影响力的投资机构应参与倡议、发起绿色投资者网络，监督被投资企业承担环境责任，培育机构投资者的绿色投资能力。

第四，支持绿色金融的法律法规体系建设亟待完善，包括在环境高风险领域适时出台环境污染责任强制保险制度，确立银行的环境法律责任，建立上市公司环保信息披露机制等。这些措施需要立法机构、相关部委和金融机构的配合和推动。

另外，在金融机构层面，应鼓励银行业等金融机构创新对环保产业的服务，包括融资支持（包括绿色信贷、绿色金融租赁、节能环保资产证券化）、研究推进能效贷款、碳金融产品、节能减排收益权和排污权质押融资等。

保护生态环境，除了需要政策和法律的激励和约束机制之外，也需要企业和消费者的社会责任。因此，政府、市场、企业、媒体和学界应该多方合力，需要加大环保理念和知识的宣传力度，加快绿色投资网络的建设，强化企业和金融机构的环境信息披露，动员社会各方面力量承担环保责任，积极参与，共同努力，为中国绿色金融事业的发展和建设美丽中国提供更多助力。

（本文成稿于 2015 年 3 月）

构建中国的绿色金融市场体系

目前，生态文明建设得到了社会各界的广泛关注。"建设美丽中国、实现生态文明"逐步形成了社会的共同愿景。中共中央、国务院 9 月 21 日发布的《生态文明体制改革总体方案》中明确了建立绿色金融体系的总体规划。"十三五"规划建议也提出了"发展绿色金融，设立绿色发展基金"。同时，全球可持续发展进入了以绿色经济为主驱动力的新阶段。

绿色金融体系是指通过贷款、私募投资、债券和股票发行、保险、排放权等金融服务将社会资金引导到环保、节能、清洁能源和交通等绿色产业发展的一系列政策、制度安排和相关的基础设施建设中。在发达国家或地区，与绿色金融相关的制度安排和产品已有几十年的历史，在推动绿色投资对经济结构转型和可持续发展方面起到了积极作用。例如，韩国政府2008年出台了《低碳绿色增长战略》和绿色金融计划，大量投资于保障全国生态基础设施的建设、低碳技术的开发以及绿色生活环境，为韩国经济发展提供了新的增长动力。

一、以 PPP 模式推动绿色产业基金发展

中国应推进政府和社会资本合作模式（PPP 模式），加快建立统一规范的多层次绿色金融市场，包括银行绿色化转型、绿色债券、绿色基金、绿色保险、绿色担保体系的构建，完善债券、股权、基金、保险市场建设，积极发展排污权交易，加快建立高效的绿色低碳交易市场，满足多元多层次的投融资需求，提高市场整体竞争力。英国绿色投资银行是世界上第一家专门致力于绿色经济的投资银行，它的作用是解决基础设施融资中市场缺失问题，通过调动私人资本来加快向绿色金融的转型。

绿色增长需要双轮驱动的 PPP 模式。在新常态下，环保产业面临财政投入、模式创新等多重挑战，中国的绿色增长之路迫切需要金融创新来化解资金瓶颈，运用好政府和市场两种力量，促进新一轮可持续增长。从国际经验来看，单靠政府资金已不能满足大量的公共基础设施投资需求，迫切需要利用民间私人资本进行公共基础设施建设。如 PPP 模式，即公共政府部门与民营企业合作模式将逐步成为项目融资的重要模式。PPP 模式以各参与方的"双赢"或"多赢"作为合作理念，提高社会资本参与城镇化进程的积极性。而引导民间资本参与城镇化进程，包括设立绿色化民营银行，也是重要的创新路径。

PPP 模式助力绿色产业基金发展。"十三五"期间，环保市场潜力巨大，总的社会投资有望达到 17 万亿元。为推动节能减排和绿色低碳

产业的发展，绿色产业基金可以引导社会金融资本加大对绿色产业的投入力度，是绿色信贷的重要补充。设立 PPP 模式绿色产业基金，可以提高社会资本参与环保产业的积极性，是推动绿色基金发展的重要路径。如可以成立投资于区域环境保护的流域水环境基金、土壤修复产业基金、雾霾治理产业基金等。具体就是政府通过特许经营权、合理定价、财政补贴等公开透明方式，完善收益成本风险共担机制，使投资者有长期稳定收益。而投资者按照市场化原则出资，按约定规则与政府共同成立基金，参与建设和运营合作项目。基金可以通过银行贷款、企业债、项目收益债券、资产证券化等市场化方式举债并承担偿债责任。在实践中，可以考虑以地方财政投入启动资金，引入金融资本和民间资本成立绿色产业基金，通过股权投资于地方政府纳入 PPP 框架下的项目公司，子基金或项目公司作为种子项目投资运作主体，对城市绿色基础设施相关产业进行市场化运作，自担风险，自负盈亏，政府授予项目公司一定期限的特许权经营期。

发挥政府在资金筹集和投向等方面的引导作用。在支持民间资本进入城市污水处理、空气污染治理、城市园林绿化行业领域等多项国家发展政策应该细化和落地，可通过放宽准入、减免税收、补贴和土地政策等措施来支持绿色产业基金的发展。例如，健全财政对绿色贷款的高效贴息机制，通过合理定价、财政补贴等公开透明方式完善收益成本风险共担机制，可以提高社会资本参与环保产业和绿色城镇化建设的积极性。

推进"一带一路"绿色化的进程。在"一带一路"的绿色化投资中，仅能源领域预计将超过 5 万亿美元，这给绿色产业基金发展带来很多机遇。2015 年 3 月，致力于"丝绸之路经济带"生态改善和光伏能源发展的股权投资基金——"绿丝路基金"在北京启动，首期募资 300 亿元，由亿利资源集团、平安银行、天津生态城管委会等多家机构联合发起，这是第一只投资于"一带一路"绿色产业的 PE 基金。该基金联合全球合作伙伴，运用 PPP 模式在"丝绸之路经济带"沿线地区进行绿色投资，应对气候变化，推动改善生态环境，发展绿色经济。

"互联网＋绿色金融"创新为绿色经济发展提供了快速的融资平台。目前，"互联网＋"和 PPP 模式同时被提升到国家战略高度，这对于国内节能环保产业的股权结构、运营模式和融资路径都带来巨大的创新动力。如何有效整合以"互联网＋绿色金融"创新为节能环保绿色基础设施提供快速的融资平台，并通过征信体系和信息披露等制度有效防范风险，值得我们深入研究。个人对政府项目（P2G）模式被认为有利于将互联网金融与地方政府绿色基础设施建设项目有效对接，对减轻政府公共财政举债压力，破解地方政府融资难发挥积极作用，但是要注意防范创新过程中风险的博弈。同时，要有效保障投资人的利益，真正搭建民间资金与政府项目之间的普惠桥梁。

二、绿色债券推进绿色低碳城镇化

新型城镇化的重点发展方向是"智能、绿色和低碳"，这已成为共识。在城镇化的过程中，绿色建筑环保行业将发挥排头兵的作用。京津冀协同发展、长江经济带以及各自贸区的发展都需要进行环保投资，水污染、土壤污染、空气雾霾等的治理都需要来自政府、市场、企业以及国际力量的共同推动。其中绿色债券在推进城市绿色化转型中的作用将成为关注热点。而近期，人民银行也在银行间市场推出了绿色金融债，颁布了绿色债券支持项目目录等内容。

国际上，绿色债券是绿色基础设施融资的主要工具，是为支持环境保护及应对气候变化项目而发行的融资债券，其投向主要包括可持续交通、可再生能源、水利、能源效率改进（建筑和工业领域）等绿色项目以及其他城市绿色基础设施建设。自 2007 年第一只绿色债券发行以来，截至 2015 年 9 月底，全球总共发行了 497 只绿色债券，且发行量逐年递增。2014 年绿色债券发行总额为 366 亿美元，是 2013 年的 3

倍多。考虑到中国目前所遇到的环境挑战不仅包括减缓和适应气候变化，还包括应对空气污染、土地和水污染等，中国绿色债券的投资范围要比绿色债券国际市场所包含的更加多元化。

从发行主体而言，绿色债券可以分为绿色市政债、绿色金融债、绿色企业债等不同品种。绿色债券可以以较低的融资成本为绿色信贷和绿色投资提供资金来源，并减少期限错配的风险。从国际经验来看，市政债券的发行可以很好地解决地方政府城镇化环保产业投融资的问题。美国很大一部分市政债券用于环境工程和能源建设，而日本和英国的污水处理资金来源很多都是市政债券。金融危机之后，美国市政绿色债券市场持续升温，并且发行了第一只绿色担保债券。

作为债券市场的创新品种，绿色债券市场发展亟待相关政策的出台，除了绿色债券和发行项目标准的界定，在资金投向、信息披露、第三方认证、信用评级、绿色债券指数、担保、次级债券与再保险等信用增信工具、环境效益评价、项目评估和资金使用评价体系等多个方面也需完善。同时，可以考虑绿色债券发行人或投资人提供税收优惠、优惠绿色贷款机制、风险权重优惠、审批快速通道、海外人民币离岸市场发行的相关配套支持等政策优惠。同时，丰富多层次的绿色债券投资者体系，包括养老金、社保基金、主权财富基金等机构投资者的培育对市场的发展也至关重要。

应构建绿色债券市场的协调机制。从监管协调机制来看，经过多年的发展，目前我国信用债市场形成了非金融企业债务融资工具、企业债、公司债等品种，分别由人民银行、国家发展改革委、证监会监管。未来有必要建立绿色债券市场的统筹协调机制，促进绿色债券市场的规范化发展和金融风险的防范。而市场的发展一定要法制先行，包括完善债券发行、交易、信息披露监管、做市商制度、投资者保护等各项制度，为责任投资者创造一个健康有序的市场环境，从而在市场创新的同时有效防范金融风险。

三、绿色金融成为国际合作新动力

向国际看齐，与先行国家合作，无疑是绿色金融在我国得以迅速发展的契机。这是一个从个人银行到碳市场的庞大的金融体系，它的产品是多元化的，将来一定是绿色银行、保险、基金、债券协同发展的格局。中国未来在进行融资方案和产品设计的时候，需要有效激活和开发市场，充分发挥政府和市场双轮驱动的作用。

目前，绿色金融和节能环保产业也成为中英、中美之间的国际合作重点。在 2015 年 9 月举行的第七次中英财经对话上，双方就确定绿色金融发展的国际合作进行了讨论，并且达成了全球共识，将共同推进全球绿色债券统一标准。而亚投行、丝路基金、亚洲开发银行、国际金融公司等在推动"一带一路"、亚太金融合作、生态环保和清洁能源领域、基础设施投资方面也更多强调环保因素，国际投资的绿色化和环境社会责任的承担也成为关注热点，绿色投资与全球推动可持续发展和应对气候变化的大势相辅相成。

从政策层面来看，涉及财政和金融政策对绿色金融产品（如绿色贷款、绿色债券和绿色基金）的支持，需要政府部门、金融机构和监管部门的配合与推动。总之，绿色化的实现要以法制为基础，需要政府和市场的双轮驱动，监管与市场的统筹沟通、环保理念的推广、责任投资者的培育，以及绿色金融体系的建设等共同推动绿色化发展的进程。

（本文成稿于 2015 年 11 月）

◣ 绿色金融的中国路径探索

资料显示，绿色经济增长模式对资金的需求巨大。

一方面，根据《2013 中国气候融资报告：公共资金机制创新》中的统计预估，要实现哥本哈根会议上提出的到 2020 年底把单位碳排放强度减少 40% ~45% 的目标，相关资金融资缺口每年超过 2 万亿元。

另一方面，实现绿色"城镇化"也面临较大的融资需求。根据粗略估计，在未来 10 年的城镇化进程中，投资需求总额约为 40 万亿元，相当于每年需要约 4 万亿元的资金支持。这其中，公共资金占比通常不到 30%，其他来自私营企业的部分预计将达到 2.8 万亿元。

为保证市场资金来源的积极性和有效性，我们急需一个明确的政策信号以及可以依靠的激励机制。绿色金融体系的构建和相关政策的出台正当其时。

而事实上，在绿色金融实践方面，我国已有一些探索和尝试。

新型城镇化的"绿色"推动力

目前，城镇化已被亚太经合组织确定为创新发展的五大金融支柱之一。而我国的新型城镇化建设也正如火如荼地大力推进。

"智能、绿色和低碳"已被确定为新型城镇化的重要方向，而推进保障房等民生工程建设也已成为重中之重。此外，区域经济的发展，包括京津冀一体化、长三角区域、珠三角区域的经济发展都离不开环保项目的推进。而环保投资的技术引进和水污染处理，土壤整治、空气雾霾的治理，都需要来自政府、市场、企业和国际力量的共同推动。在新型城镇化的过程中，绿色建筑环保行业正发挥排头兵的作用。区域金融经济合作、财税金融政策、金融生态环境、地方政府投融资等政策的完善将有效发挥金融对实体经济的扶持作用，创新推进新型低碳环保城镇化的进程。当然，不可否认的是，地方政府在环保产业方面的投资也存在资金缺口的。应如何解决？

借鉴市场化的国际经验，市政债的发行可以很好地解决地方政府城镇化建设中的环保产业投融资难题。在日本和英国的债券融资里，污水处理融资等很多都是来自市政债；而美国的一般责任债和收益债券的相关经验也值得我们借鉴，在经济危机中很大一部分债券是用于环境工程和能源建设的。

目前，地方政府财税体制改革和预算管理改革的不断提速，为地方政府市场化融资带来了新机遇：允许地方政府发行市政债券，这势必将成为新型城镇化建设过程中的"绿色"推动力。

"双赢"或"多赢"的 PPP 模式绿色产业基金

为推动节能减排和绿色低碳产业的发展，绿色产业基金可以引导社会金融资本加大对绿色产业的投入力度，是绿色信贷的重要补充。

由于环保产业的低收益，绿色产业基金的大力发展更需要政府财政的支持。因此，建立公共财政和私人资本合作的 PPP 模式绿色产业基金，是推动绿色产业基金发展的重要路径。

在利用国际及国内民间私人资本进行公共基础设施建设中，PPP（Public – Private – Partnership）模式逐步成为应用广泛的项目融资和实施模式，即公共政府部门与民营企业合作模式。PPP 模式是以各参与方的"双赢"或"多赢"作为合作理念，以促进政府与项目的投资者和经营者相互协调，并在项目建设中充分发挥作用。

具体就是，政府通过特许经营权、合理定价、财政补贴等公开透明方式，完善收益成本风险共担机制，提高社会资本参与环保产业的积极性。包括主要投资于区域环境保护，流域水环境基金、土壤修复产业基金等。要出台规范 PPP 模式绿色产业基金的法律法规，发挥当地政府在资金筹集和投向等方面的政策引导作用。

我国应完善对绿色产业的扶持政策，建立环保企业上市的绿色通道，尽量降低二板市场的上市门槛和交易费用，提高绿色企业上市募集资金投资项目的灵活性。

在支持民间资本进入城市污水处理、空气污染治理、城市园林绿化行业等领域，多项国家发展政策应该细化和落地，地方政府在操作细则中可通过放宽准入、减免税收、补贴和土地政策等措施来支持绿色产业基金的发展。

此外，还应完善绿色产业基金的退出机制，在美国、日本和欧洲，二板市场是绿色产业基金所投资企业的主要退出机制之一。

碳金融市场的创新发展

碳金融作为一项全新的业务，对商业银行的业务运作模式、金融产品服务和风险管理方式等提出了诸多挑战。

目前，国外银行在发展碳金融方面已先行一步。围绕碳减排权，渣打银行、美洲银行、汇丰银行等欧美金融机构先后在直接投资融资、银行贷款、碳指标交易、碳期权期货等方面做出了有益的创新试验。此外，许多银行类金融机构都针对碳交易设计出了专门的金融产品，如日本住友信托银行就曾设计出为中小企业提供二氧化碳减排指标购买和分割服务的环境类金融产品，新兴市场包括韩国光州银行在地方政府支持下也推出了"碳银行"计划。

当前，许多承担减排义务的发达国家都在试图通过中国购买减排量，并对具有碳交易潜力的节能减排项目进行投融资。国外一些投资银行和从事碳交易的风险投资基金，如瑞典碳资产管理公司、英国益可环境集团、高盛、花旗银行、汇丰银行等，都已经进入中国寻找节能减排投融资的机会。

基于此，我国商业银行应积极参与碳金融有关业务，提高竞争力，为业务转型与创新把握机遇。碳金融的创新模式大体包括：银行类碳基金理财产品、以 CERs 收益权作为质押的贷款、融资租赁、保理、信托类碳金融产品、私募基金、碳资产证券化和碳交易保险等，商业银行可以根据业务情况选择性地进行产品开发和创新。

目前已有银行推出了 CDM 项目融资和挂钩碳交易的结构性产品等

业务和产品，如兴业银行在项目融资方面正不断创新，中国银行和平安银行则先后推出了收益率挂钩海外二氧化碳排放额度期货价格的理财产品。

放眼未来，我们更应积极发展碳金融相关中间业务，逐步发展碳交易代理、碳资产管理、低碳业务咨询服务、设计碳金融相关理财产品等业务，以及设立碳基金、直接参与碳信用交易、支持低碳消耗型企业的发展等。同时，商业银行在开发有潜力的优秀 CDM 项目时，应积极引入私募基金进入该行业，并设置灵活的退出机制，从而使民间投资者能够有效参与到碳金融项目之中。

此外，还应从机制层面推进绿色金融体系的建设和发展。在制度层面，需要为企业和市场探索碳金融市场提供交易平台，包括交易平台搭建、投融资机制建立、丰富市场参与主体、银行引导的信贷资金配置碳约束责任、更多地参与碳交易市场、排放权期货衍生品的推出等，从机制建设和政策激励层面为碳交易出谋划策，在金融层面增强我国的碳交易能力。通过政府、市场、企业层面获得多层次的发展支持，北京环交、上海能源，以及天津、深圳的排放权交易所等交易平台的发展也为今后碳交融交易市场奠定了有效的基础。

近几年，银行业推进生态责任投资的进程已经明显加速。这在很大程度上得益于银监会、人民银行和环保部合力推动的绿色信贷政策。为了推动绿色信贷的实施，银监会进行了组织政策培训、举办经验分享会、制定关键绩效指标、制定能源效率指引、开展绿色信贷自我评估以及银行机构间相互评审等一系列活动。

此外，我国还应着力扶持培育一批专业化节能服务公司，建立规范有序的节能服务市场和完善的节能服务体系，加大政策扶持力度，包括融资支持（比如绿色信贷、融资租赁、资产证券化）、财政税收支持、金融服务支持等。从加大财政税收的支持力度考虑，建议减免低碳行业的增值税、消费税、环境保护的"绿色税收"优惠政策，建立国内节能减排财政专项扶持资金和合同能源管理奖励资金，从而推动碳金融与产业结构调整及经济发展方式转变的顺利衔接。

（本文成稿于 2015 年 2 月）

绿色金融助力环保任重而道远

目前，"两会"召开在即，雾霾治理和环保问题再次得到各方关注。研究表明，我国严重的环境污染在很大程度上与高污染的产业结构、能源结构和交通结构有关。推进绿色发展、循环发展、低碳发展、形成节约资源和保护环境的空间格局、产业结构、生产方式和生活方式，从源头上保护生态环境、建设美丽中国已经达成共识。应该说良好的生态环境是最公平的公共产品，是最普惠的民生工程。在环境保护推动可持续经济增长的过程中，发挥绿色金融和资本的资源配置作用至关重要。

资料显示，绿色经济增长对资金的需求巨大。根据测算，要实现哥本哈根会议上提出的到 2020 年底要把单位碳排放强度减少 40% ~ 45% 目标，绿色产业今后 5 年每年需投入约 3% 的 GDP，相关融资缺口年均 2 万亿元以上。除了公共财政支持外，政府需要通过有效的激励机制和制度安排引导社会资金投入绿色产业，绿色金融体系的构建和相关政策的出台正当其时。

绿色金融发展的国际经验

绿色金融体系是指通过贷款、私募投资、产业基金、发行绿色债券和股票、保险等金融服务将社会资金引导到环保、节能、清洁能源、清洁交通等绿色产业发展的一系列政策、制度安排和相关的基础设施建设。

从全球来看，绿色金融得到了一定程度的发展，包括绿色信贷和赤道原则。截至2013年，采用赤道原则的机构已经有78家，分布于全球35个国家，项目融资总额占全球项目融资总额的份额接近90%。

从绿色金融体系的国际经验来看，英国绿色投资银行是世界上第一家专门致力于绿色经济的投资银行，为绿色基础设施项目进行融资，并带动私人投资介入。而韩国政府2008年之后出台的《低碳绿色增长战略》和绿色金融计划，大量投资于保障全国生态基础设施的建设、低碳技术的开发、绿色生活环境，为韩国经济发展提供新的增长动力。在绿色证券方面，金融机构运用证券市场工具帮助大型的环境基础设施或节能减排项目融资，并为企业提供与环境相关的避险工具，如绿色资产抵押支持证券、气候衍生品等。在绿色保险方面，根据与环境相关的特点，不断完善为清洁技术以及减排活动而定制的保险产品，如环境污染责任保险、节能减排保证保险等。

绿色金融推进新型城镇化的发展

目前城镇化是被亚太经合组织确定为创新发展的五大金融支柱之一，新型城镇化的重点发展方向是"智能、绿色和低碳"已经达成共识，在城镇化的过程中，绿色建筑环保行业发挥排头兵的作用。包括京津冀一体化、长三角、珠三角区域经济圈、自贸区的发展都需环保投资，而水污染处理，土壤整治、空气雾霾的治理需要来自政府、市场、企业和国际力量的共同推动。

从国际经验来看，市政债的发行可以很好地解决地方政府城镇化环保产业投融资的问题。美国很大一部分市政债券用于环境工程和能源建设，而日本和英国的污水处理融资来源很多都是来自市政债券。2015年1月我国《新预算法》的实施，将推进地方政府财税体制改革和预算管理改革的提速，也给地方政府债券市场的发展带来很多机遇，而地方政府投融资机制的完善无疑会推进城镇化和区域经济合作的进程。这里，如何引导民营资本投资公共服务部门、基础设施和环保等产业，加强区域金融经济合作，创新推进新型低碳环保城镇化的进程，值得我们从不同层面深入探讨。

多措并举促进环保企业融资

过去十年，中国的房地产业发挥了黄金产业的功能，未来十年，中国的黄金产业在哪里？环保产业应该是值得大力发展的黄金产业。应多措并举促进环保企业融资，包括绿色信贷、IPO、绿色债券、环保集合债、中小企业私募债、中期票据、绿色产业基金等，对于环保和环保基础设施项目的债券利息收入，可参考地方债和铁路建设债的税收优惠政策，从政策层面促进环保产业的发展。

为推动节能减排和绿色低碳产业的发展，绿色产业基金可以引导社会金融资本加大对绿色产业的投入力度，是绿色信贷的重要补充。建立公共财政和私人资本合作的 PPP 模式绿色产业基金，提高社会资本参与环保产业的积极性，是推动绿色产业基金发展的重要路径。包括主要投资于区域环境保护，流域水环境基金、土壤修复产业基金等。出台规范 PPP 模式绿色产业基金的法律法规，发挥当地政府会在资金筹集和投向等方面的政策引导作用。

我国应完善对绿色产业的扶持政策，建立环保企业上市的绿色通道，提高环保企业上市募集资金投资项目的灵活性。另外，在支持民间资本进入城市污水处理、空气污染治理、城市园林绿化行业领域等多项国家发展政策应该细化和落地，可通过放宽准入、减免税收、补贴和土地政策等措施来支持绿色产业基金的发展。

从机制层面推进绿色金融体系的建设和发展，应鼓励银行业等金融机构创新对环保产业的服务，包括融资支持（如绿色信贷、绿色金融租赁、节能环保资产证券化）、研究推进能效贷款、绿色金融租赁、碳金融产品、节能减排收益权和排污权质押融资，鼓励绿色保险的创新；加快推行绿色评级制度，加快排放（污）权交易市场建设；同时，加强财政税收支持力度，发挥政府与市场的协调合力推进环保产业的可持续发展。

国际金融合作推进环保产业发展

2014 年在北京召开的 APEC 会议为亚太经济合作带来很多实质性机遇，各国政府将会加强在环保方面的合作，环境产品关税降至 5%：加快发展清洁能源和可再生能源，并促进在这方面的投资。

随着全球化和经济的快速发展，发展中国家都面临同样的问题，工业化、城市化、全球化专业和城市污染和资源短缺的压力，迫切需要可持续发展之路，未来我们需要多维度、联合跨国行动来实现可持续发展。

金砖发展银行和亚洲基础设施投资银行等区域性多边金融机构在推进环保产业发展方面一定会发挥非常重要的作用，包括基础设施产业和高铁的国际化，在海外投资决策过程中也要充分考虑节能减排，更多承担环境和社会责任，以绿色投资推动国际经济金融合作的进程。

绿色生态环境需要法制来做基础，需要政府、市场、企业多方合力，需要环保理念、信息披露以及绿色投资网络的建设，需要多方努力承担环保的社会责任，为美丽中国的碧水蓝天而付出我们每一份努力。

（本文成稿于 2015 年 5 月）

绿色城市投融资的创新路径

◕ 绿色金融与地方债市场将成为投融资改革双引擎

目前，国务院发布的《关于深化投融资体制改革的意见》（以下简称《意见》）引起各方关注。《意见》提出，完善政府投资体制，发挥好政府投资的引导和带动作用；进一步明确政府投资范围，鼓励政府和社会资本合作。应该说，《意见》的出台给我国绿色金融市场发展带来非常大的机遇。

加快建立绿色金融市场

目前，"建设美丽中国、实现生态文明"逐步成为了社会的共同愿景。良好的生态环境是最公平的公共产品，是最普惠的民生工程。中共中央、国务院 2015 年发布的《生态文明体制改革总体方案》中，明确了建立绿色金融体系的总体规划。"十三五"规划中"发展绿色金融，设立绿色发展基金"也成为一大亮点得到各方关注。绿色化和绿色金融也一定会成为中国经济可持续发展的新引擎。

目前资金瓶颈是绿色低碳发展的一大挑战。中国应积极推进政府和社会资本合作，加快建立统一、规范的绿色金融市场。我国在经济新常态下，环保产业面临财政投入、模式创新等多重挑战，中国的绿色增长之路迫切需要金融创新来化解资金瓶颈，运用好政府和市场的双轮驱动，推动公共政府部门与民营企业合作 PPP 模式，以各参与方的双赢或多赢作为合作理念，提高社会资本参与新型城镇化进程的积极性。而设立绿色发展基金，推动经济发展也是重要的创新路径。

中国应推进政府和社会资本合作，加快建立统一规范的多层次绿色金融市场，包括银行绿色化转型、绿色债券、绿色基金、绿色保险、绿色担保体系的构建，满足多元多层次的投融资需求，提高市场整体竞争力。而如何完善绿色金融服务体系，提供融资支持（包括融资租赁、资产证券化、担保支持）、财政税收支持、金融服务支持等，也值得政策制定者深入研究。

建立 PPP 模式的绿色产业基金

同时，以政府与社会资本合作 PPP 模式推动绿色产业基金的发展已经达成共识。作为资金来源广泛的绿色基金，在金融体系下更具有举足轻重的作用。为推动绿色低碳产业的发展，绿色发展基金可以引导社会金融资本加大对绿色产业的投入力度，是绿色信贷的重要补充。建立公共财政和私人资本合作的 PPP 模式绿色产业基金，提高社会资本参与环保产业的积极性，是推动绿色基金发展的重要路径，包括区域环境保护基金、流域水环境基金、土壤修复产业基金、雾霾治理产业基金等。

在实践中，可以考虑以地方财政投入启动资金，引入金融资本和民间资本成立绿色产业基金。例如"山西省改善城市人居环境 PPP 投资引导基金"、内蒙古环保基金、江苏 PPP 融资支持基金就是很好的实例。

同时，有效发挥当地政府在资金筹集和投向等方面的政策引导作用。支持民间资本进入城市污水处理、空气污染治理、城市园林绿化等行业领域的多项政策应该细化和落地，可通过放宽准入、减免税收、补贴和土地政策等措施来支持绿色产业基金的发展。包括如何健全财政对绿色贷款的高效贴息机制，如何通过合理定价、财政补贴等公开透明方式，完善收益成本风险共担机制，提高社会资本参与环保产业和绿色城镇化进程的积极性。

另外，以绿色产业基金推进"一带一路"绿色化和国际合作的进程。目前，亚投行、丝路基金、亚洲开发银行、国际金融公司等在推动"一带一路"基础设施投资方面也更多强调环保因素，绿色投资与全球推动可持续发展和应对气候变化的大势所趋相辅相成。未来可以考虑运用 PPP 模式，在丝绸之路经济带沿线地区进行绿色投资，这种 PPP 模式的基金无疑会成为推动"一带一路"绿色化投资的新动力。

积极发展地方政府债券市场

《意见》中也明确提到，大力发展直接融资，支持省级政府依法依规发展政府债券。

作为提高直接融资比例的重要渠道，债券市场正在显示出迅速扩张的势头，作为政府投融资改革的重要举措，地方政府债券市场的发展应该成为重中之重。

2016 年初，国务院发布的《关于深入推进新型城镇化建设的若干意见》中，明确提出加快推进绿色城市的意见。稳步推进城市绿色转型，以城市群为基础，实现大中小城市和城镇的协调发展，已经达成各方共识。在推进城市绿色化转型的过程中，如何解决地方政府投资拉动经济的资金缺口问题，建立地方政府市场化的投融资机制，降低财政风险和金融风险，发展地方政府债券市场，满足政府层面和企业层面等多元化的资金保障成为关注热点。

从国际经验来看，市政债的发行可以很好地解决地方政府城镇化环保产业投融资的问题。未来我国地方政府如何通过绿色市政债的发行，引导投资到绿色基础设施和环保等产业，创新推进绿色城市化的发展，值得我们从不同层面深入探讨。

逐步完善以法律法规为基础，以信息披露为核心，以规模控制、信用评级、风险预警、偿债基金、危机化解等为手段的风险监控框架体系，在政府层面为有效防范市政债券风险提供源头性保障。从金融市场发展的角度，要完善发行与定价机制、机构投资者层次、投资项目管理与评估、信用增进与保险、担保机制、监管的协调机制等制度框架。

（本文成稿于 2016 年 7 月）

绿色债券的国际经验及中国实践

绿色债券的发展背景

（一）绿色经济成为经济发展新驱动力

当前，全球可持续发展进入了以绿色经济为主要驱动力的新阶段。中国也在下大决心推动减排、治理大气污染、消除雾霾。习近平总书记在谈生态环境保护时指出，要像保护眼睛一样保护生态环境，像对待生命一样对待生态环境，推动形成绿色发展方式和生活方式。

2015 年 9 月，中共中央、国务院印发《生态文明体制改革总体方案》，明确了我国建立绿色金融体系的国家战略。11 月出台的"十三五"规划建议中也明确将绿色发展定为未来五大发展理念之一。2016 年 3 月 5 日，国务院总理李克强在《政府工作报告》中提出"把节能环保产业培育成我国发展的一大支柱产业"。

来自全国工商联环境商会的研究报告显示，自"十一五"以来，我国节能环保产业的年均增速就超过了 15%，进入快速发展阶段；据国家发展改革委统计，截至 2015 年底，我国节能环保产业产值已经达到 4.5 万亿元。节能环保产业在"十三五"期间的发展前景更加引人注目。根据中国环境与发展国际合作委员会"绿色金融改革与促进绿色转型"课题组测算，"十三五"期间，按照落实现有已经制订的环境规划、计划和标准的"低方案"，中国在可持续能源、环境基础设施建设、环境修复、工业污染治理、能源与资源节约五大领域的绿色融资需求为 14.6 万亿元；若基于环境无退化原则的"高方案"，则资金需求高达 30 万亿元。在未来，绿色经济和绿色金融一定会成为中国经济可持续发展的新引擎。

（二）绿色金融是绿色发展的重要推动力

绿色金融是绿色化实现的推动力。在现有宏观经济形势、金融改革背景以及全国低碳发展目标下，我国城市绿色转型面临融资挑战。而且从以往各国经验来看，绿色城市转型需要中央政府和地方政府协力推进，需要通过政府投资有效带动民营资本进入低碳环保领域。

我们看到，"十三五"规划纲要强调，要建立绿色金融体系。在推动绿色发展的背景下，无论是绿色工业技术的研发应用，还是绿色新兴产业的发展，都需要大规模的绿色投资进行支持。2016 年 2 月在上海二十国集团（G20）财长及央行行长会议上，绿色金融也被列入重点议题，并专门成立了 G20 绿色金融研究小组，对绿色银行体系、绿色债券市场、绿色机构投资者、相关风险分析等进行重点研究。

绿色金融体系含义广阔，包括银行绿色化转型、绿色债券、绿色基金、绿色保险、绿色担保体系的构建，以及如何细化相关的财政、金融支持政策，进一步完善债券、股权、基金、保险市场建设，积极发展排污权交易、加快建立高效的绿色低碳交易市场，满足多元多层次的投融资需求等。

目前资金瓶颈是绿色低碳发展的一大挑战。可以预期，中国政府不会仅靠公共财政资金来推动这一史无前例的壮举，社会资本通过市场方式参与到减排中来受到广泛预期，外资的进入也将受到欢迎。

（三）新型城镇化的绿色发展需要融资工具

2016 年初，国务院发布的《关于深入推进新型城镇化建设的若干意见》中，明确提出加快推进绿色城市、智慧城市、人文城市的新型城市建设方向。在美国经济学家斯蒂格利茨看来，中国的城镇化与美国高科技产业的发展是 21 世纪对世界影响最大的两件事。

在新型城镇化发展过程中，绿色建筑、绿色交通等具有长足的发展空间。从欧洲、日本和韩国经验来看，城镇化进程很大程度上得益于政府推动，即便是美国这样以市场为主导的国家，政策支持依然发挥了不可或缺的作用。

新型城镇化需要积极的财政政策与货币政策协调配合来推动。地方政府必然需要在基础设施、公共服务和保障性住房建设等方面进行大量投资，融资和再融资压力巨大。如何加快财税体制和投融资机制的改革，创新金融服务，通过体制创新来推动政府层面和企业层面等多元化的资金保障，成为关注热点。

绿色债券的国际经验

(一)《绿色债券原则》要点

为了增强绿色债券信息披露的透明度、促进绿色债券市场健康发展的自愿性指导方针，国际资本市场协会（ICMA）联合130多家金融机构共同出台了《绿色债券原则》（*Green Bond Principles*，GBP），其中指出，绿色债券是绿色基础设施融资的主要工具，是将所得资金专门用于环境保护、可持续发展或减缓和适应气候变化等绿色项目融资或再融资的债券工具（见图1）。

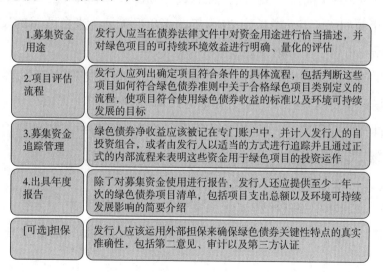

1.募集资金用途	发行人应当在债券法律文件中对资金用途进行恰当描述，并对绿色项目的可持续环境效益进行明确、量化的评估
2.项目评估流程	发行人应列出确定项目符合条件的具体流程，包括判断这些项目如何符合绿色债券准则中关于合格绿色项目类别定义的流程，使项目符合使用绿色债券收益的标准以及环境可持续发展的目标
3.募集资金追踪管理	绿色债券净收益应该被记在专门账户中，并计入发行人的自投资组合，或者由发行人以适当的方式进行追踪并且通过正式的内部流程来表明这些资金用于绿色项目的投资运作
4.出具年度报告	除了对募集资金使用进行报告，发行人还应提供至少一年一次的绿色债券项目清单，包括项目支出总额以及环境可持续发展影响的简要介绍
[可选]担保	发行人应该运用外部担保来确保绿色债券关键性特点的真实准确性，包括第二意见、审计以及第三方认证

图1　《绿色债券原则》（GBP）要点

绿色债券的投向主要包括可持续交通、可再生能源、水利、生物发电、城镇垃圾及污水处理、能源效率改进（建筑和工业领域）等绿色项目以及其他城市绿色基础设施建设。

（二）国际绿色债券市场发展概况

从国际经验来看，支持城市绿色转型的资金主要来自政府支出、金融机构融资以及私营部门投资。因绿色债券发行主体不同，绿色债券又可以分为绿色市政债、绿色金融债、绿色企业债等不同品种。从投资者类型来看，绿色债券投资者兼顾各国央行和官方机构、银行、资产管理公司和保险公司，分布较为多元化。

作为近年来国际社会开发的新型金融工具，绿色债券具有清洁、绿色、期限长、成本低等显著特点。

2007年欧洲投资银行（EIB）发行首只绿色债券。在2013年国际金融公司与纽约摩根大通共同发行IFC绿色债券之后，绿色金融市场开始蓬勃发展。截至2015年9月底，全球总共发行了497只绿色债券，且发行量逐年递增。气候债券倡议组织指出，全球绿色债券市场从2011年的110亿美元增长到2015年的420亿美元，来自欧美的发行体在市场中占据了主导地位。

目前，以欧洲投资银行、世界银行为代表的开发银行依然是绿色债券市场最主要的发行人。公司与地方政府于2013年进入该市场。对于国际性开发银行来说，投资于绿色项目符合其可持续发展的理念及促进社会稳定发展的长期目标。

（三）绿色债券国际实践中的特点

1. 通过担保降低违约风险

借鉴国际经验，可以通过担保降低债券违约风险，从而为绿色项目增级。

如"欧洲2020项目债券"计划，旨在为能源、交通、信息和通信网络建设融资的债券由项目的负责公司承担发行责任，并由欧盟和欧洲投资银行通过担保的方式提高信用级别，以吸引更多的机构投资者。

在国际金融危机之后，美国市政绿色债券市场持续升温，并发行了第一只绿色担保债券。

2. 绿色市政债被广泛应用

绿色债券可以以较低的融资成本为绿色信贷和绿色投资提供资金来源，并减少期限错配的风险。从国际经验来看，绿色市政债的发行可以很好地解决地方政府城镇化环保产业投融资的问题。如美国很大一部分市政债券用于环境工程和能源建设，而日本和英国的污水处理融资来源很多都是来自市政债。

作为全球绿色城市债券联盟的一员，瑞典哥德堡于 2013 年 9 月发行了绿色市政债券，募集资金指定用于环保项目，包括公共交通、水资源管理、能源和废物管理项目。该债券通过制定公布绿色债券框架协议，包括债券发行期、投资者范围、资金使用投向等信息，确保投资项目相关信息公开透明。

作为城镇化融资的重要工具，绿色债券还得到更广泛的应用。如美国能源署推行住房清洁能源机制，通过发行绿色债券筹集资金，以推动居民住房及商用住房的绿色化改造。房主仅需支付小额首付，剩余改造费用可以分期付款方式在 10 年至 20 年付清。该债券以被改造的住房为抵押，并将分期付款与财产税绑定以防范违约风险。

绿色债券的中国实践

中国绿色债券市场正在推动全球债券市场的多元化发展。从绿色债券适用范围上看，气候债券倡议将所有与化石燃料有关的项目都排除在外，考虑到中国目前所遇到的环境挑战不仅包括减缓和适应气候变化，还包括应对空气污染、土地和水污染等，中国绿色债券的投资范围要比绿色债券国际市场所包含的更加多元化。中国的规定还适用于清洁煤炭，对于承担环境责任的机构投资者来说，这一差别十分重要，也符合巴黎气候峰会达成的减少排放承诺。

（一）绿色债券的界定

1.《绿色债券支持项目目录（2015年版）》

2015年12月22日，中国人民银行发布了《关于发行绿色金融债券有关事宜的公告》和与之配套的《绿色债券支持项目目录（2015年版）》（以下简称《目录》）。《目录》由中国金融学会绿色金融专业委员会编制，纳入了6大类（一级分类）和31小类（二级分类）环境效益显著项目及其解释说明和界定条件（见图2）。

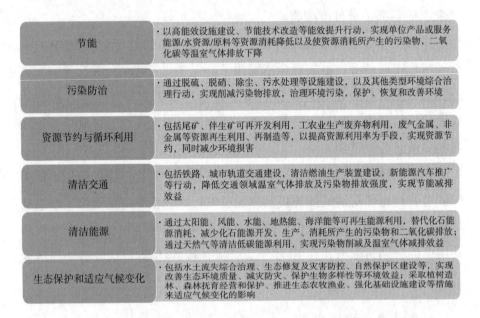

节能	·以高能效设施建设、节能技术改造等能效提升行动，实现单位产品或服务能源/水资源/原料等资源消耗降低以及使资源消耗所产生的污染物、二氧化碳等温室气体排放下降
污染防治	·通过脱硫、脱硝、除尘、污水处理等设施建设，以及其他类型环境综合治理行动，实现削减污染物排放，治理环境污染，保护、恢复和改善环境
资源节约与循环利用	·包括尾矿、伴生矿可再开发利用，工农业生产废弃物利用，废气金属、非金属等资源再生利用、再制造等，以提高资源利用率为手段，实现资源节约，同时减少环境损害
清洁交通	·包括铁路、城市轨道交通建设，清洁燃油生产装置建设，新能源汽车推广等行动，降低交通领域温室气体排放及污染物排放强度，实现节能减排效益
清洁能源	·通过太阳能、风能、水能、地热能、海洋能等可再生能源利用，替代化石能源消耗，减少化石能源开发、生产、消耗所产生的污染物和二氧化碳排放；通过天然气等清洁低碳能源利用，实现污染物削减及温室气体减排效益
生态保护和适应气候变化	·包括水土流失综合治理、生态修复及灾害防控、自然保护区建设等，实现改善生态环境质量，减灾防灾、保护生物多样性等环境效益；采取植树造林、森林抚育经营和保护、推进生态农牧渔业、强化基础设施建设等措施来适应气候变化的影响

图2　《绿色债券支持项目目录（2015年版）》

按照《目录》中定义的项目类别，2015年发行的绿色债券中，用于清洁交通（GB4）和清洁能源（GB5）两大类别的规模最大，分别占绿色债券总规模的55%和30%。潜在绿色债券中，节能（GB1）和清洁交通（GB4）类别的发行规模较大，分别占潜在绿色债券发行总额的28%和22%。显然，中国的地方政府以及国有企业在城市基础设施、铁道交通、水利设施、清洁能源等方面的巨额投资，在改善居民生活质量、促进经济发展的同时，也使其成为最重要的绿色债券发行人。

2.《绿色债券发行指引》（以下简称《指引》）

2015 年 12 月 31 日，国家发展改革委办公厅发布了《关于印发〈绿色债券发行指引〉的通知》，明确对 12 个领域提出了重点支持，包括支持节能减排技术改造、绿色城镇化、能源清洁高效利用、新能源开发利用、循环经济发展、水资源节约和非常规水资源开发利用、污染防治、生态农林业、节能环保产业、低碳产业、生态文明先行示范试验、低碳试点示范等绿色循环低碳发展项目。

3.《关于开展绿色公司债券试点的通知》

2016 年 3 月 16 日，上海证券交易所发布《关于开展绿色公司债券试点的通知》，将绿色公司债券定义为依照《公司债券管理办法》及相关规则发行的、募集资金用于支持绿色产业的公司债券。其中绿色产业项目范围可参考 2015 年的《目录》及经上交所认可的相关机构确定的绿色产业项目。

4.《中国人民银行年报 2015》

2016 年 6 月 21 日发布的《中国人民银行年报 2015》"银行间债券市场推出绿色金融债券"专栏指出，人民银行对绿色金融债券从绿色产业项目界定、募集资金投向、存续期间资金管理、信息披露和独立机构评估或认证等方面进行了引导和规范，同时明确了鼓励绿色金融债券发行的优惠政策。

一是强调募集资金只能用于支持绿色产业项目。发行人可按照公告所附的《绿色债券支持项目目录》筛选项目，也可参考其他的绿色项目界定标准。

二是对债券存续期间募集资金管理进行明确规定。要求发行人应按照募集资金使用计划，尽快将资金投放到绿色产业项目上；为确保募集资金流向可追溯，要求发行人开立专门账户或建立台账。此外，为降低发行人成本，允许发行人在资金闲置期间投资于信用高、流动性好的货币市场工具及非金融企业发行的绿色债券。

三是严格信息披露要求，充分发挥市场化约束机制的作用。绿色金融债券发行人不但要在募集说明书中充分披露拟投资的绿色产业项目类别、项目筛选标准、项目决策程序、环境效益目标，以及发债资金的使用计划和管理制度等信息，债券存续期间还要定期公开披露募集资金使用情况。

四是引入独立的评估或认证机构。鼓励发行人聘请独立机构对所发行的绿色金融债券进行评估或认证；要求注册会计师对募集资金使用情况出具专项审计报告；鼓励专业机构对绿色金融债券支持绿色产业项目发展及其环境效益影响等实施持续跟踪评估。第三方的评估认证意见和专项审计报告，应及时向市场披露。

（二）绿色债券发行情况

在《目录》和《指引》颁布前，国内一些先行者已经进行了绿色债券发行。例如2015年7月，新疆金风公司在香港联交所成功发行了1只3亿美元的3年期绿色债券，认购金额高达14亿美元。2015年10月，中国农业银行在伦敦证券交易所发行中资金融机构首只绿色债券，总价值10亿美元，来自亚洲和欧洲近140家投资机构超额认购，获得了市场高度认可。这也为以后中资金融机构和企业在人民币离岸市场发行绿色债券积累了经验。

随着相关规则的出台，中国的绿色金融债、绿色企业债和绿色公司债呈现出"三箭齐发"之势。

根据《目录》进行筛选，2015年中国未贴绿色标签但可以明确统计界定为绿色债券的发行规模为6186亿元（约合951亿美元），发行数量为590只，占总债券发行规模的2.68%。

其中包括：非金融企业债和地方政府债中的579只绿色债券，规模6095.11亿元，占总债券发行规模的2.65%；资产支持证券（包括ABS、ABN以及其他资产支持证券）中的11只绿色债券，规模90.89亿元。在非金融企业债和地方政府债中，区域性场外市场绿色债券规模为 15.11 亿元，数量 116 只，如果剔除这部分，则绿色债券规模为 6044 亿元，数量为 463 只。其中，发债企业主营业务为绿色领域，募集资金用途为补充流动资金和偿还银行贷款的，其绿色债券发行规模为 1755.20 亿元，数量 185 只，如果再剔除这部分债券，则 2015 年中国绿色债券数量为 278 只，规模 4288.80 亿元。

在绿色债券发行品种上，短期融资券、政府支持机构债和中期票据这三类券种规模占比最大，分别占绿色债券总规模的 32%、25% 和 19%。其中政府支持机构债即铁道债的单只融资规模最大，平均规模为 83.3 亿元。潜在绿色债券中，地方政府债的金额为 9981.25 亿元，占潜在绿色债券总发行规模的 88.53%，再次说明中国的地方政府是非常重要的绿色债券发行人，但从信息披露来看，地方政府的债券发行应当进一步完善对资金用途的披露。

这些绿色债券的发行方式以公募为主。2015 年公开发行的绿色债券共计 5609.4 亿元，平均单只规模为 14.65 亿元；非公开发行的绿色债券共计 485.71 亿元，平均单只金额仅为 2.48 亿元。非公开发行绿色债券的利率普遍高于公开发行。由于非公开发行在发行条件和流程上相比要求更宽松，近年来吸引了众多发行人，其中不乏大型企业。我们建议，公募债券严格的发行条件以及管理制度可以试点对绿色债券适度宽松，从发行方式上鼓励企业更多公开发行绿色债券，降低绿色项目的融资成本。

多措并举促进绿色债券市场发展

市场的发展一定要相关法律制度先行，包括建立绿色债券发行、交易、信息披露监管、做市商制度、投资者保护等各项制度，为投资者创造一个健康有序的市场环境，从而在市场创新的同时有效防范金融风险。

为推动绿色债券市场发展，可以考虑出台相关政策为绿色债券发行人或投资人提供税收优惠，出台优惠绿色贷款机制，出台风险权重优惠，建立增信、审批的快速通道，出台境外人民币离岸市场发行的相关配套支持等政策优惠。

绿色债券发行者可以利用绿色债券将不同环保资产进行组合，以吸引机构投资者，例如综合太阳能、水和污染治理等投资项目。

丰富多层次的绿色债券投资者体系，包括养老金、社保基金、企业年金、社会公益基金、主权财富基金等机构投资者的培育对市场发展至关重要，应积极培育绿色投资者网络，促进各类资金参与绿色产业，更好地发挥债券市场服务实体经济的作用。

积极发展绿色股票指数和相关投资产品，鼓励机构投资者投资于绿色金融产品。

我国未来也可以考虑设立担保基金，为绿色市政债券和绿色PPP项目债券提供信用担保，并通过市场化、差别化的担保政策、补贴政策、税收优惠政策等进行综合调整。具体而言，担保品种可以包括：(1) 绿色中小企业信用担保，一般定位为政策性业务，以贷款担保为主要形式，主要服务于符合特定绿色政策目标的企业以及人群；(2) 绿色金融担保，包括相关债券担保、结构化融资担保、PPP模式担保等；(3) 保证担保，包括绿色工程保证担保、履约担保、司法担保、海关担保等；(4) 其他担保，如"债权+股权"等多种模式担保。

从企业跨境融资角度看，在境外发行绿色债券能够助力绿色企业提高海外投融资的效率，同时逐步推进债券市场对外开放的进程，吸引国际投资者投资于中国绿色债券市场，加强各离岸市场、货币当局、监管部门、金融机构间的合作，伴随人民币国际化推进了低碳节能环保产业海外投融资的进程。未来亚投行、丝路基金、亚洲开发银行、国际金融公司等在推动"一带一路"、亚太金融合作、生态环保和基础设施投资等方面，也将更多强调环保因素。

人民币离岸市场发展助力企业海外绿色投融资的效率

2015 年 10 月，中国农业银行在伦敦证券交易所发行中资金融机构首只绿色债券，总价值 10 亿美元，来自亚洲和欧洲近 140 家投资机构超额认购，获得了市场高度认可。这也为以后中资金融机构和企业在人民币离岸市场发行绿色债券积累了经验。

在我国日益融入经济全球化的进程中，人民币离岸中心的全球化布局范围正从亚洲向欧洲、北美洲以及南美洲等地区拓展，欧洲法兰克福、英国伦敦等国际金融中心已成为亚洲以外全球最重要的人民币离岸中心。

从企业跨境融资的角度来看，金融机构在境外发行绿色债券的进程，助力绿色企业提供海外投融资的效率。同时，逐步推进债券市场对外开放的进程，吸引国际投资者投资于中国绿色债券市场，加强各离岸市场、货币当局、监管部门、金融机构间的合作，以人民币国际化推进低碳节能环保产业海外投融资的进程。

可喜的是，在 2015 年 9 月举行的第七次中英财经对话上，双方就确定绿色金融发展的国际合作进行了讨论，并且达成了全球共识，双方将共同推进全球绿色债券统一标准。而政府间互认绿色债券标准等国际合作，也有助于完善市场定价机制、流动性和全球在节能环保产业的合作。

亚投行、丝路基金、亚洲开发银行、国际金融公司等在推动"一带一路"、亚太金融合作、生态环保和清洁能源领域、基础设施投资方面也更多强调环保因素，国际投资的绿色化和环境社会责任的承担也成为关注热点，绿色投资与全球推动可持续发展和应对气候变化的大势所趋相辅相成。相信绿色金融也会成为"一带一路"和国际合作的主要推动力。

总之，绿色债券市场的发展要以法制为基础，需要政府和市场的双轮驱动、监管与市场的统筹沟通、环保理念的推广、责任投资者的培育以及绿色金融体系的建设，共同推动绿色化发展的进程。

（本文成稿于 2016 年 6 月）

绿色基金发展的国际经验及中国的路径选择

目前，全球可持续发展进入了以绿色经济为主驱动力的新阶段。美国的"绿色新政"，日本的"绿色发展战略"总体规划，德国的"绿色经济"研究等表明，经济的"绿色化"已经成为增长的新引擎，这已经成为世界共识。

绿色产业基金的发展势必会对低碳经济起到促进作用。"十三五"规划中在"坚持绿色发展，着力改善生态环境"部分明确提出了"发展绿色金融，设立绿色发展基金"发展绿色金融，设立绿色发展基金也被列入"十三五"规划。如何运用社会闲散资金，借鉴普惠金融，发展绿色基金市场，通过绿色基金带动更多的民间资本进入低碳环保行业也成为国内外各方关注点。

一、绿色基金助推多层次绿色金融市场体系发展

加快建立统一规范的多层次金融市场。目前资金瓶颈是绿色低碳发展的一大挑战。中国应积极推进政府和社会资本合作，加快建立统一、规范的绿色金融市场。其中，包括银行绿色化转型、绿色债券、绿色基金、绿色保险、绿色担保体系的构建，细化财政、金融支持政策，完善债券、股权、基金、保险市场建设，积极发展排污权交易、加快建立高效的绿色低碳交易市场，满足多元化多层次的投融资需求，提高市场整体竞争力。

在发展绿色金融体系的过程中，绿色金融体系的建立需要绿色基

金的推动，绿色基金的建立也需要在绿色金融体系下持续发展。绿色股权投资、绿色债券市场、绿色证券、绿色基金市场都是绿色金融体系的重要组成部分。绿色基金市场与其他市场相互推动，相辅相成，共同推动大环境下绿色金融体系的建立。作为资金来源广泛的绿色基金，在金融体系下更具有举足轻重的作用。而在绿色基金中，更要推动绿色产业基金、绿色担保基金及绿色发展基金的蓬勃发展。

二、绿色基金起源及发展

在 20 世纪六七十年代环保运动的影响下，世界上第一只将环境指标纳入考核标准的绿色投资基金——Calvert Balanced Portfolio A 于 1982 年在美国面世。该基金虽然从字面上来看并没有体现"绿色"，但其致力于对拥有环保项目的企业进行投资，实质上是一只绿色基金。此后，英国于 1988 年推出了第一只绿色投资基金——Merlin Ecology Fund。

从绿色金融体系的国际经验来看，英国绿色投资银行是世界上第一家专门致力于绿色经济的投资银行，它的作用是解决基础设施融资中市场缺失的问题，通过调动私人资本来加快向绿色金融的转型。

在美国、日本等发达国家，绿色基金在近年得到了较大发展。由于金融市场形成度不同，绿色基金在不同市场上有不同表现。在发达国家，绿色基金的发行主体主要是机构，尤其美国在 1996 年成立了社会投资论坛，自此绿色基金开始高速发展。而在日本，受自然环境及人文环境等影响，环保意识在社会中广泛传播，企业主动改善生产环境的情况较多，极大地促进了绿色基金在日本的发展。

美国是世界上社会责任投资 SRI 发展最早和完善的市场。自从第一只绿色投资基金在美国面世以来，市场相继推出了许多绿色投资基金，这极大地促进了美国社会经济生态效益的提高；这也促使更多 SRI 将生态环境作为重要筛选指标，通过股东对话的形式增加对企业环境议案的讨论次数，这是美国初期绿色投资基金的构成形式。

目前，发展社会责任投资基金得到了欧洲大多数国家的重视。在西欧地区，绿色投资基金是社会责任投资的第三代金融产品。与前两代相比，第三代金融产品重点专注于环境等某个具体的领域，绿色投资基金就是在此背景下发展起来的，而且其资产增速也大于市场资产的平均增速。社会责任投资 SRI 资产的平均增长率、投资策略、投资者结构、资产的配置情况，在欧洲不同国家之间差异较大。

三、对我国绿色基金的启示

目前，发展低碳能源已经变成了全球性话题，绿色产业基金的发展势必会对低碳经济起到促进作用。"十三五"规划指出：要支持绿色清洁生产，推动建立绿色低碳循环发展产业体系。发展绿色金融，设立绿色发展基金。

借鉴国际上绿色产业基金的发展经验，对我们有以下几方面的启示：

第一，通过绿色基金可拓宽融资渠道，构建多元化的投资主体结构。从长远来看，绿色产业基金的资金应主要来源于民间。应通过政策和制度的调整，积极拓宽绿色产业基金的融资渠道，发展民间资本、养老金、金融机构、国外资本和政府资金等共同参与的多元化投资主体结构。

第二，发展绿色产业基金组织形式，因地制宜合理发展。由于受到现有法律和规定的限制，目前我国绿色产业基金的组织形式主要是契约型、封闭式的。从长远来看，有限合伙制度更适合绿色产业基金。因为其能有效地将资本与专业人才有机地结合，在明确划分责、权、利的基础上，提高决策的专业水平，在激励和约束管理人行为的同时减轻有限合伙人承担的风险和责任。

第三，积极利用外资推动绿色基金可持续发展。目前我国基金众多，其中不乏与绿色基金相似的产业基金，但针对性较低，仍停留在产业基金原先固有的特点，缺乏专业人士的研究引导，市场参与度不足。考虑到国际市场的因素，产业基金的发展不仅可以寻求国内投资，还可以引进外资，引进国外专业人员，建立绿色产业基金项目，进一步获得国际资金在基金和技术上的支持。

目前，中美建筑节能与绿色发展基金作为刚结束的第八轮中美战略与经济对话的重要成果之一正式推出。首批预计募集的资金不低于200亿元人民币。该基金将与镇江和张家口两个城市合作，建立市级建筑节能和绿色发展基金，推动当地节能工作的开展，并将成功经验在国内其他城市进行复制和推广。促成并加速美国节能环保技术与经验在中国市场的应用，促进产业结构调整，未来可以通过这种基金的模式鼓励中美跨境创新，并共同创造绿色就业机会。

第四，推进环保并购基金的发展。根据环境商会的不完全统计，从2015年至今，已有超过20家上市公司宣布设立环保并购基金，包括万邦达、上风高科、先河环保、盛运环保、格林美等。国内环保并购基金普遍采用"上市公司＋PE"，即上市公司联手PE成立并购基金的模式。这一方面可以推进上市公司对社会责任的承担，另一方面可以充分吸引民间资本参与到低碳环保产业的发展。

四、PPP模式助力绿色产业基金的发展

从国际经验来看，单靠政府资金已不能满足大量的公共基础设施投资需求，利用国际及国内民间私人资本进行公共基础设施建设中，PPP（Public - Private - Partnership）模式逐步成为应用广泛的项目融资和实施模式，即公共政府部门与民营企业合作模式。建立公共财政和私人资本合作的PPP模式绿色产业基金，提高社会资本参与环保产业的积极性，是推动绿色基金发展的重要路径。包括主要投资于区域环境保护，流域水环境基金、土壤修复产业基金、雾霾治理产业基金等。

应该有效将PPP模式应用到绿色产业基金中，具体就是政府通过

特许经营权、合理定价、财政补贴等公开透明方式，完善收益成本风险共担机制，使投资者有长期稳定收益。而投资者按照市场化原则出资，按约定规则与政府共同成立基金参与建设和运营合作项目。基金可以通过银行贷款、企业债、项目收益债券、资产证券化等市场化方式举债并承担偿债责任。

第一，要规范PPP模式的绿色产业基金，亟待出台专门规范这种特殊PPP模式绿色产业基金的法律法规和操作指南，以完善顶层设计，通过特许权等壮大绿色基金的实力，为绿色基金的发展注入持续推动力。

在实践中，可以考虑以地方财政投入启动资金，引入金融资本和民间资本成立绿色产业基金。PPP模式下的绿色产业基金，可以通过股权投资于地方政府纳入PPP框架下的项目公司，子基金或项目公司作为种子项目投资运作主体，对城市绿色基础设施相关产业进行市场化运作，自担风险，自负盈亏，政府授予项目公司一定期限的特许权经营期。

第二，国家和地方政府应尽早出台对绿色产业基金的相关扶持政策。目前，"十三五"规划指出，要支持绿色清洁生产，推进传统制造业绿色改造，对符合生态发展的投资项目给予一定税收优惠，对项目贷款提供优惠利率，国家政策性银行拨出环保专项贷款等。发展绿色金融，设立绿色发展基金。政策上已经提出，亟待落实。

第三，发展适合我国特点的绿色产业基金组织形式。目前国内绿色投资基金产品缺乏，导致有生态环境投资倾向的投资者缺少投资渠道。应鼓励社会养老基金进行绿色产业投资等，既可以分担风险，又活跃市场，为广大投资者提供绿色投资渠道。

第四，建立相对适用面较广的投资绩效评价体系。目前，任何一项资产都有相应机构对其进行投资评级，而绿色基金的特殊性更要求它具有相对更加完善的体系。从基金的创立到退出，每一个环节都要做到有章可循。尤其在基金创立之初，更要健全筛选制度，要确保该基金满足绿色发展的基本要求。

同时，有序推动机构投资者投资绿色产业。主要吸引鼓励社保基金、养老基金、国有企业、民营企业及国际资本投资绿色产业。

五、发展我国绿色基金的政策建议

绿色产业基金是社会资本进行专业绿色投资的平台，从资金来源看是绿色信贷的重要补充。为推动我国绿色产业基金业的发展，现提出如下具体建议。

（一）中央政府层面

1. 明确有关 PPP 的扶持政策以适用于绿色产业基金

具体地说，首先，应该在国务院办公厅《关于推行环境污染第三方治理意见》（国办发〔2014〕69 号）的基础上，进一步明确新的投资运营模式（如特许经营）、审批便利化、财政补贴或奖励、绿色债券等优惠政策和融资工具同样适用于 PPP 产业基金。其次，在地方层面尽快拿出操作细则，充分体现合同管理和契约精神。比如天津生态城的建设，政府对其特许经营权的转让是以天津政府规定的形式发布的，政府对运作资金池的特许经营公司的考核指标也十分详尽和仔细，具有可操作性、可评估性。其他地区可借鉴天津模式，出台专门规范这种特殊 PPP 模式绿色产业基金的法规和操作指南，为社会资本参与创造一个比较稳定的法律环境。

2. 加快推进帮助环保企业上市的绿色证券政策出台

绿色产业基金的推出机制主要是通过扶持环保企业上市，但我国目前的绿色证券政策仍主要侧重于信息披露和环保审核要求等限制性政策，对绿色产业和企业的鼓励性政策较少，对处于成长阶段的绿色企业的扶持相对欠缺，这不利于绿色产业基金的推出。未来需要建立环保企业上市的绿色通道。

3. 建立绿色发展基金或专项绿色产业基金

主要是指中央政府及各部门所成立的,专门用于绿色经济发展特定领域的基金。例如,专门用于雾霾治理、水污染控制、绿化和风沙治理、特定能源的约束或鼓励使用等。该类资金的来源主要可以考虑财政拨款、财政贴息、国债项目安排、国际合作等。

4. 建议国家出台对绿色产业基金的相关扶持政策

根据《产业投资基金管理暂行办法》中的有关内容,按投资领域的不同,产业投资基金可分为创业投资基金、企业重组投资基金和基础设施投资基金等;一些绿色产业基金应该属于基础设施投资基金,包括绿色交通、绿色建筑等,因此应该属于政策所鼓励投资的范围。政府在《关于鼓励和引导民间投资健康发展的若干意见》中,提出了鼓励民间资本参与水利工程建设、土地整治、矿山地质环境恢复治理以及支持民间资本进入城市污水处理、城市园林绿化行业领域等多项国家发展政策。这些政策应该细化,地方政府在操作细则中可通过放宽准入、减免税收、补贴和土地政策等措施来支持绿色产业基金。

5. 充分发挥 PPP 融资支持基金的引导作用

2016 年初,按照经国务院批准的中国政府和社会资本合作融资支持基金筹建方案,财政部与国内 10 家大型金融机构、投资机构,共同发起设立政企合作投资基金。1800 亿元的中国 PPP 融资支持基金采用公司化运作,投资方式采用股权投资。中国 PPP 融资支持基金正式运作将对 PPP 市场带来深远影响,该基金将作为社会资本方重点支持公共服务领域 PPP 项目发展,通过市场化运作和专业化管理,实现其管理基金的稳健、高效运行,估算可以撬动 1.8 万亿元投资,还能降低 PPP 项目融资成本,促进 PPP 项目的落地和实施。

(二)地方政府层面

1. 鼓励各级政府以多种形式发起或参与发起 PPP 模式的绿色产业基金

环保产业的低收益特性,使绿色产业基金要求政府财政的参与和支持。建立公共财政和私人资本合作的 PPP 模式绿色产业基金，是推动绿色产业基金发展的重要手段。我们认为，应根据不同的绿色产业基金特点合理确定政府定位和参与方式。一般来说，对于有明显地域性质、又在本地有较大正外部性的绿色产业基金，当地政府应该在资金筹集和投向等方面起主导作用，可以用一般合伙人（GP）的形式在股权和管理两个层面深度参与；但投资对象为某一单纯环保产业的绿色产业基金，尤其是已经获得了其他政府政策支持（如对新能源的补贴）的产业基金，地方政府可作为有限合伙人（LP）参与。

2. 参考以 PPP 产业投资基金为主要模式发展绿色产业基金

PPP 基金投资模式主要有——投资入股 PPP 项目公司、给 PPP 项目公司提供债权融资及"投贷结合"三种投资模式。目前由省级政府或地市层面出资成立引导基金，再以此吸引金融机构资金，合作成立产业基金母基金的方式比较普遍。各地申报的项目，经过金融机构审核后，由地方财政做劣后级，母基金做优先级，杠杆比例大多为 1∶4。例如"山西省改善城市人居环境 PPP 投资引导基金"、内蒙古环保基金、江苏 PPP 融资支持基金就是这种实例。

绿色产业投资基金通常都有一定的期限，而 PPP 项目的周期可能长达数十年，因此参与 PPP 的产业投资基金一般需要多种方式退出。具体的退出方式有三种：项目清算退出、股权回购/转让、资产证券化。具体是指产业投资基金资金投入到 PPP 项目公司后，在项目运营成熟后，通过将项目公司资产注入上市公司、发行资产证券化产品或海外发行房地产投资信托基金（REITs）等资产证券化方式，获得投资收益，实现投资的退出。

（三）发挥非政府组织层面的作用

非政府组织对欧美绿色投资基金的发展起到了关键性作用。例如，1996 年英国建立的世界上第一个社会投资论坛（UK Social Investment Forum，UKSIF）对包括绿色投资在内的 SRI 具有里程碑意义，它为 ESG 投资搭建了良好平台；2001 年成立的亚洲可持续发展投资协会

（ASrIA）也推动了亚太地区企业责任与可持续金融实务的践行。同时非政府组织还能发挥监督作用；一方面，监督金融机构自身的环保状况和节能减排效果；另一方面，监督金融机构对环境污染企业的融资状况以及对环保产业的支持力度和绿色产业投资基金的使用情况。我国也应积极成立类似的组织，推动绿色投资基金的发展。

（四）加强绿色投资国际合作

随着全球化和经济的快速发展，发展中国家都面临同样的问题，工业化、城市化、全球化、城市污染和资源短缺的压力，迫切需要可持续发展之路，未来我们需要多维度、联合跨国行动来实现可持续发展。而亚投行、丝路基金、亚洲开发银行、国际金融公司等在推动"一带一路"、亚太金融合作、生态环保和清洁能源领域、基础设施投资方面也更多强调环保因素，国际投资的绿色化和环境社会责任的承担也成为关注热点。借鉴全球基础设施基金的经验，未来可以联合全球合作伙伴，运用PPP（公私伙伴合作）模式，在丝绸之路经济带沿线地区进行绿色投资，应对气候变化，推动改善生态环境，发展绿色经济。这种PPP模式的基金模式无疑会成为"一带一路"绿色化投资的新动力。

从政策层面来看，涉及财政和金融政策对绿色金融产品（如绿色贷款、绿色债券和绿色基金）的支持，需要政府部门、金融机构和监管部门的配合、环保理念的推广、责任投资者的培育以及绿色金融体系的建设等共同推动绿色化发展的进程。

同时，如何建立多层次绿色产业担保基金——以各级政府性担保基金为引导、以绿色企业为主要服务对象、以专业担保公司（担保基金管理机构）为运作主体的绿色产业担保基金体系。引导社会资本支持绿色产业发展，提高投资效率也值得我们深入探讨，这也是绿色金融助力环保产业发展的重要着力点。

（本文成稿于 2016 年 6 月）

◢ 未来中国一定迎来大财富管理时代

作为 2015 年欧亚经济论坛期间的重要活动，由西安市人民政府、陕西省金融办共同举办的第四届西安（浐灞）金融论坛于 2015 年 9 月 24～25 日在西安浐灞生态区召开，主题为金融服务创新与"一带一路"发展机遇。中国金融学会绿色金融委员会副秘书长、中国社会科学院金融研究所副研究员安国俊出席并演讲。

以下为演讲实录：

各位嘉宾，女士们，先生们，大家上午好。感谢给我这个机会，我今天非常高兴来到欧亚论坛绿色金融的分论坛，非常感谢主办方给我们大家提供一个相聚的平台。绿色化和绿色金融目前成为中国环保产业发展的新引擎。将来我们圆的是绿色西安梦，绿色中国梦。

之前我们开过很多次类似的国际研讨会，包括在 2014 年 7 月的时候在贵阳开了绿色金融的论坛，从那以后我们组建了绿色金融委员会，金融机构的企业和政府部门监管层共同推动绿色金融的发展，让绿色金融的理念深入人心，包括这次生态文明对绿色金融提出了全面的发展路径的诠释。我们可以看到绿色金融实际上是站在一个风口上得到更多的支持，未来的绿色金融一定是普惠金融。在这两天的讨论里面我们反复提到了西安怎么发挥金融助力，怎么样迎来黄金时期。我们原来讨论长三角的合作，实际上我和西安也有很多不解之缘，包括这几次来对接探讨共同成立绿色金融推进小组来支持这个发展。

昨天提到了"一带一路"的国际金融合作和绿色化投资的国际金融合作，我们可以关注到 9 月 21 日，马凯副总理在北京主持的第七次中英财经对话，双方建立了很多协议框架，双方就确定绿色金融发展的国际合作进行了讨论，并且达成了全球共识，共同推进全球绿色债券统一标准，另外我们在 11 月会召开一个会，中文版出版，会进一步促进专业理论和实践的分享。实际上我们可以看到在英国，绿色投资银行拥有非常悠久的历史，是独立于政府运营的，它的作用是解决基础设施融资中市场缺失的问题，通过调动私人资本来加快向绿色金融的转型，实际上投资绿色化的基础设施项目。从 2014 年我们可以看到，APEC 会议也是加强环保方面的合作，包括加强可再生能源开发利用。这几次我过来，看到西安有时候 $PM_{2.5}$ 的值也是挺高的，我觉得将来西安在绿色城市发展方面也面临很多挑战。我们看到金砖银行区域性的多边机构也在发挥重要的作用。昨天首席也提到了，要充分考虑节能减排的要求，更多地承担环境和社会责任，以绿色投资推进国际合作的进程，我们可以看到实际上非常重要的是，机构投资者如何考虑环境的因素。包括联合国的组织有一个国际框架，实际上强调投资者在投资过程中充分考虑环境、社会和公司治理中的要求，要引入环境因素，包括绿色信贷，充分地考虑到环境因素，这也是未来的一个趋势。

我们可以说到现在是构建一个多层次的绿色金融体系，今天我们带来了一本书，国际金融合作的着力点在哪里，怎么去助力中国企业"走出去"的进程，怎么推动政府的支持和民间资本的方式，还有互联网和金融，怎么样建立互联网与绿色金融和环保产业的有机融合。包括我们在贵阳开会讨论创新的模式，需要资金的中小企业，尤其环保能够充分融资。我们可以看到绿色金融也被纳入"十三五"规划，应该说中国的经济发展已经是一个环保产业，未来十年，增长点在哪里，我觉得应该是未来的政策着力点，包括低碳环保、节能产业的发展，需要多方努力，持续共赢。

我们可以看到经济常态下，环保产业面临着很大的压力，包括财政投入等多种挑战，如果仅靠公共财政资金是有困难的，如何引导民间资本投入其中，怎么样吸引外资介入，也受到非常多的关注。在之前举行的中国绿色低碳的国际论坛上，大家都关注到怎么去推动政府和资本的合作，怎么去加快建立统一的、规范的绿色金融市场，怎么去建立统一规范的市场体系，健全法律法规、价格财政，完善债券股权，怎么去满足多元化的投融资需求，也是我们共同关注的点。我们实际上可以看到，在中国低碳发展的机遇和挑战中，环保也面临很多困境，环境污染需要投入大量资金，经济效益低，局域发展不平衡问题，包括绿色信贷、绿色保险这些政策体系需要不断完善。

实际上最近跟大家谈的时候，他们经常问什么是绿色金融，绿色金融体系实际上是通过发行绿色债券、保险，绿色基金等方式将社会资本引到环保节能方面，无论是英国还是加拿大、韩国都有我们借鉴的地方。从全球市场来看，绿色金融在全球也有一定的发展，包括 PE、绿色指数等。之前我们出的 14 个建议里面，其中谈到了机构建设的问题，包括建立绿色银行体系，绿色产业的发展，在亚投行等机构怎么建立比较管理规范的环境风险管理制度，对绿色金融产品我们面临很多创新的点，比如绿色贷款、绿色债券、IPO 的绿色通道等，包括新三板市场的建设。

还有一点，现在是依法治国的时代，金融的法律法规亟待我们去完善，建立一个强制性的上市公司的评级系统。我们可以看到，绿色城镇化，这是我们的一个主题。绿色城市、绿色城镇化应该是智能、绿色、低碳，新型城镇化是每个城市发展面临的问题。中国的城镇化和美国的高科技发展是 21 世纪影响最大的两件事情。我们可以看到在过去受到了很多关注，包括去年、今年初，地方债的发展是有额度的，怎么用政府的力量来引导民间资本进入这个领域。地方政府出了相关政策来推动 PPP，但是有些具体的细节和可操作性需要落实。还有一个就是说区域金融合作，这方面也会提升金融对实体经济的推动作用，这里面我想提一个地方政府融资平台，美国债发行也很好地解决了地方政府城镇化对环保产业融资的问题，包括一般责任债。绿色产业基金可以引导社会金融资本加大对绿色产业的投入力度，是绿色信贷的重要补充。在支持民间资本进入城市污水处理、空气污染治理、城市园林绿化行业领域等方面也可以做。这里面值得我们借鉴的就是 1999 年的时候发起的新风险投资基金，实际上是专注于经济体环保企业当中的中小企业，这个对全球的环境治理产生了非常明显的效益，这一点值得我们在未来的绿色发展中去关注。

　　另外一点就是在发达国家的金融产品中，实际上有很多值得我们借鉴的地方，一个是个人银行到碳市场的庞大的金融体系，另外它的产品多元化，将来一定是绿色银行、保险、证券协同发展的格局，中国一定是大财务管理的时代，你在进行相对的融资方案和产品设计的时候，一定要有效地激活和开发市场，发达国家的政府职责就是制定方向，市场来引导。还有一点就是从机制层面，包括绿色信贷、绿色金融，加快推进绿色评级制度建设，同时如何去发挥政府和市场的协同作用，双轮驱动来推进环保产业的可持续发展。

　　还有一点想提的是碳金融市场的发展。实际上，我国商业银行在参与碳金融方面是非常积极的，未来要不断提高竞争力，包括银行类的碳基金的理财产品，包括私募基金和碳交易保险等。另外，在制度层面我们需要为企业和市场搭建一个碳金融市场的交易平台，包括投融资机制的建立等，在金融层面来增强我国碳交易能力。绿色金融生态环境是要法制做基础，需要政府和市场的多方协作，需要环保企业的信息披露，以及绿色投资的建设，需要我们共同努力为中国的绿色蓝天付出我们的共同努力。谢谢大家。

（本文是在 2015 年 9 月欧亚经济论坛上的演讲实录）

发展绿色市政债正当其时

　　当前，全球可持续发展进入了以绿色经济为主驱动力的新阶段。中国也在下大决心推动减排、治理大气污染、消除雾霾。2020 年是习近平总书记"绿水青山就是金山银山"理念提出 15 周年，总书记在谈生态环境保护时指出，要像保护眼睛一样保护生态环境，像对待生命一样对待生态环境，推动形成绿色发展方式和生活方式。

一、背景

9 月 22 日，习近平总书记在第七十五届联合国大会一般性辩论上发表重要讲话，总书记提出，这场疫情启示我们，人类需要一场自我革命，加快形成绿色发展方式和生活方式，建设生态文明和美丽地球。应对气候变化《巴黎协定》代表了全球绿色低碳转型的大方向，是保护地球家园需要采取的最低限度行动，各国必须迈出决定性步伐。中国将提高国家自主贡献力度，采取更加有力的政策和措施，二氧化碳排放力争于 2030 年前达到峰值，努力争取 2060 年前实现碳中和。各国要树立创新、协调、绿色、开放、共享的新发展理念，抓住新一轮科技革命和产业变革的历史性机遇，推动疫情后世界经济"绿色复苏"，汇聚起可持续发展的强大合力。这些对于绿色可持续发展提出了新要求。

2015 年 9 月，中共中央、国务院印发《生态文明体制改革总体方案》，明确了我国建立绿色金融体系的国家战略。绿色金融是绿色化实现的推动力。2016 年，党中央、国务院批准人民银行、财政部等七部门制定发布《关于构建绿色金融体系的指导意见》，我国成为全球首个由中央政府推动构建绿色金融体系的国家。发展绿色金融，是实现绿色发展的重要举措，也是供给侧结构性改革的重要内容。2017 年，国务院常务会议通过"五省八市"浙江、新疆、江西、广东、贵州等绿色金融改革试验区的试点。在"绿水青山就是金山银山"的理念引领下，绿色债券、绿色基金、绿色保险等绿色金融工具都得到了快速发展。党的十九大报告对"发展绿色金融，推进绿色发展，构建市场化导向的绿色技术创新体系"指明了方向，而十九届五中全会对于绿色金融和绿色低碳发展再次给以发展的风向标。

二、绿色市政债是绿色低碳城市发展的重要融资路径

2016 年初，国务院发布的《关于深入推进新型城镇化建设的若干意见》中，明确提出加快推进绿色城市、智慧城市、人文城市的新型城市建设方向。包括京津冀一体化、长三角、粤港澳大湾区、自贸区的发展都需环保投资，而水污染处理，土壤整治、空气雾霾的治理需要来自政府、市场、企业和国际力量的共同推动。在推进城市绿色化转型的过程中，如何加快财税体制和投融资机制的改革，创新金融服务，满足政府层面和企业层面等多元化的资金保障成为关注热点。

在现有宏观经济形势、金融改革背景以及全国低碳发展目标下，我国城市绿色转型面临融资挑战。而且从以往各国经验来看，发展绿色经济对地方政府的融资挑战要大于其对其中央政府的挑战，因为大部分国家发展低碳经济的政府支出采用以地方政府支出为主导的模式。从国际经验来看，支持城市绿色转型的资金主要来自政府支出、金融机构融资以及私营部门投资。从绿色债券发行主体而言，又可以分为绿色市政债、绿色金融债、绿色企业债等不同品种。绿色债券可以以较低的融资成本为绿色信贷和绿色投资提供资金来源，并减少期限错配的风险。从国际经验来看，市政债的发行可以很好地来解决地方政府城镇化环保产业投融资的问题。美国很大一部分市政债券用于环境工程和能源建设，而日本和英国的污水处理融资来源很多都是来自市政债。国际金融危机之后，美国市政绿色债券市场持续升温；第一只绿色担保债券发行。未来我国地方政府如何通过绿色市政债的发行，引导投资到绿色基础设施和环保等产业，创新推进绿色城市化的发展，值得我们从不同层面深入探讨。

三、地方政府专项债成为绿色发展领域的中坚力量

据研究统计，未来五年，我国节能环保等绿色领域的年均投资需求

将达到 2 万亿~3 万亿元，而财政资金仅能解决不到 1/4。而在债务置换和稳增长压力下，地方政府专项债券总规模预计也将大幅度增加，或达到甚至超过 3 万亿元，地方政府专项债券将成为各级政府"六稳"、"六保"工作的有力抓手。

2020 年在疫情冲击下，受疫情影响居民在餐饮、旅游等产业的消费下降，在经济增长的"三驾马车"中，基建投资扩内需的重要性凸显，包括以 5G 建设为代表的新基建，以城际交通、冷链物流为代表的交通物流网络建设，以及以医疗、生态环保、市政等补短板的领域。为稳定增长应积极扩大有效需求，投资则可发挥逆周期调控作用。北京、河南、云南、江苏等地发布 2020 年重大项目投资计划清单，总投资额达 11 万亿元，其中基建投资占主要部分。目前，地方隐形债务管控尚未放松、地产调控以稳为主、疫情所需的财政政策实行给地方财政带来一定压力，国务院作出积极扩大特别国债和专项债券发行的决定，这为有效抗击疫情完善公共卫生安全体系和新基建投资，稳民生和保增长都具有重要的作用。

截至 2020 年 2 月 21 日，今年已累计发行新增专项债 8026.6 亿元，较 2019 年 1—2 月发行规模增长 161%。考虑到专项债精准聚集重点领域和重大项目的原则，积极鼓励金融机构提供配套融资支持。通过基础设施投资可促进就业，稳步推进复工复产，给 5G、云计算、工业互联网、机械设备、钢铁、建材等相关产业链带来更多的业绩支撑。建议投资更多注重强调绿色投资和生态环境保护，包括绿色建筑、绿色交通、绿色城市的发展，打造集约高效、经济适用、智能绿色、安全可靠的现代化基础设施体系，以绿色投资有效拉动经济增长和可持续发展的进程。

绿色市政债券作为一种实用的新型债务融资工具，在解决绿色投资、保持稳增长过程中将大有可为。一方面，传统市政债券因其公益性和收益性并重的特点，在化解地方隐性债务风险、提升逆周期调节执行力、调整优化产业结构等方面具备突出优势。另一方面，绿色市政债因具备较强的正外部性，可成为地方政府实现经济绿色转型的有力抓手。此外，从国际经验来看，绿色市政债券往往具有较高评级，发行成本要略低于绿色企业债及绿色公司债，具有一定的成本优势。绿色市政债券在此过程中可重点支持重大战略和乡村振兴战略，以及推进棚户区改造等保障性安居工程、易地扶贫搬迁后续扶持、自然灾害防治体系建设、铁路、水利工程、生态环保、水电气热等公用事业、城镇基础设施、农业农村基础设施等领域，具有显著的环境效益与社会效益。

四、债券市场的发展为绿色市政债推出奠定了基础

我国债券市场自发展以来，取得了瞩目的成绩，形成了以机构投资者为主的银行间债券市场和机构、个人均能参与的沪深交易所债券市场，交易场所条件基本具备；债券监管形成了以人民银行、证监会为主导、交易商协会为自律组织、财政部和发改委审批发行的组织机制，初步形成了较为合理的债券监管、领导制度，出台了保障市场健康运行的一系列法律法规和规章制度；提供债券交易和结算支持的机构分别为全国银行间同业拆借中心和中央国债登记结算有限公司、中国证券登记结算有限公司、上海清算所股份有限公司，信息网络完善，系统技术运行稳定；债券交易品种涵盖国债、地方政府债、金融债、企业债等，投资者具备多元化选择条件，可以根据自身投资策略进行组合管理；交易人员素质较高，专业能力较强，储备和培养了一大批精通债券发行和交易的专业人才。整体来说，目前中国债券市场发展环境稳定，为市政债券发行铺平了道路。

目前，国内金融机构和非金融企业发行绿色债券标准政策相对成熟，监管审批部门的相关发行指引要求较为健全。而国内绿色市政债券的发行虽有相关探索实践，但无政策指引文件及发行实施规范要求，对于绿色市政债券的定义及标准的适用范围也较为模糊。本研究可以填

补这一政策规范空白。

江西省赣江新区作为首批国家级绿色金融改革创新试验区，赣江新区成功发行全国首单绿色市政债券，具备先试先行优势，在整个发行过程中积累了各方面的实施操作经验，形成可复制、可推广的经验成果，首单发行实践经验对于开展绿色市政债券规范研究具有很好的指导意义，为国家相关主管部门出台绿色市政债券规范指引提供参考。

五、政策建议

目前，虽然国内尚未发布绿色市政债券相关规范指引文件，但市场上已发行多期投向绿色产业领域的专项债券，说明绿色市政债的理念逐渐被市场认可。随着《关于做好地方政府专项债券发行工作的意见》（财库〔2018〕72 号）发布，要求加快地方政府专项债券发行进度，今后一段时间地方政府专项债券总规模将大幅增加。

值得一提的是，随着绿色发展理念的深入推进，市场相关制度设计逐步完善，中国绿色债券市场获得较快发展。同时，我国还存在大量未贴标、实际投向绿色项目的"实质绿"债券，它们也为推动绿色发展作出了积极贡献。

所谓"实质绿"债券，是指募集资金投向符合中国人民银行《绿色债券支持项目目录》、国家发展改革委《绿色债券发行指引》、国际资本市场协会《绿色债券原则》、气候债券倡议组织《气候债券分类方案》这四项绿债标准之一的，且投向绿色项目的募集资金占比不低于50%的债券。"实质绿"债券未作强制发行前认证，重实质而轻形式，也起到了一定的促进绿色项目投资效果。截至 2019 年末，我国累计发行贴标绿债超过 1.1 万亿元，非贴标的"实质绿"债券则达 2.2 万亿元，合计"实质绿"债券发行 3.3 万亿元，规模可观。其中，很多"实质绿"债券是由我国地方政府发行的专项债，据统计，我国 26 个省市共发行了 116 只"实质绿"地方政府债，规模达 1769 亿元。但由于"实质绿"债券发行人信息披露不尽完善，给"实质绿"债券识别带来一定困难。为更好地发挥"实质绿"债券对绿色项目的支持作用，需要多方面协同发力。

一是落实"实质绿"认定标准，推广"实质绿"债券识别。目前，为解决"实质绿"债券识别难题，中央结算公司正积极推动"实质绿"债券数据库建设，以提升环境效益信息披露完整度，根据环境效益信息披露指标体系，发布"实质绿"认证和环境效益信息。通过推广"实质绿"债券识别经验，地方政府可根据债券绿色程度及信息披露完整度，给予不同程度的贴息奖励及费用减免支持。

二是构建信息披露平台，推进"实质绿"债券数据库建设。可依托"中国债券信息网"官方权威网站，建设"绿色债券信息披露平台"。信息披露以绿债发行者为主，中介机构披露为辅。通过动态维护信息披露情况，推进"实质绿"数据库建设，为市场提供绿债数据统计、募集资金投向监控等专业化、定制化服务。

三是创新绿色服务模式，深化培育绿色债券市场。中央结算公司编制发布的中国首批绿色债券指数和全球首只气候债券相关指数填补了国内和全球绿债市场空白，这些指数已在卢森堡交易所发布并展示；发表ESG评价系列产品，包括中债ESG评价指数的发布，推进中国债券市场公募信用债发行主体的ESG评价全覆盖，同时发布中债ESG优选信用债指数，定期发布"实质绿"系列绿债指数，发布绿债定期评价报告，接受投资者监督，促进债券市场责任投资理念应用发展。

六、展望

2020年11月，财政部发布《关于进一步做好地方政府债券发行工作的意见》（财库〔2020〕36号，以下简称《意见》），要求地方财政部门、地方债承销团成员、信用评级机构等第三方专业机构应当进一步强化市场化意识，按照市场化、规范化原则做好地方债发行工作，地方财政部门应当根据发债进度要求、财政支出使用需要、库款水平、债券市场等因素，科学设计地方债发行计划，合理选择发行时间窗口，适度均衡发债节奏，完善发行机制、期限结构、信用评级、信息披露及相关基础设施，积极推动地方债市场发展。这些地方债管理制度及机制的完善会有效推进市政债的发展进程。随着绿色发展理念和绿色金融政策相关政策在地方的贯彻落实，以及绿色金融改革创新试验区建设深度及广度进一步提升，适时建立绿色市政债券发行与管理机制，对于绿色低碳发展大有可为。

（本文与刘景允、史祎、商瑾、李皓合著，成稿于 2020 年 11 月）

地方政府市场化投融资亟待突破

✅ 地方政府融资平台风险与政府债务

目前，地方政府融资平台的风险问题已经受到政策部门、监管层面及学界的广泛关注。考虑到在我们目前的财政体制下，地方政府不能破产清算，一旦地方政府出现难以清偿债务的情况，中央财政不可避免地成为"最后支付人"进行兜底，地方财政风险必然会转移为中央财政风险和金融风险，合理债务负担水平或能承受的最大债务警戒线值得进一步探讨。

中国银监会于2009年底发出通知叫停了商业银行对县级融资平台的放贷以防范信贷风险，城投债的发行也逐步收紧，而财政部则于今年2月发通知严禁财政部门和人大继续为地方政府融资平台项目提供担保，以切断金融风险向财政风险转移的链条，国家发展改革委则随后表示要保持项目资金的连续性，以保证投资及经济复苏的可持续性。2010年1月19日，在国务院第四次全体会议上，时任总理温家宝把"尽快制定规范地方政府融资平台的措施，防范潜在财政风险"列入2010年宏观政策方面重点抓好的工作之一。

融资平台风险向金融风险和财政风险传递。从2008年11月中国实施积极的财政政策和适度宽松的货币政策以来，信贷投放的增长异常迅猛，仅2009年上半年的信贷投放就高达7.37万亿元，快速增长的货币信贷导致了资产泡沫和通货膨胀预期的出现。在高速信贷投放的主体中，各地方政府纷纷融资进行大规模基础设施建设，导致地方投融资平台的数量和融资规模呈现飞速发展的趋势，据央行2009年第四季度披露的数据，全国有3800多家地方融资机构，大约8000家政府投融资平台公司，管理总资产8万亿元，地方政府的负债已达5万亿元，负债规模急剧扩大，地方政府融资平台的数量和融资规模在过去一年中暴涨。

　　由于融资途径主要靠银行贷款，在 2009 年全国 9.59 万亿元的新增贷款中，投向地方融资平台的贷款占比高达 40%，总量近 3.8 万亿元。很显然，银行向这些平台的放贷虽然归入"企业贷款"，但由于地方财政或政府信用变相担保等各种体制性原因，实质上已经构成地方政府的隐性负债及或有负债，导致地方政府的债务风险加剧，同时也对银行业的经营风险形成显著的潜在压力，未来极有可能传递成为金融风险和财政风险。政府债务风险警戒线的衡量指标从 20 世纪 60 年代以来西方宏观调控的历程来看，由于增税的阻力日益增加，靠发行国债来维持财政平衡已成为各国十分普遍的做法。但是，由于国债规模扩大而引起未来还本付息压力增加，实际也存在一些国家由于沉重的内外债务负担而爆发严重的金融危机，这次欧洲爆发的主权债务危机又引起了各国对合理债务负担水平或能承受的最大债务警戒线的探讨。

　　国内外学者认为，运用适度国债规模指标可以有效防范国债风险，确保债务经济的安全。根据国际经验，可以通过以下几个指标来衡量政府债务风险。这些指标主要包括国债负担率、赤字率、偿债率、国债依存度、中央财政国债依存度、借债率、居民应债能力指标等。尽管有学者认为《马斯特里赫特条约》中所规定的加入欧盟国家"政府财政赤字率不超过 3%，国债负担率不超过 60%"的趋同标准是对历史经验的总结，加以合理运用可以防范国债风险，但目前的主流观点却强调，两个标准是为了欧盟成员国将财政赤字和债务保持在大致相同的水平上，其真正用意并不是出于防范国债风险的目的，而是为了促使入盟国家形成共同的市场条件，以便有利于协调成员国之间的利率和汇率水平，算不上放之四海而皆准的临界值。对于国债依存度指标，虽然日本政府将警戒线定为 20%，但是，其多年的债务管理实践表明，这个临界值在特异性和敏感度上是值得商榷的。

　　目前，国际上普遍采用国债负担率（国债余额与 GDP 的比率）和赤字率（赤字总额与 GDP 的比率）来分析和评价国债规模风险。然而，对指标适度界限的确定问题一直没有定论。因此，确定有关指标的临界值应该是一项复杂的系统工程，不应机械地照搬别国的经验，而应全面深刻地理解各指标的经济含义，并根据经济结构、经济增长率和效益指标、居民收入分配和消费水平、全社会投资规模和结构合理性、市场体系发育程度、金融深化的程度、国债市场发育状况、财政收支情况、政府管理效率、国债结构与成本—效益状况、应债能力、偿债能力、财政政策与货币政策目标综合考虑。除了以上涉及的规模指标外，还应把国家综合负债率（内外债与或有债务之和占 GDP 的比重）作为监控债务规模、评价国债风险的主要指标。2009 年我国财政赤字占 GDP 的比重低于3%，总债务占比低于20%，远低于国际警戒线的60%，但是如果考虑到地方政府债务、国有银行的不良贷款和呆账坏账损失、地方金融机构的支付缺口、以政府名义借入的内外债等或有负债情况，潜在的财政风险乃至金融风险确实不容忽视。

地方政府融资及其风险管理建议从国际经验看，政府的债务组合通常是国家最大的金融资产组合。它通常包含了复杂和高风险的财政结构，并且会对政府的资产负债表和国家的财政稳定性带来持续的风险。政府应该控制流动性，以及其他使经济对外部冲击表现得特别脆弱的风险。因此，公共部门稳健的风险管理对其他经济部门的风险管理也很重要。稳健的债务结构帮助政府减少利率、货币和其他风险，使国家更少受金融风险的冲击。一些债务市场危机反映了稳健债务管理和操作的重要性，并呼吁建立一个有效和健全的资本市场。尽管国债管理制度不是这些危机唯一的或者主要的原因，但是政府债务组合的期限结构、利率和货币组成经常是严重危机的起因。即使在稳健的宏观经济政策环境中，高风险的债务管理操作也会使经济在遭受金融冲击时更加不堪一击。但是，稳健的债务管理政策并不是万能药或者对稳健财政货币管理的替代，需要与稳健的宏观经济政策相配合来抵御危机。借鉴发达国家地方政府融资及风险管理的经验，现提出如下政策建议。

第一，从全口径的角度对地方政府的债务进行界定和分类。目前，关于地方政府融资平台的债务，包括隐性和或有债务的正确全面估计十分欠缺。需要重点关注地方政府融资平台的债务风险以及由此引发的信贷风险及财政担保风险，对地方政府债务风险转变为金融风险和财政风险的传递链条乃至债务危机的触发条件也需要进行深入探讨。应对不同类型的债务成因进行分析，建立评估地方政府债务的预警指标体系以及地方债信用评级框架，划定债务的风险区间，并编制动态监测指数，对债务风险转化为债务危机的触发条件进行研究，借鉴国外债务风险管理和危机处理的经验教训。

第二，针对不同地区、不同类型的融资平台实行分类管理。对于运行状况良好的投融资平台可以直接采取市场化的融资途径；而对于包括区县一级投融资能力和还款能力明显不足的平台应当纳入重点风险管理的范围，监控内容可包括资本金是否充足、抵押担保是否规范、资金流向和使用效率、还款来源、货币信贷政策调整的影响、地区财政风险度等多种因素。建议借鉴中国社会科学院中国地区金融生态环境评价的研究成果，在其数据库和研究方法的基础上，对地区财政金融状况进行综合评估，对地方政府债务的投融资方式、管理方法、风险等进行全面评估，并进行动态的绿灯、黄灯、红灯区域的监测跟踪。在此基础上，建立地方政府债务风险的评估预警指标体系以及地方债信用评级框架，为实现地方政府债务风险预警的动态监测和全过程监管提供有益思路。

第三，加强财政金融监管层之间的沟通协调。鉴于银行贷款目前是政府融资平台企业主要的融资渠道，商业银行应实施更为审慎的风险管理框架，加强贷前审查和贷后跟踪，包括对项目资本投向、使用效益以及偿还能力的深入分析，密切跟踪不同地方政府的综合负债状况和偿债能力，以监控信贷风险和金融风险。金融监管部门要加强与财政部、地方财政部门的沟通协调，建立信息共享及跟踪机制，提高地方政府融资平台的运作透明度。另外，考虑到在未来货币政策趋紧及信贷规模控制的情况下，地方政府融资平台对贷款的路径依赖将受到很大限制，无论从项目融资稳定性的角度还是从防范金融风险、财政风险的角度，地方政府的融资制度都亟待寻求阳光化、市场化的路径。

第四，在解决财政分权下的体制性矛盾基础上，借鉴发达国家"市政债券""产业投资基金"等地方政府的融资经验，建立规范化和市场化的地方政府融资渠道。

从我国情况来看，过去在银行为主导的金融体制下，地方政府合法融资渠道不畅，地方政府只能转而加强对国有金融体系的控制或其他"创新"方式，试图用金融手段来替代本应由财政手段发挥的功能。包括地方政府的贷款、准市政债券、项目融资、信托融资模式、国外借款和各类担保贷款等，而2009年地方政府融资平台则成为地方政府债务的一个重要组成部分。目前由于监管缺位问题，地方政府融资途径存在很大的潜在风险，如果管理不当，地方政府债务风险未来极有可能传导为金融风险和财政风险。从长期来看，借鉴国际经验，允许地方政府发行更容易监管、更为规范的地方政府债券，将隐性债务显性化，是化解财政风险和金融风险的必然选择。

允许地方政府发行债券，是实行分税分级财政体制国家的普遍做法。当地方政府税收收入不能满足其财政支出需求时，地方政府可以发行债券为基础设施建设及公共产品筹资，如英国、美国、德国和日本等国家，地方政府债在其财政收入及债券市场体系中都占有重要地位。

目前，发展地方债券市场也已成为新兴工业化、新兴市场转轨国家以及其他一些发展中国家的政策重点。从长期来看，地方政府在经济基础、财政状况、金融生态环境、偿债能力，政策扶持力度和发展潜力、基础设施等方面存在很大差异，这些也决定了地方政府债的融资成本，包括信用利差以及流动性利差。在发展地方政府债券的起步阶段，一定要完善地方政府债券风险管理机制，从地方政府债券的发行定价、交易、偿还和监管各环节进行严格规定，包括举债权的控制与发债规模的确定、市场准入的限制、信用评级体系及信息披露制度的构建、投资项目管理与评估、市场流动性的建立和降低投资风险、监管的协调以及法律框架的完善等。

（本文成稿于 2010 年 2 月）

市政债券是地方政府融资市场化的路径选择

"十二五"金融业发展规划中，发展债券市场被列为重点内容，而市政债券（地方政府债券）的发行与管理成为各方关注的焦点。如何借鉴国际经验，建立合理的地方政府投融资体系，逐步推进市政债券的发行，降低财政风险和金融风险，完善直接融资体系，是值得我们深入探讨的问题。

市政债券是地方政府融资市场化的路径选择。2009 年以来，地方政府融资平台成为快速增长的信贷投放的重要组成部分，而快速增长的货币信贷导致资产泡沫和通货膨胀预期的出现，货币政策不得不在中美利差、通货膨胀目标、流动性、汇率稳定之间做出平衡并进行相应方向的调整。作为地方政府债务的主要部分，地方政府融资平台的风险受到了各方关注。考虑到未来货币政策趋紧及信贷规模调控力度和系统性金融风险防范不断增强，地方政府融资平台对贷款的路径依赖将受到很大限制，其融资渠道也将发生从信贷融资到直接融资的转变。在此背景下，迫切需要形成管理规范、运行高效的地方政府举债融资机制，建立地方政府债务规模管理和风险预警机制。无论是从项目融资、推进城市基础设施建设的角度，还是从防范金融风险和财政风险的角度，发行市政债券都是地方政府融资阳光化、市场化的路径选择。

市政债券又称地方政府债券，由地方政府或其授权代理机构发行。发行市政债券所募集的资金主要用于城市或地方基础设施建设，有时也用于弥补市政当局的费用支出和税收收入之间的季节性或暂时性失衡。允许地方政府发行债券，是实行分税分级财政体制国家的普遍做法。当地方政府税收收入不能满足其财政支出需求时，地方政府可以发行债券为基础设施建设及公共产品筹资，如英国、美国、德国和日本等国家，地方政府债券在其财政收入及债券市场体系中都占有重要地位。

目前，发展地方政府债券市场也已成为新兴市场国家以及其他一些发展中国家的政策重点。市政债券发展的国际经验加速发展来补充银行主导性金融系统的明显趋势，市政债券市场在全球市场的比例总体上呈现迅速发展势头。在发展中国家，城市化、中央政府和地方政府分权以及减少财政赤字是影响其经济发展基本趋势的重要内容，地方政府投融资与信用体系则与上述基本趋势密切相关，因此也成为发展战略中最基本的因素。在投资需求增长的同时，应将投融资责任更多地从中央政府转移至地方政府，地方政府必须改善资源的利用效率，强化地方政府预算管理，引导私人部门投资公共服务部门和基础设施投资，以及利用地方政府债券市场融资等。

美国是市政债券最早发展、规模最大的国家，其市场化发展模式和监管体制已比较完善，有许多值得我们借鉴之处。第一，税收减免政策。在美国，市政债券分为一般责任债券（地方政府的税收收入作为偿债资金来源）和收益债券（以特定项目的收入作为偿债资金来源）。美国对市政债券的利息收入实施所得税减免政策。由于政府债券与企业债券的利差主要由信用利差、流动性利差、税收利差决定，税收减免政策也降低了市政债券的发行成本，有利于丰富债券的投资者范围，为扩大融资规模创造了条件。第二，定价机制与信用评级。美国市政债券的发行方式主要包括招标、协议、私募发行。发行利率完全由市场决定，主要与信用风险、流动性风险以及税收因素有关。专业信用评级机构对一般责任债券进行评级时主要考虑地方政府整体社会经济环境、总体债务结构、预算政策的稳健性和管理能力、税收收入及构成比例等因素。第三，市政债券信用增进与保险制度。在美国，由债券保险公司对市政债券进行信用增进是一种常见方式。例如，市政债券保险协会（MBIA）旗下的国家公共融资担保公司（NPFGC）承担了很大比例的市政债券信用增进业务。债券保险商通常也会利用各种再保险工具降低市政债券投资风险。第四，多元化机构投资者层次。美国市政债券投资者结构呈现多元化趋势，主要包括银行业机构、共同基金、保险及个人投资者。其中，共同基金和个人投资者占据比重比较大。第五，信用披露制度。美国市政债券分析师协会 20 世纪 90 年代中期以来，全球市场出现了对金融市场（NFMA）的规定，发行市政债券所需披露的信息至少应包括：发行者的债务余额、债券的审批权限、债务比例、未来债务负担以及还款计划；债券情况，包括融资目的、融资计划、债券优先级、还本付息方式及资金来源、利率浮动提前赎回条款等；债券评级、承销合同、财务顾问等相关信息；信用增进以及有助于改善对债券信用状况判断的信息；法律和政策事项，包括任何可能显著影响债券发行和偿付的事项。第六，风险监控框架体系。为了防范和控制地方政府债务风险，美国逐步形成了以法律法规为基础，以信息披露为核心，以规模控制、信用评级、风险预警、危机化解等为手段的风险监控框架体系，在政府层面为有效防范市政债券系统性风险提供了保障。

目前，在解决财政分权下体制性矛盾的基础上，借鉴发达国家地方政府的融资经验，发行市政债券成为地方政府融资市场化的路径选择。

第一，完善市政债券风险管理体制。2010 年以来爆发的欧洲主权债务危机、英国债务危机、爱尔兰债务危机、日本债务危机充分说明，合理的公共债务管理目标和制度框架有助于政府积极应对经济和金融风险的冲击。我国目前应重点关注地方政府融资平台的债务风险以及由此引发的信贷风险及财政担保风险，借鉴国外债务风险管理和危机处理的经验教训，建立多层次政府债务风险预警指标体系和危机化解机制，对地方政府债务风险转变为金融风险和财政风险的传递链条乃至债务危机的触发条件进行深入探讨。控制地方政府隐性债务和总体债务规模，降低地方政府债券的违约风险。在发展地方政府债券的起步阶段，一定要完善地方政府债券风险管理机制，建议从市政债券的发行定价、交易、偿还和监管各环节进行严格规定，包括举债权的控制与发债规模的确定、市场准入的限制、信用评级体系、信息披露制度的构建、投资项目管理与评估、市场流动性的建立，以降低投资风险，达到监管的协调以及法律框架的完善。

第二，完善市政债券信用评级体系。这里，美国市政债券市场以信用评级制度、信息披露制度和债券保险制度为内容的信用风险管理"三驾马车"的基本框架值得我们借鉴。影响地方政府信用的因素主要包括经济基础、财政状况、金融生态和基础设施建设等。其中金融生态环境指的是居民、企业、政府和国外部门构成的金融产品和金融服务的消费群体，以及金融主体在其中生成、运行和发展的经济、社会、法治、文化、习俗等体制、制度和传统环境。目前，中国社科院进行的中国地区金融生态环境评价分别从政府对经济的主导、地区经济运行质量、地区金融发展和金融信用基础四个方面来对地区金融生态环境进行评估，特别是对政府信用、政府管理能力以及诚信文化等方面的分析值得借鉴，今后可以在其数据库和研究方法的基础上，对地区财政金融经济状况进行综合评估，为建立市政债券信用评级框架奠定基础，并逐步完善债务风险预警及动态监测框架。

第三，建立流动性的市政债券市场。包括建立推动地方政府债券的市场化发行制度，确定合适的发行与承销主体，完善发行与定价机制及信用风险管理机制，丰富机构投资者层次，完善债券收益率曲线，提高市场流动性以降低投资风险，完善信息披露制度及债券保险制度等。重点之一是完善市政债券发行定价机制。目前，由中央政府代理发行的地方政府债券已经顺利发行 3 年，从招标结果来看，中标利率并没有体现应有的流动性价差和地方政府信用价差。从长期来看，地方政府在经济基础、财政状况、金融生态环境、偿债能力，政策扶持力度和发展潜力、基础设施等方面存在很大差异，这些也会决定地方政府债券的融资成本差异，市场化的发行定价机制应充分体现上述差异。重点之二是发展功能完善、流动性的二级市场，这将进一步实现市场价格发现的功能并以此作为投资决策的基础。而且，在流动性目标实现的前提下，由于政府可依靠竞争性的货币市场和银行间市场来设置利率水平，确保其与市场资金的供求情况相一致，促进利率市场化进程。未来应以地方政府债券市场的培育为基本出发点，以建立流动性的、有深度的市场为主要目标，在发行定价中充分考虑到信用风险溢价和流动性风险溢价以及未来利率走势的判断，在以较低成本发行和保障市场流动性之间寻求一个最佳平衡点，逐步完善地方政府债券市场的投融资机制及流动性管理功能，有效防范金融风险。

第四，完善多元化的机构投资者层次。机构投资者的发展对债券市场有着普遍而深入的影响，不仅可以提高清算和结算的效率，并且有助于金融资产的准确定价。目前，地方债券主要在银行间债券市场发行，商业银行是主要的机构投资者。未来需要建立类似美国的多元化投资者层次，包括商业银行、保险公司、基金公司、证券公司、社保基金、养老金、个人投资者等，为市政债券的发展奠定市场基础。

第五，建立长期、中期、短期匹配的期限结构。目前的地方政府债券期限结构单一，仅是 3 年期，3 年期的期限设计尽管从制度安排上可以避免地方政府领导的短期行为，但是与政府投资项目的较长周期不相匹配，势必造成未来借新还旧滚动发行的局面，这也加大了未来政府筹资的经济周期风险、流动性风险和利率风险。未来需要建立长期、中期、短期不同的发行结构，逐步丰富完善市政债券收益率曲线，为市场定价机制奠定基础。

（本文成稿于 2011 年 3 月）

◖ 地方政府投融资改革亟待破题

新《中华人民共和国预算法》（以下简称《预算法》）将于 2015 年 1 月 1 日起施行，这意味着财税体制改革和预算管理制度改革正在提速。新《预算法》为地方政府市场化融资带来了哪些机遇和挑战，引起了各界的广泛关注。此次中央经济工作会议也提出要"把改革创新贯穿于经济社会发展各个领域"，提出"着力防控债务风险，要把控制和化解地方政府性债务风险作为经济工作的重要任务"。

如今地方债已然进入偿债高峰期，如何在清理存量债务、化解地方债风险和满足地方政府的合理融资需求之间取得平衡，政府和市场都面临很大的挑战。在"新常态"经济下，面对"一带一路"、基础设施建设、区域经济合作的机遇与挑战，如何解决地方政府投资拉动经济的资金缺口问题，逐步推进市政债券的发行，建立地方政府市场化的投融资机制，降低财政风险和金融风险，完善地方政府债务风险管理等相关制度值得我们深入探讨。

新《预算法》为地方政府举债开明渠

与旧版相比，新版《预算法》在明确立法宗旨、细化全口径预算管理和预算公开制度、赋予地方政府有限发债权，以及完善预算审查、监督、强化预算责任等方面都做出了更加详细的规定。新《预算法》

的一大亮点是完善顶层设计，加强地方政府债务管理。新《预算法》规定，经国务院批准的省、自治区、直辖市预算中必需的建设投资的部分资金，可以在国务院确定的限额内，通过发行地方政府债券以举借债务的方式筹措。继地方债试点"自发自还"后，新《预算法》的修订为地方债务的阳光化再度指出明确方向。

继新版《预算法》为地方政府举债开出"明渠"后，国务院于2014年10月2日发布《关于加强地方政府性债务管理的意见》（国发〔2014〕43号），又清楚地勾勒了地方债务治理路线图。43号文之后，财政部就拟定了一份《地方政府性存量债务清理处置办法（征求意见稿）》（以下简称《办法》），《办法》要求省级财政部门应于2015年1月5日前将汇总的2014年底存量债务清理及甄别结果报财政部，经国务院批准后，锁定政府债务余额。并且，在为符合条件的在建项目后续融资提供一年过渡期之后，2016年起只能通过省级政府发行地方政府债券方式举借政府债务。值得关注的是，此前饱受争议的上万家地方融资平台也将由此拉开改革大幕。

虽然地方政府性债务经过多次审计，但存量债务仍然不够清晰，存在一些风险性因素，比如平台公司的城投债。甄别存量债务，划清政府与企业的责任，以及地方是否过度依赖土地出让金偿债，有利于建立地方债务预警机制。此外，我国没有地方政府破产制度，债务风险很大程度由中央兜底。而按照国务院43号文，要硬化预算约束，防范道德风险，中央对地方债务实行不救助原则，那么首先应该把存量债务的责任划分清楚。尽管《办法》中提出了清理甄别存量债务的可操作路径，但是由于这项工作不仅涉及地方政府、地方政府融资平台等债务人利益，同时还涉及银行、债券投资人等债权人的利益，因此需要协调多方考量。

从我国情况来看，过去在以银行为主导的金融体制下，由于地方政府合法融资渠道不畅，地方政府只能转而加强对国有金融体系的控制或采取其他"创新"方式，试图用金融手段来替代本应由财政手段发挥的功能。主要包括贷款等间接融资、准市政债券、项目融资、信托融资、平台公司、影子银行等模式，由于监管缺位和制度缺陷等问题，上述融资途径存在很大的潜在风险。

目前，地方政府融资平台的风险问题已经得到了政策部门、监管层面及学界的广泛关注。考虑到在我们目前的财政体制下，地方政府不能破产清算，一旦地方政府出现难以清偿债务的情况，中央财政不可避免作为"最后支付人"进行兜底，地方财政风险必然会转移为中央财政风险和金融风险。而欧洲主权债务危机、爱尔兰债务危机以及日本债务危机又引发了对合理债务负担水平或最大债务警戒线的进一步探讨。新《预算法》的相关条款，无疑在给予地方政府负债合法化的同时，将原先隐蔽的债务问题"阳光化"，从长期来看，允许地方政府发行更容易监管、更为规范的地方政府债券，将隐性债务显性化，是化解财政风险和金融风险的必然选择。

地方债存量治理——地方政府融资平台亟待分类改革

继新《预算法》出台后，10月2日，国务院出台《关于加强地方政府性债务管理的意见》，即国发43号文，引起社会各界广泛关注。43号文被认为是落实新《预算法》的重要举措，如何建立借、用、还相统一的地方政府举债融资管理机制，对地方政府债务实行规模控制和预算管理，有效防范财政金融风险，完善相关配套制度是一项需要多方协调配合的系统工程。

43号文不仅关乎地方政府举债偿债问题，还将影响到上万家地方政府融资平台的发展和命运问题。最新审计报告显示，截至2014年6月底，地方政府负有直接偿还责任的债务为10.88万亿元，负有担保责任的债务2.66万亿元，可能承担一定救助责任的债务4.34万亿元。如何建立以政府债券为主体的地方政府举债融资机制，剥离融资平台公司政府融资职能，在妥善处理存量债务和在建项目后续融资的基础上，妥善处理融资平台公司的出路值得我们探讨。

近年来地方政府债务风险得到了各方关注。一是地方政府性债务仍高度依赖银行资金，并与"影子银行"相互交织，期限结构错配风险突出。二是银行系统的隐患较大。2014 年上半年地方政府性债务中的银行贷款余额为 10.1 万亿元，占比为 57%。若地方政府债务率继续攀升，偿债能力持续下降，银行系统的隐患突出。三是随着我国城镇化进程加快，城镇建设重心向二三线城市转移，市县两级逐步成为负债主体并且债务增速最高，由于市县政府没有摆脱对土地财政的依赖，地方政府债务偿还风险在上升。虽然目前全国政府性债务各项风险指标均处于国际参考值范围内，但是如不及时进行风险防范，局部地区风险有可能成为经济持续发展的隐患。尤其是上万家融资平台的处置和改革，已成为理顺金融市场稳定的关键。

目前，国务院遵循分类处置原则着手地方融资平台改革的方式，已然获得市场共识。一是对剥离融资平台公司政府融资职能后，以前通过融资平台公司融资建设的项目如何保障做出规定，主要包括对没有收益、难以吸引社会资本参与的公益性项目，由政府发行债券融资。二是对供水供气、垃圾处理等可以吸引社会资本参与的公益性项目，要积极推广 PPP（Public - Private - Partnership）合作模式，其债务由项目公司按照市场化原则举借和偿还。三是对商业房地产开发等经营性项目，要与政府脱钩，完全推向市场，其债务等同于一般竞争性企业债务。另外，可以考虑资产证券化的方式，将银行贷款或平台公司的部分资产进行证券化打包销售，以提高资产流动性、有效解决期限不匹配问题以及化解存量债务风险。在必要的时候可以考虑成立地方性资产管理公司剥离不良资产，有效处理债务风险。

随着地方政府融资平台剥离政府融资功能，全国 8000 多家融资平台公司面临转型后风险再评估的压力，根据是否纳入一般债务与专项债务预算范围，转型后融资平台发行企业债估值将出现明显分化，需要市场化重新定价以有效防范信用风险和流动性风险，推动降低社会融资成本的进程。

建议一方面鼓励承担政府与社会资本合作（PPP）项目的企业积极通过银行贷款、企业债、中期票据等市场化方式融资；另一方面对融资平台在建公益性项目，允许过渡期内继续通过银行贷款等原定融资方式筹资建设。

本轮地方融资平台的改革虽为大势所趋，但也难以一蹴而就。分类处理融资平台公司是个繁重的任务、政府不能搞"一刀切"，可能要根据企业业务性质、行业特点、经营状况等因素综合考量其出路。

市政债发行推动未来地方政府市场化融资

如何解决地方政府投资拉动经济的资金缺口问题，逐步推进市政债券的发行，建立地方政府市场化的投融资机制，降低财政风险和金融风险，完善地方政府债务风险管理等相关制度值得我们深入探讨。应该说，新《预算法》为地方政府发债开辟了阳光化的道路。

在"新常态"的经济环境下，推动"一带一路"、区域经济合作和基础设施城镇化建设，地方政府投融资与信用体系也成为发展战略中重要因素。一是全球财政分权化的趋势；二是全球化、资本流动，以及金融市场发展等因素；三是发展中国家经济发展和快速城镇化进程下大规模基础设施融资需要。在投资、消费、出口"三驾马车"中，在投资拉动促进经济增长的同时，应将投融资责任更多从中央政府转移至地方政府，地方政府必须强化预算管理和债务风险管理，引导民营资本投资公共服务部门和基础设施，促进地区经济的发展，而推动地方政府债券市场的发展至关重要，相对于各种不同途径的地方政府隐性及或有负债而言，市政债应是地方政府融资机制市场化、阳光化的路径选择。

20 世纪 90 年代中期以后，全球市场出现了以金融市场的快速发展来补充银行主导性金融系统的明显趋势，市政债呈现迅速发展势头，成为地方政府非常重要的融资工具。考虑到我国各地方政府财政状况和金融生态环境存在巨大的差异，因此未来地方政府独立发债必须遵循渐进的原则。今后应以地方政府债券市场的培育为基本出发点，以建立流动性的、有深度的市场为主要目标，在发行定价中充分考虑到信用风险溢价和流动性风险溢价以及未来利率走势的判断，在以较低成本发行和保障市场流动性之间寻求一个最佳平衡点，逐步完善地方政府债券市场的投融资机制及流动性管理功能，有效防范金融风险。

目前我国金融市场发展不完善，相关法律和监管框架缺乏，因此，在发展地方政府债券的起步阶段，一定要完善地方政府债券风险管理机制，从地方政府债券的发行、交易、偿还和监管各环节进行严格规定，一般包括举债权的控制与发债规模的确定、市场准入的限制、信用评级体系的构建、投资项目管理与评估、监管的协调以及法律框架的完善。

从金融市场发展的角度而言，完善与地方政府债券相配套的政策主要包括，建立推动地方政府债券的市场化发行制度，确定合适的发行与承销主体，完善发行与定价机制，丰富地方政府债券市场的机构投资者层次，完善债券收益率曲线，提高市场流动性以降低投资风险，完善评级及信息披露制度等。同时，提高相关市政项目的投资效益也是重要的方面。

欧洲主权债务危机、英国债务危机、爱尔兰债务危机、日本债务危机充分说明，后金融危机时代，合理的政府债务规模和风险管理策略对于政府积极面对经济和金融危机的冲击，促进金融市场及汇率的稳定乃至经济的快速复苏至关重要。而美国"财政悬崖"的根源也被认为是不断调高政府债务上限引起的。应充分借鉴国外债务风险管理和危机处理的经验教训，建立多层次政府债务风险预警指标体系和危机化解机制，对地方政府债务风险转变为金融风险和财政风险的传递链条进行深入探讨与关注。

借鉴国际经验，应逐步建立以信用评级制度、信息披露制度和债券保险制度为内容的信用风险管理的"三驾马车"的基本框架。逐步完善以法律法规为基础，以信息披露为核心，以规模控制、信用评级、风险预警、偿债基金、危机化解等为手段的风险监控框架体系，在政府层面为有效防范市政债券系统性风险提供源头性保障。

PPP 模式——政府与民间资本合作融资的主力军

除了推进地方政府债券发行之外，PPP 方式也将成为推进城镇化和地方政府融资的重要路径。从国际经验来看，单靠政府资金已不能满足大量的公共基金设施投资需求，在利用国际及国内民间私人资本进行公共基础设施建设中，PPP 模式逐步成为应用广泛的项目融资和实施模式，即公共政府部门与民营企业合作模式。PPP 模式是以各参与方的"双赢"或"多赢"作为合作理念，以促进政府与项目的投资者和经营者相互协调在项目建设中充分发挥作用。具体就是政府通过特许经营权、购买服务、股权合理定价、财政补贴等公开透明方式，提高供给效率，完善收益成本风险共担机制，提高社会资本参与城镇化进程的积极性。而引导民间资本参与城镇化进程，包括设立民营银行，推动经济发展也是重要的创新路径。

应该说，未来建立健全地方政府投融资机制，推广运用政府与社会资本 PPP 合作模式，鼓励社会资本通过特许经营等方式参与城市基础设施投资和运营将成为趋势。应该说，新《预算法》等一系列法律框架为切实有效化解地方政府债务风险提供了制度保障，而地方政府投融资机制的完善无疑会推进城镇化和区域经济合作的进程。

（本文成稿于 2014 年 12 月）

投资需求增长、发展地方政府债券正当其时

在"新常态"经济下，面对"一带一路"、基础设施建设、生态环境治理、城镇化、区域经济合作的机遇与挑战，地方政府投融资与信用体系也成为发展战略中重要因素。

总体来看，地方政府必然需要在基础设施、公共服务和保障性住房建设等方面进行大量投资，融资和再融资压力巨大。在投资需求增长的同时，如何将投融资责任更多地从中央政府转移至地方政府，地方政府必须改善资源的利用效率，强化地方政府预算管理，引导私人部门投资公共服务部门和基础设施，以及利用地方政府债券市场融资等问题得到更多关注。

今年"两会"期间，地方债问题再次得到各方关注。2015年仍将是深化财政体制改革的重要年份，且2015年地方政府债务再融资需求和新增基础设施融资需求较大。根据2015年中央政府工作报告，"今年拟安排财政赤字1.62万亿元，地方财政赤字5000亿元，增加1000亿元，创新和完善地方政府举债融资机制，适当发行专项债券，保障符合条件的在建项目后续融资，防范和化解风险隐患"，预计今年在地方债券发行规模、发行品种、地方政府债务过渡期政策、政府债务管理制度等方面实现重大突破，而新预算法也为地方政府债券发行奠定了法制基础。

未来地方政府发债，政府和社会资本合作（PPP）将是地方政府投融资的主要路径。为解决地方政府投资拉动经济的资金缺口问题，逐步推进市政债券的发行，建立地方政府市场化的投融资机制，降低财政风险和金融风险，完善地方政府债务风险管理等相关制度值得我们深入探讨。

从国际经验来看，20世纪90年代中期以后，全球市场出现了以金

融市场的快速发展来补充银行主导性金融系统的明显趋势，市政债在全球市场比例总体上呈现迅速发展势头，由地方政府或其授权代理机构发行，所募资金主要用于城市或地方基础设施建设，有时也用于弥补市政当局的费用支出和税收收入之间的季节性或暂时性失衡。市政债被广泛应用于公共投融资的各个领域，成为地方政府非常重要的融资工具。

以美国为例，市政债券分为一般责任债券和收益债券。一般责任债券以地方政府的税收收入作为偿债资金来源，而收益债券则以特定项目的收入作为偿债资金来源，市政债募集资金的用途主要分为一般用途、交通运输、教育、公共事业、公共设施、住房及其他等。而次贷危机之后新推出的市政债券——"建设美国国债"，除了上述用途外，还可投资于环境工程、能源、公立医院等其他领域。在美国，市政债券是一种风险相对比较低的债券，其违约率不超过1%，这得益于美国拥有债券保险、担保、偿债保证金等相关保障措施。

对于我国而言，如何在清理存量债务、化解地方债风险和满足地方政府的合理融资需求之间取得平衡，政府和市场都面临很大的挑战。借鉴发达国家地方政府的融资经验，目前亟待解决的主要问题及相关思路包括：

在发展地方政府债券的起步阶段，一定要完善地方政府债券风险管理机制，建议从市政债券的发行定价、交易、偿还和监管各环节进行严格规定，包括发债规模的确定、信用评级体系、信息披露制度的构建、投资项目管理与评估、市场流动性的建立、降低投资风险、监管的协调以及法律框架的完善。

就金融市场发展的角度而言，应推动地方政府债券的市场化发行制度，提高地方债市场的流动性，确定合适的发行与承销主体，完善发行与定价机制，丰富地方政府债券市场的机构投资者层次；考虑到政府投资项目的长周期特点，降低未来政府筹资的经济周期风险、流动性风险和利率风险，未来需要丰富中长期债券期限、完善债券收益率曲线，提高市场流动性以降低投资风险；通过完善地方政府债券市场的投融资机制及流动性管理功能，有助于防范金融风险，促进利率市场化的进程。

未来随着地方政府债相关法律制度的完善，建立地方政府债券信用评级体系并提高发债主体长期偿债能力十分迫切。从信用风险和偿债机制来看，地区经济情况、政策扶持力度、财政状况、金融生态环境、投资项目的效益、基础设施建设能力、流动性、监管环境的变化等都会影响到发债主体的融资成本和偿债能力，市场化的发行定价机制应充分体现上述价差。同时，提高相关市政项目的投资效益也是重要的方面。

借鉴国际经验，逐步完善以法律法规为基础，以信息披露为核心，以规模控制、信用评级、风险预警、偿债基金、危机化解等为手段的风险监控框架体系。在政府层面为有效防范市政债券系统性风险提供源头性保障。另外，市政债信用增进与保险制度、由政府管理部门和行业自律组织共同组成的多层次市场监管体系也需要不断完善。

应该说，地方政府债券市场的发展，必将推动多层次金融市场体系的建立，促进财政政策与货币政策的协调配合，有效发挥投资对经济增长的拉动作用，满足地方政府融资需要，有效降低地方财政风险及金融风险，同时以 PPP 等模式引导民营资本投资公共服务部门和基础设施，通过体制上的创新来推动政府层面和企业层面等多元化的资金保障，促进区域经济合作和普惠民生的可持续发展。

（本文成稿于 2015 年 3 月）

◎ 地方债自发自还，市场化融资推进城镇化进程

近日，地方政府试行自发自还债券办法出台，上海、浙江、广东、深圳、江苏、山东等 10 个省市将试点地方政府债券自发自还。而广东作为试点先行省份于 6 月 23 日招标发行 148 亿元地方债，主要用于保障房建设。这一系列政策的出台引发市场热议，被认为是建立地方政府融资机制、推动地方政府债券市场发展的关键一步。

面对城镇化的进程，如何解决地方政府投资拉动经济的资金缺口问题，逐步推进市政债券的发行，建立地方政府市场化的投融资机制，降低财政风险和金融风险，完善地方政府债务风险管理等相关制度值得我们深入探讨。

地方债是债券市场重头戏

允许地方政府发行债券，是实行分税分级财政体制国家的普遍做法。当地方政府税收收入不能满足其财政支出需求时，地方政府可以发行债券为基础设施建设及公共产品筹资，如英国、美国、德国和日本等国家，地方政府债在其财政收入及债券市场体系中都占有重要地位。20世纪 90 年代中期以后，市政债被广泛应用于公共投融资的各个领域，成为地方政府非常重要的融资工具。

实际上，近年来地方政府在融资机制方面一直在不断探索。2009年财政预算安排 2000 亿元中央代地方发债的额度，理论界和实务界争议颇多的地方政府债券正式启动。2011 年经国务院批准，上海市、浙江省、广东省、深圳市开展地方政府自行发债试点启动。2013 年可以自行发债的地方政府新增江苏省和山东省。试点省（市）自行发债收支实行预算管理，同时建立偿债保障机制。应该说，地方政府自行发债试点的启动，有利于地方政府逐步建立稳定和规范的融资渠道，同时，

将隐性债务显性化，也是化解财政风险和金融风险的必然选择。

城镇化需政府推动，地方债不可或缺

新型城镇化需要积极的财政政策与货币政策协调配合来推动。地方政府必然需要在基础设施、公共服务和保障性住房建设等方面进行大量投资，融资和再融资压力巨大。从欧洲、日本和韩国经验来看，城镇化的进程中很大程度上得益于政府推动。美国虽然主要是市场主导，但是政策支持也发挥了不可或缺的作用。

目前，在推进新型城镇化的过程中，如何加快财税体制和投融资机制的改革，创新金融服务，通过体制上的创新来推动政府层面和企业层面等多元化的资金保障成为关注热点等。从发达国家经验来看，建立市场化的地方政府投融资机制，发行市政债为城镇化建设融资是主要的手段之一。

应多因素考量地方债发行模式

由于各地方政府财政状况和金融生态环境存在巨大的差异，因此未来地方政府独立发债必须遵循渐进的原则。地方政府的举债行为也会受到金融市场发展水平的制约，一是市场是否具有对投资风险有相当评判能力的专业化投资群体，这一点是基础。二是市场是否具有独立的信用评级机构等中介机构，对各地区的经济发展和财税金融基础设施状况进行中立的分析和评价，这主要涉及财政等信息透明度的问题。

借鉴国际经验，应逐步建立以信用评级制度、信息披露制度和债券保险制度为内容的信用风险管理的"三驾马车"的基本框架。逐步完善以法律法规为基础，以信息披露为核心，以规模控制、信用评级、风险预警、偿债基金、危机化解等为手段的风险监控框架体系，在政府层面为有效防范市政债券系统性风险提供源头性保障。

未来随着地方政府债相关法律制度的完善，建立地方政府债券信

用评级体系并提高发债主体长期偿债能力十分迫切。从投资者角度来看，地方政府债券的风险主要包括信用风险、流动性风险以及利率风险。从信用风险和偿债机制来看，地区经济情况、政策扶持力度、财政状况、金融生态环境、投资项目的效益、基础设施建设能力、流动性、监管环境的变化等都会影响到发债主体的融资成本和偿债能力。

同时，要逐步完善地方政府债券市场多层次管理机制，包括市场化发行定价机制、发债规模与期限结构、信用评级体系、信息披露制度、信用增进制度、保险制度等投资者保护机制、监管的协调以及法律框架的完善。

另外，如何吸引更多的民营资本参与城镇化也值得深入探讨。包括在利用国际及国内民间私人资本进行公共基础设施建设中，可以考虑广泛采用 PPP（Public – Private – Partnership）作为项目融资模式，而设立民营银行也是引导民资进行金融创新的有效路径。在城镇化过程中也要统筹来考虑周边的经济效益和社会效益，稳步推动区域金融与经济合作的进程。

（本文成稿于 2014 年 6 月）

金融危机治理与政府债务风险管理

◤ 欧债危机和美债危机的反思

目前，各方关注的美债危机对全球金融市场带来连锁反应，全球经济再次面临严峻考验。尽管美国目前就国债上限上调问题初步达成一致意见，但是美债危机仍让全球金融市场和经济复苏充满了不确定性，政府债务管理及风险预警引起各方面的关注。

20 世纪的一系列债务危机，充分说明合理的政府债务规模和风险管理策略至关重要，我们要关注资产泡沫、银行业流动性危机与政府债务危机的内在连锁关系。宏观政策的制定必须从动态的、长远的视角去权衡审慎考虑，在运用宽松政策刺激经济增长、防范政府债务风险以及预防通胀之间寻求最优平衡点，以免为下一次危机埋下隐患。

一、政府债务风险警戒线的衡量标准

政府债务风险警戒线的界定，欧债危机和美债危机引起各国对合理债务负担水平或能承受的最大债务警戒线的探讨。国内外学者认为，运用适度政府规模指标可以有效防范国债风险，确保债务经济的安全。尽管某些指标分析的结果存在差异，但这种方法已成为当今政府债务风险分析的标准。

一般来说，可以通过以下几个指标来衡量国债风险。这些指标主要包括国债负担率、赤字率、偿债率、国债依存度、中央财政国债依存度、借债率、居民应债能力指标等。目前，国际上普遍采用国债负担率（国债余额与 GDP 的比率）和赤字率（赤字总额与 GDP 的比率）来分析和评价政府债务风险。《马斯特里赫特条约》中所规定的加入欧盟国家"政府财政赤字率不超过 3%，国债负担率不超过 60%"的趋同标准被认为是对历史经验的总结，虽然其初衷是欧盟成员国将财政赤字和债务保持在大致相同的水平，以便有利于协调成员国之间的利率和

汇率水平，算不上放之四海而皆准的频繁向市场注资的政策，以及欧洲各国政府采取的一系列救市政策和宽松的货币政策使政府债务负担突破了风险警戒线，欧美核心发达经济体的巨额政府赤字为债务危机埋下了隐患，对经济复苏产生不利影响。

从赤字率的角度考察，为应对金融危机，欧洲央行采取合理的政府债务规模和风险管理策略对于政府积极面对经济和金融危机的冲击，促进金融市场及汇率的稳定乃至经济的快速复苏至关重要。欧债危机和美债危机的反思，频繁向市场注资的政策，以及欧洲各国政府采取的一系列救市政策和宽松的货币政策使得政府债务负担突破了风险警戒线，欧美核心发达经济体的巨额政府赤字为债务危机埋下了隐患，对经济复苏产生不利影响。

而从国债负担率指标来看，以英国为例，从 2007 年下半年开始，由于应对金融危机而采取一系列刺激政策，债务负担率急剧上升。另外，不容忽视的是，除显性债务外，还有一部分是或有负债或隐性债务。欧洲主要国家在金融危机中对部分银行国有化后，原来银行的负债合并到公共部门，导致债务负担率激增而超过风险警戒线。而冰岛、迪拜、希腊等国家和机构相继爆发信用危机，充分说明在被迫采取大规模财政刺激政策拉动经济复苏的情况下，极易导致负债比例过高、经济结构失衡，并最终诱发债务危机，实际上包括美国在内的很多国家在此轮危机中都面临类似问题。

应该说，庞大的公共债务可能带来一系列的问题：巨额偿债支出、市场信心缺失以及对汇率的负面影响等。同时，巨额财政赤字会引起货币贬值和通货膨胀，这从英镑、欧元、美元的走势也得到充分验证。可以想象，欧洲公共债务负担沉重的国家未来应会寻找新的经济增长点，实施扩张性货币政策，允许较高的通货膨胀率，并采取措施削减财政赤字，而加快欧洲一体化进程包括建立欧洲债券市场也成为欧洲各国关注的路径。尽管市场对美国推出 QE3 的时机存在不同看法，但美联储仍可能运用货币政策的一系列刺激工具。不过，必须意识到的是，单靠货币政策并不能解决所有问题，未来必须与财政政策等相关政策配合来推动经济复苏。对于中国而言，则需要对美国未来实施第三轮量化宽松政策或刺激政策带来的热钱涌入和通胀压力进行前瞻性研判和应对。

二、财政赤字、货币危机与通货膨胀的连锁关系

多年来，除了政府债务不能按时偿还导致债务危机的风险外，许多文献围绕持续赤字对货币政策的影响、债务政策对通货膨胀的影响、债务政策与货币危机的内在联系等内容对债务风险进行了广泛探讨。

在研究持续赤字对货币政策及通货膨胀的影响问题时，巴罗（1976）在讨论李嘉图理论体系中持续赤字是否会导致通货膨胀的问题时认为，由于不存在挤出效应，因此当政府债务存量增长率超过了产出增长率，持续赤字就会引发通货膨胀。史密斯（1982）指出，在动态IS—LM模型及货币主义政策下，很难实现零通货膨胀的稳定状态。他认为政府债务的挤出效应是造成货币主义政策难以实现的关键因素。

克鲁格曼（1979）提出了财政赤字导致货币危机的理论。他认为，如果一个国家存在着大量的赤字，为了弥补赤字，则国内的信贷必然会过度扩张，利率下降将促使资本外流甚至是净流出，引起投资者对货币贬值的预期，抛售本币，增持外币。而这时中央银行为了维持固定汇率而对外汇市场进行干预，导致国家外汇储备减少，从而使市场对政府无法维持固定汇率的预期增强，并对该国货币进行进一步地攻击，最终形成全面的货币危机。经济学家爱德华兹曾研究了1954—1975年的87次货币危机，这些危机的共同特征是伴随着巨额的财政赤字，这些赤字往往又通过中央银行对政府的扩张性信贷政策来弥补。因此，财政赤字与货币危机的相互关系应该引起高度重视。考斯提（2000）通过模型分析了政府债务在货币危机中的作用。他认为，政府的负债能力受预算约束的限制。一旦短期国债超过中央银行的国际储备，在开放经济环境下，货币自由兑换很快就会导致货币贬值。如1997年东南亚金融危机

中汇率的垮台就是财政赤字和不断增长的债务共同作用的结果。

科莱和科侯（1998）在吸收前人研究成果的基础上，对债务危机的爆发机制进行了进一步探讨。他们认为，政府债务危机的直接原因是公众预期的改变，但根源却在于政府支出的过度增加。当政府债务水平、债务的期限结构、私人资本存量等影响政府债务安全的基础变量进入了危机区域，政府将失去市场参与者的信任，从而引起危机的爆发。

当政府处于危机区域时，最佳债务政策有两个：一是削减开支，降低债务水平；二是延长债务到期时间，有效缩小危机区域。出于可行性的考虑，后者在实践中得到更多关注。应当说，债务水平进入危机区域，如果政府采取有效对策，应能避免危机的爆发。如意大利在1987—1988 年处于危机区间时，良好的信誉使其避免了危机的影响。

三、政府债务组合——资产负债表与财政金融稳定的连锁关系

从国际经验看，政府的债务组合通常是国家最大的金融资产组合。它包含了复杂和高风险的财政结构，并且会对政府的资产负债表和国家财政金融的稳定带来风险。政府应该控制流动性风险，以及其他使经济对外部冲击表现得特别脆弱的风险。因此，公共部门稳健的风险管理对其他经济部门的风险管理很重要。稳健的债务结构帮助政府减少其利率、货币和其他风险，使国家更少受金融风险的冲击。一些债务市场危机反映了稳健债务管理和操作的重要性，并呼吁建立一个有效和健全的资本市场。尽管国债管理制度不是这些危机爆发的唯一或者主要原因，但是政府债务组合的期限结构、利率和货币组成经常是严重危机的起因。即使在稳健的宏观经济政策环境中，高风险的债务管理操作也可使经济在遭受金融冲击时更加不堪一击。但是，稳健的债务管理政策并不是万能药或者对稳健财政货币管理的替代，它需要与稳健的宏观经济政策——包括经济刺激方案和财政稳定计划相配合来抵御危机。

确定政府债务风险临界值是一项复杂的系统工程，应根据经济结

构、经济增长率、居民收入分配和消费水平、市场体系发育程度、金融深化的程度、国债市场发育状况、财政收支情况、政府管理效率、国债结构与成本—效益状况、财政与货币政策目标来综合考虑。

四、对我国政府债务风险管理的探讨

从我国情况来看，尽管目前财政赤字率与债务负担率都在警戒线内，但是，如果考虑到地方政府债务、国有银行的不良贷款和呆坏账损失、地方金融机构的支付缺口以及或有负债等因素，潜在的财政风险乃至金融风险确实不容忽视。我们应从全口径的角度对政府债务进行界定和分类，重点关注目前地方政府融资平台的债务风险以及由此引发的信贷风险及财政担保风险，对地方政府债务风险转变为金融风险和财政风险的传递链条乃至债务危机的触发条件进行深入探讨，充分借鉴国外债务风险管理和危机处理的经验教训，建立多层次政府债务风险预警指标体系，以防范系统性金融风险和财政风险。

考虑到未来货币政策及信贷规模调控力度和系统性金融风险防范不断增强，地方政府融资平台对贷款的路径依赖将受到很大限制，因此迫切需要形成管理规范、运行高效的地方政府举债融资机制，建立地方政府债务规模管理和风险预警机制。

另外，我们必须意识到，中国巨额外汇资产的投资管理面临各类风险，包括信用风险、汇率风险、利率风险、流动性风险等，还需要建立多元化的投资组合结构，在债券市场、资本市场、大宗商品投资、直接投资、购买资源等之间寻求合理的平衡。在外汇债券投资方面，应重点关注主要国家主权债务规模、财政预算、贸易差额与经济增长等综合指标，从美元逐步拓宽到其他主流国家货币，重视包括主权债务在内的信用风险预警与监控，从而有效防范投资风险。

（本文成稿于 2011 年 7 月）

资产泡沫、银行业流动性危机与政府债务风险

目前，政府债务风险问题引起各方面的关注。2010年以来，国际金融危机对全球经济及金融市场的影响尚未真正消失，从迪拜到希腊，从希腊到欧元区，从英国到美国，欧美核心发达经济体国家出现巨额财政赤字，对经济复苏产生巨大冲击。由欧洲主权债务危机引发的欧元机制深层次的问题尚未解决，美债危机又给全球金融市场带来诸多挑战，爱尔兰债务危机的爆发更说明了资产泡沫、银行业流动性风险与政府债务危机的内在连锁关系，值得我们深入探讨与关注。

一、爱尔兰债务危机内在机制分析

20世纪90年代，爱尔兰政府为刺激经济发展，解决债务困境，通过低税率吸引海外直接投资，使爱尔兰成为全球资本投资欧洲的重点，进而带动房地产等产业的迅猛发展，"爱尔兰模式"曾经是一个流传全球的成功范例。2008年国际金融危机爆发后，爱尔兰房地产泡沫破灭，成为债务危机的导火线。随着房地产泡沫的破灭，加之国际金融危机的冲击，爱尔兰五大银行都濒临破产。爱尔兰政府9月底称，为了维护金融稳定，救助本国五大银行最高可能耗资500亿欧元，2010年财政赤字会骤升至国内生产总值（GDP）的32%，公共债务将占到GDP的100%，这一消息导致爱尔兰国债利率大幅飙升，由此掀开了债务危机的序幕。房地产泡沫破灭—银行业危机—主权债务危机成了爱尔兰债务危机的内在连锁源头。

目前，主流投资者都在纷纷避开欧元区高负债国政府债务，甚至认为国债风险大于CDS或高收益公司债。欧洲主权债务危机迫使欧美央行延长超宽松货币政策实施时间，以缓解财政紧缩对经济的冲击，但这将使未来通胀的风险日益累积，使复苏之路充满了不确定性。

另外，欧元的问题不只是欧元区政府的债务问题，预警欧洲必须解决欧元结构僵化和银行背负巨额债务的问题。有分析认为，欧洲银行包括英国银行面临庞大债务，也没有足够的资本可吸收亏损，这会导致全欧洲银行危机的风险。欧洲缺乏系统性管理债务危机风险的机制，需要集中力量研究全面的解决方法，处理欧元的金融和经济问题，并全方位化解债务危机扩散的风险。

二、资产泡沫与银行业流动性危机

在考察资产泡沫破灭与银行业流动性危机问题上，实际上亚洲金融危机中，绝大多数受影响严重的国家首先都是经历了一个资产价格的大幅下跌，然后才是银行体系不良资产比例的急剧上升和银行体系的崩溃。无论在发达的工业化国家还是在新兴国家，有很多的事例都可说明这两种经济现象具有很强的相关性。实际经济发展对银行的依靠程度取决于银行在一国金融体系的作用大小。房地产价格的下降将会通过减少银行持有的房地产的价值来直接减少银行的资本，同时也减少以房地产做抵押贷款的价值并可能导致贷款的拖欠，这又进一步减少银行的资本，加大了银行的流动性压力。另外，房地产价格的下降使得房地产贷款的期望风险增加了。所有这些因素将减少对房地产行业的信贷供给量。同时，面对银行资本减少的情况，监管当局可能要提高资本充足要求，对向房地产行业的贷款实行更严格的限制性条款，对该行业的自有资金比例也会提高。这些措施将进一步减少向房地产行业的信贷供给而且进一步打压了房地产的价格，使得银行的资产价值进一步下降，流动性压力也越来越大，最终可能爆发危机。

在过去20余年的发展过程中，银行业面临的最大问题之一是随着经济的高速增长，以资产估价偏高的房地产和证券抵押形式提供的贷款偏离了真实价值，形成巨大的"泡沫"。一旦经济出现波动，资产价格下降时，银行业的信贷资产就会面临巨大的压力，以自我实现的机制会传导到资产市场，使价格水平进一步恶化。房地产市场的价格与银行的信贷资产之间具有相互放大的效应。在经济增长较快的环境中，多数借款人都具有暂时性的盈利能力和清偿能力，银行的信贷资产潜在的危机被"虚增"的价值掩盖起来，如果这种虚增的价值突然下降，风险就很容易转化为现实的危机。事实证明，发展中国家在银行业危机发生之前都经历了信贷资产的过快增长，而危机爆发的主要原因之一也是信贷抵押资产价格泡沫的破灭。以上房地产市场价格波动和银行流动性相互作用关系的概念性框架可以用来分析和解释在美国、芬兰、日本、瑞典、泰国等国家曾经历过的房地产市场繁荣、萧条伴随的银行业流动性危机。

通过对经历过资产泡沫破灭的国家进行比较分析可以看出，资产基本面价格上涨的原因包括制度建设、经济增长加速和货币升值。资产价格泡沫产生的原因包括金融自由化、政府隐性担保等导致信息不对称和委托代理问题、金融部门和企业过度涉入风险；资本项目全面开放后短期资本流入；过于宽松的货币政策环境。

三、政府债务风险警戒线的界定与思考

据统计，为应对金融危机，欧洲央行采取频繁向市场注资的流动性政策，欧洲各国政府采取的一系列救市政策和宽松的货币政策使得政府债务负担突破了风险警戒线，为债务危机埋下了隐患。

从20世纪60年代以来西方宏观调控的历程来看，由于增税的阻力日益增加，发行国债来维持财政平衡成为经常的做法。但是也有因国债规模扩大而引起未来还本付息压力的增加，实际在某些国家已经由于沉重的内外债负担而爆发严重的金融危机，这次欧洲爆发的主权债务危机又引起各国对合理债务负担水平或能承受的最大债务警戒线的探讨。国内外学者认为，运用适度国债规模指标可以有效防范国债风险，确保债务经济的安全。尽管某些指标分析的结果存在差异，但这种方法

已成为当今国债风险分析的标准。

一般来说，可以通过以下几个指标来衡量国债风险。这些指标主要包括国债负担率、赤字率、偿债率、国债依存度、中央财政国债依存度、借债率、居民应债能力指标等。目前，国际上普遍采用国债负担率（国债余额与GDP的比率）和赤字率（赤字总额与GDP的比率）来分析和评价政府债务风险。在必须逐年削减基本财政赤字的同时，财政赤字国还必须满足债务余额/GDP趋于稳定值的条件。该条件是：经济增长率大于实际汇率。而国债余额/GDP比稳定且下降的条件是：经济增长速度 – 利率（国债收益率）– 通货膨胀率 > 0。但其初衷是欧盟成员国将财政赤字和债务保持在大致相同的水平，以便有利于协调成员国之间的利率和汇率水平，算不上放之四海而皆准的临界值。而从国债负担率指标来看，欧洲主要国家在金融危机中对部分银行国有化后，原来银行的负债合并到公共部门负债导致债务负担率激增超过风险警戒线，冰岛、迪拜、希腊等国家和机构相继爆发信用危机，充分说明在被迫采取大规模财政刺激政策拉动经济复苏的情况下，极易导致负债比例过高、经济结构失衡，并最终诱发债务危机，实际上包括美国在内的全球很多国家在此轮危机中都面临类似问题。

四、进一步的思考：财政赤字、货币危机与通货膨胀

应该说，庞大的公共债务仍可能带来一系列的问题：巨额偿债支出、市场信心的缺少以及对汇率的负面影响等。同时，巨额财政赤字会引起货币贬值和通货膨胀，这从英镑和欧元近期的走势也充分得到验证。多年来，除了政府债务不能如约按时偿还导致债务危机的风险外，许多文献围绕持续赤字对货币政策的影响、债务政策对通货膨胀的影响、债务政策与货币危机的内在联系对债务风险进行了广泛探讨。

当政府处于危机区域时，最佳债务政策有两个：一是削减开支，降低债务水平；二是延长债务到期时间，有效缩小危机区域。尽管出于可

行性的考虑，后者在实践中得到更多关注。应当说，债务水平进入危机区域，如果政府能采取有效对策，还是能避免危机爆发的。如意大利在1987—1988 年处于危机区间时，良好的信誉使其免受危机的影响。

值得关注的问题与政策建议

上述分析充分表明合理的政府债务规模和风险管理策略对于政府积极面对经济和金融危机的冲击至关重要。我国 1998 年应对亚洲金融危机时启动了积极的财政政策，增发 1000 亿元长期国债刺激方案（用于基础设施建设）和 2700 亿元特别国债发行用于补充四大国有商业银行资本充足率。2008 年 11 月应对国际金融危机启动 4 万亿元财政刺激方案和适度宽松货币政策。2009 年信贷投放的增长异常迅猛，在高速信贷投放的主体中，由于各地方政府纷纷融资进行大规模基础设施建设，从而导致地方投融资平台的数量和融资规模呈现飞速发展的趋势，地方政府债务风险引起各方关注。而快速增长的货币信贷导致资产泡沫和通货膨胀预期的出现，货币政策不得不在中美利差、通货膨胀目标、流动性过剩、汇率稳定之间做出平衡，货币政策从适度宽松转向趋紧。快速增长的货币信贷导致资产泡沫和通货膨胀预期的出现。2010年以来货币政策、监管政策出现变化，包括以加息为标志货币政策由适度宽松转向从紧、对房地产信贷的控制，以及对地方政府融资平台的清理整顿，也与之前的一些政策留下隐患是密不可分的。因此，"十二五"期间，以下方面值得深入研究与关注。

一是重点关注地方政府融资平台的债务风险以及由此引发的信贷风险及财政担保风险，充分借鉴国外债务风险管理和危机处理的经验教训，建立多层次政府债务风险预警指标体系，对地方政府债务风险转变为金融风险和财政风险的传递链条乃至债务危机的触发条件进行深入探讨。确定政府债务风险临界值应该是一项复杂的系统工程，应根据如经济结构、经济增长率和效益指标、居民收入分配和消费水平、市场体系发育程度、金融深化的程度、国债市场发育状况、财政收支情况、政府管理效率、国债结构与成本—效益状况、财政与货币政策目标综合考虑。

二是应借鉴发达国家"市政债券""产业投资基金"等地方政府的融资经验，建立规范化和市场化的地方政府融资渠道。从长期来看，地方政府在经济基础、财政状况、金融生态环境、偿债能力、政策扶持力度和发展潜力、基础设施方面存在很大差异，这些也决定了地方政府债的融资成本，包括信用利差以及流动性利差，因此应建立地方债信用评级框架，为实现地方政府债务风险预警的动态监测和全过程监管提供有益思路。在后危机时代，我们应该高度重视主权信用风险分析和监控。

三是应充分借鉴国外债务风险管理和危机处理的经验教训，建立多层次政府债务风险预警指标体系，以防范系统性金融风险和财政风险。在发展地方政府债券的起步阶段，一定要完善地方政府债券风险管理机制，从地方政府债券的发行定价、交易、偿还和监管各环节进行严格规定。包括发债规模的确定、信用评级体系及信息披露制度的构建、投资项目管理与评估、市场流动性的建立、降低投资风险、监管的协调以及法律框架的完善。

四是在对外投资方面，应积极关注各个国家和地区的综合数据指标，重点关注主权债务规模、财政预算、贸易差额与经济增长等因素，着力强化风险监控和预警机制，认真研究外汇债券投资的多元化方案，从美元逐步拓宽到其他主流国家货币，重视包括主权信用风险在内的信用风险预警与监控。

五是房地产市场价格的调整应坚持稳健的原则，房地产税推出的时机和方式应该深入探讨。从国内的情况看，银行也成为房地产行业发展的重要资金来源。由于融资结构失衡和融资渠道不畅，整个房地产业从开发到销售几乎都依赖银行的资金。商业银行一般以提供房地产开发流动资金贷款、开发项目贷款和住房消费贷款等形式，直接或间接承担了房地产市场运行的风险，总体包括政策风险、投资风险、市场风险、流动性风险、管理风险、信用风险、法律风险等。由于房地产相关业务在商业银行信贷业务中占有很大的比重，有必要从战略层面对这一问题进行深入研究，辨析房地产业发展与宏观调控的目标与思路。房地产市场价格的调整应在合理范围内，避免价格大幅波动对银行业的冲击，确保房地产金融市场平稳、协调发展，维护金融稳定和经济安全。

（本文成稿于 2011 年 1 月）

◐ 促进房地产金融市场平稳发展以防范资产泡沫

尽管新巴塞尔协议和现行监管规定在信用风险、市场风险和操作风险这几方面对银行的要求很多也很复杂，但并未强调银行的流动性风险。而我们从次贷危机中可以看到，流动性风险可能导致金融危机的爆发。因此，完善银行业对流动性风险的管理框架与预警体系十分迫切。

近期关于"房价下跌暴露金融风险，可能出现中国式次贷危机"的争论颇多。从银行与房地产市场的相关性而言，主要包括房地产开发商的贷款，个人住房按揭贷款，国内商业银行在发放住房贷款时，普遍以房地产作为贷款抵押物，而且一般按照房地产的评估价格，乘以贷款价值比率在我国一般是 50% ~ 80% 确定贷款额度，无论是社会评估机构还是商业银行内审部门在评估房地产价格时，通常采用的都是市场比较法，这种办法存在的主要弊端就是对房地产泡沫不能充分识别，房价下跌不仅会导致住房抵押物的价值下跌而放大银行信贷的风险，也会导致断供增加引起的信用风险和流动性风险。

从国内的情况看，银行也成为房地产行业发展的重要资金来源（杨明辉，2004）。由于融资结构失衡和融资渠道不畅，整个房地产业从开发到销售几乎都依赖于银行的资金。银行要分别面对开发商、建筑商和个人消费者三个方面的资金需求。商业银行一般以提供房地产开发流动资金贷款、开发项目贷款和住房消费贷款等形式，直接或间接承担了房地产市场运行的风险，总体包括政策风险、投资风险、市场风险、流动性风险、管理风险、信用风险、法律风险等。任何一方的违约或三者之间的交叉违约都会产生风险。这种房地产供需双方都完全依赖于银行的支持的格局会使银行业承受潜在的流动性危机压力。控制消费方就会使供给出现过剩，控制了供给就会使消费需求无法得到满足。如果两头都支持就会使市场繁荣，同时风险也会增加；一旦行业政策调控要求两头都收缩则使银行的资产陷入缩水的境地。除了房地产之外，在我国类似这种供、需双方资金来源都依赖银行贷款的行业还有一些，银行面临的问题确实不小。

因此，要注意保持房地产金融市场平稳发展。美国"次贷"危机和"两房"危机提醒我们，从金融和经济稳定发展考虑，必须注意保持房地产市场平稳健康发展，价格过快增长容易积累泡沫，而价格深度下调则可能导致泡沫破灭的崩盘风险。因此，必须加强对金融市场投机行为的监管，资本市场的发展与宏观调控必须遵循循序渐进的原则。应加强对银行房地产信贷的管理，确保房地产金融市场平稳、协调发展，维护金融稳定和经济安全。2008 年，随着货币政策继续从紧和销售量的下降，房地产开发商资金中来自银行贷款的资金增速大幅下降，房地产开发商资金链十分紧张，再加上个别城市房价回调也出现了断供情况，一些地方政府面对土地流拍，财政吃紧的状况，频繁采用救市措施，引起了对中国发生美国式次贷危机的担忧。

（本文成稿于 2008 年 10 月）

🗇 宏观经济政策应适时调整

面对次贷危机不断恶化导致的全球金融市场动荡的局面，中国人民银行从 2008 年 9 月 16 日起下调人民币贷款基准利率和中小金融机构人民币存款准备金率。随后面对美国金融危机不断蔓延的情况，央行又加大对货币政策工具调整的力度。

自 10 月 9 日起下调一年期人民币存贷款基准利率各 0.27 个百分点，其他期限档次也相应调整；自 15 日起下调人民币存款准备金率 0.5 个百分点，"存款准备金率"和"存贷款基准利率"作为中央银行最具影响力的货币政策工具，能够直接调控货币供给。这是自 1999 年底起，央行近 9 年来首次下调所有存款类金融机构人民币存款准备金率；自 2002 年 2 月起，央行 6 年来首次下调人民币存贷款基准利率。

利率和准备金率的"双降"表明政策操作已经由"防通胀"转向"保增长"。之后又于 10 月 30 日起再下调金融机构人民币存贷款基准利率 0.27 个百分点。此次降息完成后，一年期贷款基准利率已下降 0.81%，接近 2007 年 5 月的水平，力度之大实属罕见。自 9 月 16 日货币政策出现拐点以来央行在短短两个月时间内连续三次降息，这无疑放松了银根，向市场注入了流动性，从某种意义上说是配合全球央行稳定金融市场联合降息的政策，同时，在某种程度上对国内房地产等资金链紧张的行业是"雪中送炭"。

这三次降息中除首次降息仅下调了贷款基准利率外，近两次均为同时下调相同幅度的存贷款基准利率，这种对称降息从某种意义上是为了维护银行业的盈利水平。应该说，降息作为刺激经济的有力手段，对防止国内经济的过快下滑有积极作用，对证券市场也会产生正面作用。同时这一货币政策的调整预示着未来一系列政策调整的开始。应该说，宏观调控政策顺应经济形势适时的调整，是避免经济和金融市场过度波动的重要手段。亚洲金融危机之后积极的财政政策与货币政策的协调配合模式的改变使我国有效避免了金融危机的冲击，随着包括货币政策在内的宏观政策调控目标由防通胀转向防通缩，防经济下滑，确保金融稳定，而目前货币政策由从紧转向宽松，财政政策由稳健向积极的转型也正反映了这种调整的需要。

随着次贷危机演变为席卷全球的金融危机，包括美联储等全球央行政府频繁采用向金融市场注资和降息的方式救市，美国财政部也通过 7000 亿美元的救市方案以稳定市场。这些举措提醒我们，要密切关注全球经济和金融市场的走势和最新变化，努力应对并化解金融危机冲击和负面效应。在加强金融监管的同时，关键还在于及时果断采取应对措施救市和治市，包括建立平准基金或暂时以汇金公司代行平准基金职责，财政政策刺激方案主要包括如减税政策及增发国债加大政府投资拉动内需，其中，减税方案包括与资本市场和房地产市场交易相关的政策，如印花税、对储蓄存款利息所得暂免征收个人所得税、降低房地产交易税费，提高出口退税率以刺激出口等财政政策的出台。以减缓国际金融市场动荡对我国金融体系和经济的冲击。同时，为防止世界金融危机对中国的实体经济的进一步影响，一些制度性障碍亟待改革，如为实现 4 万亿元政府投资对经济增长的拉动作用，社会投资是否会及时跟进十分关键，其中为地方政府提供合理的融资渠道尤为迫切，包括解决多年来悬而未决的地方政府发债的制度性障碍问题。

（本文成稿于 2008 年 10 月）

商业银行应加强信用风险与流动性风险管理

作为商业银行，从房地产信贷风险的角度，需要加强以下几个方面的管理：一是应加强信用风险管理，充分利用社会征信系统对贷款人的资信状况和还款能力进行充分评估，完善贷前审查评估和贷后跟踪程序。二是要建立和完善房地产市场分析、预测和监测指标体系，及时关注房地产市场及相关宏观政策和产业政策的发展变化情况，完善信用风险管理技术，认真做好贷前调查工作及相关指标分析，包括企业的财务状况、资信状况、敏感度情况、经营管理能力和风险控制能力等。三是为了增强银行体系的稳定性，有必要建立一套房地行业的信用评级系统。目前关于企业的信用评级和绩效评估体系强调以企业未来盈利能力和现金流量分析为核心，着重考察企业偿债能力及偿债意愿。

考虑到房地产行业与经济周期、货币政策、财政政策、收入分配政策、土地政策等宏观政策具有较强相关性，需要从财务体系和非财务体系两个方面来探讨建立房地产行业的信用评级体系。房地产企业信用评级系统的完善可以提高银行信用风险管理的水平，促进房地产金融市场健康有序地发展，同时为监管部门对银行实施有效监管提供依据，从而提高金融体系的稳定性。

银行流动性风险的重要方面来自市场风险，主要指投资资产价值下降的风险。9月15日美国雷曼兄弟因次贷危机而破产对中国金融机构造成很大冲击。日前，国内多家大型银行纷纷披露了其持有的雷曼兄弟及其子公司发行的债券敞口，以及与雷曼兄弟相关的投资与交易产生的风险敞口。从金额看，"涉雷"资产尤其是次级债券的规模对国内银行的影响并不大，但上述银行尚未对这些投资与交易计提减值准备[①]，受此影响，银行股在上述消息发布日普遍出现了跌停，直到9月

---

① 招商银行率先披露持有美国雷曼兄弟公司发行的债券敞口共计7000万美元，其中，高级债券6000万美元，次级债券1000万美元。高级债券的持有人在发债机构破产清盘时，其索偿权优先于其他债券持有人和股权持有人。中国工商银行目前持有美国雷曼兄弟公司债券及与雷曼信用相挂钩债券余额1.518亿美元，其境内外机构直接持有雷曼兄弟公司发行的债券敞口总计1.39亿美元，全部为高级债券，中国银行集团共持有雷曼兄弟控股公司及子公司发行的债券7562万美元，兴业银行与美国雷曼兄弟公司相关的投资与交易产生的风险敞口总计折合约3360万美元。

18 日汇金公司获准进入二级市场回购三大行股票才稳定了银行股的股价，汇金公司入市在某种意义上发挥了平准基金的作用。另外也反映出目前我国银行业对金融市场投资与交易风险并没有及时预警，风险管理亟待加强。

（本文成稿于 2008 年 10 月）

中小企业融资

✅ 中小企业私募债的国际经验

中小企业私募债是我国中小微企业在境内市场以非公开方式发行的，发行利率不超过同期银行贷款基准利率的 3 倍，期限在 1 年（含）以上，对发行人没有净资产和盈利能力的门槛要求，完全市场化的公司债券，也被称作中国版的垃圾债。垃圾债起源于美国，是信用级别在标准普尔公司 BB 级或穆迪公司 Ba 级以下的公司发行的债券，由于其风险较高，对应相对较高的收益，也被称为高收益债。由于投资风险高于其他债券，因此，其风险管理与对冲机制亟待建立与完善。

私募债发行机制创新

从 2008 年下半年以来，在国际金融危机持续蔓延的形势下，部分中小企业面临经营困难、收益不稳定、现金流偏紧的困境，再加上信用风险的困扰，融资难成为制约中小企业发展的瓶颈。在此背景下，通过债券市场直接融资成为解决中小企业融资难的创新尝试，如中小企业集合债券和中小企业集合票据等集群融资工具的尝试，而近期推出的中小企业私募债也在发行机制上有所创新，包括：高效率的发行备案制度，多元化的发行期限，灵活的债券发行机制，如可以设置附赎回权、上调票面利率选择权等期权条款，还可分期发行。另外，募集资金用途可以根据发行人的业务需要而定，包括偿还贷款、补充营运资金，用于项目投资、股权收购等方面，为发行人提供融资的灵活性。从国际经验看，引入私募发行制度无疑会推动债券市场的发展与创新，扩大资本市场服务民营企业和实体经济的范围。

中小企业私募债的推出不仅解决了中小企业由于资信评级低、融资成本高等原因很难进行发债融资的难题，开创了中小企业新的融资模式和中长期融资工具，同时也解决了企业多年来短贷长用的问题，降低了融资成本，鼓励中小企业进行投融资长期规划。同时，推动各类合格机构投资者的发展，进一步丰富债券市场投资者结构，包括境外投资者，满足不同的投资者需求，推动我国债券市场国际化的市场基础设施建设。与公开发行债券相比，非公开定向发行具有灵活性强、发行相对便利、信息披露要求相对简化、适合投资者个性化需求的特点。应该说，无论选择何种发行方式，市场参与各方都应以市场的培育为基本出发点，以建立有流动性的、有深度的市场为主要目标，在发行定价中充分考虑到信用风险溢价和流动性风险溢价以及未来利率走势的判断，在以较低成本发行和保障市场流动性之间寻求一个最佳平衡点。

信用风险管理的挑战

从国内市场来看，无论是 2006 年的"福禧债事件"还是 2012 年出现的山东海龙短融兑付事件，都向债券市场敲响了信用风险管理的警钟。目前，高低等级债券品种的表现再次出现分化显示市场对信用风险的担忧重新上升，中小企业私募债等创新工具发行定价时也需要充分考虑信用风险补偿。从国际市场来看，一系列信用危机的发生为全球金融市场的参与者如何管理信用风险提出了巨大的挑战，如何管理信用风险，完善风险分担机制，降低系统性风险，提高金融市场效率，促进多层次金融市场稳定协调发展，创新信用风险管理工具等问题重新得到重视。美国次贷危机、爱尔兰政府债务危机以及欧债危机都充分说明，完善债券市场风险管理，增加市场稳健性的政策措施十分重要。包括建立债务风险预警机制；完善发行定价机制，建立信用风险、流动性风险、利率风险的定价机制与风险控制机制，推进利率市场化的进程；不断培育机构投资者，完善做市商制度，提高市场的流动性，以有效降低筹资成本，缓冲全球经济冲击的影响。这些措施都将有助于增强市场的稳定性，而适当的法规框架和市场设施是前提条件。在信用风险防范和管理方面，应借鉴国际经验，不断完善信用风险定价、信用评级、担保机制、信用增进和信息披露制度。逐步引入信用衍生品等风险对冲工具，包括完善信用风险缓释工具，为管理信用风险提供有效的市场化工具。

私募债市场发展的国际经验借鉴

非公开发行定价机制问题

一个合理有效的发行价格应反映真实的市场资金供求关系，也会对二级市场起到一个信号作用，避免因为明显偏离市场收益率水平而造成市场的大幅度波动。国际金融危机由房地产市场波及信贷市场和债券市场，进而席卷全球金融市场，充分说明完善的定价机制对整个金融市场稳定发展的作用。如何平衡筹资人和投资人的利益目标，是债券能否成功发行的关键，因此，要结合债券具体的风险程度、收益大小，通过市场决定一个能使筹资者和投资者都能接受的条件，充分体现信用风险、流动性风险和利率风险。

完善投资者利益保护机制

目前，根据相关政策规定，参与私募债券认购和转让的合格投资者范围比较广，包括商业银行、证券公司、基金管理公司、信托公司和保险公司等金融机构及其理财产品，集合资产管理计划，符合条件的企业法人及合伙企业等，债券的发行与流通转让也为中小企业参与资本市场提供了平台。从国际金融市场来看，私募债券一般含有保护条款，主要包括：最高杠杆比率、最低固定费用偿付比率、最低净资产控制、限制优先偿还债务、限制出售资产、控制权变更准备金等。这些限制性条款可以为投资者提供更高的信贷保障，减少其信贷损失。在美国，在债券条款设计方面，为保护债券持有人的权利，债券契约对发行人规定了一些限制措施，例如：抵押品、偿债基金、股息政策和继续借贷等。债权人可在债券条款中约定，债务人在从事高风险业务时必须征得债权人同意，以避免偿债风险增加。债务人的信用级别下降到某一级别以后，债权人可要求提高债券收益率，以获得风险溢价。目前我国的中小企业私募债主要针对非上市公司特别是亟须融资的小微企业，后期范围将逐步扩大。因其发行无须证监会审批，只需在交易所备案，并且在设计条款中大多没有担保和反担保条款，属于一种"信息披露，买者自负"的产品，无疑增加了信用风险管理的难度。鉴于投资方和融资方在契约条款制定上比较灵活，可以自主协商条款，因此，应借鉴国际经验，采取限制分红条款，并提取一定比例资金作为偿债基金，以降低违约风险。

偿债风险的补偿机制及信息披露

建议建立对发行人的经营状况、财务状况、偿债能力的反馈跟进机制。由于对私募债规模占净资产的比例未作类似40%的限制，筹资规模可按企业需要自主决定。因此承销商和投资人需要对发行人进行定期与不定期的保后跟踪、检查，及时了解发行人的经营状况、资金使用情况、反担保情况、是否有重大变动事项等，保证发行人按时还本付息。

在风险控制措施方面，建议债券承销商在承销过程中严格业务核查，发行人按照发行契约进行信息披露，承担相应的信息披露责任。投资者以机构投资者为主，并强化严格的投资者适当性管理。一般来讲，中小企业私募债面临的违约风险明显高于高等级债券，建议考虑建立较完善的信用风险补偿和流动性风险补偿机制。包括设立偿债风险准备金并预先提取偿债基金、发行人自有资产抵押、设置发债人财务指标约束、引入第三方担保、银行备用授信等制度设计。

提高二级市场流动性和透明度

在美国，依据相关法律，新兴市场高收益债由投资者在离岸市场出售和交易，主要通过大的做市商和经纪商的交易平台成交。除此之外，私募发行的高收益债，如果在美国证监会注册，还能够在场外柜台交易市场转让与交易。另外，美国还有"私募证券转让市场"等不同层次的场外市场可供高收益债券交易，包括地方柜台市场和纳斯达克为合格机构投资者之间交易私募证券所设的流通市场（PORTAL），其中，地方柜台市场主要是交易一些地方性的企业发行的小额高收益债券，而PORTAL则是全球第一个以集中式电子系统和集中私募证券买卖意愿的交易系统，强化私募证券交易的流动性和透明性，并要求所有进入这一交易系统的投资者均具有较强的风险管理能力和研究能力。目前，我国中小企业私募债是在上交所固定收益平台和深交所综合协议平台挂牌交易或在证券公司进行柜台交易转让流动，由于规模比较小，交易频率比较低，市场的流动性有待进一步提升，同时，参与这一平台的投资者有必要从多层面提高风险管理能力和市场判断力。

完善信用风险管理的制度框架及市场基础

信用增进和信用评级是信用风险管理市场基础设施的重要层面。目前监管部门对是否进行信用评级并没有硬性规定，私募债券增信措施以及信用评级安排由买卖双方自主协商确定。这一制度安排在给发行人带来灵活性的同时，也给风险管理带来了不确定性。国际经验表明，信用增进作为债券市场不可或缺的制度安排，在分散、分担市场风险的同时，还为信用等级较低的企业进入债券市场提供了可能，有利于支持中小企业通过债券市场融资，推动多层次金融市场体系的建立。发行人可采取其他内外部增信措施，如可以通过第三方担保和资产抵押、质押以及商业保险等方式，提高偿债能力，控制私募债券风险。数据显示，私募债券的平均赔付率、使用信用增级的比例、平均收益率都比公募债券高。当出现可能违约的情况时，抵押与保护条款可以为投资者提供很好的下行风险保障，降低可能的投资损失，提高投资组合收益率。同时，还可以逐步发挥中介机构的独立性和客观性，包括信用评级机构、审计机构、会计师事务所、律师事务所等，对信用风险和法律风险进行深度分析。建议逐步完善债券市场的评级制度，评级机构依据相关财务、经营资料与未来投资前景对发行企业进行客观、公正的信用评级。同时，信用评级机构须对发行人进行跟踪评级，对其最新经营发展状况给予关注并及时披露，为市场提供有效的信息工具和定价基准。从国际市场来看，私募固定收益市场中拥有来自各种行业与不同地域的债券产品，而公用事业、非周期性消费品和资本货物是私募市场中最大的板块。由于私募债在国内还是创新产品，其监管层面、投资层面、市场层面、法律层面等还需在实践中不断探索，完善多元化的投资组合和风险对冲机制也是一个循序渐进的过程，需要进一步完善信用风险管理的制度框架和市场基础设施建设，探索建立全方位的市场化约束机制，以债券市场等多层次金融市场的发展推动企业融资路径创新及实体经济发展的进程，同时有效降低市场的信用风险。

（本文成稿于 2012 年 7 月）

✦ 进一步发展信用类债券市场解决中小企业融资难问题

融资难问题一直是制约中小企业健康发展的一个瓶颈。我国中小企业融资难的原因可归纳为内源融资不足和外源融资渠道不畅。所谓内源融资是指企业通过一定方式在自身内部进行资金的融通，主要由初始投资形成的资本、折旧以及留存收益组成。外源融资主要包括银行借款、发行债券、发行股票等融资方式。发行企业债券和股票的门槛较高，中小企业难以达到要求；银行借款虽然门槛较低并且操作灵活，但由于银行作为以盈利为目的的市场组织，出于控制风险的考虑，在中小企业无抵押、低信用的情况下放贷十分谨慎。因此，中小企业融资难始终是一个难以解决的死结。

尽管近年来国家出台取消限制银行贷款额度、多次下调存贷款利率等措施，但这些政策主要惠及的是国有大中型企业，商业银行对中小企业贷款依然十分谨慎。创业板的创立使中小企业看到了股权融资的曙光，但是由于刚刚起步，市场容量十分有限，因此包括发行股票、发行债券在内的其他融资方式在相当长的时间内依然是中小企业的奢望。自2008年以来由美国次贷危机引发的国际金融危机加剧了这一困境。我国从2008年下半年频频爆出的中小企业破产案例也让人触目惊心。借鉴国内外的实践经验，"集群融资"可能是金融危机下解决中小企业融资困境的有效途径。所谓"集群融资"是指若干中小企业通过股权或协议建立"集团"或"联盟"，通过合力减少信息不对称，降低融资成本，相互帮助获取资金的一种融资方式，包括中小企业集合债、集群担保融资、团体贷款等不同的方式。

对中小企业贷款难问题，结合理论和市场不断探讨，不少地方也探索出一些行之有效的方法，包括创新推出中小企业集合债。

中小企业债券的发展历程

中小企业债券最早起源于美国，20世纪70年代前主要是一些小型公司为开拓业务筹集资金而发行的。中小企业对资金的巨额需求无法从传统的融资渠道得到满足，是中小企业债券迅速发展的根本原因。七八十年代，正是发达国家产业大规模调整与重组时期，而由此引发的并购所需要的大量资金，无法完全依赖股票市场；同时，由于这些企业重组风险极大，以盈利为目的的商业银行也不可能完全满足其对贷款的需求，相比之下，用高额的收益发行债券来筹资，既可以弥补资金缺口，又能分散筹资渠道，转嫁投资风险，中小企业债券正是在此背景下应运而生的。由于中小企业债券的收益远远高于政府债券及其他有价证券的收益，有时甚至高达50%，因此，逐渐成为投资者追求的投资工具，到80年代中期，中小企业债券市场迅速达到鼎盛时期。

中小企业集合债的创新

借鉴国外中小企业债券市场的发展经验及教训，结合我国金融市场发展的现状，逐步建立起我国的中小企业债券市场。这里值得一提的是中小企业集合债券。所谓中小企业集合债券，就是通过牵头人组织，以多个企业所构成的集合为发债主体，发行企业各自确定债券发行额度分别负债，采用统一的债券名称，统收统付，以发行额度向投资人发行的约定到期还本付息的一种企业债券形式。这种"捆绑发债"的方式，不仅解决了中小企业由于资信评级低、融资成本高等原因很难进行发债融资的难题，开创了中小企业新的融资模式和中长期融资工具，同时也解决了企业多年来短贷长用的问题，降低了融资成本，鼓励中小企业进行投融资长期规划，是新形势下解决中小企业融资难的有效手段。

自 2008 年下半年以来，在金融危机持续蔓延的形势下，部分中小企业面临经营困难、现金流偏紧的困境，融资难成为困扰中小企业发展的瓶颈。由于我国中小企业普遍规模小，收益不稳定，信用等级差，缺乏合格抵押担保品，在很大程度上还是影响了银行对其信贷的支持力度。在此背景下，通过债券市场直接融资成为解决中小企业融资难题的创新尝试。5 月 21 日，大连中小企业集合债券在深交所挂牌上市，这是继"07 中关村债""07 深中小债"之后的第三只地方中小企业集合债券，也是商业银行停止为企业债券提供担保后第一只成功发行的集合债券。

值得关注的是，中小企业集合债券的信用评级、流动性、诚信、金融监管是发展中需要着力加强的环节。

中小企业集合票据的创新

继中小企业短期融资券、中期票据成功发行后，方便企业直接融资的首批中小非金融企业集合票据于 2009 年 11 月成功发行。目前，经协会注册的北京市顺义区中小企业集合票据、山东省诸城市中小企业集合票据和山东省寿光市"三农"中小企业集合票据产品正式发行。首批中小企业集合票据发行总金额达 12.65 亿元，23 家中小企业参与发行。集合票据是指 2 个以上 10 个以下具有法人资格的企业，在银行间债券市场以统一产品设计、统一券种冠名、统一信用增进、统一发行注册方式共同发行的，约定在一定期限还本付息的债务融资工具。中小企业融资难主要是长期资金融资难，此前推出的中小企业短期融资券已发行一年，但仍然面临利率偏高、二级市场流动性差等问题。中小企业集合票据在产品结构、信用增进及投资者保护机制方面都有较大创新，不仅对促进中小企业规范运作有重要意义，而且扩大了市场发行主体的范围，为中小企业开启了直接融资的新途径。同时也进一步丰富了我国债券产品，有利于债券市场结构的多样化发展和融资途径的创新。

中小企业债券发展的关键环节

从中小企业债券未来发展来看，担保模式、信用风险、融资财务结构与投资评估等是关键环节。从世界各国中小企业信用担保的实践来看，政府扶持型模式是主导方式，对于担保基金的筹集，一般是通过中央和地方政府编制中小企业信用担保资金预算来解决，如美国、日本和韩国。这种方式的优点是政府可以根据产业结构调整和优化产业布局的需要来选择重点扶持企业，缺点是容易诱发道德风险和逆向选择，降低担保效率；担保风险可能转嫁到财政风险，影响政府宏观调控能力。另一种模式是社会互助型，目前只有葡萄牙（中小企业协会）和埃及（由银行与保险及中小企业共同组织的中小企业互助担保公司）等少数国家采取这种模式。

从我国实际情况来看，应该建立政府主导型的中小企业债券担保体系，由于信用担保在总体上具有公共产品的属性，政府可以把信用担保作为经济杠杆，支持符合国家重点支持行业的中小企业发展，推动中小企业的融资和创新活动，激励公司资产重组以提升治理水平，实现融资、产业结构优化及刺激经济增长等多重目标。

金融支持小微企业发展的实质性路径

国务院办公厅 2013 年发布《关于金融支持小微企业发展的实施意

见》（以下简称《意见》），提出对小微企业实施定向宽松的政策，为解决小微企业融资难题开拓实质性路径。

《意见》从加快丰富和创新小微企业金融服务方式、着力强化对小微企业的增信服务和信息服务、积极发展小型金融机构、大力拓展小微企业直接融资渠道、切实降低小微企业融资成本、加大对小微企业金融服务的政策支持力度、全面营造良好的小微金融发展环境等方面，提出金融支持小微企业发展的意见。

在"加大对小微企业金融服务的政策支持力度"方面，提出继续支持符合条件的银行发行小微企业专项金融债，用所募集资金发放的小微企业贷款不纳入存贷比考核，逐步推进信贷资产证券化常规化发展，引导金融机构将盘活的资金主要用于小微企业贷款。鼓励银行业金融机构适度提高小微企业不良贷款容忍度，相应调整绩效考核机制，为小微企业提供信贷支持。

在"大力拓展小微企业直接融资渠道"方面，加快发展包括债券市场在内的多层次资本市场，是解决小微企业直接融资比例过低、渠道过窄的必由之路。应进一步优化中小企业板、创业板市场的制度安排，完善发行、定价、并购重组等方面的政策和措施。适当放宽创业板市场对创新型、成长型企业的财务准入标准，尽快启动上市小微企业再融资。建立完善全国中小企业股份转让系统（"新三板"市场），加大产品创新力度，增加适合小微企业的融资品种。进一步扩大中小企业私募债券试点，逐步扩大中小企业集合债券和小微企业增信集合债券发行规模，在创业板、"新三板"、公司债、私募债等市场建立服务小微企业的小额、快速、灵活的融资机制。上述政策的出台和落实无疑会有效缓解中小企业融资难的困境，也会推动金融扶持实体经济发展的配套措施的落实。

（本文成稿于 2013 年 10 月）

海外金融市场与
国际金融合作

✅ 国际债市破茧化蝶

债券市场开始"变异",传统的债券交易被多样的债券衍生品挤占。债券既已破茧化蝶,其后势值得关注。

随着经济全球化进程的推进,国际债券市场开始完善。尤其是自2000年以来,国际债券市场一改传统的发展模式,交易的产品种类越发多样化,信用产品开始占据主导地位。随着资产证券化过程的推进,众多债券衍生产品逐渐成为债券市场发展的中坚力量。具体表现如下。

第一,债券市场发行规模增长迅速,信用产品占主导地位。从国际债券市场近十年的发展历程看,欧美债券市场的发行规模迅速增长。信用产品逐渐超越利率产品,成为欧美市场的主体产品。2009年美国信用产品(包含市政债、抵押债务凭证,公司债、商业票据、资产支持证券等)占整个债券市场的比重为60.94%,利率产品占比已下降到27.8%,其中国债占18.2%、联邦机构债占9.6%。而1999年美国信用产品占整个债券市场的比重为51.20%,利率产品占36.5%,其中国债占29.9%、联邦机构债占7.5%。

第二,抵押债券市场发展迅猛,成为信用产品的中坚力量。信用产品市场迅速发展,主要源于资产支持证券(MBS、ABS)、抵押债务凭证(CDO)和信用衍生产品规模的快速扩张。1980—2008年,美国各类资产支持证券、抵押债务凭证总额由1100亿美元扩张至11.57万亿美元,年均增长率高达18%。为了分散风险,应对金融监管,信贷资产支持证券逐步成为信用产品中占比最高的主导性产品。1999—2009年,美国MBS占比从20.3%上升至26.6%,公司债占比从17.3%微升至18.5%,市政债占比从10.3%降至7.9%,货币市场工具(包含商业票据等)占比从11.4%微降至11.3%,其他信用产品(包括ABS、CDO等)从3.3%增长至8.0%,而国债占比从29.9%下降至18.2%。

第三，信用衍生产品创新成为推动市场发展的关键动力。自 20 世纪 90 年代美国纽约互换市场推出信用违约互换（CDS）后，CDS 交易得到迅猛发展，成为全球市场成长性最显著的衍生产品。根据英国银行家协会（BBA）报告，1995 年全球信用衍生交易未清偿交易的名义价值仅为 100 亿美元，而 2008 年已高达 72 万亿美元，年均增长率高达 98%。2001 年以来，日本信用衍生工具也取得了迅猛的发展。

国际债券市场在 21 世纪第一个十年得以迅速发展，2010 年是国际债券市场又一个新十年的起点。展望未来，国际债券市场将如何发展？

未来十年，信用产品仍将占据债券市场的主导地位。随着全球经济的复苏和发展，公司债、金融机构债以及 MBS 等信用产品的发行规模将迅速扩张，各种创新产品和衍生产品等将继续推出，信用债、资产支持证券、抵押债务凭证、信用衍生产品在内的信用产品体系，以及信用产品现券与衍生产品交易的市场体系将继续丰富和完善。金融机构基于信用风险转移目的，将推进产品创新，扩张信用产品种类及扩大信用产品市场的交易规模。

新兴市场债券的投资吸引力将越发增强。随着新兴市场经济的起飞，各项基本面因素得到改善，经济增长健康、主权风险降低，加上商品价格较好，信用评级将得到提高。在技术层面上，当地货币持续升值，国内流动性良好，政府收支情况改善，外债也有减少趋势；在结构层面上，新兴市场占全球经济的比例不断扩大，投资者基础更加广泛，也会令该资产类别表现更加平稳。新兴市场债券的吸引力，已日益来自其升值潜力。

新兴市场债券在国际市场上的吸引力越发增强，中国作为新兴市场的一分子，将逐渐参与到国际债券市场之中。中国近年来在参与国际债券市场的过程中取得了里程碑式的进展。例如，2006 年有关部门批准了国际金融组织发行人民币债券和泛亚基金投资人民币债券，以及两家政策性银行发行境内美元债券，都为我国债券市场的国际化进程奠定了良好的基础。2009 年 5 月，中石油在境内债券市场发行中期票据融得了 10 亿美元，成为首家在境内债券市场发行外币债务融资工具的企业。此举不仅契合了大力发展债市的思路，也开辟了金融市场支持产业融资的新渠道。2009 年 9 月，财政部在香港发行 60 亿元人民币国债。这是中国国债首次在内地以外地区发行，也是首次在内地以外地区发行人民币计价的主权债券。未来进一步开放我国债券市场，不仅有利于吸收外部资源、发展本国经济，推动我国债券市场的产品创新，还有助于拓展市场的深度与广度，提高市场流动性，完善债券市场基础设施和各项制度，消除金融脆弱面，加强债券市场监管的协调与合作，使中国债券市场逐步成为国际债券市场的中坚力量。

在利率衍生品交易下降 5.1%，外汇交易合约下降 5.3% 的情况下，信用衍生品却获得了 21.8% 的增长。信用衍生品市场参与者也从最初的银行扩展到固定收益投资者、保险公司、高收益市场基金、新兴市场基金以及非金融机构。信用衍生品市场另一个重要变化是基础资产已从主权债务转向公司资产。信用资产证券化和信用衍生产品的快速发展，成为推动全球信用产品市场发展的基本动力。

国际债券市场之所以能够迅速发展，一方面得力于全球经济的发展、金融市场的创新；另一方面得力于投资者对金融产品的需求和信用风险机制的建立。具体表现如下。

第一，迅速发展的经济丰富了证券市场体系的产品种类。信用市场发展及信用产品体系的丰富，是现代市场经济发展的客观要求。美国经济在 20 世纪 80 年代长期萧条低迷后，在 1991—2007 年历经了长达 18 年的繁荣。美国房价在 1996—2006 年持续上涨，2000—2006 年美国旧房交易平均价格年均涨幅接近 10%，"热点地区"房价年均涨幅接近 20%。在房价持续上涨及由此引发的"景气幻觉"支配下，美国金融机构发现原本严格限制的"次级抵押贷款"（以下简称"次贷"）由于抵押物（住房）市值不断攀升，已成为违约率较低、效益良好的信贷业务增长点，导致"次贷"投放规模不断增长，"次贷"相关证券规模不断扩张，并由此推动债券市场快速发展。

第二，信用风险转移机制的建立为信贷资产证券化创造了条件。从全球市场发展经验看，信用风险转移与对冲机制的建设，是信用债规模扩张、信用产品市场发展的关键。从美国信用产品市场发展情况看，自20 世纪 70 年代开始，美国陆续成立联邦全国抵押贷款协会、政府全国抵押贷款协会和联邦住房抵押贷款公司等机构，专门从事抵押贷款证券化业务，并通过一系列立法改革加快资产支持证券市场的创新发展，推动了信贷资产支持证券（MBS）及抵押债务凭证（CDO）产品市场的快速成长。20 世纪 80 年代后，美国贷款机构发放贷款后，一般都进行信贷出售或者发行信贷资产支持证券（MBS）。信贷资产支持证券及其他资产支持证券既可以依赖发行机构自身信誉发售，也可以通过风险分级、外部评级等过程变为不同风险—收益结构的抵押债务凭证（CDO），售出后还可以公开上市交易。在信贷资产证券化过程中，借款人或发债人的信用违约风险分散、转移给二级市场的投资者，证券化机构的增信措施则改善了信用产品的流动性。

（本文与贾知青合著，成稿于 2010 年 3 月）

存款保险制度的国际比较及我国的路径选择

目前，在我国利率市场化改革加速推进的背景下，存款保险推出的时机及路径选择引发了政策部门、监管部门和市场参与者的广泛关注。本文将借鉴国际经验，探讨我国建立存款保险制度的关注点和路径，以期为银行业金融机构和存款人构建"安全屏障"，促进银行稳健经营，加强金融监管，有效防范金融风险，发挥市场的资源配置功能，更好促进我国金融稳定与创新进程。

一、存款保险制度的国际经验

现代意义上的存款保险制度是美国在20世纪30年代经济大萧条时期建立的。当时经济危机严重，大量金融机构倒闭，严重损害了存款人权益。为了维持社会公众对银行的信心，防止因为个别银行业金融机构的倒闭而发生挤兑，维护银行体系的稳定发展，从而尽早摆脱危机的影响，1933年，美国联邦政府颁布了《格拉斯—斯蒂格尔法案》，并以该法案为依据，创立了联邦存款保险公司（FDIC），正式建立了存款保险制度。此后，大多数西方国家和部分发展中国家如印度、哥伦比亚等，纷纷借鉴美国经验，并结合自己的国情，相继在自己的金融体系中引入了存款保险制度。但由于世界各国的经济发展进程、经济体制、财税体系、金融体制、法律体系不同，存款保险制度也存在着较大差异性。

1. 存款保险机构体制的设置。存款保险机构在体制的设置上有两种不同形式：第一种是高度集中的单一式，在这种形式下，为金融机构提供服务的只有一套保险系统，美国的FDIC就是这种形式的典型代表；第二种是复合式，体现为分别为不同类型的金融机构提供不同的存款保险服务。例如，日本从1971年开始实施的存款保险制度就是复合式的典型范例，两套存款保险系统分别服务于一般金融机构和合作社。但是不管采用的是哪种体制，存款保险制度都应是高度集中的全国范围的，而不应是地方性的。

2. 存款保险机构的基本职能。存款保险机构的基本职能不因各国存款保险体制的不同而存在差异，一般都具有两种职能：一是通过分散风险、保持社会公众的信心，维护存款者的利益；二是通过处理破产存款机构，降低银行类金融机构的风险，从而维持金融系统的稳定。美国FDIC在具体贯彻存款保险政策、办理保险业务时，都是通过下属的6个分公司来完成，同时还负有对投保银行进行风险监管的职能。

3. 存款保险的组织形式。各国存款保险的组织形式主要存在三种不同模式：一是以政府为主体建立存款保险制度，以政府的信誉来分担存款者的风险，政府承担的金融管理职责也最多，目前大部分国家都采用的是这种形式，如英国、加拿大和美国；二是由政府和金融机构共同出资，以商业化形式参与运作，实行自行监管、自助决策，政府对其控制性比较弱，但能有效利用民间资本，采用这种模式的代表国家有荷兰和日本等；三是完全由金融机构自己出资建立，所受政治压力较小，从而能自由选择被保险对象，代表国家有德国和法国等。

4. 存款保险制度的营运机制。目前，从世界各国情况来看，存款保险机构对可能或实施市场退出的投保机构主要有三种不同参与方式：不参与、有限参与和全面参与。大多数国家都采取的是全面参与的模式，即由存款保险机构全面参与市场退出银行机构的风险监管与破产清算，对市场退出银行机构进行风险监管和追责。

5. 存款保险的对象和方式。大多数国家都是以银行的所在地来确定保险的对象，这种原则被称为"属地论"。在该原则下，保险对象包括本国的全部银行、外国银行的分支机构和附属机构，一般不包括本地银行在国外的分支机构，但德国将本国银行在国外的分支机构也包括在保险对象内。存款保险制度一般采用三种方式：自愿保险、强制保险和自愿与强制保险相结合。例如，德国实行的是自愿保险，日本实行强制保险，美国实行自愿保险与强制保险相结合的方式。

二、我国实行存款保险制度的必要性

应该说，存款保险制度对于防范系统性风险、保护存款者利益、促进银行稳健经营，加强金融监管、维护金融系统的稳定至关重要，在目前我国利率市场化改革加速推进的背景下，构建适合我国国情的存款保险制度刻不容缓。

1. 有效降低金融风险。建立存款保险制度，可以提高社会公众对风险的了解程度，提高对银行类金融机构的信心，有效避免挤兑风潮的发生，最大限度地减弱个别破产银行对金融体系的不利影响，进一步完善我国的金融风险监管机制，并进而通过稳定银行的资金来源，化解潜在的系统性金融风险。

2. 破除政府隐性担保的弊端。业内普遍认为，现在我国一直实行的是隐性存款保险制度，一旦银行发生破产，问题银行在退出的过程中，其遗留的债务无论数额大小实际上都是由中央银行和各级政府承担的，这就为危机的发生埋下了隐患。随着我国金融改革和财税体制改革的不断深化，由中央银行或各级政府"埋单"模式的弊端日益暴露，这种制度下，不仅会使问题银行的债务转嫁为财政负担，而且会严重影响央行货币政策的有效实施。建立存款保险制度，可以彻底改变政府隐性担保的现状，破除政府隐性担保的弊端。

3. 提高金融监管水平的需要。存款保险制度不应只体现在危机发生后的及时补救，事前防范更应该加以关注，存款保险机构应特别重视对银行业金融机构日常经营活动的风险监管。一旦银行由于管理不善或经营风险较大的业务，导致面临破产的危险时，存款保险机构可以给危机银行提供帮助以化解破产风险。此举作为金融监管的必要信息来源和重要补充手段，对提高金融监管、稳定金融体系有重要促进作用。

4. 维护中小存款人的利益。由于金融活动信息不对称的存在，中小存款人可能缺乏足够的风险规避能力，因此在制度设计时应给予特别关注。建立存款保险制度，通过设定合理的存款保险赔付上限，在存款机构因破产关闭时存款者能得到及时全额补偿，避免损失，增强存款人对银行的信心，进而可以避免因个别银行金融机构倒闭引发连锁反应导致存款挤兑的发生，从而有效防范系统性金融风险。

5. 银行业金融机构市场退出机制的需要。随着我国的金融改革和利率市场化改革逐步推进，建立竞争退出机制势在必行。对面临破产风险的银行业金融机构，存款保险机构应该尽早介入，通过对风险进行及时有效地控制而降低成本。一旦银行最终破产，存款者能从存款保险机构得到赔付；同时，通过清算处理破产银行，优化金融资源配置，为我国金融机构的市场退出提供良好的制度保障，从而稳定金融秩序、提高金融运行效率。

三、我国建立存款保险制度应关注的几个问题

借鉴存款保险制度的国际经验，建立适合我国国情的存款保险制度，要妥善解决以下几个问题。

1. 自愿保险还是强制保险的问题。现阶段，关于存款保险制度的投保方式有三种不同形式：一是强制的形式，代表国家有日本、英国等；二是自愿的形式，以德国、法国最为典型；三是采取自愿与强制相结合的形式，比如美国。不管采取自愿保险还是强制保险模式，由于保险机制始终存在信息不对称，逆向选择和道德风险问题无法完全解决，并且会导致由于只重视一方面的问题而使另一方面问题更加凸显。因此，如何解决好这一难题，相关政策制定者要全盘考虑、权衡各方利益。

2. 存款保险制度推出的时机选择。存款保险制度建设要选择合适的推出时机，时机不当，不但不能起到原有的积极作用，可能还会对金融市场造成损害。目前，我国金融改革特别是银行业改革不断深化，尤其是次贷危机发生后，国家加大了对银行业金融机构不良资产的处置力度，对于风险较大的金融机构依法强制关闭，基本化解了金融体系的风险，金融体系总体得到平稳运行。同时，逐步规范了金融相关法律，使存款保险制度的建立和稳定运行提供了法律保障。

考虑到存款保险制度关系到宏观环境、金融生态环境、信用环境、风险管理、成本核算、制度衔接等各个方面，政府出台相关政策时，应选择金融环境稳定时期，避免金融机构退出导致挤兑而形成系统性风险，且应制订"早处置、早纠正"的方案，保证市场有充分的流动性，

为存款保险制度的顺利出台奠定基础。

四、发展我国存款保险制度的路径选择

1. 不断完善相关金融法规体系建设。存款保险制度的建立要以法律为依据。应尽快征求相关部门的意见和建议，出台相关法律，对参保保险费率、机构范围、问题银行处置、存款保险限额，以及存款保险机构相关职责和权益都予以明文规定。

随着存款保险制度的推进，需要及时制定相关法律和法规，对存款保险制度的原则、目标定位、运行机制进行明确规定，这主要包括两方面：一是存款保险基金的筹集和运作方式，包括存款保险基金的筹资方式、存款保险的额度、运作流程、管理模式、保险费率、监管细则等，都要做明确规定；二是存款保险机构的职责和管理方面，建议实行强制保险的模式，保险范围可最大限度地覆盖所有储蓄用户，包括国有银行、城市商业银行、民营银行、村镇银行等。另外，也要明确规定对于问题银行处置措施、赔付比例，实行有序的市场化退出机制和灵活的专业化处置，降低金融风险处置成本，有效防范系统性风险。立法在先，制度后行，一旦问题发生，处理起来才能做到有法可依、有据可查。

2. 建立相应的存款保险组织机构。从国际市场上看，存款保险组织机构对于加强管理十分重要，并有利于相关监管机构建立协调机制。我国应借鉴国外的成功经验，建立具有独立法人地位的中央存款保险公司，并按区域和职能设立分公司。至于中央存款保险公司的职能，要扩展到能提供清偿能力、紧急援助、风险识别、风险监管等，而不仅仅满足于补偿存款的利益损失。另外，国外的相关做法证明，存款保险法律中要对中央存款保险公司的多重职能进行明确，在接受保监会的监管与指导下做到与央行、银监会有机协调，发挥应有的作用。

3. 完善金融机构信用评级制度。为减弱存款保险制度产生的负面影响，应实行基于风险的差别费率制。但是，实行差别费率制，必须先

对参加存款保险的金融机构进行信用评级，用定量和定性分析相结合的方法，对金融机构的财务状况、外部环境、经营管理状况、资产质量、筹资能力、清偿能力、发展前景以及潜在的风险进行客观准确的评价。具体到信用评级制度的建设，可结合我国的实际情况，借鉴穆迪和标普公司对银行和银行控股公司的资信评级指标的经验，建立适合自己国情的一套信用评价体系。

4. 完善金融机构的信息披露制度。央行、银监会、保监会、证监会等相关监管部门要对信息披露的范围进行明确规定，包括银行资产负债表、现金流量表、损益表以及银行经营中兼并、收购等重大事件，并要确保披露信息的真实性、时效性和完整性，为信息披露提供制度保障。建立金融企业的资信评级制度和信息披露制度，不仅可为将来金融机构在市场上融资定价奠定基础，而且也有助于推动利率市场化的进程。

5. 建立相应的金融协调处理机制。存款保险制度的建立涉及央行、相关金融监管机构、地方政府存款人的利益和职责，牵一发而动全身，存款保险机构的良好运行与这些机构部门的分工协调密切相关。因此，构建与存款保险制度营运相配套的金融协调机制迫在眉睫。具体来说可以尝试设立金融监管协调联席委员会，通过搭建信息共享平台，加强相关部门之间的沟通与合作，从而有效减小监管成本，及时处置危机，缩短我国与国际金融市场之间的金融监管差距，进而提高我国的金融监管效率，维护金融体系的健康稳定。

五、结束语

在经济金融日益全球化的今天，存款保险制度显然已成为一国金融安全网的重要组成部分，在保护存款人、投资人利益和维护金融稳定方面有重要作用。随着利率市场化改革、民营银行、村镇银行等金融创新的日益深化，适时推出存款保险制度，不仅可为防范金融风险奠定坚

固的制度保障，而且可以有效完善金融监管机制，推进金融改革服务实
体经济的进程。

（本文与曹超合著，成稿于 2014 年 2 月）

◐ 如何把握金融开放的步骤与顺序

2007 年 7 月，中央政府批准内地金融机构到香港发行人民币债券，
逐步开放在香港发行人民币债券、发展离岸人民币债券市场是债券市
场国际化和人民币国际化的关键性安排。

截至 2012 年第三季度末，共有 86 家境外机构获准进入银行间债券
市场投资试点，其中 20 家为基金管理公司、证券公司人民币合格境外
机构投资者，其余 66 家为境外央行、港澳地区央行和跨境人民币结算
境外参加银行。

在经济全球化的进程中，债券市场国际化无疑会推动人民币国际
化的进程。2012 年 5 月，国家发展改革委发布了《关于境内非金融机
构赴香港特别行政区发行人民币债券有关事项的通知》，对赴港发债企
业标准、发行流程以及相关事项明确具体标准，未来境内企业点心债发
行拟常态化和规范化。2012 年 1 月，中国人民银行发布了《关于实施
基金管理公司、证券公司人民币合格境外机构投资者境内证券投资试
点办法》有关事项的通知。3 月初，首批人民币合格境外机构投资者获
准进入银行间债券市场。在"三类机构"投资银行间债券市场试点基
础上，境外参与机构进一步向国际金融机构、境外保险机构等类型
延伸。

2013 年 11 月 5 日，加拿大不列颠哥伦比亚省（BC 省）成功发行
最大规模一年期离岸人民币债券，共募集 25 亿元人民币（约 4.28 亿加

元），获得了全球投资者的欢迎，其中近60%由亚洲投资者认购，40%由美国投资者认购，62%由央行和官方机构认购，其余部分由私营基金认购，发债募集的资金投入到离岸人民币投资中。此次离岸人民币债券的顺利发行也体现了全球投资者的信心。

随着香港人民币存款量及跨境贸易人民币结算进程的不断深化，近年来银行赴港发行人民币债券的规模也在不断扩大。企业在香港发行人民币债券引导人民币回流机制的效果正在不断显现。

目前全球人民币离岸市场的资金池约为1.2万亿元，其中，中国香港占9000亿元，占总数的75%，远高于中国台湾、新加坡、英国等经济体的总和。因此，未来推动人民币国际化，发展离岸金融市场，无论在人民币结算的贸易融资，还是在直接跨境投资、人民币计价金融产品、资产管理和保险产品等业务上，香港都具有极为庞大的发展空间。

目前，在对中国经济平稳发展、具有健康的资产负债表和人民币升值的预期下，逐步发展离岸人民币债券市场，不仅有利于吸引国际投资者将以人民币计价的金融工具作为其资产组合的重要部分，丰富机构投资者的层次，而且有助于提高市场流动性，完善债券市场基础设施和各项制度，消除金融脆弱面，加强债券市场监管的协调与合作，同时提升人民币的国际吸引力与市场信心，推进人民币国际化的进程。

值得一提的是，一方面要关注国际游资的风险管理问题；另一方面也需要关注国际资本周期性流出风险——如果发达国家经济复苏企稳，投资者调整投资策略，投资回流到发达市场，量化宽松政策逐步退出，新兴市场将面临资本流出和本币贬值的压力。人民币贬值预期也会带来一系列连锁反应，包括对货币市场的流动性、资产价格、进出口、市场信心的巨大冲击等。

一般来讲，国际资本流动的路径主要包括国际直接投资、国际证券投资、私人股权投资基金的跨境投资等。在经济全球化和国际投资的路径中，应积极推动人民币在跨境贸易和投资中的使用。另外，应在防范风险的前提下，逐步放宽对跨境资本交易的限制，审慎地推进人民币资本项目开放。

对于中国而言，应进一步推进市场化改革，建立更加适应市场供求变化和更为灵活的人民币汇率形成机制，增强汇率的弹性和灵活性，积极应对目前国际经济、贸易、国际投资环境变化的挑战。实行以一篮子货币为基础的定价机制，并根据国际金融市场的变化，监测人民币汇率的波动及合理性。应着力把握人民币汇率的市场化改革、资本账户开放、人民币国际化、离岸人民币金融市场等金融改革的步骤和顺序，同时从政策层、监管层、市场层不同角度有效防范开放过程中的金融风险。

（本文成稿于 2013 年 12 月）

◐ 金砖国家金融合作的突破

2014 年 7 月 15 日的巴西峰会上，"金砖五国"（巴西、俄罗斯、印度、中国、南非）通过了《福塔莱萨宣言》，期盼已久的金砖国家开发银行（NDB）（以下简称"金砖银行"）得以正式宣告成立，并建立金砖国家应急储备基金（CRA）。金砖银行的成立得到了各方关注，被认为是国际金融与经济合作的重要突破。

金砖银行成立正逢其时

金砖国家开发银行的倡议源于诺贝尔经济学奖获得者斯蒂格利茨（Joseph Stiglitz）和伦敦经济学院教授斯特恩（Nicholas Stern）勋爵的一份研究报告。他们认为，目前新兴市场国家一方面存在较大的投资需求，另一方面又存在大量可以调动的闲置资金。为此，新兴经济体与发展中经济体需要建立一个金融机构，以有效利用新兴市场国家的资金满足其日益增长的投资需求。而这一背景在金砖银行的职能中得到明确，即旨在为金砖国家、其他新兴市场国家和发展中国家的基础设施和可持续发展项目筹集资金，作为在全球增长和发展领域中现有多边和区域金融机构的补充。

不断增长的综合国力是金砖银行成立的前提

近年来，随着经济不断快速稳定发展，综合国力日益增强，金砖国家在世界的影响力和号召力不断提高。金砖国家占有全球国土面积的29.6%，占世界总人口的42.8%，GDP约占全球总量的21%，贸易总额占全球的15%，对全球经济增长的贡献率超过50%。随着金砖五国经济的不断发展，国内潜力巨大的内需将得以扩大，金砖国家开发银行的成立将在一定程度上满足其更大规模的基础设施和投融资需求。

降低金融危机的不利影响是金砖银行成立的重要原因

本轮国际金融危机对出口导向型的金砖国家冲击较大，特别是美国的量化宽松政策导致美元汇率频繁波动，影响了发展中国家的币值稳定性，也给金砖国家带来输入性通货膨胀压力。金砖银行的成立，能够推动金砖国家货币互换和国际化进程，极大地便利金砖国家之间的贸易往来，减小对发达国家的经济依赖。金砖银行无附加条件援助或贷放资金给发展中国家用于基础设施建设，可以有效降低金融危机的不利冲击，并以其高效性、针对性、灵活性的优势，在经济全球化体系下通过更为主动和创新的金融体系平台，推动金砖国家和新兴经济体的发展。

谋求更大国际金融话语权是金砖银行成立的内在动力

目前，金砖国家已然成为推动国际金融合作机制建设和重塑国际金融秩序的新生力量。金砖国家通过广泛参与全球资本有效配置，优化金融监管方式和手段，谋求更大的国际金融话语权，其国际投资的地域产业分布、资产种类、辐射影响正逐步扩大，对全球经济企稳回升也发挥着日益重要的作用。

金砖银行带来的机遇

为发展中国家的基础建设提供投融资平台

突破基础设施瓶颈制约是众多新兴市场经济体共同的长期迫切愿望，尤其在2011年下半年以来新兴市场经济体经济增长率大面积失速的背景下，大规模基础设施投资更被视为启动有效需求的强有力工具。金砖银行提供不附带苛刻条件的贷款援助金砖国家和其他发展中国家，将为金砖国家和其他发展中国家的基础设施和可持续发展项目提供投融资平台，并作为对现有多边和区域金融机构促进全球增长和发展的有益补充，可以有效整合全球资源来提升投资拉动作用。

有利于金砖国家逐步建立自主的金融危机管理模式

应该说，20世纪80年代的拉美债务危机、90年代的东南亚金融危机直到欧债危机、美债危机，说明合理的风险管理策略对于政府积极面对经济和金融危机的冲击、促进金融市场及汇率的稳定乃至经济的快速复苏至关重要。构建金砖银行，无疑有助于探索全球经济可持续增长和危机管理的新模式。

实际上经历了国际金融危机、欧债危机、美债危机后，美国量化宽松政策实施促进金融机构重新在全球配置风险资产，中长期资本流向也由发达国家更多转向包括中国在内的亚洲新兴经济体，发达国家的宽松货币政策造成全球性的流动性过剩，大宗商品价格波动幅度加大，使高度参与大宗商品贸易的金砖国家在货币政策调控方面增加了难度。而随着发达国家经济复苏企稳，美国逐渐退出量化宽松货币政策，资本回流到发达市场，新兴市场将面临资本流出和本币贬值的压力。历史上曾经历资本流出而陷入过货币危机的巴西、俄罗斯和南非等国更需要对资本的流出提高警惕。而金砖银行应急储备资金的成立，可以有效完善金砖国家和其他发展中国家的风险管理和危机处理机制。

金砖国家建立的应急储备安排是对现行国际金融体系不足的必要

和有益补充。目前该应急储备安排分流动性工具和预防性工具两种，前者为短期国际收支压力提供支持，后者为潜在的这类压力承诺提供支持。未来，当金砖国家面临资产泡沫破灭、资本大量外逃、汇率频繁波动和债务危机等冲击时，应急储备基金将借助其反应迅速的能力，对债务国家提供资金支持，有效缓解金砖各国的短期流动性压力，同时保持汇率的稳定，避免国际收支出现恶化，及时化解潜在的金融危机。与国际货币基金组织逐渐弱化的全球金融稳定器功能相比，金砖国家应急储备安排以及未来的应急储备基金无疑将为全球金融安全网增加了新的层次，对促进金砖国家和全球金融稳定具有里程牌的意义。可以预见，应急储备安排未来将朝着建设自身监测和谨慎性贷款机制的方向发展，摆脱对 IMF 监测机制的依赖，其独立性和影响力也必将得到进一步提高。

促进国际金融体系改革

在当今的国际金融体系中，美元、欧元和日元是三大主要国际货币，其中美元处于垄断地位，这种西方单极货币主导世界金融体系的局面如果不打破，发展中国家的利益就不能得到切实的维护，长期来看将阻碍全球经济的合作与发展。因此，金砖银行的成立符合金砖国家应有世界影响力的要求，不仅能有效提高发展中国家的国际金融话语权，还能促进国际金融机构积极主动地进行有利于发展中国家利益的改革。

同时，选择何种货币来充当金砖银行提供经济援助和资金贷款的媒介将深刻影响国际货币体系的格局。目前从世界范围来看，美元是最主要的国际硬通货，世界上的区域性和国际性机构都是使用美元作为结算货币。客观来看，与美元、欧元等国际货币相比，人民币仍然处于国际化的起始阶段。对于新成立的金砖银行，如果采用人民币作为金砖国家之间的交易媒介，同时，通过国际贸易本币结算、货币互换、人民币贷款、发行金砖债券、离岸人民币金融市场等手段适时推动人民币的国际化进程，也会在一定程度上挑战美元独霸国际金融体系的局面，从而促进国际货币体系的改革，最终维护金砖国家的整体利益。

推动金融合作迈出实质性步伐

在后金融危机时代，受发达国家经济疲软和国际资本市场大幅震荡的冲击，金砖国家经济、金融领域面临许多相似的问题，经济下行压力较大，加强金融合作的诉求日益凸显。

在 2012 年三亚峰会上，金砖国家成员国共同签署了《金砖国家银行合作机制金融合作框架协议》，明确提出稳步扩大本币结算和贷款业务规模，加强重要项目投融资合作，开展资本市场合作和信息交流。金砖银行的成立无疑推动金融合作迈出实质性步伐，包括在本币资金跨境，推进债券市场、股票市场及多双边金融监管的合作等方面。其中稳步实现资本账户开放，有利于对外贸易和投资的发展，促进投资货币、区域和资产的多元化。同时大力推动债券市场的发展，可以优化各国的金融体系，通过分散及降低信贷及流动性风险来提高经济效益，降低金融危机爆发的概率，使区域内资金达到有效配置，也可以拓宽各国外汇储备的投资渠道，降低对美国金融市场的依赖。

考虑到金砖银行关注于关系重大民生的基础设施项目的投融资业务，为当地经济社会发展提供高效而可靠的中长期金融支持，各国金融机构在海外投资的进程中如何实现合作共赢值得深入探讨。

为金砖国家外汇储备管理提供战略性方向

金砖银行的成立可以为成员国更好地管理外汇储备提供战略性方向。目前，中国、俄罗斯、巴西和印度都处在全球外汇储备国排名的前十位，一直以来，发展中国家巨额外汇储备主要用于购买收益率不高的美国国债，在美债悬崖风险中饱受冲击。成立金砖银行后，金砖国家可以减少美元资产和美国债券投资，转向相互之间的股权投资和产业投资，有利于建立多元化的投资组合结构，在债券市场、资本市场、大宗商品、直接投资、资源等之间寻求合理的平衡。这一外汇储备方向性的调整不仅可以提高其投资收益率，还可以为全球经济再平衡作出贡献。

面临的挑战

值得关注的是，金砖国家面临的国际发展环境还存在较多不确定性，后金融危机时代，发达国家经济疲软和国际资本市场大幅震荡的负面影响导致外需的不确定性，而欧洲银行"去杠杆化"也加大金砖国家经济下行压力和金融市场的脆弱性。目前争议较多的是一旦前期在信贷和房地产领域累积的泡沫突然破裂，金砖国家是否会面临经济"硬着陆"的风险。另外，金砖国家也有各自需要应对的挑战，如财政赤字、债务增加、本币升值、跨境金融资本监管难题、全球贸易战升级、跨国公司投资战略调整，这些问题都可能对金砖国家的经济发展稳定造成影响，而金砖国家又处于更深层次的经济结构性不平衡、增长模式转型、资本开放度、金融监管能力、经济结构、基础设施、金融市场功能、新兴金融中心、金融服务都亟待完善。各国之间金融合作要求同存异，应对共同面临的风险和挑战，推进金融合作深化的进程。

（本文成稿于 2014 年 7 月）

◆ 全球市场和经济政策组合新趋势

目前，全球市场的关注问题是全球经济增长是否可以在量化宽松货币政策逐步退出的前提下稳步复苏，新兴市场在面临货币贬值、资本外债的风险下产出是否能保持强劲增长，以及当前全球金融改革措施是否足以防止新兴市场爆发新一轮危机。

在应对 2008 年爆发的国际金融危机中，各国政府和央行开出了不同的药方，财政政策与货币政策组合是必然的选择，而在两大手段中侧重点的选择中，则采取了不同态度。美联储在危机初期的时候是更侧重货币政策，认为是货币供给不足问题所以采取持续降息和流动性注入的措施，但是收效甚微。我们应该看到，"大萧条"以及本次金融危机，都属于资产负债表衰退，在解决资产负债表衰退的问题中，货币政策的效果是有限的，而财政政策的作用更关键，货币政策重在调整需求，而财政政策却能解决结构性供给问题。这一点或许会对目前不同压力下的各国政府制定危机治理对策有所帮助。

从国际经验来看，货币政策需要在运用宽松政策刺激经济增长防止通货紧缩以及预防通胀之间寻求最优平衡点。长期低利率政策可能造成资产价格泡沫和股市虚假繁荣；长期的货币宽松可能导致通胀压力、增大金融风险。不容忽视的是，2015 年以来，全球货币政策开始面临多重困境：一是货币政策的有效性降低，经济复苏依然乏力，诸多经济体处于通缩边缘。二是长期低利率刺激下，信贷过度宽松，扭曲了资源配置。特别是在负利率时代，全球陷入"资产荒"，金融系统受到很大冲击。由此可见，在后危机时代，如果兼顾稳定与增长的考虑，财政政策、货币政策的组合至关重要。

最近，从各国相继公布的 2016 年第三季度的宏观经济数据看，尽管风险仍然存在，但全球经济复苏情况明显好于预期。最新研究表明，无论是即将进入特朗普时代的美国经济、公投脱欧的英国经济，还是有望走出通缩阴影的日本经济和欧元区经济，都出现了不同的着力点。2017 年全球经济是否经历"拐点"，走出危机后的调整期，有望重新回到稳步增长轨道，值得关注。

特普朗时代的美国经济：宽财政政策加码基础设施投资、货币政策进入加息通道

特朗普大选提出的政策目标是年均经济增长 3.5% 以上；政策组合是宽财政、紧货币；政策思路是通过大幅减税、放松监管和增加基础设施投资、振兴制造业，强调要振兴美国经济。而从量宽货币政策转向扩张性的财政政策，可能会推升通胀，从而进一步加速美联储加息的步伐，这可能进一步吸引资金回流美国，加剧汇率与贸易之争，给全球经济带来新的冲击。

欧元区政策组合：财政政策小幅扩张、货币政策维持宽松

欧元区通缩风险得到缓解。近日欧洲中央银行宣布，将原定实施至2017年3月末的资产购买计划延长至2017年12月。2016年第三季度，欧洲元区19国国内生产总值同比增长1.6%，接近危机前水平。欧盟委员会预测，2017年欧元区19国的财政扩张力度为0.2%。在量化宽松政策环境中，欧元区各国有望采取有效措施，进行结构改革。

英国政策组合：有效应对脱欧冲击政策组合、有望实现"软着陆"

英国脱欧之后，采取了从降息到与多国联合提供市场流动性等措施，从而使市场在短期的大幅波动后恢复了平静。失业率大幅下降为4.8%，创下2005年以来的最低点。通胀率升至1.2%，创造两年以来最高水平，这些超预期的宏观经济数据表明英国已经有效应对脱欧的冲击。国际货币基金组织认为，英国经济已经实现了"软着陆"，2017年出现经济衰退的可能性极小。尽管不确定性因素存在，英国政府将继续实行扩张性财政政策与中性货币政策的组合。

日本政策组合：货币政策继续宽松防通缩、财政政策逐步紧缩

2016年9月，日本央行宣布，为防止日本经济重新陷入通缩，央行在本轮货币宽松周期内实现2%的通胀目标，并将货币政策操作目标从调控基础货币改为国债收益率曲线，更有效发挥国债的基准作用。同时，日本2020年实现财政盈余的目标不变。未来5年日本有望将逐步

缩减财政赤字，由扩张性财政政策转向紧缩性财政政策。

俄罗斯政策组合：货币政策关注通胀目标、财政政策紧缩

2016 年第一季度，俄罗斯央行为实现通胀目标，宣布继续维持 11% 的基准利率。在财政政策方面，由于油价低迷导致俄罗斯财政收入锐减，为实现财政收支平衡，俄罗斯政府减少财政支出。2017 年通胀预计维持在 4.3%～4.4%，据俄罗斯财政部预测，2017 年经济增长速度可能达到 1%～1.5%，这将导致居民的实际工资和收入稳步增长，同时通胀进一步减缓。

中国政策组合：积极的财政政策推动供给侧结构性改革、稳健货币政策同时有效防范风险

2016 年前三个季度，中国国内生产总值（GDP）同比增长 6.7%，继续在全球主要经济体中"领跑"，仍是世界经济的"动力源"和"稳定器"。对于中国而言，2017 年稳定是主基调。前不久召开的中央经济工作会议提出，财政政策要积极有效，预算安排要适应推进供给侧结构性改革、货币政策保持稳健中性，防控金融风险放到更重要的位置，防控资产泡沫，提高监管能力，有效防范系统性金融风险，为"稳增长、促改革"创造稳定的融资环境。

在当前美联储进入加息通道之后，面对走强的美元指数，包括中国在内的新兴市场需要相应调整货币政策，以应对汇率贬值、资本外流以及短期流动性拐点。考虑到跨境资本流动与人民币汇率波动相互强化，目前人民币汇率需要增加弹性，确保人民币汇率在合理均衡水平上的基本稳定。同时金融体系改革与开放进程均处于攻坚阶段，各类金融风险可能进一步积累，完善宏观审慎政策框架，加强金融监管和风险防范至关重要。2017 年中国应以全球化视角，稳妥推进财税和金融体制改革，切实培育发展新动力，有重点地推动对外开放，推动深层次的新型

城镇化，提高我国企业创新能力与国际竞争力，推进"一带一路"所引领的新一轮全球化，发挥好金融支持实体经济和对外开放的推动力作用。

值得一提的是，二十国集团（G20）杭州峰会于2016年9月成功召开，向国际社会传递了G20成员共同促进全球经济增长的积极信号，有助于提振市场信心，维护全球金融市场稳定。面对全球经济的风险和挑战，应完善全球经济金融治理，提高世界经济抗风险能力。同时进一步要运用好财政、货币、结构性改革等多种有效政策工具，发掘中长期增长潜力，为世界经济注入增长新动力；重振国际贸易和投资，构建开放型世界经济，推动全球的包容性合作发展进程。

（本文成稿于2016年12月）

人民币"入篮"和"一带一路"新机遇

日前，联合国第71届大会召开，"一带一路"首次写入联合国倡议，并得到193个成员国的一致赞同。中国的"一带一路"倡议为沿线国家基础设施建设和金融合作提供更多的机遇。沿线国家积极探讨建立或扩充各类双多边合作基金，金融合作为沿线重点项目建设提供了可持续的支持。

值得关注的是，2016年10月1日，人民币从这一天起正式纳入国际货币基金组织特别提款权（SDR）货币篮子，成为第三大权重国际储备货币——美元（41.73%）、欧元（30.93%）、人民币（10.92%）、日元（8.33%）、英镑（8.09%）。人民币"入篮"是中国在国际金融市场的标志性事件，意味着国际社会对中国市场经济地位的认可。人民币"入篮"对国际货币格局再平衡将产生重大影响，有利于境外央行及主权财富基金等国际投资者增持人民币资产,人民币在储备货币、结算货币、交易货币等方面都会有很大的提升,推动"一带一路"国际金融合作的进程。

中国海外投资的战略一定要以全球化的视角推进多方合作,而人民币国际化和人民币离岸中心的发展作为"一带一路"规划中跨境贸易与资金融通的重要路径,吸引投资者更多投资人民币资产,无疑会推动国际投资与区域合作的进程。

从2007年7月起,中国政府开始批准内地金融机构到香港发行人民币债券,应该说,逐步开放在香港发行人民币债券,发展离岸人民币债券市场则是债券市场国际化和人民币国际化的关键性安排。

随着香港人民币存款量及跨境贸易人民币结算进程的不断深化,近年来银行赴港发行人民币债券的规模也在不断扩大。企业在香港发行人民币债券引导人民币回流机制的效果正在不断显现。

目前,逐步发展香港等离岸人民币债券市场,不仅有利于吸引国际投资者将以人民币计价的金融工具作为其资产组合的重要部分,丰富机构投资者的层次,而且有助于提高市场流动性,完善债券市场基础设施和各项制度,消除金融脆弱面,加强债券市场监管的协调与合作,同时提升人民币的国际吸引力与市场信心,推进人民币国际化的进程。

中国企业在海外投资中需有效防范风险。英国"脱欧"对国际经济和金融市场冲击不可避免,作为"走出去"的中国企业,跨国投资所面临的外部环境、市场监管规则体系、风险因素、影响投资效益的内外在因素会有很大的变化。英国和欧盟各成员国以及与这些国家有密切经济往来的国家,其大宗商品市场、金融市场的流动性、进出口、财税制度、贸易规则、资产价格、汇率利率等,对中国企业海外投资会有很大影响。值得一提的是,在国际投资的过程中需要有效对冲汇率风险,也需要关注资产价格波动风险,应从政策面创造有利条件,完善掉期、远期结售汇等人民币对冲工具，完善外汇市场和外汇理财产品，开发风险管理和投资产品，帮助进出口企业和跨境投资机构对冲汇率风险和市场风险。

人民币"入篮"后，可以发挥改革催化剂的作用，一方面需要推进资本项目开放；另一方面扩大汇率制度的弹性，提高市场应对汇率风险和投资风险的能力，完善避险工具，有效对冲资本流动带来的风险。同时，为我国深化金融市场改革提供了一个契机，有助于我国参与全球经济治理和国际金融格局重塑，进一步推动中国金融改革及汇率制度改革，全面推进人民币国际化和海外投资的进程，中国的金融改革将面临更多的挑战和机遇。

在我国日益融入经济全球化的进程中，企业规避风险、降低成本的迫切需要激发了使用人民币进行跨境贸易投资结算的强烈需求。积极推动人民币跨境贸易、跨境信贷及投资的支付清算，完善人民币跨境支付和清算体系，同时提高自身的金融服务和国际化经营水平。同时，稳步发展贸易融资和资产管理，推进出口信用保险市场，大力发展海外投资险，强化风险防范，护航中国企业"走出去"进程。

另外，拓宽融资渠道，探索 PPP（政府与社会资本合作）投融资模式，促进政府与项目的投资者和经营者相互协调，也是全球合作的有效创新路径。1 月 18 日，中国企业在海外设立的首家全牌照银行——丝路国际银行在吉布提正式开业，与中资银行在海外设立分支机构不同的是，丝路国际银行由中资企业和当地政府共同持股，是 PPP 模式在海外落地的实践。这是中国企业和"一带一路"沿线国家首次成立合资银行，建立金融互信机制，其辐射作用和示范效应将助推"一带一路"建设迈向更高层次。值得一提的是，"一带一路"海外投资一定要关注全球市场的大趋势。目前，全球可持续发展已进入了以绿色经济为主驱动力的新阶段。许多国家和地区的政府组织正在加大对低碳绿色发展的支持力度。在金融和资本市场日益国际化的今天，绿色金融体系的推进也同样需要各个国家和地区之间的协调合作。

G20 峰会上，来自二十国集团成员对绿色金融合作、支持在环境可持续前提下的全球发展，扩大绿色投融资方面达成共识。而绿色基金作为调动私人资本加快向绿色投资转型的主要工具，支持社会资本与国际资本设立各类绿色投资基金，无疑会成为全球金融合作的新动力。而亚投行、丝路基金、亚洲开发银行、金砖银行、国际金融公司等在推动亚太金融合作、"一带一路"基础设施投资方面也更多强调绿色投资。未来我们可以联合全球的合作伙伴，通过 PPP 模式的绿色基金在"一带一路"进行绿色投资，推动改善生态环境，促进绿色金融的国际合作。未来需要通过绿色金融工具创新推动政企合作，拓宽绿色投融资和国际合作进程，统筹各方面的力量，为绿色发展和国际合作提供更多的动力。

（本文成稿于 2017 年 1 月）

多层次助推
绿色低碳发展大趋势

💿 地方绿色金融发展的路径选择

日前，国务院常务会议审议通过了浙江、江西、广东、贵州、新疆5个省区的绿色金融改革创新试验区总体方案，标志着我国绿色金融地方试点的正式启动，为我国绿色金融的全面推广奠定了基础。

绿色金融发展现状

良好的生态环境是最普惠的民生工程。近几年中国越来越重视绿色金融的发展，绿色金融正在成为绿色发展的重要推动力。在中国的倡导下，绿色金融首次写入杭州 G20 峰会议程。在 2017 年 7 月德国 G20 峰会上，绿色金融和普惠金融再次受到全球关注。

绿色金融是指为支持环境改善、应对气候变化和资源节约、高效利用的经济活动，即对环保、节能、清洁能源、绿色交通、绿色建筑等领域的项目投融资、项目运营、风险管理等提供的金融服务。未来要通过创新性的金融制度安排，引导和吸引更多社会资本进入绿色产业，通过绿色信贷、绿色债券、绿色发展基金、绿色保险和碳金融等金融工具，为绿色金融发展提供可持续动力。截至 2016 年底，我国仅用一年时间就成为世界最大的绿色债券市场。"十三五"期间，我国潜在的绿色债券市场规模将达 5.4 万亿元，而在可持续能源、环境基础设施建设、环境修复、工业污染治理、能源与能源节约五大领域，绿色融资需求为14.6 万亿元。

绿色是永续发展的必要条件，发展绿色金融是实现绿色发展的重要措施。我国应通过创新性金融制度，引导和激励更多社会资金投资环保、节能、清洁能源、清洁交通等绿色产业。纵观中国经济发展脉络，我国以资源浪费、环境污染为代价的粗放发展模式，用了 30 多年的时间实现了经济的巨大飞跃，在提升经济总量和人民物质生活水平的同时，付出了巨大的环境代价。目前，我国经济面临转方式、调结构的考验，环境保护成为经济发展的基本要求，而发展绿色金融是支撑经济跨越转型的重要手段。在新时期，我国必须将绿色理念渗透到可持续的经济发展模式中，淘汰落后产能，提高发展水平，将绿色标准作为经济转型的必然要求；充分发挥绿色金融在转方式、调结构、促进生态文明建设、推动经济可持续发展等方面的积极作用。

推行试点的必要性

近年来，"坚持绿色发展，着力改善生态环境"已成为各方共识，我国提出加快推进绿色城市、智慧城市、人文城市建设的目标，加快财税体制和投融资机制的改革，创新金融服务。"发展绿色金融，设立绿色发展基金"已被列入"十三五"规划，成为中国可持续发展的新引擎。

目前，地方政府参与绿色金融的积极性很高，其中浙江、贵州、广东、新疆、内蒙古、云南等省份已开始了绿色金融的初步探索并积累了一定经验。绿色信贷、绿色债券市场、绿色基金、绿色保险在部分地区开花结果，但由于缺乏统一的监管和法律标准、评估口径，各地绿色金融发展存在诸多乱象，亟待配套政策的落地。

就目前而言，绿色金融发展模式不能"一刀切"，应根据各地的资源条件和经济特点发挥本地优势，走出一条适合本地的绿色金融发展模式。首批试点的5个省区是国家综合考虑经济发展阶段、空间布局、地区特色产业等因素选出的。这种差异性的地方试点表现为在实践中先行先试，以点突破，积累经验，全面推进；以地方试点探索政策框架和金融工具的可行性，发现绿色金融的共性和规律，为大范围的推广提供理论框架，以便未来能更广泛地推进绿色金融实践。

地方绿色金融发展的着力点

为实现金融支持支柱产业绿色改造升级的目标，我们必须充分运用绿色信贷、绿色债券市场、绿色基金、绿色保险等绿色金融工具，引导市场绿色产品创新的积极性，以支持传统产业绿色升级为根本目的，以绿色金融工具创新为手段，使经济建设与生态文明建设相协调，推动经济转型升级。

构建绿色金融发展体系，完善基础设施建设

第一，完善试点地区绿色金融专项政策。政策不确定性会造成不必要的风险预期，强烈的政策信号在地方层面的绿色金融框架下可减弱政策不确定性，增强投资者的信心。鼓励试点区金融机构和银行业积极开展绿色金融，设立绿色金融事业部或绿色支行，引进专业人员开展业务。第二，在风险可控、设计合理的前提下，建立适用于试点区的绿色金融指标评价体系，定期进行绿色融资实施情况考核，设立相关绿色融资企业和绿色评级标准体系。第三，划拨专项绿色发展区域，运用 PPP模式实现区域的基础建设，为该模式在本地区的推广积累经验。鼓励符合条件的民间资本设立绿色银行、绿色保险公司、绿色基金等，支持银行业开通绿色融资租赁项目，用于支撑地方绿色产业的发展和升级。

疏解经济效益与社会效益、市场与政府的矛盾

绿色金融的投资周期长、回报率低是金融机构和普通投资者普遍存在的误区。2000 多项研究表明，绿色投资的回报率高于普通投资。因此，正确引导投资者的投资观念，厘清绿色经济的投入产出模式，是协调经济效益与社会效益关系的关键。同时，如何协调中央政府和地方政府、政府和市场的关系，使得绿色金融自上而下的推广方式与自下而上的落实方式有效结合，是发展绿色金融的主要挑战之一。例如，如何实现 GDP 考核与绿色生态效益的可替代性考核，帮助地方政府寻求新的经济增长点，实现绿色经济效益的长期可持续发展，值得深入探讨。

引导绿色金融体系形成规范化发展模式

探索建立绿色信贷业务机制。建立以绿色信贷理念主导的信贷业务体系和风险管理框架，突出"绿色优先，一票否决"。所谓一票否决制是指对每一笔绿色贷款进行等级审查，对不符合绿色标准的，即使是高收益、低风险，也不批准贷款，银行应具有一整套行之有效的评估标准，以减小对能源消耗型企业的信贷力度。同时制定绿色信贷风险评估口径，进行动态评估与分类，相关结果作为其评级、信贷准入、贷款"三查"、贷款定价的重要依据。建立绿色信贷统计、报告制度及考核和问责机制，切实将绿色信贷落到实处。

大力支持地方绿色基金发展。绿色基金是绿色金融体系中资金来源最广的融资方式，包括但不限于绿色产业基金、担保基金、碳基金、气候基金等。地方政府在财力有限的情况下，可以通过 PPP 模式的绿色引导基金来支持地方绿色发展，通过放宽市场准入、完善公共服务定价、实施特许经营模式、落实财税和土地政策等措施，完善收益和成本风险共担机制，支持绿色发展基金所投资的项目，保障社会资本进入的公平性；积极创立绿色私募股权和创业投资基金，加大对节能减排和生态环保产业的投资，为地区绿色产业的发展提供充足的融资手段支持。

提高地方绿色债券市场发展能力。试点地方政府出台支持绿色债券的专项财政激励工具，加强对绿债发行的市场教育，有效促进地方绿债的市场发展，鼓励潜在发行者绿色项目或绿色资产的再融资。建立发债公司和项目的绿色评级体系，将社会效益型产品纳入评级考核体系中来。降低外部认证成本，避免增加绿债发行者的负担。支持地方和市场机构通过专业化的担保和增信机制保证绿色债券的发行，降低绿色债券的融资成本。建立绿色项目库，完成本地区绿色资产确认，将符合绿色标准的项目作为绿色债券发行的长期资本。

鼓励加快绿色保险市场发展。一方面，绿色保险可以作为绿色发展资金来源，保险资金一般具有资本存量大、现金流稳定、存续期长的特点，对于建设资金需求量大的轨道交通工程、绿色建筑、绿色产业园区等重点绿色项目来说是优质的资金选择。另一方面，利用保险的产品创新对绿色项目进行绿色发债、绿色信贷的再担保，提高市场投资者的投资信心。采用强制保险的绿色责任保险制度，降低高污染、高环境风险企业的社会污染和金融风险，将企业是否投保环境污染责任保险情况，作为获得绿色信贷等金融服务的重要参考指标，以绿色保险保障地区绿色产业体系安全发展。

积极通过机制创新引导民间资本进行绿色投资

相关部门应陆续出台具体政策解决民间资本融资难、融资贵等问题。例如内蒙古、江苏、浙江、重庆等地设立民营企业投资引导基金，在低碳环保、市政基础设施、先进装备制造、科技成果转化等领域扶持创新型企业发展。同时，要有效保障投资人利益，搭建民间资金与政府项目之间的普惠桥梁。未来也可以考虑设立担保基金，通过市场化与差别化的担保政策、补贴政策、税收优惠政策等进行综合调整。同时，也可以考虑运用担保基金有效解决环保企业尤其是中小企业的融资难问题。担保基金可以涵盖绿色中小企业信用担保、绿色债券、绿色 PPP 项目担保等，以担保的完善推进绿色产业融资的风险管理与激励机制创新。

建立绿色金融风险防范体系

绿色金融的发展仍处于探索阶段，必须建立绿色金融风险防范机制，健全问责制度，制定投融资风险考核机制，引进第三方绿色评估机构，加强绿色金融发展监管。制定专门的绿色融资审查体系，从绿色项目的备案到绿色投融资资金的使用都要建立考核体系，严格监督资金的使用方向和影响结果，培育专业的第三方绿色评估机构，确保绿色融资资金投到真正的绿色项目上。将绿色金融业务开展成效、环境风险管理情况纳入金融机构绩效考核体系。依法建立绿色项目投资风险补偿制度，通过担保和保险体系分散金融风险。建立绿色金融信息交流交易平台，解决绿色金融市场中的信息不对称问题，有效防范信用风险和流动性风险，加强绿色金融体系本身的抗风险能力，加快绿色金融助力低碳绿色发展的进程。

（本文与王钦方合著，成稿于 2017 年 8 月）

⚫ 城镇化过程中融资路径的探讨

与 2013 年的互联网金融、利率市场化、钱荒、民营银行、地方债、影子银行等相比，2014 年城镇化成为热点。近日我国公布的新型城镇化发展规划受到了各方关注。推进城镇化，既有在金融危机下刺激经济平稳发展的现实需求，也是推动城乡一体化，促进城乡经济社会协调发展的战略性规划。

中国的城镇化与美国高科技产业的发展曾被诺贝尔经济学奖得主、美国经济学家斯蒂格利茨认为是 21 世纪对世界影响最大的两件事。

一、城镇化将带来巨大的投资需求

新型城镇化的模式是建设"以城市为主导的区域"，以城市群为基础，实现大中小城市和城镇的协调发展。新型城镇化对投资、消费的巨大需求能够促进经济持续较快增长。研究表明，在城镇化过程中保障性安居工程、市政基础设施，以医疗服务、文化教育和休闲旅游为主的现代服务业成为重点，预计 2020 年城镇化率达到 60%，由此带来的投资需求约为 42 万亿元。在城镇化和投资拉动的背景下，如何解决资金缺口问题是面临的主要挑战。

二、发展地方政府债券市场推进城镇化

面对城镇化的进程，如何解决地方政府投资拉动经济的资金缺口问题，逐步推进市政债券的发行，建立地方政府市场化的投融资机制，降低财政风险和金融风险，完善地方政府债务风险管理等相关制度值得我们深入探讨。

新型城镇化需要积极的财政政策与货币政策协调配合来推动。地方政府必然需要在基础设施、公共服务和保障性住房建设等方面进行

大量投资，融资和再融资压力巨大。从欧洲、日本和韩国经验来看，城镇化的进程中很大程度上得益于政府推动。美国虽然主要是市场主导，但是政策支持也发挥了不可或缺的作用。目前，在推进新型城镇化的过程中，如何加快财税体制和投融资机制的改革，创新金融服务，通过体制创新来推动政府层面和企业层面等多元化的资金保障等成为关注的热点。从发达国家的经验来看，建立市场化的地方政府投融资机制，发行市政债券为城镇化建设融资是主要的手段之一。

20世纪90年代中期以后，全球市场出现了以金融市场的快速发展来补充银行主导性金融系统的明显趋势，市政债券在全球市场比例总体上呈现迅速发展势头，并被广泛应用于公共投融资的各个领域，成为地方政府非常重要的融资工具。

三、政府吸引社会资本参与城镇化进程的有效模式

在新型城镇化过程中政府如何吸引社会资本参与基础设施建设得到很多探讨，目前比较认可的是PPP模式，就是政府通过特许经营权、合理定价、财政补贴等公开透明方式，完善收益成本机制，提高社会资本参与城镇化进程的积极性。而引导民间资本进入设立民营银行，推动经济发展也是重要的创新路径。

四、大力拓展房地产业融资渠道

在1998年亚洲金融危机冲击下，中国启动了积极的财政政策，发行1000亿元国债用于基础设施建设，而2008年面对国际金融危机的冲击启动了"4万亿元"投资拉动经济增长，应该说，在应对国际金融危机冲击，促进经济复苏的进程中，房地产业确实发挥了主力军的作用。

从房地产企业融资来看，除了传统的信贷融资外，资本市场、债券市场等金融市场的融资工具创新也是需要重点考虑的，包括股票再融资、公司债、私募债、资产证券化、创业板、"新三板"等。近日房地

产公司债发行重启成为市场热点，表明房地产市场的宏观调控转向促进房地产市场平稳发展，有利于缓和房地产行业的资金压力，发挥其在城镇化中的主力军作用。

实际上，在经历了亚洲金融危机的冲击之后，债券市场的发展受到各国重视而得到了长足发展，对于拓展企业融资渠道，完善金融市场与加强金融稳定，发挥银行体系与资本市场协调发展发挥了重要的作用。考虑到国内信用评级体系尚未完善，建立债券市场的信用风险管理机制至关重要。

五、城镇化的重点发展方向与配套政策跟进

目前，新型城镇化的重点发展方向是智能、绿色和低碳已经达成共识。在城镇化的过程中，具有良好的生态环境和气候条件地区的旅游地产和养老地产，例如海南将再度成为市场的焦点，房地产业将在城镇化的过程中具有长足的发展空间。而区域金融经济合作、财税金融政策、金融生态环境、地方政府投融资等政策的完善将有效发挥金融对实体经济的扶持作用，创新推进新型城镇化的进程。

（本文成稿于 2014 年 2 月）

◢ 推动雄安新区金融创新

近日，中共中央、国务院决定设立河北雄安新区。雄安新区作为北京非首都功能区的承载地，是为优化中国经济结构和空间结构调整，促进北方区域经济一体化的战略性举措，从前期筹划到长期基础建设，都需要创新性的区域金融合作模式。

区域金融合作的主要经验

根据我国区域经济梯次发展战略，环渤海经济区和雄安新区协同一体化将成为继长三角和珠三角地区之后的第三个经济增长极。作为改革创新先行先试地区，长三角和珠三角地区的经济金融合作探索为包括雄安新区和环渤海在内的其他经济区域的协调发展提供了一些有益的借鉴。

长三角地区在深化区域合作时，坚持以政府为主导、企业为主体的原则，加快建立多层次、宽领域、全方位的区域合作长效机制。在政府层面建立了包括决策层、协调层和执行层在内的"三级运作、统分结合、务实高效"的区域合作机制。该地区以上海国际金融中心建设为契机，利用比较完备的金融市场体系、金融机构体系和金融业务体系，提升金融服务水平，加快推进各种金融创新，协调长三角地区和国内其他中心城市的关系，推进当地与香港的金融合作与联动发展，进一步加强与东北亚、欧元区以及英国、美国等发达国家的合作，在更大范围、更广领域、更高层次上融入世界经济金融体系。

目前，上海正加快对境外人民币资金投资境内金融市场、扩大国际开发机构在境内发行人民币债券的规模、拓展离岸金融业务等方面进行深入研究，积极推进国际金融中心建设。

广东省政府遵循明确功能定位、各有侧重、分工协作、避免同质化和恶性竞争的原则，以广州和深圳两个区域性金融中心建设为核心，构建多层次的资本市场体系，以中心城市为核心，建立优势互补、共同促进的区域金融错位发展格局。

珠三角地区坚持上下游错位发展，加大与港澳金融业的合作力度。通过加快推进粤港澳金融一体化，构建以香港为主体，广州和深圳为两翼，实力影响辐射全球的金融中心区域，以提高我国的金融发展实力、国际竞争力和抵抗国际风险能力，更好地参与国际经济合作与竞争。

　　雄安新区在承接北京非首都功能疏解的基础上，还要以建设绿色生态宜居新城区、创新驱动发展引领区、协调发展示范区、开放发展先行区为目标，经过长期不懈努力，建成高端高新产业集群地、创新要素资源集聚地、扩大开放新高地和对外合作新平台，激发经济社会发展的新动能，打造京津冀创新驱动发展的新引擎，支撑京津冀成为中国经济发展的新增长极。

资本跨区域优化配置路径

　　第一，实现金融机构业务范围和功能在环渤海地区的拓展。支持金融机构跨区相互参股、控股、交叉持股、兼并重组等，在有条件的地区鼓励商业银行跨地区开展银团贷款、融资代理业务等合作，支持金融机构联合进行业务创新，进一步提升区域中心城市的金融辐射和带动作用。

　　应该鼓励城市商业银行、农村商业银行、农村合作银行、农村信用社跨地域参股，鼓励持有区域内其他商业银行、信用社的次级债券和其他资本性工具，以提高区域内各机构的资本充足率，有效防范金融风险。

　　第二，在现有金融业综合化经营的趋势下，推动区域间银银、银保、银证、银期、银信的合作，逐步发展成金融控股公司，提高金融机构的综合化经营能力及核心竞争力。可以推进成立环渤海区域金融控股公司、雄安新区发展金融控股公司，通过控股方式把业务延伸到雄安新区金融建设和环渤海地区各金融行业，利用金融业总体部署的方式，发挥区域金融优势，实现把雄安新区建设成绿色生态宜居新城区、创新驱动发展引领区、协调发展示范区、开放发展先行区的目标，推动银行、保险、证券期货、信托等行业间深度合作与融合，实现雄安新区金融资源的优化配置，以区域金融带动区域经济的稳步发展。

　　第三，实现资金合理流动和优化配置。通过加强信贷项目交流、银团贷款的方式促进省际融资交流，实现资金的合理流动和优化配置。加强区域内信贷政策与产业政策的配合，从总体上把控产业布局、信贷投向和资金流量，加速区域经济金融的对接和融合。

建设和完善区域性金融市场

未来区域金融合作的关键，在于建设多种形式的区域性金融市场。雄安新区应以浦东新区和深圳特区的实践发展理念为经验，根据自身特点，创立新型区域金融合作模式，加快城市融资和吸引社会资本进入，实现京津冀协同发展。

第一，加强产业投资基金和股权投资的区域合作路径。吸引国内外的战略投资者及大量的创业投资基金，建立区域创业投资中心。

未来应利用各地不同的资源优势，推动产业投资基金和股权投资基金领域的合作，包括资源类、新能源、节能减排方面的合作。

发展产业投资基金的目标是将产业资本、金融资本和社会资本融合在一起，通过直接出资参股、收购兼并等多种方式、借助资产证券化、IPO上市、股权市场交易等多种渠道，以国际化的产业金融运行模式，低成本运营和专业化管理带动国家重点支持的产业发展和升级，通过金融产品的不断创新，降低投资的系统性风险，提高国际竞争力。

第二，完善相关碳交易平台机制。完善北京环境交易所、天津排放权交易所等相关交易所的交易平台和机制，推动金融机构和基金参与碳金融市场，着力将北京建设成为全国碳金融创新试点中心。

另外，作为有着绿色智慧新城建城指导思想的雄安新区，在设立初期就定义为绿色生态宜居新城区，在打造绿色低碳城市过程中必将汇聚全国绿色低碳发展理念，有利于促进碳交易平台创新。积极推动共同设立环保领域的专项基金，促进碳金融等领域的区域化合作，助推低碳经济和经济发展模式的转变。

第三，加强区域中小企业融资与区域信用担保的合作。中小企业融资难是当前区域金融合作的薄弱环节，要综合采取多种措施支持中小企业发展。解决中小企业融资难问题，需要在多层次融资渠道、财税支持、信用体系和担保机制建设等方面进一步完善。加强区域中小企业融资方面的交流与合作，包括中小企业集合债和中小企业集合票据的发行，支持中小企业再担保公司发展，发挥其对担保机构信用增进、业务创新等方面的促进作用，实现信息资源共享、担保联动、政府增信与银企联动，共同为中小企业的发展营造良好的环境。

第四，推动区域信用体系建设。促进区域企业信用信息系统建设，在金融监管部门的指导下，推动统一征信平台建设。充分发挥信用服务机构作用，建立完善企业信用评价体系，为债券市场的信用评级奠定基础，推进直接融资工具的信用风险管理及多层次资本体系、市场体系的完善。

设绿色发展基金引民间资本参与

从新区建设的紧迫性来看，短时期内会出现大规模的基础设施建设和运营管理需要，这对于雄安新区的城市融资平台建设既是机遇也是挑战，同时也为京津冀区域金融合作发展带来前所未有的机遇。

面对财政资源有限而建设资本需求庞大的难题，只有探索新区投融资体制，确保资金长期投入，才能引导社会资本自发参与新区建设。

据不完全统计，从近年可参考的滨海新区、两江新区、西咸新区等国家级新区建设来看，城市基础设施和公用事业以及外围大交通体系建设，都是超过万亿元级别的总投资。雄安新区作为新设立的新区，基础设施投资需求更大，投资回报周期更长，更需要创新投融资机制，PPP模式无疑是一种比较可行的选择。

作为在设计之初就有着绿色标签的雄安新区，可以充分利用PPP等融资方式，解决新区建设初期的交通、水利、综合管廊等基础建设问题。

前瞻性地设立区域性绿色发展基金，在建设初期就采取绿色环保的规划理念，以绿色发展基金用于雾霾治理、污染防治、清洁能源、绿化和风沙治理、低碳交通、绿色建筑、生态保护和气候适应等领域。利用 PPP 模式进行融资，吸引更多的社会资本进入雄安新区公共基础设施建设领域，这也有利于提高区域性金融合作水平。从投资者结构来看，应以 PPP 模式推动绿色发展基金的设立，投资人包括政府、金融机构、企业、私募股权基金、保险公司、养老基金、国际金融机构等。

支持绿色基金发展的财税金融相关政策还需要在地方层面予以推进。地方政府可通过放宽市场准入、完善公共服务定价、实施特许经营模式、落实财税和土地政策等措施，完善收益和成本风险共担机制，支持绿色发展基金所投资的项目。另外，可在政策保障上采用一定的财政贴息、强化 PPP 发展模式、绿色项目相关政策优惠等方式，为绿色金融的发展提供良好的政策环境，鼓励社会资本进行绿色投资的积极性。

绿色市政债推动区域经济发展进程

支持城市绿色转型的资金主要来自政府支出、金融机构融资以及私营部门投资，发行绿色债券是其中重要的一种。绿色债券可以以较低的融资成本为绿色信贷和绿色投资提供资金来源，并减少期限错配的风险。

从国际经验来看，市政债的发行可以很好地解决地方政府城镇化环保产业投融资问题。美国很大一部分市政债券用于环境工程和能源建设，日本和英国的污水处理融资来源也大都是市政债。

未来我国区域经济发展，包括京津冀一体化、长三角、珠三角区域经济圈、自贸区的发展都需环保投资，而水污染处理、土壤整治、雾霾治理需要来自政府、市场、企业和国际力量的共同推动。在推进城市绿色转型的过程中，可以在雄安新区试点通过绿色市政债的发行，引导投资投向绿色基础设施和环保等产业，创新推进绿色城市化的发展，并在区域经济中发挥辐射和带动效应。

（本文成稿于2014年2月）

◆ 碳金融市场发展的国际比较及我国的路径选择

随着碳金融市场日渐受到关注，中国已经成为全球核证减排量（CERs）指标的最大卖家，但中国商业银行的碳金融业务范围却相对狭窄。本文在对国际碳金融市场发展情况进行介绍的基础上，对我国参与碳金融市场的现状和主要问题进行了分析，并提出了相关建议。

哥本哈根会议后，应对气候变化已成为全球各国政府的共识，而低碳经济也随之成为广泛认同的发展模式。低碳经济发展所导致的经济结构、产业结构调整，以及经济发展方式、消费方式乃至生活方式的转变，必然会引导国际金融业由传统金融迈向碳金融的结构性变革。可以说，全球碳金融市场发展正面临新的机遇和挑战。而由于政策原因，我国对碳交易和碳金融业务理论研究相对滞后，相关机构和人才的缺失等制约因素，并没有建立起有效的碳交易市场，这使我国难以发挥最有潜力的碳资源供给国优势，在国际碳排放权交易定价机制中不能发挥应有作用，进而面临全球碳金融及其定价权缺失带来的严峻挑战。有专家指出，今后，各国国际收支平衡、贸易摩擦、汇率问题都会高度与碳市场联系起来。因此，在新的全球碳金融框架下，我国如何争取主动权，建立和完善碳金融制度以及碳交易市场体系，是当前亟须深入探讨的问题；这同时也是转变经济增长方式的要求，更是我国金融发展与金融市场稳定亟待关注和解决的问题。

国际碳金融市场发展现状

（一）减排手段比较：产业政策规制、碳税与排放权交易

如何有效实现节能减排目标、推进产业结构和经济发展模式转型，是值得我们深入探讨的问题。目前可用于降低减排的手段大致有三类：一是产业政策规制；二是碳税；三是排放权交易。由于产业政策规制监管成本较高，在信息高度不对称的情况下，监管目标很难实现，因此，碳税和金融机制（排放权交易）在减排方面更具优势，在欧美国家，这两种手段同时存在。不过，从减排的长期效果来看，金融机制的有效性要明显超过碳税，因此在各国的规划中（包括美国目前正处于立法过程中的《清洁能源和安全法案》），建立金融机制已成为促进低碳经济发展最为核心的路径。目前，发展碳市场的法律基础主要包括：发达国家温室气体减排主要依据的《联合国气候变化框架公约》（以下简称《公约》，UNFCCC）及其《京都议定书》等国际法规，欧盟和有关国家制定的相应法规。

（二）国际碳金融市场的发展

从理论上讲，碳金融是指旨在减少温室气体排放的各种金融制度安排和金融交易活动，既包括碳排放权及其衍生品的交易、低碳项目开发的投融资，也包括银行的绿色信贷以及其他相关金融中介活动。在2005年《京都议定书》框架机制的推动下，为从碳减排权中获得能源效率和可持续发展的收益，全球开始建立碳资本与碳金融体系。近几年全球碳交易的配额市场和项目市场逐步形成，并呈现迅猛增长的态势。目前碳排放权的"准金融属性"已开始显现，碳排放权进一步衍生为具有投资价值和流动性的金融资产。随着金融创新的不断深入，基于碳交易的金融衍生品包括远期产品、期货产品、期权产品及掉期产品不断出现。可以预计，碳排放量交易有可能成为未来重建国际货币体系和国际金融秩序的创新性因素，这极有可能导致未来几十年全球定价权格

局的重新洗牌。目前，全球已建立20多个碳交易平台，遍布欧洲、北美洲、南美洲和亚洲市场。2008年，全球碳排放市场规模达1263亿美元，较2005年增加了近11倍，并有望成为继石油等大宗商品之后最具有发展空间的市场，碳金融的迅速发展对国际金融市场和金融体系也将产生根本性影响。碳金融的功能主要包括价格信号引导减排的成本效益转化功能、产业结构调整的融资功能、气候风险管理和转移功能、促进国际投资流向发展中国家功能等。碳金融发展的基础是全球碳交易市场，该市场由两个交易系统组成：一个以配额（排放权指标）为基础的交易。买家在"限量与贸易"体制下购买由管理者制定、分配（或拍卖）的减排配额，譬如《京都议定书》下的分配数量单位（AAU），或者欧盟排放交易体系（EUETS）下的欧盟配额（EUAs）；在欧盟、澳大利亚新南威尔士、芝加哥气候交易所和英国等排放交易市场创造的碳排放许可权。另一个是以项目为基础的减排量交易，通过清洁发展机制（CDM）、联合履行机制（JI）下分别产生的核证减排量（CERs）和减排单位（ERUs）以及其他减排义务获得的减排信用交易额。在这两类碳交易的基础上，发展起两种交易方式：（1）在欧洲气候交易所（ECX）和芝加哥气候交易所（CCX）等碳交易平台上完成的场内交易；（2）在交易平台以外完成的场外交易。不论是场内交易还是场外交易，都有二氧化碳减排指标的现货与期货交易。

欧洲排放交易市场是世界上最为活跃、交易规模最大的排放权交易市场。欧盟排放交易体系是世界上最大的排放交易计划，即限量和交易（Cap - and - Trade）计划。该计划对成员国设置限额，各国限额之和不超过《京都议定书》承诺的减排量；考虑成员国的历史排放、预测排放和排放标准等因素，为欧盟12000个工业设施分配减排额度。欧盟配额EUAs价格由各国许可量供求关系、煤炭和天然气价格中间价（预测的基准价）等多种因素综合决定。欧盟排放交易体系通过直接交易市场或交易所交易，其中碳交易活动的四分之三通过场外柜台和双边交易实现。欧洲执委会还制定了相关法规，以确保各国政府依照相同标准设立交易系统，避免市场发生混乱或被分割。

发达国家参与清洁发展机制项目主要是出于节约成本以及出口设备的考虑。发展中国家企业卖出的减排指标，经由世界银行等机构参与的国际碳基金或相关公司购买，进入发达国家市场，目前最主要的买家是多边基金。第一类是世界银行管理的 8 亿美元不同种类的碳基金，其中包括原型碳汇基金（PCF）、社区发展碳基金（CDCF）和生物碳基金等；第二类是政府基金，如荷兰政府 CERs 购买计划（CERUPT）是 CDM 项目执行单位，通过对其他国家 CDM 项目的投资为荷兰政府获得必要的 CERs；第三类是欧盟排放交易体系，是满足欧盟交易体系的减排承诺的双边协议；第四类是通过商业和发展银行进行交易的买家，如日本国际协力银行的日本 CDM 基金（资金额 40 亿日元）等；第五类是通过签订双边交易备忘录的买家，如加拿大政府和哥伦比亚、智利之间签订的双边交易备忘录就属于此种类型；第六类是 CERs 中间商，主要是出于抵扣减排量和赚取价差目的形成的一类机构。

我国参与碳金融市场的现状和主要问题

（一）发展现状与空间

发展碳金融不仅有利于我国降低减排成本、促进清洁能源产业发展和减缓碳风险，同时也是推动我国产业结构调整和经济发展方式转型的重要政策工具。在全球碳市场中，中国是全世界核证减排量（核证的温室气体减排量 CER）一级市场上的最大供应国。联合国开发计划署的统计显示，目前中国提供的碳减排量已占全球市场的 1/3 左右，预计到 2012 年，中国将占联合国发放全部排放指标的 41%。可见，中国是最有潜力的碳交易资源供给国。据联合国 CDM 项目执行理事会数据，中国目前 CDM 项目数和减排量均居世界首位。为应对全球气候变化，我国政府承诺：到 2020 年单位国内生产总值二氧化碳排放要比

2005 年下降 40% ~45%，节能提高能效的贡献率达到 85% 以上。

（二）面临的主要问题

目前，由于碳资本与碳金融发展落后，我国不仅缺乏成熟的碳交易制度、碳交易场所和碳交易平台，而且缺乏合理的定价机制以及各种碳金融衍生品的金融创新产品。因此，中国在国际碳市场及碳交易链中处于低端地位，话语权的缺失导致只能被动接受外国碳交易机构设定的较低的碳价格。尤其是 2008 年国际碳市场在国际金融危机的冲击下出现价格下滑时，中国企业在 CDM 项目建设周期中承担了巨大的买方违约风险。从已交易的 CDM 项目看，温室气体、有害气体减排以及风电、水电项目建设占据我国清洁发展机制市场的主要份额，推进这些项目不但有利于发展我国新能源产业及产业结构的调整，还有利于缩小我国与发达国家在节能减排技术上的差距。碳交易价格持续走低，必然削弱我国企业发展清洁发展机制项目的积极性，进而可能影响我国节能减排目标、产业结构调整以及经济发展方式转变目标的实现。因此，系统探讨国际碳市场交易价格的影响因素、波动及走势，对我国把握市场定价权和主动权、规避市场风险、实现产业结构调整与优化的目标均具有十分重要的意义。

应对国际碳金融市场发展挑战的建议

总体而言，中国企业应对并把握碳金融市场发展带来的机遇与挑战可从以下层面着手。

（一）政策与机制层面

首先，探讨碳金融市场的功能及其影响，研究国际碳金融市场的发展现状及趋势，为我国发展碳金融市场提供借鉴。针对减排新格局给中国带来的机遇与挑战，一方面可利用国际碳金融市场寻求技术和资金的转移，促进我国节能减排事业和新兴战略产业的发展；另一方面探讨人民币是否能够成为碳交易计价的主要结算货币，这在推动人民币国际化进程的同时，对国际货币体系也将产生重要影响。

从制度层面上来看，需要为企业和金融机构参与碳金融市场建立提供相关的政策框架与制度安排，具体包括排放权交易体系及交易平台的搭建、定价机制、政策激励机制、拓展投融资路径（如政府如何引导民间资本进入碳金融领域）、丰富参与主体（如引导银行业承担信贷资金配置的碳约束责任并更多参与碳金融市场）、设立碳基金、机构投资者培育、排放权期货等金融衍生品的推出、交易所的制度完善、信用评级、风险评估与管理框架、监管体系等，从制度建设和政策层面进行中国未来碳金融市场的发展路径谋划；还可以从金融创新层面引入银行类碳基金理财产品、信托类碳金融产品、融资租赁、碳交易保险等，以增强我国碳交易的创新能力，提高我国企业在碳市场的定价权。

其次，在"十二五"期间，应着力扶持培育一批专业化节能服务公司，建立规范有序的节能服务市场和完善的节能服务体系，建立合同能源管理的操作流程指引和风险管理框架，加大政策扶持力度，包括融资支持（包括绿色信贷、融资租赁、资产证券化）、财政税收支持、金融服务支持等；从加强财政税收的支持力度考虑，建议减免低碳行业的增值税、消费税、环境保护的"绿色税收"优惠政策，建立国内节能减排财政专项扶持资金和合同能源管理奖励资金，从而推动碳金融与产业结构调整及经济发展方式转变的顺利衔接。

（二）市场建设层面

密切跟踪碳金融市场深化与金融衍生品创新趋势，包括基于欧盟排放配额 EUAs 的传统衍生品、基于核证减排量 CERs 和 ERUs 的远期、期货、期权等衍生品、基于投资碳资产未来现金流的证券化产品、碳保险以及各类挂钩"碳资产"的结构性产品，深入分析其产品设计、定价机制、影响因素及风险对冲机制。相比一般商品交易，碳排放权交易存在着更大的政策性与技术性风险，因而国际市场对于期货、期权等碳金融工具的需求日益显现，而期货市场对于碳市场的价格发现十分重要，它的建立会对现货市场的定价发挥引导作用。从某种意义上讲，只有建立了期货市场，中国才能真正具有碳价格的话语权，因此探讨碳排放权期货交易的可行性、交易风险的管理、风险评估监测体系的建立等问题十分必要。因此，中国应积极培育碳交易多层次市场体系，开展各种远期、期货、期权等碳金融衍生品的创新，为构建碳金融市场及碳资本体系提供建设性思路，从而提高中国在全球碳市场的定价能力。

（三）企业层面

定价机制一直是市场发展的核心问题，是涉及市场运行的成本效率、风险及市场参与主体的各方权益的关键所在。在 2008 年国际碳市场面临国际金融危机的冲击而出现价格下滑时，中国企业在 CDM 项目建设周期中承担了巨大的买方违约风险。由此可见，碳交易价格走低，必然削弱我国企业发展清洁发展机制项目的积极性，进而可能影响我国节能减排目标的实现和产业结构的优化调整。而在金融危机爆发一年后，欧盟配额价格又出现了上涨趋势，一方面，碳配额价格波动反映了供求关系以及供求之间差距的敏感度，会受到减排目标、配额分配、经济增长率、天气条件、燃料价格差异、减排水平、系统灵活性和抵消量的可得性及成本等因素的影响；另一方面，交易价格上涨体现了经济复苏和市场信心恢复的信号。因此，系统探讨国际碳市场交易价格的影响因素、波动及走势分析，并对国际碳金融市场的发展前景进行前瞻性预测，对我国企业和金融机构参与国际碳金融交易，提高定价能力并防范市场风险无疑具有十分重要的作用。

（四）商业银行层面

目前，国外银行在发展碳金融方面已先行一步。不仅围绕碳减排权，渣打银行、美国银行、汇丰银行等欧美金融机构先后在直接投融资、银行贷款、碳指标交易、碳期权期货等方面做出了有益的创新试验；而且许多银行类金融机构都针对碳交易设计出了专门的金融产品，如日本住友信托银行就曾设计出为中小企业提供二氧化碳减排指标购买和分割服务的环境类金融产品，新兴市场包括韩国光州银行在地方政府支持下也推出了"碳银行"计划。

相比国外众多银行的深度参与，我国商业银行对参与碳资本与碳金融的发展相对落后，尽管国家开发银行等在积极探索针对清洁技术开发和应用项目的节能服务商模式、金融租赁模式等创新融资方案，一些中小型股份制商业银行包括兴业银行在发展节能减排项目贷款等绿色信贷方面做出了有益尝试，还有一些银行推出了基于碳交易的理财产品，但总体而言都没有深入核心部分，缺乏对 CDM 相关专业知识及政策法规的深度把握，投资水平与风险管理能力严重欠缺。加之制度与政策层面，目前我国不仅缺乏成熟的碳交易制度、碳交易场所和碳交易平台，更没有碳掉期交易、碳证券、碳期货、碳基金等各种碳金融衍生品的金融创新产品，与国际金融机构相比没有竞争优势，使我国面临着全球碳金融及其定价权缺失带来的严峻挑战。

当前，许多承担减排义务的发达国家都在试图通过中国购买减排量，并对具有碳交易潜力的节能减排项目进行投融资。国外一些投资银行和从事碳交易的风险投资基金如瑞典碳资产管理公司、英国益可环境集团、高盛、花旗银行、汇丰银行等，已经进入中国寻找节能减排投融资的机会。基于此，我国商业银行应积极参与碳金融有关业务，提高竞争力，为业务转型与创新把握机遇，具体可在以下方面做积极尝试。

1. 增加中间业务收入。CDM 项目中蕴含着对金融中介服务巨大的需求，商业银行通过提供财务顾问、资产管理、管理咨询等业务，从而拓宽中间业务收入来源，在商业银行面临资本扩张瓶颈的情况下提高优化我国商业银行的盈利能力。

2. 提升商业银行产品创新能力。碳金融作为一项全新的业务，对商业银行的业务运作模式、金融产品服务和风险管理方式等提出了诸多挑战，因而可以促进我国商业银行创新能力的提升。目前碳金融的创新模式大体包括：银行类碳基金理财产品、以 CERs 收益权作为质押的贷款、融资租赁、保理、信托类碳金融产品、私募基金、碳资产证券化和碳交易保险等，商业银行可以根据业务情况有选择性地进行产品开发和创新。目前已有银行推出了CDM项目融资和挂钩碳交易的结构性产品等业务和产品，如兴业银行在项目融资方面不断创新，中国银行和深圳发展银行则先后推出了收益率挂钩海外二氧化碳排放额度期货价格的理财产品。

3. 促进商业银行治理结构的完善。有条件的商业银行可以考虑成立专门的碳金融部门，负责碳金融的市场开发与推广，开发一系列碳金融产品。利用商业银行遍布各省市区的营销资源，筛选适合进行CDM项目开发的目标客户，锁定重点目标，通过专业团队全程跟进整个项目的设计、立项、注册、监测、核查、CERs签发等全流程，并在此过程中培养碳金融的相关专业人才。

4. 提高碳交易市场的定价能力。商业银行可与国外金融机构合作，通过开发各种连接不同市场的套利产品，如CERs和EUAs之间以及CERs与ERUs之间的互换交易，基于CERs和EUAs价差的价差期权（Spread Option），提升碳交易市场的定价能力。

5. 为CDM项目开发提供信用增级服务。目前很多具有CDM项目开发潜力的企业，由于缺少国内金融机构的融资服务，只能由一些具有国际背景的托管碳基金或中间商开发，经过"包装"后，到国家发展改革委申请注册，而最终能够获得联合国EB组织签发的CERs的项目只占很小比例，CDM项目审批流程的复杂性以及开发的难度都大大增加了交易成本与运作风险。CDM项目类似一种远期交易，面临风险较大，商业银行如果能够为项目开发者提供信用增级服务，由此创新出经过担保的CERs（核证减排单位），必将为该市场的发展提供资金的保证和持续动力。如何有效利用金融的手段和工具，为企业提供适当的CDM项目融资，充分发掘企业潜在的资源并得到最大的投资回报率是我国当前碳交易市场需要解决的关键问题。同时，CDM项目往往涉及跨境金融机构之间的合作，可以推动商业银行国际业务定价能力的提升，推动其国际化经营的进程。

利用合同能源管理实现经营业务转型。"十二五"期间，节能减排的项目是商业银行的工作重点，绿色信贷业务当属 EPC 项目的合同能源管理信贷，2010 年 4 月 2 日，国务院办公厅转发国家发展改革委等部门《关于加快推行合同能源管理促进节能服务产业发展意见》的通知，要求"充分发挥市场机制作用，加强政策扶持和引导，积极推行合同能源管理，加快节能新技术、新产品的推广应用，促进节能服务产业发展，不断提高能源利用效率"。合同能源管理（EPC）的实质是以未来的节能效益进行节能投资的活动，目前，在政府的引导下，EPC 项目的融资途径不断丰富，由全球环境基金和世界银行支持，国内设立的"EPC 贷款担保专项资金"、中国大陆首创的能效效率贷款、国内商业银行、中小企业信用担保贷款、外国银行贷款以及国际金融机构贷款等也是其主要来源。商业银行今后的工作创新重点是如何做好国内的合同能源管理项目配套资金支持。要突破传统的地产抵押信贷思路，需要以未来的节能当量来核定信贷的费率，用节能的技术水平来确定 EPC 项目的可行性，以 EPC 提高能效效率作为授信的标准尺码，这从侧面也有利于商业银行未来盈利模式转型和创新。商业银行对 EPC 项目的尽职调查工作需对技术、法律风险做到充分的评估，必要时要委托专业机构完成相关的技术和法律的尽职调查报告，以控制技术和法律风险。

（五）风险管理层面

关注碳金融面临的风险问题。碳金融蕴含的风险是非常巨大的，不仅存在市场风险、信用风险和操作风险，而且政策风险、法律风险尤为突出，目前包括金融机构在内的市场主体对政策风险和法律风险还缺乏足够的管理能力。一方面，减排认证的相关政策风险制约市场的发展，包括有关认证的标准和程序会因为技术发展的不确定性以及政策的变化而变化，而且，由于项目交易涉及不同东道国的法律制约构成法律风险的主要来源；另一方面，相关政策的可持续性问题产生了市场未来发展的不确定性。《京都议定书》的实施仅涵盖到2008—2012年，各国对其有关规定仍存在广泛争议，目前实施的各项制度在2012年以后是否延续存在不确定性，这是国际碳金融市场发展的主要政策风险。但是无论如何，低碳产业将是我国"十二五"产业金融规划中的方向，发展碳金融是中国经济的战略转型和产业结构调整的重要路径，值得我们在未来的政策研究和实践工作中进一步深入探讨。

注释：

1. 2009年11月25日，国务院常务会议做出决定，到2020年中国单位国内生产总值二氧化碳排放比2005年下降40%～45%，作为约束性指标纳入国民经济和社会发展中长期规划，并制定相应的国内统计、监测、考核办法。12月18日，时任国务院总理温家宝在丹麦哥本哈根气候变化领导人会议上发表了题为《凝聚共识　加强合作　推进应对气候变化历史进程》的重要讲话，并向大会做出相应承诺。

2. 目前，中央财政已经决定2010年安排20亿元，用于支持节能服务公司采取合同能源管理方式在工业、建筑、交通等领域以及公共机构实行节能改造、合同能源管理财政奖励资金。

（本文与王凤和合著，成稿于2010年7月）

如何全方位推动绿色低碳城市发展进程

目前，应对气候变化成为全球各国政府的共识，低碳经济成为广泛认可的发展模式。近年来，中国积极推动绿色低碳发展的国际潮流，统筹国内国际两个大局，提倡"创新、协调、绿色、开放、共享"五大发展理念，低碳发展和应对气候变化已成为中国生态文明建设的重要途径。推动中国城市的绿色低碳发展，无疑会进一步促进区域协调发展，推动环保绿色产业和生态环境的改善，推进供给侧结构性改革和消费端转型的进程。

一、绿色低碳成为城市发展的方向

近年来，我国政府高度重视应对气候变化工作。2014年9月《国家应对气候变化规划（2014—2020年）》（以下简称《规划》）实施。《规划》支持低碳发展试验试点的配套政策和评价指标体系逐步完善，支持形成一批各具特色的低碳省区、低碳城市和低碳城镇，支持建成一批具有典型示范意义的低碳城区、低碳园区和低碳社区，城市建设领域、城市交通和城市生活方式等方面加强碳排放控制。《规划》明确提出完善应对气候变化投融资政策，完善投资政策引导社会资本、低碳领先企业和国际资本等投资低碳行业，培育广泛的金融支持环境和多元的投资机构。

2015年12月，中央城市工作会议明确提出"推动形成绿色低碳的生产生活方式和城市建设运营模式"，强调城市建设的绿色和低碳理念。以"生产空间集约高效、生活空间宜居适度、生态空间山清水秀"为核心的低碳发展观已成为中国城市发展和城市经济建设的共识，成为城市管理者的行动准则。

2016年初，国务院召开常务会议，"坚持绿色发展，着力改善生态环境"，明确提出加快推进绿色城市、智慧城市、人文城市建设，加快财税体制和投融资机制的改革，创新金融服务。2016年"发展绿色金融，设立绿色发展基金"被列入"十三五"规划。绿色金融正式成为中国可持续发展的新引擎。"绿色可持续、特色有支撑"，将是中国新型城镇化发展的方向，也是区域经济发展应秉持的理念。

二、绿色低碳城市的政策扶持体系构建正当其时

目前，围绕绿色低碳的主线，我国已经初步建立起全方位的政策扶

持体系，正在全面支持并推动城市的绿色低碳发展和转型升级。

首先是顶层设计，规划先行。我国开始明确推动"城市群规划"，从城市发展顶层设计的高度，明确跨省级行政区域的低碳发展和生态保护目标。

从2016年开始，国务院开始制定并批准跨区域的"城市群"规划，根据规划的要求，跨区域的城市群都必须提出资源集约节约利用、发展循环经济、强化节能减排、实现绿色低碳发展的重点任务和具体举措，提出城市群内生态文明制度建设的具体内容。目前，国务院已经批准了长三角、长江中游、成渝、哈长等城市群发展规划。国家发展改革委于2016年12月11日进一步明确提出2017年将启动珠三角湾区城市群、海峡西岸城市群、关中平原城市群、兰州—西宁城市群、呼包鄂榆城市群等跨省域城市群的规划编制，均明确提出低碳发展的规划目标。

其次是专项试点，目前，我国已成功实施多项关于城市低碳发展的专项试点示范和配套政策，推动全国进入低碳城市发展的快车道。

国家生态文明建设试点示范区是国家发展改革委根据"五位一体"要求，从2013年开始启动的示范项目，旨在加快推动生产方式、生活方式绿色化，加快健全系统完整的生态文明制度体系。目前，生态文明建设试点示范区已经批复二批，入选城市除将获生态补偿、财政转移支付等一系列优惠政策支持外，还将迎来生态制度建设和体制机制创新的先行先试的战略机遇期。

低碳省区和低碳城市试点从2010年由国家发展改革委启动，首批确定在广东等五省和天津等八市开展低碳试点工作，后又于2012年确立了28个城市和海南省成为第二批低碳试点。目前，该试点已覆盖了中国42%的人口、56%的碳排放和57%的GDP，已成为我国控制城市碳排放总量和峰值的重要抓手，鼓励"中国达峰先锋城市联盟"城市和其他具备条件的城市提前完成达峰目标。

绿色低碳重点小城镇试点示范工作从2011年由财政部、住房和城乡建设部和国家发展改革委共同启动，首批选定包括北京市密云县古北口镇等 7 个镇作为试点。在此基础上，国家发展改革委于 2016 年启动了第一批国家低碳城（镇）试点，首批入选的广东深圳国际低碳城市等 8 个试点地区，入选的试点地区不仅获得配套政策和资金支持，也承担展现我国低碳发展成就、引领全球低碳发展的责任。

国家发展改革委 2015 年印发《低碳社区试点建设指南》，将低碳理念融入社区规划、建设、管理和居民生活之中，推动城乡社区低碳化发展。"十三五"时期，我国将组织创建 100 个国家低碳示范社区。今后在推进包括低碳城市、绿色低碳小城镇在内的区域低碳发展试点示范过程中，加强投资政策引导、强化金融支持至关重要。

最后是分行业分领域的试点示范，关注重点行业并推动行业取得突破性成果。特定行业和部门的低碳试点全面推开，促进城市在能源、交通、节能和资源循环利用等低碳发展的重点领域实现突破。

新能源示范城市，由国家能源局组织实施，旨在关注城市能源部门的绿色低碳发展，对新能源技术在城市供电、供热、供暖和建筑节能中的应用进行试点和示范，目标直指城市能源部门的碳减排。整个示范项目于 2014 年确定第一批示范城市，到 2016 年已经取得了明显效果。

低碳交通运输体系城市试点，城市中交通部门长期依赖化石能源，是城市碳排放的三大重点部门之一，发展清洁交通的需求十分急迫。交通运输部从 2011 年开始推动低碳交通运输体系城市的试点。2016 年，交通运输部再次强调要加快推进绿色低碳交通运输体系建设的试点，推进现代综合交通运输体系建设。

节能减排财政政策综合示范城市，是财政部和发改委针对节能减排行业的专项示范项目，旨在推广先进节能环保技术产品，改造提升传统产业。示范城市通过财政资金的引导，依托市场机制，吸引社会资金加大节能减排投入，加快构建节能减排长效机制。

三、绿色金融和投资政策支持城市低碳发展

2016 年绿色金融成果斐然，正全面助力中国城市的绿色低碳发展，支持低碳项目的建设并提供投融资支持。2016 年 8 月 30 日，中央全面深化改革领导小组第二十七次会议顺利召开，会议审议通过关于构建绿色金融体系的指导意见。8 月 31 日，中国人民银行、财政部等七部门联合印发了《关于构建绿色金融体系的指导意见》（以下简称《意见》）引起了各方关注。构建绿色金融体系，不仅有助于加快我国经济向绿色化转型，也有利于促进环保、新能源、节能等领域的技术进步，加快培育新的经济增长点。应该说，构建和完善绿色金融体系是一个系统工程，需要中央部门、地方政府、金融机构和企业的协力配合。

2016 年 11 月 7 日，国务院印发了《"十三五"控制温室气体排放工作方案》（以下简称《方案》），为确保完成"十三五"规划纲要确定的低碳发展目标任务，《方案》进一步提出要"探索集约、智能、绿色、低碳的新型城镇化模式，开展城市碳排放精细化管理"，"支持优化开发区域在 2020 年前实现碳排放率先达峰"，"以碳排放峰值和碳排放总量控制为重点，将国家低碳城市试点扩大到 100 个城市，探索产城融合低碳发展模式，将国家低碳城（镇）试点扩大到 30 个城（镇）"。《方案》中提到要创新区域低碳发展试点示范，以投资政策引导、强化金融支持为重点，推动开展气候投融资试点工作。《方案》还指出，要出台综合配套政策，完善气候投融资机制，更好发挥中国清洁发展机制基金作用，积极运用政府和社会资本合作（PPP）模式及绿色债券等手段，支持应对气候变化和低碳发展工作以投资政策引导、强化金融支持为重点，推动开展气候投融资试点工作。

2016 年 12 月 5 日，国务院印发的《"十三五"生态环境保护规划》明确提出，"建立绿色金融体系"，涵盖"绿色评级、绿色信贷、绿色

保险、绿色债券、绿色股票指数及其相关投资产品，绿色发展基金"等内容，并且明确提出建立市场化运作的各类绿色发展基金。

2016年，"发展绿色金融，设立绿色发展基金"被写入"十三五"规划，成为中国可持续发展的新引擎。绿色发展和绿色金融必将在"十三五"期间成为中国经济持续健康发展的新动能。未来，如何通过绿色金融工具的创新带动更多民间资本开展绿色投资，促进城市绿色转型将得到更多关注。

在国际合作和共同应对气候变化方面，2016年，G20财长和央行行长会议正式将七项发展绿色金融的倡议写入公报。G20会议对政府通过绿色金融带动民间资本进入绿色投资领域达成全球性的共识。许多国家面临财政资源的制约，中国为全球在绿色投资方面，提供了有价值的战略框架和政策指引。

总结成绩，可以明确的是，绿色金融已成为我国国家战略的重要组成部分，也为推动区域和城市绿色投融资提供了基础的政策框架。但是，我们也应清醒地认识到，在现有宏观金融形势和金融改革背景下，我国的绿色发展仍面临着诸多投融资方面的挑战，与国家的绿色低碳发展目标还存在一定距离。其中，最显著的挑战是：如何将绿色金融的重大顶层设计落地实施，尤其是在中国城市的绿色低碳发展和转型过程中予以贯彻执行。

在具体金融工具方面，针对绿色投融资经常面临的期限错配、信息不对称、产品和分析工具缺失等问题，绿色信贷、绿色债券、绿色股票指数和相关衍生产品、绿色发展基金、绿色保险和碳金融等金融工具，在2017年及整个"十三五"期间，应逐步形成合力。通过创新金融工具和服务手段，通过更好地研究和服务绿色低碳产业，金融市场可以通过多维度的金融工具创新，满足绿色产业投融资需求，形成可持续金融推动力，服务好实体经济的绿色低碳转型升级。

在项目融资方面，对于城市中能源、环保、交通、市政等领域的低碳发展项目特别是公共基础设施的项目，PPP 融资模式在 2016 年已经开始逐步推广，未来应得到更加广泛的使用。政府通过特许经营权、合理定价、财政补贴等公开透明方式，完善收益成本风险共担机制，实现政府低碳发展目标；投资者则按照市场化原则出资，分享低碳项目的投资收益。

在区域和城市绿色低碳发展方面，PPP 引导基金的模式也得到显著发展，2016 年，财政部与国内大型金融机构共同发起设立的 PPP 融资支持基金落地，财政部与山东、山西、河南、江苏、四川及新疆等地也成立了不同规模的 PPP 引导基金。省级或城市政府也在积极推动，出资成立引导基金，再以此吸引金融机构和社会资本。目前，通过合作成立产业基金母基金的方式引导资金筹集和投向已经取得显著成效，未来产业基金母基金也将在区域和城市的低碳发展方面发挥更大的作用。"十三五"环保市场潜力巨大。建立公共财政和私人资本合作的 PPP 模式绿色发展基金，提高社会资本参与环保产业的积极性，是推动绿色基金发展的重要路径。绿色基金可以用于雾霾治理、水环境治理、土壤治理、污染防制、清洁能源、绿化和风沙治理、资源利用效率和循环利用、绿色交通、绿色建筑、生态保护和气候适应等领域。

2017 年，我们应当对绿色金融助力城市低碳发展的执行层面给予更多关注和研究，分析地方城市（包括绿色交通、绿色建筑等行业）低碳融资障碍；探讨绿色债券、绿色发展基金、气候保险等绿色金融工具在试点地区中面临的机遇挑战和实施路径分析；以政府与社会资本合作 PPP 模式推动绿色发展基金的落地和推动进程。同时，对于城市的绿色低碳发展，我们应加大以绿色债券市场推进城市绿色发展进程，以互联网＋智能化＋绿色金融创新为绿色化提供快速的融资路径等领域的机制创新。

展望 2017 年，随着改革的不断深化，绿色金融等工具创新和逐步落地实施，必将在全球市场进一步展示中国在绿色低碳发展和绿色金融创新方面的领导力，未来需要多方合力稳步推动中国城市低碳绿色发展的进程。

（本文与柴麒敏、黄禾合著，成稿于 2016 年 12 月）

"十四五"绿色金融支持知识产权发展正当其时

绿色发展贯穿于"十三五"经济社会发展的各领域各环节，也是"十四五"时期我国知识产权工作始终坚持的重要发展方略。近年来，以习近平同志为核心的党中央高度重视生态文明建设和绿色发展。在"绿水青山就是金山银山"理念引领下，绿色债券、绿色基金、绿色保险等绿色金融工具都得到了快速发展。日前，我国已经成为全球首个由中央政府推动构建绿色金融体系的国家。而党的十九大报告对"发展绿色金融，推进绿色发展，构建市场化导向的绿色技术创新体系"指明了方向。2020 年 10 月，党的十九届五中全会审议通过《中共中央关于制定国民经济和社会发展第十四个五年规划和二〇三五年远景目标的建议》，提出"加快构建以国内大循环为主体、国内国际双循环相互促进的新发展格局"，坚持创新在我国现代化建设全局的核心地位，完善国家创新体系，强化国家战略科技力量，完善科技创新体制机制，推动绿色发展，促进经济社会发展全面绿色转型，建设人与自然和谐共生的现代化，加快推动绿色低碳发展，这些为绿色技术和知识产权创新带来了新机遇。

一、绿色技术是应对气候变化和绿色发展的有力支撑

2020 年 9 月，国家主席习近平在第七十五届联合国大会一般性辩

论上宣布中国将提高国家自主贡献力度，采取更加有力的政策和措施，力争于2030年前达到二氧化碳排放峰值、2060年前实现碳中和的长期目标，并提出各国要树立创新、协调、绿色、开放、共享的新发展理念，抓住新一轮科技革命和产业变革的历史性机遇，推动疫情后世界经济"绿色复苏"，汇聚起可持续发展的强大合力。这些彰显了中国积极应对气候变化、走绿色低碳发展道路的决心。而十九届五中全会指出，要把科技自立自强作为国家发展的战略支撑，对于绿色金融和绿色技术创新体系也提出更高的要求。

为迎接全球气候变化和环境恶化的挑战，充分发挥知识产权对于我国绿色技术创新发展的促进作用，有必要针对绿色知识产权创新构建起一系列的制度机制和政策框架，发展绿色基金和知识产权基金，推动国际绿色知识产权、绿色技术创新和绿色金融的双边、三边以及多边合作，为绿色创新提供有力的法律和政策保障。

二、国内外绿色技术创新面临的主要问题

应该说，绿色技术是绿色发展的基石，而资金瓶颈是绿色技术发展的一大挑战。目前，中国绿色技术中小型企业普遍存在融资难、融资贵问题，其专利研发经费以企业自有资金为主，对知识产权方面的投资相当匮乏。主要原因包括：一是缺少绿色技术知识产权信息共享平台，投资者面临信息不对称问题，缺乏绿色技术投资渠道；二是绿色专业人才缺乏；三是配套激励机制尚不健全，绿色知识产权及绿色技术研发动力不足；四是绿色技术的界定、标准化和认证亟待完善；五是对于以绿色专利为代表的绿色知识产权创造、保护、运用、地方协同、国际合作等各方面，制度建设仍不够完善，工作链条尚未形成，相关工作存在较大的改进空间。尤其是针对那些真正的高价值绿色专利，国内急需能够使技术快速落地的市场化转化机制，需要建立系统化的绿色知识产权战略和绿色技术转移转化推进机制。

三、政策建议

"十四五"作为中国经济新旧发展动能的重要转换期,绿色发展有望成为更为重要的新动力,以推动经济可持续、高质量发展。而近年来中国绿色金融政策与市场获得快速发展,这也为构建绿色技术创新体系的金融服务体系带来了广阔的空间。

为解决以上问题,应建议采取以下措施:

第一,在全国范围内推动绿色知识产权、绿色技术创新与金融创新协同示范区试点建立,试点内加快建立国际化的绿色知识产权合作和技术创新平台,同时建立绿色技术信息库,将有关信息纳入全国性信息共享平台,完善绿色技术知识产权交易平台和公共服务平台建设。完善绿色技术知识产权交易平台和公共服务平台建设,让创新更好惠及人民,为建设知识产权强国和世界科技强国提供有力的保障。

第二,在高校、研究所等科研机构和国家级经开区、可持续发展创新示范区、绿色金融改革试验区、生态文明示范区等绿色技术孵化器和研发中心,增加绿色专业人才供给,加强绿色知识产权领域国际交流与合作,充分利用市场规模、生产能力、创新环境等方面的优势,吸引全球顶尖绿色专业人才转移,培育高质量绿色技术专业人才队伍。

第三,优化绿色专利宏观管理与奖励扶持政策,包括财税和金融政策,减免绿色专利申请和维持费用,引导和带动相关产业对绿色创新技术的研发。通过绿色金融支持绿色技术创新,加强绿色知识产权保护,通过知识产权基金等工具大力推进绿色技术和绿色知识产权国际合作,推动绿色知识产权基金、绿色信贷、绿色保险等金融工具支持绿色技术创新的政策落地。

发挥绿色金融体系在市场化绿色技术创新体系的驱动作用。推动绿色信贷、绿色债券、绿色基金、绿色保险等金融工具支持绿色技术创新的政策落地,完善绿色项目与绿色技术的标准、建立绿色技术创新激励机制。完善货币政策、财政支持、差异化监管等政策保障体系，提高金融机构服务绿色技术创新的积极性和可持续性，开展金融机构服务绿色技术考核评估。

第四，推广绿色技术环境效益评估体系和科技成果转化机制等保障机制，以增强金融机构应对风险的信心和能力。同时，健全科技成果转化激励机制和运行机制，尝试试点知识产权所有权长期化，以知识价值为指向，积极引进人才。健全绿色技术知识产权管理保护机制，打造一批具备知名品牌和核心知识产权的优质绿色企业。

强化绿色技术通用标准研究，在生态环境污染防治、资源节约和循环利用、城市绿色发展、新能源、能耗和污染物协同控制技术等重点领域制定一批绿色技术标准，包括项目标准和企业标准，确保标准既能促进市场公平竞争，又能有效兼容国际规则，为金融体系支持绿色技术创新提供合理、有效的绿色项目评估认定方法体系。

第五，建立绿色金融支持市场化绿色技术创新的相关政策框架，有效鼓励绿色 PE/VC 支持科技型中小微企业。应逐步建立以绿色企业为主体、市场为导向、产融结合的技术创新体系。鼓励银行业金融机构针对绿色技术创新开展投贷联动业务；鼓励绿色发展基金、政府引导基金、国家新型产业创业引导基金、绿色技术银行、国家科技成果转化引导基金、民营企业引导基金等把绿色技术创新作为重要的支持领域，促进环保科技产业发展和成果转化，并建立相应的投资激励机制，为绿色发展奠定技术创新的动力。积极推动绿色基金支持绿色技术创新政策和投资落地。引导各类机构开展绿色投资，提升绿色投研体系和投资决策机制，鼓励金融机构开发绿色金融产品支持绿色技术创新。

第六，将绿色金融试点地区、国家可持续发展议程创新示范区、国家级经济技术开发区的发展建设有效衔接。鼓励符合条件的民间资本设立绿色银行、绿色基金，支持绿色信贷和绿色融资租赁项目，鼓励企业发行绿色债券，鼓励试点地区地方政府发行绿色市政债券。鼓励地方政府通过担保基金或委托专业担保公司等方式，对绿色技术创新成果转化和示范应用提供担保或其他类型的风险补偿，为绿色科技成果积极、成功、有效转化创造条件。

第七，建议通过绿色基金方式联合全球合作伙伴，在"一带一路"沿线进行绿色投资和绿色技术研发的落地，利用丝路基金、亚投行等机构和国际资本实现"一带一路"绿色化发展。

随着全球化的快速发展，城市污染和资源短缺的压力日益突出，全球市场对于绿色低碳的国际投资以及环境社会责任的承担日益关注。目前，已经有众多国家将绿色融入疫情后的经济复苏计划，日本、韩国等国家也陆续提出碳中和目标的时间表。建议鼓励设立中外合作的绿色基金，发展政府机构、金融机构、国内外资本共同参与的多元化投资主体、可以有效发挥引导作用，对境内外机构参与绿色技术市场予以支持，鼓励绿色技术创新和企业海外投资、自贸区（自贸港）发展有效衔接，推动绿色投资、绿色技术推广及国际合作的进程。

第八，建立知识产权管理部门与各部委合作建立不同领域的的绿色知识产权合作机制，开展绿色知识产权合作，以促进不同领域绿色技术创新；促进绿色知识产权成果转化运用，建立多方合作、多种形式的绿色知识产权基金，有效投资于重点绿色科技领域的早期和成长期创新企业，加速绿色技术专利孵化。

第九，支持符合条件的绿色技术企业在主板、中小板、创业板以及新三板等上市和挂牌融资，规范发展区域性股权市场。重点支持新一代信息技术、高端装备、新材料、新能源、节能环保以及生物医药等高新技术产业和战略性新兴产业。发展多层次资本市场和并购市场，健全绿色技术创新企业投资者退出机制。鼓励绿色技术创新企业充分利用国内外市场上市融资。

第十，以市场为目标导向建设绿色技术的"基础设施"。推动包括雄安新区的京津冀一体化、长三角生态绿色一体化发展示范区、粤港澳大湾区的绿色协调发展，深圳中国特色社会主义先行示范区建设等重大国家战略，有效发挥绿色技术和知识产权在供给侧改革中的作用，推动区域经济合作和产业结构绿色转型。协助国内外绿色技术落地以及国内外创新企业独资或合资落地中国各地绿色技术创新园区，形成集群效应。聚焦重大区域环境问题开展科技集成与示范，推动绿色技术创新支撑生态环境保护和污染防治攻坚战；考虑尽快完善绿色技术的分类标准和统计监测，推动绿色发展的国家立法与政策规定，建立绿色技术项目库，为科技创新引导绿色发展明确路线图。

应进一步加强创新资本、市场、人才等要素支持，培育壮大绿色技术创新主体。为绿色专利申请开设绿色通道，加快审查流程，促进绿色专利转移转化，推动产业绿色化发展。出台支持绿色技术转移转化众创空间、绿色科技孵化器、可持续发展创新示范区、国家级经开区、国家级高新技术产业园区、生态文明建设示范区的政策，探索符合地方特点的绿色金融支持绿色技术创新的政策体系，加强创新人才融合和培养，制定和遵守绿色投资理念和投资战略，有效促进绿色金融推动绿色技术创新、知识产权转化和绿色低碳可持续发展的进程。

（本文与刘菊芳合著，成稿于 2020 年 11 月）

参考文献

中文文献

［1］安东尼·M. 桑托莫罗，戴维·F. 巴贝尔著，郭斌译. 金融市场、工具与机构［M］. 东北财经大学出版社，2000.

［2］安国俊. 债券市场发展与金融稳定研究——全球金融危机启示录［M］. 经济科学出版社，第 1 版，2013－12.

［3］安国勇. 银行业流动性危机生成机制研究［M］. 经济科学出版社，2006.

［4］陈共，周升业，吴晓求. 证券投资学［M］. 中国人民大学出版社.

［5］陈雨露. 国际金融［M］. 中国人民大学出版社.

［6］陈玉财. 推动环渤海区域金融合作［J］. 中国金融，2015.

［7］董小君. 金融风险预警机制研究［M］. 经济管理出版社，2004.

［8］董彦良. 欧债危机对跨国公司投资中国的影响［J］. 中国外资，2012.

［9］方洁. 发展中国家银行危机研究［M］. 中国经济出版社，2002.

［10］菲利普·戴维斯，E. 贝恩·斯泰尔. 机构投资者［M］. 中国人民大学出版社，2005.

［11］冯光华．中国债券市场发展问题研究［M］．中国金融出版社，2008.

［12］冯静生．对金融支持我国绿色经济发展问题的研究［J］．中国农业银行武汉培训学院学报，2011（2）．

［13］格利和肖．金融理论中的货币［M］．上海三联书店，1990.

［14］Gerard Caprio, Jr. 等编．银行危机的防范：近期全球银行倒闭风潮的教训［M］．张青松，等译，中国财政经济出版社，1999.

［15］辜朝明．大衰退：如何在金融风暴中幸存和发展［M］．喻海翔译，东方出版社，2008.

［16］胡俞越，徐巧平．我国推出国债期货的基本条件与风险分析［J］．体制改革，2006（3）．

［17］黄达．金融学［M］．中国人民大学出版社．

［18］［法］Jean Tirole，金融危机、流动性与国际货币体制［M］．中国人民大学出版社，2002.

［19］江春，李征．中国货币内生化原因新探——基于修正的 IS－LM 模型的理论思考［J］．经济评论，2007（1）．

［20］蒋华雄，谢双玉．国外绿色投资基金的发展现状及其对中国的启示［J］．兰州商学院学报，2012（5）．

［21］金洪飞．财政赤字、公共债务与货币危机［J］．财政研究，2004（2）．

［22］李虹．金融护航企业“走出去”［J］．中国外汇，2015.

［23］李扬．国债规模：在财政与金融之间寻求平衡［J］．财贸经济，2003（1）．

［24］李扬，殷剑峰．我国债券市场发展历程、缺陷和改革建议［J］．中国经贸导刊，2006.

［25］李扬，王国刚，王松奇．中国金融发展报告（2004—2007）［J］．社会科学文献出版社．

［26］李扬，王松奇．中国金融理论前沿［M］．社会科学文献出版社，2000.

［27］刘蓓．基于产业集群的环渤海经济圈发展模式［J］．企业家信息，2013.

［28］刘凡．"中国国债收益率曲线、估值、指数编制及完善"．第四届 DECD——财政部"政府债务管理与债券市场发展战略"国际研讨会演讲，2007 - 09 - 13.

［29］刘军民．论我国债券市场功能完善与机制创新［J］．2004.

［30］刘莉亚，任若恩．银行危机与货币危机共生性关系的实证研究［J］．经济研究，2003（10）.

［31］刘明康．在中央国债登记结算有限责任公司十周年庆典大会上的致辞［J］．2006.

［32］刘书文，何明霞．国债市场发展与金融风险防范的有机结合［J］．哈尔滨金融高等专科学校学报，2002（4）.

［33］刘岩．欧洲期货与期权交易所的借鉴与启示［J］．郑州期货交易所主页．

［34］刘颖，孙隆新．政策性金融债券的十年历程与发展展望［J］．中国债券，2008（4）.

［35］陆磊．"金融稳定报告"为什么？［J］．财经，2005.

［36］吕宇，宋永明．国债流动性的理论与实践［J］．改革，2004（1）.

［37］马慧强．跨海通道建设对环渤海区域发展助推探讨［J］．海洋开发与管理，2013.

［38］马骁．发展"碳金融"商业银行大有可为［J］．金融时报，2010.

［39］［美］米尔顿·弗里德曼，安娜·J．施瓦茨．美国货币史（1867—1960）［J］．巴曙松，王劲松，等译，北京大学出版社，2009.

［40］潘石．关于目前我国通货膨胀的几个理论认识问题［J］．吉林大学社会科学学报，1995（4）．

［41］秦池江．对深化金融改革的制度分析与反思［J］．改革，1995（2）．

［42］曲胜．金融资产交易所——构建信贷转让市场的着力点［J］．银行家，2011．

［43］世界银行，国际货币基金组织．公共债务管理指南（2001—2002）．

［44］隋鹤．中国的货币供给理论及其实证分析［J］．统计与决策，2007（3）．

［45］托马斯·格雷斯纳，吉皮·雷德卡尔．政府债券市场发展问题［J］．世界银行，2001．

［46］王国刚．中国金融改革与发展热点［M］．北京：社会科学文献出版社，2007．

［47］王国生．企业债券市场问题讨论综述［J］．经济理论与经济管理，2003（4）．

［48］王洪章．在中央国债登记结算有限责任公司十周年庆典大会上的讲话，2006－10－18．

［49］王留之，宋阳．略论我国碳交易的金融创新及其风险防范［J］．现代财经，2009，29（6）．

［50］毋剑虹．欧洲期货交易所及其期权产品简介［J］．期货日报，2002－11．

［51］吴佳．全球面临资产负债表衰退［J］．股市动态分析，2009（1）．

［52］吴敬琏．比较［J］．有关各期．

［53］吴腾华．新兴债券市场发展问题研究［D］．华东师范大学博士学位论文，2005．

［54］夏斌，高伟．恢复国债期货交易的时机已基本成熟［J］．经济日报，2005－05－09．

［55］香港金融管理局季报："发展债券市场的成本效益分析"，2001年11月．

［56］向松祚．谁解释了金融危机和大萧条？——从弗里德曼《美国货币史》到"经济金融体系阴阳循环理论"．

［57］谢庚．推动债券市场发展，促进统一互联市场体系建设［J］．2003年中国国债市场年报．

［58］徐滇庆，等．泡沫经济与金融危机［M］．中国人民大学出版社，2000．

［59］许余洁．以资产证券化为城镇化融资［J］．中国经济报告，2013（8）．

［60］杨大楷，等．机构投资者与国债市场改革［J］．证券市场导报，2001（4）．

［61］杨少波．人民币国际化的进程与趋势［J］．经济导刊，2011．

［62］杨文浩．推进环渤海区域经济一体化研究［D］．天津：天津财经大学论文，2013．

［63］［日］伊藤正则．日本经济高速增长时期的金融政策和对中国的建议［M］．中国经济出版社，1985．

［64］于民．七家国际大石油公司使用衍生金融工具的研究［J］．中国证券报网站．

［65］詹姆斯·托宾．货币、信贷与资本［D］．张杰，等译，东北财经大学，2000．

［66］张建锋．京津冀一体化下的投资机遇［J］．中国外资，2014．

［67］张乃丽．"安倍经济学"传递机制中的企业投资研究［J］．

国际经贸探索, 2013.

[68] 张旭阳. 通货膨胀保护债券机理与分析 [J]. 证券市场导报, 2004.

[69] 张颖. 后凯恩斯主义内生货币供给理论的发展述评 [J]. 经济评论, 2002 (6).

[70] 赵国华, 张庆, 王艳芳. 基于美国模式的第四代金融危机理论探析 [J]. 经济师, 2012 (2).

[71] 赵伟, 常修泽. 货币供给外生抑或内生——基于金融生态系统的分析视角 [J]. 中央财经大学学报, 2008 (12).

[72] 郑长德, 刘丽雪. 中国债券市场分割的理论探讨 [J]. 西南民族大学学报, 2005 (26).

[73] 周成跃, 周子康. 当代国债风险问题研究概况述评 [M]. 中国财政经济出版社, 2004.

[74] 周城君. 内生货币供给理论及其货币政策述评 [J]. 南京经济学院学报, 2001 (3).

[75] 周宏春. 世界碳交易市场的发展与启示 [J]. 中国软科学, 2009 (12).

[76] 周丽, 李凯. 浅议英国期货市场之法律监管 [J]. 中国财经报, 2003 - 08.

[77] 周小川. 防止商业银行在改革后继续出现大量不良贷款的若干议题 [J]. 中国金融, 2004 (13).

[78] [英] 朱利安·沃姆斯利. 新金融工具 [M]. 北京: 中国人民大学出版社.

[79] 王宇. 2017: 全球经济有望走过拐点 [J]. 财新, 2016.

📌 英文文献

［1］ Barro, R. J. Are Government Bonds net wealth? Journal of Political Economy 82, 1974 November – December.

［2］ BIS, "Market Liquidity: Research Findings and selected Policy Implications" Basle, 3 May 1999.

［3］ Demsetz H. "The cost of transaction", American Quaterly Journal of Finance Economicss, 1968 (10): 33 – 53.

［4］ ECB, Covered Bonds in the Eu Financial System, December, 2008.

［5］ Hirotaka Inoue, "The Structure of Government Securities Markets in G10 Countries: Summary of Questionnaire Results", http://www.bis.org.

［6］ IMF, WORLD BANK. "GUIDELINEFORPUBLICDEBTMANAGEMENT" March 21, 2001, pp. 11 – 15.

［7］ McCallum, B. T., 1984, "Are Bond—financed Deficits Inflationary? A Ricardian Analysis", Journal of Political Economy, 92, 123 – 135.

［8］ Pu Shen, "Benefits and Limitations of Inflation Indexed Treasury Bonds", Federal Reserve Bank of Kansas City, Economic Review, Third Quarter 1995.

［9］ Packer, F., R. Stever and C. Upper, 2007, The covered bond market, BIS Quarterly Review, September.

［10］ Richard W. "Kopcke and Ralph C. Kimball, Inflation—Indexed Bonds: The Dog That Didn't Bark ", New England Economic Review, February 1999.

［11］ The covered bond market, BIS Quarterly Review, September, 2007.

[12] Yoram Landskroner, "Pricing inflation—indexed and foreign—currency linked convertible bonds with credit risk" [J]. Stern School of Business, March 10, 2003.

附录　作者近年来科研成果要览

著作

1. 《债券市场发展与金融稳定研究——全球金融危机启示录》，经济科学出版社，2013 年 12 月。

2. 《探路：中国金融改革再出发》，中国金融出版社，2017 年 2 月。

3. 《国债管理研究》，经济科学出版社，2007 年 10 月。

4. 合著《构建支持绿色技术创新的金融服务体系》，中国金融出版社，2020 年 8 月。

5. 合著《国内外绿色基金发展研究》，中国金融出版社，2018 年 5 月。

6. 合著《构建中国绿色金融体系》，中国金融出版社，2015 年 4 月第一版。

7. 合著《中国的金融问题》，（中央政策研究室）研究出版社，2009 年 9 月。

参编

1. 《国际绿色金融发展与案例研究》，中国金融出版社，2017 年 3 月。

2. 《中国绿色金融发展与案例研究》——绿色基金篇，中国金融出版社，2016 年 4 月。

3. 《新货币政策框架下的利率传导机制》，中国金融出版社，2016。

4.《生态金融的发展与未来》，人民出版社，2015 年 6 月第一版，陈雨露主编，负责其中两部分——碳金融与绿色金融。

5.《市政债与地方政府预算约束》，潘功胜、马骏编著，中国金融出版社，2014 年 11 月。

6.《中国金融改革开放 30 年研究》，经济管理出版社，2008 年 11 月。

7.《中国银行间债券市场研究》，中国金融出版社，2008 年 12 月。

8.《中国地区金融生态环境评价 2008—2009》，中国金融出版社，2009 年 5 月。

9.《全球化下的中国经济学》，经济管理出版社，2009 年 4 月。

10.《全球化下的中国经济学——"十二五"时期金融改革与金融创新 2011》，经济管理出版社，2011 年 11 月。

11.《中国债券市场发展与创新》，中国金融出版社，2011 年 3 月。

12.《中国地区金融生态环境评价 2010—2011》，社会科学文献出版社，2011 年 4 月。

13.《金融蓝皮书——中国金融发展报告》，2011—2016，社会科学文献出版社。

14.《全球化下的中国经济学——"欧债危机—美债危机反思"》，经济管理出版社，2011 年 11 月。

15.《中国金融改革开放 30 年研究》，经济管理出版社，2008 年 12 月。

主要发表中文文章

1. 影响力投资发展现状、趋势及建议，《金融理论与实践》，2020 年第 9 期。

2. 新冠疫情对中国经济的影响及应对，《金融理论与实践》，2020 年第 3 期。

3. 政府引导基金研究,《中国金融》,2020 年第 5 期。

4. 绿色技术创新的金融服务体系研究,《金融理论与实践》,2020年第 5 期。

5. 绿色金融推动自贸区可持续发展探讨,《财政研究》,2020 年第5 期。

6. 政府引导基金国际比较,《中国金融》,2019 年第 4 期。

7. 绿色金融支持绿色技术创新国际经验及中国路径,《银行家》,2019 年第 3 期。

8. 绿色基金发展趋势,《中国金融》,2018 年 10 月第 19 期。

9. 绿色金融发展前瞻,《中国金融》,2018 年 1 月第 2 期。

10. 绿色金融发展挑战与对策,《银行家》,2018 年第 3 期。

11. 绿色金融在乡村振兴中的作用,《中国金融》,2018 年 5 月第10 期。

12. 我国绿色基金发展前景广阔,《银行家》,2017 年第 8 期。

13. 绿色金融国际立法与借鉴,《中国金融》,2017 年第 18 期。

14. 推动绿色低碳城市发展,《中国金融》,2017 年 2 月第 4 期。

15. 推动雄安新区金融创新,《中国金融》,2017 年第 8 期。

16. 全球气候基金的发展,《中国金融》,2017 年 6 月第 12 期。

17. 全球经济政策组合新趋势及"一带一路"新机遇,《银行家》,2017 年第 4 期。

18. 绿色债券的国际经验及中国路径,《债券》,2016 年第 8 期。

19. 绿色基金如何驱动绿色发展,《银行家》,2016 年第 10 期。

20. 绿色基金的国际借鉴 ,《中国金融》,2016 年第 16 期。

21. 绿色债券推进绿色城市融资进程,《银行家》,2016 年第 3 期。

22. 构建中国的绿色金融市场体系,《中国金融》,2016 年第 1 期。

23. 绿色债券与绿色基金多轮驱动新型城镇化进程,人民日报内部参阅,2016 年 8 月。

24. "中国标准"何时才能成为"世界标准",《社会科学报》,2018 年 8 月 16 日。

25. 新预算法实施:地方投融资市场化的突破,《证券时报》,2015 年 1 月 6 日。

26. 以人民币国际化助力"一带一路"进程,《证券时报》,2015 年 1 月 26 日。

27. 地方政府投融资机制新突破,《银行家》,2015 年第 1 期。

28. 金融国际化与企业走出去,《中国金融》,2015 年第 3 期。

29. 绿色金融的中国路径探索,《中国金融——金融博览》,2015 年第 3 期。

30. 绿色金融:环保投资新引擎,《中国金融——金融博览》,2015 年 3 月下半期。

31. 绿色金融的中国路径探讨,《经济研究信息》,2015 年第 4 期。

32. 探索绿色金融的"中国模式",《中国环境报》,2015 年 4 月 9 日。

33. 推进地方政府投融资机制的创新,《人民日报》——内部参阅,2015 年 2 月 27 日第 8 期(总第 1249 期)。

34. 中国的牛市能走多远,《瞭望中国》,2015 年 5 月。

35. 金融国际化助力"一带一路"进程,人民日报——内部参阅,2015 年 6 月 19 日第 24 期(总第 1265 期)。

36. 绿色金融:可持续发展的新动力,《上海证券报》,2015 年 11 月 18 日。

37. 绿色经济政策正当其时,《中国金融》,2015 年第 12 期。

38. 也谈三市联动,《中国金融》,2015 年第 17 期。

39. 发挥绿色金融资源配置作用 推动可持续发展,《经济参考报》,2015 年 9 月 2 日。

40. 期待市场化融资助力绿色金融的"中国模式,《中国经济导报》，2015 年 3 月 26 日。

41. 存款保险制度推出正当其时，《证券日报》，2014 年 12 月 2 日。

42. "一带一路"的机遇，《视角》，2015。

43. 多管齐下帮助环保企业解决融资问题，《中国日报》，2014 年 11 月 26 日。

44. 互联网金融：中小企业融资创新的新路径，《人民日报》——内部参阅。

45. 完善绿色金融发展的框架，中国网，2014 年 11 月 26 日。

46. 我国存款保险制度推出的时机及路径，《人民日报》——内部参阅第 28 期，总第 1219 期。

47. 城镇化过程中融资路径的探讨，《银行家》，2014 年第 4 期。

48. 存款保险制度的国际比较及我国的路径选择，《农村金融研究》，2014 年第 4 期。

49. 金砖国家金融合作的突破，《中国金融》，2014 年 8 月第 16 期。

50. P2P 网贷：发展与监管并重，《中国经济报告》，2014 年第 9 期。

51. 地方债自发自还，市场化融资推进城镇化进程，《中国经济导报》，2014 年 7 月 2 日。

52. 产业结构调整与地方政府债务风险——底特律危机启示，《银行家》，2013 年第 9 期。

53. 中国银行业会出现流动性危机吗？《中国经济报导》（国务院发展研究中心），2013 年第 8 期。

54. 我国现阶段"钱荒"的成因及对策，《人民日报》——内部参阅，2013 年 7 月 12 日第 27 期（总第 1168 期）。

55. 流动性管理的不同角色，《中国金融》，2013 年第 13 期。

56. 中国海外投资的关注点与着力点，《银行家》，2013 年第 5 期。

57. 铁路债新增融资需多视角考量，《证券日报》，2013 年 4 月 15 日。

58. 多措并举促进债市创新发展，《证券日报》，2013 年 5 月 10 日。

59. 建立地方政府市场化投融资机制，《中国金融》，2013 年第 7 期。

60. 地方政府债信用评级体系亟待建立，《银行家》，2013 年第 3 期。

61. 债券市场发展与创新路径，《人民日报》——内部参阅，2013 年第 8 期。

62. 提高直接融资比例，债市大有可为，《证券日报》，2012 年 12 月 10 日。

63. 美国新一轮债务危机隐患不容忽视，《中国证券报》，2013 年 1 月 9 日。

64. 美国市政债偿债机制探讨，《中国金融》，2012 年 9 月第 17 期。

65. 国债期货应适时重启，《银行家》，2012 年第 9 期。

66. 中小企业私募债的国际经验，《中国金融》，2012 年 9 月第 18 期。

67. 培育机构投资者，推动债券市场发展，《银行家》，2012 年第 5 期。

68. 美国市政债发展国际经验，《财经国家周刊》，2012 年 4 月。

69. 人民币汇率市场化改革，《中国金融》，2012 年第 3 期。

70. 我国市政债的发展思路，《经济研究参考》，2011 年第 48 期。

71. 双向波动：人民币汇率升贬辨析，《中国证券报》，2011 年 12 月 20 日。

72. 推进债券市场统一正当其时，《中国证券报》，2011 年 11 月 25 日。

73. 市政债券的路径之选，《现代商业银行》，2011 年。

74. 欧债危机和美债危机的反思，《中国金融》，2011 年第 18 期。

75. 财政部赴港发债为市场注入稳定剂，《中国证券报》，2011 年 8

月 16 日。

76. 实施稳健债务管理，防范主权信用风险，《中国证券报》，2011 年 8 月 3 日。

77. 发展＋创新，构建完善债市体系，《中国证券报》，2011 年 7 月 7 日。

78. 市政债券是地方政府融资市场化的路径选择，《中国金融》，2011 年 11 期。

79. 资产泡沫、银行业流动性危机与政府债务风险，《银行家》，2011 年第 3 期。

80. 国际私募股权投资基金的发展态势及我国的路径选择，《国际金融》，2011 年第 3 期。

81. 爱尔兰债务危机内在连锁成因分析，《资本市场》，2011 年第 1 期。

82. 我国私募股权基金市场的发展思路，《中国金融》，2011 年第 1 期。

83. 国际碳金融市场发展与中国企业的路径选择，《农村金融研究》，2010 年 9 月。

84. 英国主权债务危机分析，《金融市场研究》，2010 年 7 月。

85. 对债券市场化发行的若干思考，《财政研究》，2010 年 5 月。

86. 碳金融市场发展的趋势，《中国债券》，2010 年 6 月。

87. 地方政府融资平台及地方政府债务风险分析，《中国金融》，2010 年 4 月。

88. 英国主权债务分析及启示，《银行家》，2010 年 4 月。

89. 对欧洲主权债务的若干思考，《领导之友》，2010 年 4 月。

90. 发展碳金融：产业结构调整和经济发展模式转变的必然选择，《金融时报》，2010 年 4 月。

91. 完善债券市场定价机制的路径安排，《金融时报》，2010 年 3 月

6 日。

92. 新兴市场国家内部资本市场理论研究成果及启示，《财经问题研究》，2010 年第 3 期。

93. 当低碳闯入金融界，《现代商业银行》，2010 年 3 月。

94. 国际债市破茧化蝶，《中国外汇》，2010 年。

95. 通胀预期下的债券市场避险机制设计，《银行家》，2009 年第 12 期。

96. 集群融资——中小企业应对金融危机下融资困境的新思路，《中国金融》，2009 年 11 月，第 21 期。

97. 国债利息收入慎征营业税，《财经》（金融与实务），2009 年 10 月 12 日。

98. 50 年国债的四种发行思路设计，《中国证券报》，2009 年 10 月 22 日。

99. 国债利息征收营业税宜相机抉择，《中国证券报》，2009 年 9 月 30 日。

100. 资产担保债券相关问题研究，《中国债券》，2009 年 9 月。

101. 我国地方政府债券发行应注意的问题，《经济研究参考》，2009 年 4 月。

102. 量化宽松政策、资产泡沫与通胀预期，《银行家》，2009.8。

103. 稳步发展地方政府债券，《中国金融》，2009 年 9 月（半月刊）。

104. 地方发债全攻略，《新理财》，2009 年 4 月。

105. 谈债券市场统一问题——对上市银行进入交易所市场债券市场试点的探讨，《银行家》2009 年 4 月。

106. 企业集团内外部资本市场的互动与互补，《财经问题研究》，2009 年 1 月。

107. 金融危机对银行业流动性风险管理的影响，《证券市场导报》，2008 年 12 月。

108. 可持续成长管理的经营战略和财务战略，《企业管理》，2008年12月。

109. 对中国债券市场发展的评价，《经济研究参考》，2008年7月。

110. 中国债市30年回顾，《银行家》，2008年10月。

111. 美国两房危机成因与启示，《中国货币市场》，2008年10月。

112. 内部资本市场中集团总部的功能定位，《企业管理》，2008年10月。

113. 国债市场流动性问题研究，《财政研究》，2008年3月。

114. 美国"两房"危机分析及启示，《国债与金融》，2008年3月

115. 国库现金管理与货币政策协调，《金融时报》，2008年3月。

116. 国债市场流动性问题的制度分析，《中国债券》，2008年1月。

117. 国债市场发展与金融风险防范，《中国货币市场》，2008年1月。

118. 谨防宽松货币政策催生下一个泡沫，《中国外汇》，2007年10月。

119. 2007年下半年债券市场投资策略，《金融时报》，2007年7月7日。

120. 近期货币政策对债券市场的影响与对策，《中国货币市场》，2007年3月。

121. 政府债券市场流动性问题研究，《证券市场导报》，2007年1月。

122. 公共债务管理与债券市场发展战略探讨，《中国货币市场》，2004年12月。

123. 美国国债购回相关问题研究，《中国货币市场》，2004年9月。

124. 英国债务管理与债券市场发展战略研究，《证券市场导报》，2004年8月。

125. 欧盟国家政府债券购回操作概览，《中国货币市场》，2004年

5 月。

126. 欧盟国家政府债券转换操作概览，《国债与金融》，2004 年 1 月。

127. 欧洲金融衍生品市场发展的趋势与经验借鉴，《国债与金融》，2003 年 4 月。

128. 金融危机管理：宏观政策的协调配合英文硕士论文，英国曼彻斯特大学，2003 年 9 月。

129. 试论中国利用外资的战略调整，《改革与理论》，1997 年 8 月。

130. 我国利用外资战略调整的目标与途径，《财经问题研究》，1997 年 8 月。

131. 合理利用外资、促进经济增长，《经济纵横》，1996 年 7 月。

132. 韩国海外投资的系列化支持制度，《沿海经济》，1996 年 7 月。

133. 日本经济起飞时期反通货膨胀的政策选择及思考，《东北亚论坛》，1996 年 3 月。

134. 1995 年国际金融回顾与展望，《财金贸易 》，1996 年 1 月。

135. 试论外国直接投资与我国产业结构的调整，《投资与信用研究》，1996 年 4 月。

136. 我国投资基金发展的难点与对策，《经济与法》，1996 年 4 月。

137. 略论大陆与香港的金融衔接，《财经问题研究》，1996 年 8 月。

138. 新加坡吸引跨国公司投资对策初探，《北方经贸》，1996 年 3 月。

139. 论国外住房合作社，《经济纵横》，1995 年 6 月。

140. 日本综合商社的经营战略初探，《上海企业》，1995 年 1 月。

141. 日本金融改革之启示，《金融队伍建设》，1994 年 6 月。

英文文章

1. Financial Crisis Management—Coordination of Macro Economic Poli-

cies—Dissertation at University of Manchester, 2003.

　　金融危机治理研究——谈宏观经济政策的协调配合，曼彻斯特大学毕业论文，2003 年。

　　2. What Drive China's House Price—Marriage or Money, China &World Economy / 19 – 36, Vol. 20, No. 4, 2012, 19.

　　什么驱动了中国房价——婚姻还是货币？中国世界经济，2012 年第 4 期。

主要获奖情况

　　1. 论文《支持绿色技术创新的金融服务体系》获得《亚洲货币》联合相关专家机构评选 2020 年度绿色金融最佳研究成果奖。

　　2. 专著《探路：中国金融改革再出发》入选"2017 年卓越银行家创新奖"评选并获得 2017 年十大金融图书奖。

　　3. 论文《绿色债券的国际经验及中国路径》2017 年获得由人民银行、《金融时报》组织的银行间市场成立二十周年征文二等奖。

　　4. 论文《金融如何支持乡村振兴》获得两山理论国际论坛论文二等奖，2018 年 8 月。

　　5. 论文《绿色金融支持绿色技术创新的国际比较及中国路径》获得 2019 年绿色金融年会 CFA 论文一等奖。

　　6. 国家级课题项目"债券市场发展对金融稳定性的影响机理研究"获得中国博士后科学基金首批特别资助（项目编号 200801142），2008 年 12 月。

　　7. 国家级课题项目"债券市场发展与金融风险防范"获中国博士后科学基金资助（项目编号 20080430486），2008 年 8 月。

　　8. 论文"国债市场流动性研究"在中国人民银行上海总部、中央国债登记结算公司举办"银行间债券市场成立十周年征文活动"中获得一等奖，2008 年 1 月。

后　记

　　2020 年对每个人来说都是非常不容易的一年，面对新冠肺炎疫情的冲击，无数奋斗在一线的驰援者无数个日夜换来我们今天的幸福生活，这份责任、爱与坚强就如希望之光，激励我们冲破迷雾，带着重任与勇敢前行。

　　人生是充满希望与挑战的旅程。需要大海航行的胸怀和登高望远不断探索的勇气。"天地者，万物之逆旅；光阴者，百代之过客。"时光荏苒，在"十三五"与"十四五"的跨年之际，这份书稿终于画上了句号。仰望遥远的星空，繁星闪烁。掩卷深思，仍有意犹未尽之感。这本书记载着近年来我对中国绿色可持续发展、金融改革和发展的一些研究、探索和思考，恳请师长和专家不吝赐教。在这个创新与变革的时代，全球化、金融国际化、互联网让生活方式发生了很多改变，在新冠疫情冲击下，对全球经济和供应链带来巨大的冲击，对全球资产管理和绿色可持续发展也带来更大的挑战。

　　如何全球合力实现绿色复苏，通过金融的力量支持实体经济的发展，推动绿色可持续发展，实现"绿水青山就是金山银山的梦想"成为每个有家国情怀、环保情怀人的关注热点。

　　无论是环保还是绿色，这都是为后代而努力——功在当代，利在千秋的事业。"绿色恒久远，安居常相伴"期待通过绿色金融创新和责任投资实现美丽中国梦，为了绿水青山而不断努力前行。

　　经历是最宝贵的财富。天行健，君子以自强不息；地势坤，君子以厚德载物。20 年过去，弹指一挥间。我从 1997 年研究生毕业参加工作，从政策制定者、市场参与者、学界不同角度见证了中国金融市场的发展历程，也与市场共成长。本书的完成，首先要感谢我在美国哥伦比亚大学做博士后的合作导师魏尚进教授，作为 IMF 的高级研究顾问和亚行原首席经济学家，魏教授给我提供了很多全球视角，在纽约华尔街工作的切身体会让我可以站在更高视角看全球和中国金融市场的联动。感谢斯坦福大学国际发展中心（SCID）主任、世界银行中蒙局原局长霍普（Nicholas C. Hope）教授，我在斯坦福大学做访问学者期间，他给我提供了非常多的指导，让我获益匪浅。感谢斯坦福大学罗纳德·麦金农教授（Ronald I. Mckinnon），虽然教授已经离开我们，但是回忆 90 岁高龄的老人还骑车精神矍铄给我们讲授人民币国际化的课程，对中国经济发展提出很多中肯的建议，教授的人生态度和视野至今难以忘怀。感谢哥伦比亚大学约瑟夫·斯蒂格利茨（Joseph Eugene Stiglitz）教授、蒙代尔教授和耶鲁大学罗伯特·席勒教授，他们是站在全球经济前沿的诺贝尔奖得主，但是却非常谦和，有机会和他们一起参与联合国会议及全美经济年会并探讨问题——无论是欧债危机治理还是全球经济复苏的应对问题都让我深受启发。在华尔街与全球的金融精英打交道，一方面对次贷危机的根源是美国房地产市场的衰退而不是定量定价模型的问题有了深刻的体会；另一方面也见证了中国企业海外上市和并购潮中，如何面对海外监管政策和市场环境的挑战，对海外投资风险管理进行充分的预估与判断，更切实体会到商业银行的国际化和人民币国际化是企业"走出去"的有力支撑。感谢在美国留学工作期间给我提供支持和帮助并分享全球智慧的每一位朋友。

海纳百川，至诚信远。感谢中国金融学会绿色金融专业委员会主任马骏老师，感谢他带领具有环保情结、绿色发展情结的有志之士 共同推动绿色金融如希望之树一样在中国大地落地、生根，成长为可以为后代带来碧水蓝天的参天大树，并带领我们在绿色金融与绿色技术创新领域不断创新与突破。感谢中国人民银行易纲行长、陈雨露副行长，中国农业发展银行董事长解学智老师、殷久勇副行长，国务院发展研究中心隆国强副主任，中财办副主任廖珉博士，中国金融出版社郭建伟总编辑，中证金融研究院马险峰副院长，中国人民银行西安分行魏革军行长，中国人民银行研究局王信局长，研究所周诚君所长、雷曜副所长、杨娉处长，货币政策司孙国峰司长、金融稳定局孙天琦局长、上海总部副主任兼上海分行行长金鹏辉，中国保险资产管理业协会执行副会长兼秘书长曹德云先生，交通银行行长刘珺博士，中财办祝丹涛副局长，财政部国合司司长杨英明先生，亚洲开发银行执行董事程智军博士，生态环境部政策法规司别涛司长，气候司李高司长、丁辉处长，科技部社会发展司吴远彬司长，国家知识产权局战略规划司刘菊芳副司长、高佳处长，中国投资责任有限公司祁斌副总经理，中国证券期货业协会洪磊会长，中国保险学会蔡宇副秘书长，银保监会政策研究局巡视员叶燕斐先生，财务司徐春武副主任，证监会办公厅陈圆先生，上海银保监局巡视员张光平老师，建设银行吕家进副行长，张奇董事，光大银行王小林董事，国家绿色发展基金汪义达监事长，中央国债登记结算有限责任公司刘凡副总经理，全国中小企业股份转让系统有限责任公司（新三板）总经理谢庚博士，中国丝路基金谢多董事长，中国银行间交易商协会徐光主任、竺小龙主任，中国外汇交易中心暨全国银行间同业拆借中心裴传智党委书记，上海清算所周荣芳总经理，上海票据交易所副总经理孔燕博士，上海证券交易所投资者服务部副总经理刘蔚，兴业银行首席经济学家鲁政委博士，中节能咨询有限公司霍中和总经理、廖原副总经理，世界银行高级金融专家邵长毅博士、黄达飞女士，国际金融公司何懿伦女士，国家开发银行贷委会委员卢汉文先生，农业发展银行资金部刘优辉总经理，银河证券债券部周一红总经理，中国工商银行城市金融研究院周月秋院长、殷红副院长，中国责任投资论坛理事长商道纵横郭沛源总经理，中国人民大学重阳金融研究院王文院长，保尔森基金会中国顾问孙蕊，联合国儿基会朱寿庆先生，安永大中华区绿色金融业务总监李菁女士，诺亚控股有限公司首席研究官金海年博士，北京东方金诚信用管理有限公司俞春江总经理，北京环境交易所梅德文总经理，国家级经开区绿色发展联盟秘书处宋雨燕主任；感谢来自绿金委的刘嘉龙研究员，中国投融资担保股份有限公司财富中心安国山副总经理，浙江金控投资管理公司夏慧民副总经理，新疆金融学会郇志坚副秘书长，上海金融办李军副主任，上海绿色技术银行管理中心王震主任，深圳市地方金融监督管理局何杰局长，人民银行深圳中心支行邢毓静行长，美国自然资源保护委员会中国区钱京京主任，投中研究院国立波院长，中证金融研究院王骏娴女士，中伦律师事务所周亚成律师、孔伟律师，华夏银行绿色金融中心张勇森主任，农业银行投资银行部王以钢副总裁、戴志远先生，浦发银行总行投资银行部赵广志先生，中国诚信信用管理股份有限公司副总裁沈双波女士、蔚蓝地图马军老师，大成律师事务所马江涛律师、吴立北先生等。我无法一一列出所有的朋友，"众人摇桨开大船"；感谢绿金委的各位理事和朋友们共同以责任之心推动绿色低碳发展的进程。

非常感谢财政部财政科学研究院刘尚希院长，财政部国库司王小龙司长、周海峰处长、谷体峰处长、中央国债登记结算有限公司水汝庆董事长、柳柏树副总经理、白伟群监事长、吴亚洲先生，研发部宗军主任，银行业理财登记托管中心副总经理管圣义博士，中国金融信息中心总经理叶国标先生，第一财经副主编杨燕青博士，中国债券市场俱乐部创立人陈剑平先生，中国人民大学财金学院类承曜教授、张成思教授，中央财经大学金融学院李建军教授，对外经贸大学吴卫星教授，这些老师和朋友在给予我很多指导、帮助和鼓励，也给我的研究提供了很多思想火花和智慧。感谢我在东北财经大学、中国人民大学、社科院金融所、英国曼彻斯特大学、剑桥大学、美国哥伦比亚大学、斯坦福大学、哈佛大学求学和研究期间所有的老师和同学，感谢财政部、中国工商银行、社科院金融所的同事们，感谢交易商协会债券市场委员会的各位专家，感谢欧美同学会的各位学长，感谢无法一一言谢的朋友们，金融助力实体经济任重而道远，一起共度的时光对我来说是难得的经历和宝贵的财富。

"水尝无华，相荡而生涟漪；石本无光，相击乃发灵光。"我要特别感谢经济学家吴敬琏教授和陈共教授，感谢我的博士后导师李扬教授。他们渊博深厚的理论功底、求真务实的学术风格以及杰出学术贡献赢得了金融经济界的广泛尊重，每次与他们交流都让我豁然开朗。对于我们这些晚辈学生而言，更是"高山仰止，景行行止，虽不能至，心向往之"。我还要特别感谢我的硕士导师李东阳教授，老师虽然离开了我们，但是他对国际投资的创新探讨，对待学生的真诚，为人的豁达睿智，以及慈善对公益事业的责任会激励我不断前行。老师们的教导和榜样的力量将是我们受益终身的财富，我会永远怀着对他们的感激之情。

聚是一团火，散是满天星。感谢全国青联和中央国家机关青联的每一位朋友，感谢你们给予我的启迪和支持，无论在哪里，我都深切感受到这个大家庭的温暖。感谢你们让我更懂得珍惜。

把握一个今天，胜过两个明天。感恩我的家人及所有关心支持我的亲人和朋友，是他们让我学会如何去爱别人，并将这份大爱传递下去，他们的理解和支持是我克服种种困难并奋勇前行的动力源泉。受人滴水之恩，当以涌泉相报，感谢父母亲教我会感恩，这是我一生的宝贵财富。感谢我的弟弟安国勇博士，姐弟情深，他的创新和奉献精神让我感到骄傲。感谢我的孩子——宇泽，让我感到生命是一代代延续的过程，孩子咿呀学语时送我出差脱颖而出的一句话——"一二三加油"成了我不断前行的动力。无论在哪里，孩子是母亲永远的牵挂。相信宇泽宝贝会看到妈妈和更多有爱心的叔叔阿姨们为和你一样纯真善良的孩子平安回家所付出的努力。你的光明与爱以另外一种方式延续，无论在哪里，你永远在妈妈心里，妈妈会努力去实现你治病救人白衣天使的梦想。为了天下每一个孩子的健康平安成长的家园，为了下一代的幸福我们做什么都值得。非常感谢中华慈善总会、中华儿慈会宇泽慈心项目的团队，在今年的抗击疫情中大家奋勇向前，为奋斗一线的白衣天使，学校的教职工，交通警察送去一份爱和温暖。做慈善公益的朋友都有大爱和无私奉献的精神，需要的是慈心、信心和坚持走下去的勇气。我将以感恩的心永远铭记曾经给予我帮助和关怀的一切真诚善良的人，希望可以用我的努力来回报父母，回报人生，回报一切使我坚定信心不断前行的人，相信感恩的信念（小宇泽的爱与光明）将成为大海航行的灯塔，照亮前行的方向。愿我们心里有爱，眼里有光，将温暖与善良撒满世界的每个角落。

读万卷书，行万里路。我还要特别感谢中国金融出版社郭建伟总编辑对本书出版的全力支持，感谢中国金融出版社的王雪珂老师及其团队、美编老师、相关朋友的努力和辛勤工作，感谢他们严谨的工作态度和无私奉献的精神，感谢我的学生李皓、訾文硕、贾馥玮、丁瑞霄、马祎旋、余明泽，感谢为本书出版付出努力、我无法一一言谢的专家们。

不忘初心，勇敢前行。只争朝夕，不负韶华。感谢岁月让我们的心灵多了一份智慧和淡定的沉淀。我们活在当下，也将影响未来。爱是一种付出，更是一种循环；当善良遇见善良，一定会开出世界上最美丽的花朵。感恩人生道路上每一个给我们勇气登高望远传递大爱与责任的朋友，让我们众志成城，带给后代一个环保、平安、充满希望的家园。

安国俊

2020 年秋于北京昆玉河畔

相遇

2020 年春天

也许穿过漫长的时空之旅
冥冥之中在此相遇
就如太阳给大地带来光辉
给万物带来希望

你是大海航行的灯塔
即便波涛汹涌
也会指引舵手到达光明的彼岸
你是包容万物的大地
拥有广阔的胸怀
春华秋实的梦想

你是那个漫漫长夜中的月光
总会让人想起千里之外的家乡
你是夜空中最耀眼的那颗星
给四处奔波传递爱的人照亮方向

无论我们飞得多高，走得多远
在蓦然回首的刹那
有一盏心灯为我们指明回家的方向

经历风雨和等待
穿过岁月散发的芬芳
我们相遇在人海茫茫

因爱相聚　　因缘相依

为了碧水蓝天的梦想
为了魂牵梦绕的家乡

这是大海对百川的包容
这是绿叶对深根的情谊
你从我这里感受到温暖
我从你的眼中感受到春天的来临